성
왕

동양 리더십의 원형

성 왕

동양 리더십의 원형

장현근

聖王

荀子 禮記 黃帝內經 韓非子 呂氏春秋 新語 新書 史記 董仲舒 文王 武王 申不害 文子

周易 周禮 國語 論語 孝經 墨子 老子 孟子 商君書 管子 吳子 莊子 列子 逸周書

堯舜禹 成湯 孔子 墨子 中庸 漢武帝 漢文帝 尚書 左丘明 春秋左傳 周公 詩經 書經

민음사

책머리에

"성인은 하늘을 바라고, 현인은 성인을 바라고, 선비는 현인을 바란다." 성리학의 문을 연 송나라 사람 주돈이(周敦頤)의 말이다. 우리 전통 사회에서 사람들은 공부를 하고 수양을 하고 덕을 쌓아서, 혹은 일생을 바쳐 한 가지 일에 매진하면서 성인이 되기를 꿈꾸어 왔다. 이를 '바랄 희' 자를 써서 희성(希聖)이라고 한다.

동양에서 성인은 서양의 신과 다르다. 씨앗부터 다른 종자로서 죄 많은 인간이 도저히 다다를 수 없는 저세상에 사는 존재가 신이라면, 성인은 우리처럼 부모님의 살과 피를 받고 태어나 이 세상을 부대끼며 살아가는 사람이다. 항상 사람을 중심에 놓고 현실의 문제를 고민하는 동양적 휴머니즘의 정점에 성인이 존재한다.

성인은 인간 행위의 완성자이다. 도덕의 궁극적 실천자이며 선악의 최종적 판단자이다. 그는 초인이지만 선천적 초인이 아니라 후천적 초인이다. 일관된 노력을 통해 성인이 되며, 모든 사람의 모범으로서 사회를 이끈다. 그 노력의 핵심은 공부다. 그렇게 공부를 통해 자아 완성을 하여 천하를 다스리는 사람을 성왕이라 부른다. 그래서 동양 사람들 의식 속의 위대한 지도자는 열심히 공부하는 사람이어야 하고, 평생 일관된 분야에 노력을 기울여 온 사람이어야 하고, 철학자로서 세상의 고민을 이해하면서 도덕의 실천을 통해 모든 사회 문제를 해결하는 사람이어야 한다.

전통 사회에서든 현대 사회에서든 동양에서 정치에 종사하거나 정치학을 공부하는 사람은 성왕을 비껴갈 수 없다. 정치학 가운데서도 중국 정치사상을 전공하는 나에게도 성왕은 언제나 숙제였다. 성왕의 본래 의미는 무엇인지, 어떻게 해서 성왕이 동양 정치사상을 지배하는 핵심 개념이 되었는지, 동양 사상의 뿌리인 제자백가들의 성왕 논의는 무엇을 담고 있는지 언젠가는 책을 써야겠다고 생각했다. 한국연구재단(구 한국학술진흥재단)의 인문 저술 지원 사업이 그 기회를 제공해 주었고, 이 책은 그 결과물이다.

국비 지원을 받고 오랜 시간 학문적 천착을 한 결과물이기 때문에 일반 독자들은 책을 읽는 즐거움이 덜할 것이다. 돌이켜보면 이건 시대의 탓이기도 하다. 나는 20여 년 전 순자(荀子)를 공부하며 박사 학위를 준비하는 동안 이국땅에서 홀연히 이런 생각이 들었다. 사람은 세 가지 즐거움을 날줄과 씨줄로 삼아 인생을 엮고 또 자기완성을 지향해 가는 것 아닐까. 첫째는 심신의 즐거움이다. 주로 외부의 자극을 받아 몸과 마음의 내부에서 반응함으로써 얻어지는 즐거움으로 다분히 육체적이며 경제적 성취와 관련을 맺는다. 둘째는 관계의 즐거움이다. 천륜 또는 인륜으로 대변되는 인간관계를 통해 얻어지는 즐거움으로 다분히 도덕적이며 정치적 성취와 관련을 맺는다. 셋째는 지성의 즐거움이다. 공부 또는 한 분야에 대한 전문가적 통찰을 통해 얻어지는 즐거움으로 다분히 정신적이며 문화적 성취와 관련을 맺는다.

이 세 가지가 서로 교직되어야 다양하고 풍성한 삶의 즐거움을 누리고 살 텐데, 현대 사회는 첫 번째 즐거움 한 가지에만 지나치게 집중하는 것 아닌가 싶다. 때로 도덕과 정치를 강조하기도 하지만 대부분 사람들은 심신의 쾌락과 경제적 성취를 지상의 과제로 여기며 살아간다. 그래서 이 시대 사람들은 옛날 사람들만큼 다양한 즐거움을 느끼지 못하고 사는 듯하다. 심신의 즐거움과 지성의 즐거움이 서로를 끌어당기고 관계의 즐거움이 그 가운데 있다면 인간 사회는 무척 화목해질 것이다. 현대 사회는 경제적 성취에 지나치게 치우쳐 있다. 즐거움의 균형을 이루기 위해서는 문화적 성취를 강조하는 인위적 노력이 필요하다. 돈 있는 사람이 대접받는 세상이 아니라 아는 사람이 잘난 사람으로 대우받는 세상이 되도록 이끄는 것이 이 시대 성왕의 역할이 아닐까.

지성의 가치가 인간의 삶에서 얼마나 중요한 것인가를 알리고자 나는 수많은 책과 논문을 썼다. 하지만 돈이 안 되는 짓을 한다고, 현실을 모르는 지나친 이상주의자라고 비판받기 일쑤였다. 나 스스로도 그러한 저술 행위가 이 땅의 지적 성취에 티끌만큼이라도 공헌을 했는지 가끔 반성을 한다. 그럼에도 다시 지적 수준의 상승을 기대하며 대중적 재미를 찾기 어려운 책을 내게 되었다. 학문적 탐구보다 성왕의 내용에 대해 알고 싶은 독자는 가장 재미가 없을 1부는 빼고 2부와 3부를 먼저 읽어도 좋다. 각 부는 유기적으로 관계가 있지만 분리하여 독해해도 무방하다. 정치철학만 보고 싶다면 3부만 읽어도 될 것이다.

몇 가지 아이디어를 조합해 놀라운 필력으로 수십 만 권의 판매 부수를 올리는 인문학자가 존재한다는 점에서 우리 사회에 지성에 대한 그리움이 여전히 남아 있다고 나는 믿는다. 성왕에 대한 참된 이해를 통해 수준 높은 동양 정치사상 담론이 이어지기를 기대하며 삼가 이 책을 내놓는다. 정치 지도자를 선택하면서 경제가 아니라 정치와 문화의 가치를 중요시하는 세상이 되기를 꿈꾸어 본다. 흔쾌히 출판을 허락하신 민음사 장은수 대표님도 이 꿈에 동의해서일 거라고 생각한다. 따분한 고증에서부터 어려운 한자 분석까지 고된 교정을 묵묵히 해 주신 민음사의 편집부 식구들도 그러리라 믿는다.

18대 대통령 선거를 앞두고

분당 獨醒齋에서 장현근 씀

차
례

머리말

　'성왕(聖王)'은 중국 사상을 이해하는 핵심 코드이다. 이 코드는 워낙 강렬하게 중국 역사를 관통하고 있어서 성왕을 이해하지 못하면 중국 정치사상사 이해가 불가능할 정도이다. 중국뿐만 아니라 동아시아 사람들 모두가 예나 지금이나 이 코드에 영혼의 어딘가를 접목하고 있다. 누구나 위대한 사람이 되고 싶고, 또 위대한 정치 지도자를 기대하기 때문이다. 예전 같지는 않지만 대통령을 뽑으면서 우리는 아직도 그가 성왕이 되어 주길 바란다.

　전통 사회에서 성왕은 참으로 큰 의미를 지닌 말이었다. 성인이란 말이 처음 등장했을 때는 그다지 대단한 말이 아니었는데, 세월이 가면서 차츰 지혜롭고 능력 있는 사람이란 뜻으로 발전했고, 마침내 유덕하고 위대한 최고의 정치 지도자로 자리매김되었다. 그 후 수천 년간 중국의 황제들을 비롯하여 동아시아의 정치가들은 '성(聖)' 한 글자 때문에 엄청난 스트레스를 받아야 했으며, 그들의 정치에 대한 의식을 통제받아 왔다. '성'은 또한 정권 장악을 꿈꾸는 자에게, 그리고 무제한의 제왕 권력의 폐해 때문에 고민하던 학자나 사상가들에게 언제나 꿈과 이상의 가치 기준이 되기도 했다.

　민주주의 대명천지에 무슨 고리타분한 성왕 타령이냐고 생각하는 사람도 있을 것이다. 맞다. 지난 백 년 동안 지구상의 거의 모든 나라들은 서양(구체적으로는 서유럽 몇 개 나라와 미국)을 배우느라 정신없었다. 안 배우면 뒤처진다고 생각해서 자발적으로 서양에 복종했고, 또는 따라하지 않는다고 서양 세력에게 언어맞곤 하였다. 오늘날도 많은 나라들이 당하고 있지 않은가. 급기야 지구는 서유럽 몇 나라와 미국처럼 되었거나 되어 가고 있다. 이 얼마나 황당한 일인가. 60억이 넘는 인구가 광활한 땅에 흩어져 있는데 똑같은 정치 체제와 경제 체제를 가지고 살아가다니. 역사상 그 어느 때도 이렇게 심한 이념의 독재는 없었을 것이다. 그래서 모두가 행복해졌는가?

동아시아 국가들도 정신없이 민주주의를 배웠고 일부는 행복한 듯 보인다. 그 와중에 동양적인 것들은 민주주의와 반대되는 것으로 치부되어 팽개쳐졌다. 동양적 리더십의 원형인 성왕도 그렇게 버려졌다. 동양인의 꿈과 이상의 가치 기준도 함께 사라졌다. 동양의 정치 전통에 대해 비판적으로 접근하지 않으면 정치철학자 축에 낄 수도 없게 되었다. 많은 유학자들이 군주보다 도의가 훨씬 중요하다고 외쳤지만 끝내 군주 전제 제도의 틀을 벗어난 구상을 하지 못했다는 이유로 비판을 당하였다.[1] 나도 중국 정치사상사에는 전체적으로 인격적 주체로서 개인이 정치의 주체로 등장한 적이 없고 군주 제도를 부정하는 어떤 제도적 대안도 마련한 적이 없었다고 비판한 적이 있다.[2] 자신의 역사를 짓밟는 이러한 자기부정을 통해 얻은 절차적 민주화의 완성에 만족하는가?

민주주의가 나쁘다는 말이 결코 아니다. 획일화의 위험성과 무조건적 추종이 가져오는 병폐를 우려하는 이야기다. 민주주의는 좋은 정치 이념이자 제도임에 분명하다. 최선은 아니지만, 개인의 인격적 존엄을 바탕에 깔고 자유와 평등의 두 기둥이 받치고 있는 민주주의보다 더 나은 대안은 아직 없어 보인다. 그러나 탄생지인 유럽에서 민주주의는 벌써 노쇠해져 힘들어 한다. 민주주의는 궁극적으로 51:49이면 51을 따라야 한다는 종다수의 다수결 원리로밖에 지탱할 수 없어 '다수의 소수'에게 냉혹한 체계이다. 민주주의는 많은 장점에도 불구하고 간혹 지혜와 고결함이 배제되고 무조건적 평등성을 전제로 한 법치로 인해 사람의 무한한 창조 능력을 사장시키기도 한다. 특히 자유민주주의는 그 핵심 가치인 자유의 신장을 위해 자본주의 경제 틀에 의존할 수밖에 없어서 영원히 '돈'이 매개된 계급 차별을 극복할 수 없다. 어떻게 해야 할 것인가? 대안을 찾지 못하면 보완 방법을 찾아야 할 텐데, 무엇으로 보완할 것인가? 동양 사상에서 그 대안 혹은 보완 방법을 찾을 수는 없을까? 정치와 윤리의 재결합, 도덕적 정치 엘리트의 육성, 권력을 넘어선 근원적인 가치에 대해 치열하게 고민함으로써 그 해법에 근접할 수는 없을까. '성왕론'은 이에 대한 진지한 탐구이다.

정치와 윤리가 분리되고, 절대 개인에 기초한 민주주의를 제도적으로 완성하고, 그런 의미에서 건강하고 정의로운 시민을 육성하는 것이 서양적 의미의 좋은 정치일 것이다. 그런데 갈수록 윤리는 황폐화되고, 민주 제도는 공허한 선거 이슈들로만 남게 되었으며, 가진 자의 정의만이 정의가 되는 등 현대 정치는 각종 병폐가 만연하고 있다. 반면 공자 이래 동아시아 정치 전통에서의 좋은 정치란 정치가들이 도덕성을 겸비하고, 과거의 좋은 정치 경험을 탐구하는 지적 노력을 기울이고, 사회 내의 윤리적 통제 장치를 제도화하고, 그런 의미에서 건강하고 예의 바른 백성을 길러 내는 것이었다. 물론 그 도덕과 지식의 객관성이 모호함에 따라 부작용도 많았지만, 현대 정치의 각종 병폐를 극복하고 동서양을 아우르는 정치사상의 미래적 대안을 구상할 때 '성왕론'은 중요한 참고 자료가 되어 줄 것이다.

한국적 정치학을 만들어 가는 데도 도움을 줄 수 있을 것이다. 우리나라는 정체성을 잃어버린 채 민중의 혼돈과 신음을 깔고 산업화의 거친 들판을 달려와 이제야 제 몸을 가누게 되었다. 스스로 서게 되면서 버리지 말았어야 하는데 버렸던 전통 자산을 되돌아보게 되었다. 곳곳에서 전통성 회복의 싹이 트고 있다. 하지만 정치학 영역은 여전히 맹목적으로 서구를 수용하고 추종하는 식민 상태를 벗어나지 못하고 있으며, 주체성이나 독자성을 살리지 못하여 세상에 내놓을 한국적 정치학 또는 한국적 정치사상의 모습을 보여 주지 못하고 있다. 동양에는 정치 체제의 변동에 대한 복안이 없었고, 개인에 대한 관념이 없어서 그랬다는 부끄러워하지 않아도 되었을 그동안의 부끄러움을 벗고, 이제는 다시 한 번 전통을 돌아보아 주체적인 우리 학문을 만들어 가는 단서를 얻을 수도 있을 것이다. 수천 년의 정치적 경륜과 지적 고뇌는 스러져야 할 먼 옛날의 전설이 아니라 새롭게 거듭나야 할 문화적 콘텐츠이다. 문화엔 우열이 없다. 문화 문제에서는 개인도 중요하지만 공동체도 중요하고, 그들의 긴 역사도 중요하다. 민주주의는 이미 완벽한 정치 제도가 아니며 어떤 점에서는 문제투성이이다. 지금 중요한 것은 동서양의 구별과 일방에 의한 압도가 아니라 상생과 공조와 융합이다. 이 책『성왕』은 동서양 정치사상의 융합을 위한 시론서이다.

'성왕론'은 중국 사상의 본원에 대한 사회과학적 성찰이다. 중국 철학이나 사상의 원전인『오경』과 제자백가 및 각종 역사, 철학 분야의 다양한 서적은 정치학 교과서들이라고도 할 수 있다. 물론 이들이 문학, 사학, 철학이 공존하는 인문학의 모든 의의들을 함장한 자료임에 틀림없지만, 그들이 지향하는 세계는 사회과학적 사유였고 지향점은 정치적 이상 세계였다. 동양 학문의 전통에서 '정치학'은 오늘날처럼 법학, 경제학, 역사학 등과 구분되는 분과 학문이 아니라 인생과 세상 전체를 아우르는 통합 학문이었다.[3] '성왕론'은 한 무제 때까지의 제자백가 문헌들을 정치사상 서적으로 읽어 보자는 건의이기도 하다.

하, 은, 주 삼대(三代)의 창업주들이 만들어 놓은 매력적인 고대 국가는 춘추 전국 시대를 지나면서 중앙 집권적 군주 전제 국가로 전환하는데, '성왕'은 왜 이러한 전쟁 국가의 정치적 상황에서 출현하게 되었으며, 제자백가 모두는 그들의 이상을 자기 나름의 성왕에 걸었는가? '성왕론'은 이러한 역사를 읽는 새로운 방법에 대한 고민이기도 하다.

이 책은 동양의 전통 사상을 새롭게 읽기 위한 무례한 시도를 하였다. 공자를 권력 지향적 인물로 보고 그의 언사와 그에 의해 탄생된 새로운 개념들을 정치적으로 해석해 보려고 시도하였으며, 그 완성자를 순자와 그의 후예들로 보고자 하였다. 구체적으로 그저 유능한 인간에서 위대한 덕성을 지닌 사람으로 변화하기 시작한 성인의 형상은 공자에 의해 출발되었으며, 이는 공자자신의 구원자로서의 의식과 관련이 있을 것이다. 즉 공자 정치사상의 재발견이 '성왕론'이다. 공자는 요임금을 창조해 냈다. 그렇기 때문에 '요임금 순임금에 대해 기술하고 문왕 무왕의 도를 본받는 것' 외에 어떠한 창작도 하지 않았다는(述而不作) 공자의 주장은 '달리' 읽어야 할 것이다.

공자는 성왕 요(堯)를 '창조'해 냄으로써 기존의 정치사상 관련 개념을 완전히 새롭게 바꾸어 버렸다. 기존에 존재했으므로 창작은 아니지만 새로운 개념으로 재정립했다는 점에서 오히려 혁명적이다. 그의 '덕치'는 도덕으로 무장한 군자의 정치이다. 군자라는 개념을 새롭게 정립함으로써 과거의 정치를 군자라는 하나의 틀 속에 가두어 버린 혐의가 있지만, 군자 개념에 가장 어울리는 인물로 공자 자신을 설정하는 데 성공하였다. 이로써 공자의 도덕 정치는 역사적 표준이 되고, 공자 자신은 영원히 살아 있는 최고 정치 지도자가되었다.

공자의 추종자들은 스승의 말을 잘 이해했다. 그들은 '폭군 – 성왕 구조'를 구조화함으로써 성왕을 강화했다. 그 후 전제 군주 국가, 황제의 시대가 열리고 한 무제 때에 이르면 유가를 자칭하는 사상가들은 황제 위에 성왕의 모자를 씌워 드렸다.[4] 그러니까 동아시아 수천 년간 제왕들은 '성왕'의 표준이 된 공자와 같은 정치가가 되도록 노력해야만 했다. 주지하다시피 공자의 성취에 다다르기는 범인으로서 참으로 힘든 일이다.[5] 성왕에 대한 백성들의 기대와 군자의 정치를 하라는 사대부들의 강요는 군주 전제 시대 내내 군주들에게 가장 중요한 정치적 과제였다. 그래서 동아시아 정치사상의 핵심 가운데 하나는 군주를 향한 위대한 덕성의 요구라고 할 수 있다. 실제로 그러했든 형식상 그러했든 동양적 정치학의 이 그림자는 예전과 크게 다르지 않게 오늘날까지 훌륭한 정치가에 대한 신성한 요구로서 상존하고 있다.

동양의 성인은 인간의 인식을 초월하는 존재라는 점에서 서양의 신과 같은 존재이다. 하지만 인간의 삶과 분리되는 존재가 아니라 현실의 삶 속에서 자기 수양과 도덕적 완성을 통해 성인이 '될 수 있다'는 점에서 서양의 신과 다르다. 동아시아 전통 사회를 지배해 온 모든 가치 구조상의 최고 정점이 성인이다. 성인은 가치의 창조자이기도 하고, 가치 기준의 궁극이기도 하고, 가치 추구의 최고 목표이기도 하다. 삼대의 지적 유산을 바탕으로 피어오른 춘추 전국 시대 제자백가 사유의 공통된 지향점 또한 성인이었다. 유가 사상뿐만 아니라 도가, 법가 등 모든 학파에서, 그리고 그 후 수천 년 동안 동양의 전통 사회에서도 마찬가지였다. 전반적 서구화 속에 현대를 살아가는 오늘의 동아시아인들에게도 가치 위계의 정점으로서 성인에 대한 내면적 그리움은 여전하다. 이 책은 성인을 기리고 살아온 동아시아 사람들의 의식에 대한 탐구이기도 하다.

성왕은 『장자』의 표현대로 내성외왕(內聖外王)의 의미를 지녔다고 해석할 수도 있다. 안으로 도덕적 수양을 완성한 성인이 밖으로 도덕적 통치를 완성하는 왕이 '될 수 있다' 또는 '되어야 한다'는 뜻이다. 완성된 인간을 뜻하는 성인이 통치자가 되는 것이므로 성왕은 완성된 정치가를 의미한다. 그래서 동아시아 전통 사회에서 정치가들이 추구하는 최고의 이상은 성왕이었다. 진시황처럼 강렬한 법가적 통치를 선호하던 군왕이었든, 한 문제(漢文帝)처럼 유순한 도가적 통치를 선호하던 군왕이었든, 양 무제(梁武帝)처럼 불교적 통치를 선호하던 군왕이었든, 조선 세종대왕처럼 유가적 통치를 선호하던 군왕이었든 최고 정치 지도자로서 성왕은 언제나 그들의 내면을 지배하는 궁극적 가치였으며, 그들이 다스리는 나라의 모든 신민이 그들의 군왕에게 바라는 궁극적 통치의 소망 또한 성왕이었다. 세상 문제의 본질을 꿰뚫고 가장 정의롭고 공정하게 판단하며 모든 구성원들을 만족시키며 존경을 받는 사람, 서양 플라톤의 철인왕(Philosopher King)과 비교되는 동양의 통치자가 성왕이었다. 성왕론 연구는 동양의 군주론에 대한 총체적 고찰이다.

동아시아 국가들은 수천 년 동안 군주제 국가였으며, 겉으로는 유가를 표방하였지만 속으로는 법가적 통치를 행해 온 외유내법(外儒內法)의 정치 전통을 이어 왔다. 그리고 법과 가치의 최고 준거로서 군주는 성왕이 되기를 꿈꾸었고 모든 사회 구성원들도 성왕을 희구하였다. 그런데도 동양에서 성왕 문제를 본격적으로 다룬 단행본 저작은 몇 권 없다. 문헌문자학 분야에서 '성(聖)' '왕(王)'을 전문적으로 다룬 책은 없으며, 철학 분야에선 주로 성인의 문제를, 정치학 영역에선 군주 문제를 다룬 단행본들은 여럿 있으나, 이 셋을 유기적으로 결합해 성왕의 문제를 체계적으로 정리한 경우는 없었다. 동아시아 전통 사상은 거의 대부분이 정치사상이라도 불러도 크게 틀리지 않다는 점에서 성왕론에 대한 정치학적 연구는 동양 사상의 핵심을 이해하려는 시도의 하나이다.

제자백가 가운데 '성왕(聖王)'이라는 용어를 순자보다 더 많이 사용한 사상가는 묵자이다. 『묵자』에는 '성왕'이란 말이 121회나 출현한다. 「사과(辭過)」 편에는 요임금, 순임금, 우왕, 탕왕, 문왕, 무왕을 과거의 성인으로 보면서 이들이 심지어 배나 수레, 집을 처음 제작했다고 주장하기도 한다. 하지만 가장 많은 분량을 할애한 것은 역시 위대한 정치가로서 성왕이다.

옛날의 성왕은 현인을 매우 존중하고 능력 있는 사람을 임용하였으며 부모 형제와 치우쳐 작당하지 않고 부자나 고귀한 사람이라고 치우쳐 보호하지 않았으며 미색을 총애하지도 않았다. 현인을 선발하여 윗자리에 앉혔고 부유하게 하여 신분을 높였으며 관료의 장으로 삼았다. 그리고 불초한 사람은 물리쳐 자리에서 물러나게 하고 가난하게 하여 신분을 낮추었으며 노복으로 삼았다. 그러하니 백성들 모두가 상 받기를 권하고 벌 받기를 두려워하게 되어 서로 다투어 현인이 되고자 했다.[6]

묵자가 아니더라도 동양 정치사상사에서 좋은 정치와 제도의 궁극적 진원은 항상 고대 성왕이다. 구체적으로 고대의 제왕을 언급하기도 하지만 대체로 언제 누구를 이야기하기보다 과거 오랜 기간의 경험과 노력을 집대성한 사람들의 완성된 양태로서 성왕을 말한다. 그렇게 이미 갖추어져 '있던' 완벽한 제도를 훌륭한 정치 지도자, 즉 성왕이 나타나 수행만 하면 왕도 정치가 달성되는 것이다. 이에 대해선 순자가 명료하게 이야기한 적이 있다.

백 대의 왕을 거치면서도 변함이 없는 것이 있는데, 이는 충분히 처음과 끝을 관통하는 도(道貫)가 될 수 있다. 왕조는 한 번 무너지기도 한 번 일어나기도 하는 변화를 겪지만, 일관된 도로 그 변화에 응하면 이치가 관통하여 혼란에 이르지 않는다. 관통하는 도를 알지 못하면 어떻게 변화에 대응하는지를 모른다. 관통하는 도의 대원칙은 한 번도 사라진 적이 없다. 나라의 혼란은 그 원칙 운용의 잘못에서 생기며, 정치의 안정은 그 원칙 운용의 상세함에 있다. 따라서 도리상 좋은 원칙에 맞아떨어지면 따라도 되고, 편차가 있으면 해선 안 되며, 완전히 틀리면 크게 사회를 미혹시킬 것이다. 물을 건너는 사람은 깊이 표식이 있어야 하는데, 표식이 명확하지 않으면 물에 빠진다. 백성을 다스리는 사람은 일관하는 도의 표식이 있어야 하는데, 표식이 명확하지 않으면 혼란스러워진다. 예(禮)가 바로 표식이다.[7]

시공을 초월하여 인간 사회에 관통하는 도, 즉 도관(道貫)의 존재는 중국의 모든 정치사상가들에게 공통된 주제이다. 다만 그 실천 방법과 준거의 틀이 달랐을 뿐이다. 위의 인용에서 순자는 예를 도관의 표상으로 보고 있다. 순자는 현실 정치에서 일어나는 일들은 도관에서 유추한 '예'로 해결한다는 '통류(統類)' 개념을 제기한다. 이처럼 동양 정치사상에서는 '불변의', '항상 존재하는', '스스로 그러한', '설명하기 어렵지만 누구나 알고 있는' 도를 정치의 궁극적 원류로 삼는다. 군주 전제 제도 아래 있었지만 군주 또한 도의 아래에 존재하므로 사실상 군주 제도보다 더 나은 정치 제도를 만들어 보겠다는 생각을 하지 못한 것이다. 따라서 동양 정치사상이 반성 없는 군주 전제 제도로 일관되었기 때문에 문제가 있다는 앞머리의 주장들은 더 궁극적인 가치인 도에 대한 탐구의 중요성을 간과한 결과이다. 따라서 성왕론은 군주 전제 제도에 대한 비판보다 상위의 문제에 대한 논의이다.

도가 '이미' 있고, 도를 구현하는 것이 가장 좋은 정치라는 공통된 인식이 있었기 때문에 보다 나은 정치 체제를 위한 고민보다 도를 구현할 '정치가'에 초점을 맞춘 것이 동양 전통 정치사상사의 일관된 입장이었다. 그래서 성왕론은 정치가 이야기이다. 좋은 정치는 좋은 제도에서 나오는 것이 아니라 좋은 정치가가 이미 갖추어진 도를 구현하는 정치인 것이다. 동양 사상에서 법치(法治)는 혹독한 법률에 의한 통치라기보다 잘 갖추어진 제도에 의한 통치이며, 인치(人治)는 잘 다음어진 정치가에 의한 통치를 말한다. 이 점에서 성왕론은 법치보다 인치에 가까운 논의인데, 최고 지도자가 제멋대로 하는 의미의 인치가 아니라 위대한 정치가에 의한 통치라는 점에서 성왕론은 일종의 정치가론이다.

정치를 지배와 피지배 관계에서 발생하는 현상으로 보면 지배의 정점에 있는 최고 지도자가 누가 되느냐는 문제와 최고 지도자가 어떻게 해야 하느냐의 문제는 모두 중요하다. 똑같이 자유롭고 존엄한 인격을 지닌 개인, 1인 1표, 다수결, 인민 주권과 인민에 의한 선택 등 민주주의의 제반 사항은 누구를 최고 지도자로 '뽑느냐'는 정치권력의 창출과 관련되어 있다. 한편 널리 민심을 읽고 민생을 보살피며 성인의 말씀을 깊이 공부하여 도덕적 수양을 쌓고 도에 입각하여 공동체에 천리를 구현함으로써 모든 구성원을 안거낙업(安居樂業)하게 해야 한다는 성왕론은 최고 지도자가 어떻게 '생각하고 행동하느냐'가 정치권력의 확대 및 유지와 관련되어 있다. 전자가 정치가의 선택과 선택 결과의 합리성에 집중되어 있다면, 후자는 정치가의 양성과 정치 과정의 당위성에 초점이 맞추어져 있다. 민주적으로 '잘 뽑은' 정치가가 임기 내내 이 땅에 도를 구현하는 '훌륭한 정치'를 펼친다면 왕도(王道)의 완성이 아니겠는가.

성인, 성왕의 이미지를 오늘날의 정치가에게 요구하는 현대 정치에 대한 변화의 요구는 이 책의 또 다른 목적 가운데 하나이다. 서양화의 연속선상에서 오늘날 선거를 치르고 등장한 근대적 의미의 정치인들은 적어도 동양 전통 사회의 입장에서 볼 때 너무도 의미 없고, 너무도 어이가 없고, 너무도 정신이 없는 존재들이다. 책임도 의무도 선비 정신도 천지자연의 기운과 함께하려는 도덕 수양의 고난도 없다. 그리하여 중심과 이상을 잃어버린 동양 사회의 구성원들은 당선된 정치인들에게 위대한 정치가로서의 모범적 위상, 삶의 지침으로서 정신적 지주 역할을 기대하지 않고 살게 되었다. 전통과 현대의 접목 위에 지금의 정치가들에게 성인 정치가가 어떤 모습과 이상을 각성하게 만드는 것 또한 이 글의 작은 목적 가운데 하나이다.

성왕에 대한 논의의 선행 연구 성과 가운데 대표적인 단행본 저작으로는 다음과 같은 책들이 있다. 중국 대륙의 유택화(劉澤華)가 『중국의 왕권주의(中國的王權主義)』(2000)라는 책을 내어 중국의 군주제 문제를 '제왕중심주의'라는 틀로 파헤쳤고, 대만의 왕건문(王健文)은 『전국 제자의 고대 성왕 전설 및 그 사상사적 의의(戰國諸子的古聖王傳說及其思想史意義)』(1987)라는 연구서를 출간해 선양(禪讓)과 방벌(放伐)을 중심으로 제자백가의 성왕 논의를 다루었다. 역시 대만의 왕중부(王中孚) 또한 성왕으로 알려진 고대 전설에 대한 연구 업적을 많이 내고 있다.[8] 근래의 저작으로는 왕문량(王文亮)의 『중국성인론(中

國聖人論)』(1993)과 최근 등국광(鄧國光)의 『성왕지도 — 선진 제자의 경세 지혜』(聖王之道 — 先秦諸子的經世智慧)』(2010)가 나왔다. 한국에서는 사회학적 시각에서 주로 유교와 근대성 문제를 다룬 김상준의 『맹자의 땀 성왕의 피: 중층 근대와 동아시아 유교 문명』(2011)이 있다. '성왕'과 관련하여 수백 편의 논문도 생산되었다.[9] 그러나 대부분은 문헌 분석과 사료 해석 혹은 사회적 의미 등에 치중하고 성왕 논의 자체를 다루지는 않았다. 고대 갑골문까지 분석하여 '성왕'의 원시적 의의를 밝히는 시도를 하지 않고 있으며, '성인'을 보는 제자백가의 다양한 시각을 전체적으로 조망해 주지 못하고 있다. 역사학적 시각에서 실증하는 데 치우쳐 '성왕'이 갖는 정치적 의미나 그것이 역사적으로 동양 사회에 군림해 온 사회과학적 의미에 대한 천착은 특히 미진하다.

이와 같이 몇몇 선행 연구들이 시대적 한계도 있고, 연구 범위도 주로 춘추 이후의 서적과 후대 제국 시대의 '성왕' 논의에 머무르고 있어서 성왕의 전모를 파악하기에는 부족한 실정이다. 서양과 일본에서의 연구 저작 가운데도 군주와 제왕에 대한 역사적 혹은 사실적 고찰을 하는 경우는 더러 있으나, 사회과학적 시각으로 성왕의 문제를 본격적으로 다룬 저술은 거의 없다. 그 외 인격의 완성태로서 성인을 다루고, 이를 성왕과 연결한 논문, 성왕으로 불린 요·순 혹은 몇몇 고대 군왕에 대한 단독 논문 등이 있다. 또 제자백가의 성왕론을 집대성한 사상가가 순자였다는 점에서 순자를 연구하는 학자들이 성왕론을 다룬 논문이 더러 있다.[10] 이 책에서는 첫째 이들 기존의 성과를 종합하여 역사적 사실을 입증하려 노력하고, 둘째 그들이 다루지 않고 있는 고대 갑골문과 금문의 영역까지 시대를 확장하여 성·왕의 원시적 의의를 밝히고, 셋째 성왕이 갖는 철학적 의미와 정치사상적 의미를 독자적인 시각으로 정리하고자 한다.

이 책은 현재까지 알려진 중국학 자료의 출발인 은나라 중기 갑골문으로부터 시작하여, 자유롭고 다양했던 제자백가의 사유가 유가라는 오직 '하나'의 두터운 외투 아래 통치 이데올로기로 종합되어 버린 한나라 초기 무제(武帝, 재위 서기전 141~서기전 87년) 시대까지를 기본 연구 범위로 삼았다. 갑골문, 금문 등 원시 사료와 주나라 초기의 저작들과 춘추 시대의 역사서들, 그리고 제자백가의 서적을 거의 모두 망라하였다. 이 과정에서 인용의 통일성과 논지의 일관성을 유지하기 위해 문헌 사료는『중국 철학서 전자화 계획(中國哲學書電子化計劃)』(http://chinese.dsturgeon.net)에 의거하였다. 거기에는 전통적으로 위서 논쟁이 있어 온 책들도 있고, 명백한 오기도 있으며, 언급된 내용의 사실 여부에 대해 지금도 논쟁 중인 책들도 있다. 인용하면서 가급적 이러한 사실들을 조금씩 언급하고 넘어가긴 했지만, 대부분의 경우 책 전체의 논지를 일관되게 끌고 가고, 방계의 문헌학적 논쟁에 빠지는 것을 피하기 위해 과감히 이『계획』에 의존하였다. 물론 사상 학파의 분류라든지 일부 명백한 글자의 오류 등에 대해서는 내가 구분하여 처리하였다. 또한 한자 해석의 문제나 갑골문 금문 등 자형과 용례의 일부는 여러 사전을 참고하였지만 특히『강희자전(康熙字典)』,『설문해자(說文解字)』,『한어대사전(漢語大詞典)』,『한어대자전(漢語大字典)』등을 총망라하고 있는 인터넷 사전인『한전(漢典)』(www.zdic.net)과『상형자전(象形字典)』(http://vividict.com)에 의거하였다. 해석이 불분명한 부분은 여러 사전을 종합하여 내가 판단하였다. 인명과 생몰 연대에 대한 복잡한 논쟁이 있는 것들에 대해서는 이 책의 내용과 관련되어 중요한 부분은 규명을 하였지만, 그렇지 않은 경우 대부분은 중국의 인터넷 검색 사이트인『백도백과(百度百科)』(http://baike.baidu.com)를 따랐으며, 여기에도 없는 부분은『유기백과(維基百科: 自由的百科全書)』(http://zh.wikipedia.org/zh-cn)를 참고하였다.

이러한 자료를 기초로 나는 이 책을 3부로 구성하였다. 문헌학(philology)에 해당하는 1부는 한자 聖과 王의 어원 및 용례를 분석하였으며, 철학(philosophy)에 해당하는 2부에서는 한 무제 때까지 제자백가의 성왕에 대한 철학적 논의들을 검토하였고, 정치 사상(political thought)에 해당하는 3부에선 성왕을 둘러싼 정치와 권력의 문제를 다루었다.

결론에선 이 책 전체의 내용을 요약하고, 이 책이 갖고 있는 몇 가지 장점과 한계를 언급하였다. 새롭게 제기된 주장들과 그것이 갖고 있는 문제점도 밝히고, 중국 성왕론이 현대 정치 사회에 어떤 의미와 시사점을 갖는지, 앞으로의 과제는 무엇인지 등을 이야기하였다.

1부
성왕의 어원

성왕은 성(聖)과 왕(王)의 결합어이다. 과학적 판명이 난 현존 증거물 가운데 중국 역사상 '성왕'이라는 말을 붙여 쓴 실물 증거는 서기전 314~ 서기전 313년 주조된「중산왕방호명(中山王方壺銘)」에 쓰여 있는 '고지성왕(古之聖王)'이 처음일 것이다.[1] 중산국은 아주 초기부터 '왕(王)'을 칭했으며, 북방 동이 계열의 나라로 추정된다. 이 나라 왕의 무덤에 넣은 네모난 단지에 명문을 새겨 '성왕'의 도를 교훈으로 삼았다는 사실은 당시에 '성왕'이란 용어가 무척 유행했다는 유력한 증거이다. 이 '성왕'을 자기주장의 주요 의제로 삼아 깊이 있게 천착한 사상가는 바로 묵자(墨翟, 서기전 468?~ 서기전 376?년[2])와 순자(荀況, 서기전 336?[3]~ 서기전 238년)이다. 그러나 성과 왕을 따로 떼어 완벽한 인격의 소유자나 이상적 군주의 전형으로 '성' 또는 '성인'을 언급한 사례는 춘추 전국 거의 모든 사상가의 저작에 공통적으로 나타난다.

중국어의 성격상 聖 한 글자를 써서 성왕을 뜻하기도 하고, 어떤 경우는 王 한 글자가 성왕을 의미하는 경우도 많다. 성인(聖人)의 경우도 정치의 영역을 벗어나 인간과 역사 전반을 포괄하는 좀 더 넓은 의미를 지니기도 하지만 많은 경우는 성왕을 직접 겨냥하는 용법이 많다. 따라서 자의와 용례를 검토할 때는 성, 성인, 성왕, 왕을 다루고 있는 연구 범주 내의 모든 문헌들을 다루어야 하고, 그 방법도 분절적으로 하나씩 이야기할 수밖에 없다. 다만 그 많은 문헌들의 그 많은 용례를 일일이 다 인용할 수도 없겠거니와 2부에서 '성왕' 사상을 다루어 가는 과정에서 자연스레 드러날 것이므로 여기서는 '성', '왕'과 관련된 몇 가지 기본 개념들에 대해서 알아보도록 한다. 먼저 聖이라는 글자가 어떻게 생겨났는지부터 살펴보자.

1장 聖의 어원

현재의 한자 聖 자'는 귀 이(耳)와 입 구(口)가 합하고 아래에는 임금 왕(王) 자 혹은 아홉 번째 천간 임(壬) 자와 비슷하게 쓴다. 여기서 이(耳)와 구(口)는 맞지만 아래에 붙은 글자는 원래 왕(王)도 임(壬)도 아니었다. 갑골문(甲骨文)에 사람을 뜻하는 '𠂤'(人) 바로 앞에 입을 뜻하는 'ㅂ'(口), 그리고 위에 귀를 뜻하는 '𦘧'(耳)가 붙어 있는 글자가 있는데, 이것이 聖 자로 추정된다.²

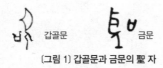

〔그림 1〕 갑골문과 금문의 聖 자

〔그림 1〕의 첫 번째 글자가 갑골문 聖 자이다. 서중서(徐中舒) 주편의 『갑골문자전』에는 이 글자를 갑골문 제1기인 무정(武丁) 임금 시기로 보며(1287쪽), 글자 형태는 하야시〔林泰輔〕의 『귀갑수골문자』 2.25.14에 있는 탁본 글자이다. 글자 형태로 보면 오른쪽 위는 확실히 귀의 형상으로 보인다. 문제는 입 구(口)자인데, 이것이 과연 입의 형상이 맞는가이다. 최초의 말과 글자는 그 출처가 신체 또는 비근한 삶의 주변으로부터 연유한다는 언어학의 기본 상식으로 볼 때 구(口)를 입의 상형으로 보아 온 것은 당연한 결과였다. 『설문해자』에는 "사람이 그것으로 말하고 먹는 곳"이라고 해석하였다.³ 그 후 중국 학자들 대부분은 의심 없이 이 '주장'을 '사실'로 받아들여 사용해 왔다.

오늘날 우리나라 한자 옥편의 부수로 있는 입 ' 口 ' 또는 큰 입 구(口)의 모양을 보더라도 대체로 입 모양과 비슷하여 입의 상형으로 생각된다. 진(秦)나라 정부의 공식 서체인 소전(小篆)을 통해 과거 상형문적 복잡한 글자 형태들이 대폭 간략화되고, 한나라 초엔 각 획을 독립시켜 더욱 간단하고 명료한 글자인 예서(隸書)가 보급되고, 후한 말기엔 오늘날 글자 형태와 같은 해서(楷書)가 등장하였다. 『설문해자』에서 예시한 口 자는 해서 '口'가 아닌 소전 'ㅂ'을 쓰고 있다. 〔그림 2〕에서 보듯 자는 초기 글자에서 큰 변화 없이 같았다.

甲⁴1277(갑골문)　　　　　邙卣二(금문)　　　　　설문해자(소전)

〔그림 2〕 구(口) 자의 초기 글자 형태

그렇다면 옛사람의 입은 '口' 모양이 아니라 'ㅂ' 모양이었는가? 이런 의심 때문에 일부 문자 연구자들은 『설문해자』를 두고 여러 가지 해설서와 다양한 주장을 내기도 하였다. 예를 들면 일본 한문학의 최고 권위로 불리는 시라카와 시즈카〔白川靜〕는 그의 명저 『한자(漢字)』⁵에서 'ㅂ'을 입 구(口)가 아니라 신에 대한 섬김과 제사가 일상이었던 고대에 신에게 기원을 올리거나 신의 계시를 받아 담은 '그릇' 즉 축고기(祝告器)로 해석하여 한자 해석의 새로운 시도를 감행하였다. 청나라 말기 금석학과 육서(六書) 연구의 최고 권위였던 오대징(吳大澂)의 『자설(字說)』과 『설문고주보(說文古籒補)』의 영향을 강하게 받은 시라카와의 '상상'은 입 구(口) 자가 붙어 해석이 안 되던 문자학의 오랜 난제들을 해결해 주기도 하였다.⁶ 하지만 갑골문에 등장하는 'ㅂ' 자의 다양한 형태는 대부분 소리를 지르거나 웃고 있는 사람의 입 모양으로 해석해야 의미가 잘 통한다. 또한 고문헌에 등장할 때는 거의 대부분이 여전히 입으로 하는 행위와 관련지어 해석할 수밖에 없다.⁷

두 주장을 절충하면 구(口)는 축고를 하는 입일 수도 있고, 또 먹고 말하는 입일 수도 있다. 따라서 축고를 하는 입, 즉 제사장의 주술 행위를 형상화한 글자로 보는 것이 옳을 듯하다. 갑골문이 생겨난 제정(祭政) 일치 시대의 은나라 때 제사장의 정치적 언술과 신에 대한 기원이 담긴 구(口) 자는 이렇게 하여 聖 자의 어원이 되었다고 할 수 있다.

초기 금문의 聖 자 가운데는 이렇게 이(耳)와 구(口) 두 글자만으로 구성된 것이 여럿 있다. 고힐강(顧詰剛)의 고증에 의하면 초기 聖 자는 '耴' 자로 이(耳)를 따르고 구(口)를 따르니, 즉 옛날의 '청(聽)' 자라고 한다. 이른바 "소리가 마음에 들어가 통하니, 귀로 들어가고, 입으로 나온다."[8]라는 의미이다. '성' 자의 갑골문 가운데서의 자형은 한 사람에게서 특히 귀가 큰 것으로 나타나 있다. 금문 '耴'는 귀를 기울여 다른 사람의 말을 듣는 형태이다. 처음에는 '청'을 성으로 삼았으므로 "들어서 그것을 아는 것이 성이다."[9]라고 했다. '耴'의 본의는 "귀로 들어간다."이다. 들을 청(聽, 현대 중국어 발음으로는 ting)과 성(聖, 현대 중국어 발음으로는 sheng)은 고대에 발음도 같았을 것으로 생각되며 같은 의미를 지닌 글자였을 것이다. 시라카와는 금문 대보기(大保旣)에 새겨진 명문에서 〔그림 3〕의 글씨를 聖으로 읽는다.[10] 한편, 금문 '耴'을 聖 자로 인식했던 시라카와와 달리 사광휘는 〔그림 3〕의 같은 글자를 청(聽)으로 읽는다.[11] 청(聽)과 성(聖)은 어원적으로 통하는 글자였다. 여기서 청(聽)은 듣는다, 따른다는 의미도 있지만 '접수한다, 다스린다, 결단을 내리다' 등의 의미가 더 강하다.

〔그림 3〕 청(聽) 자의 초기 글자 형태

들는다는 것은 말하는 것과 관련이 있으므로 청(聽)과 성(聖)이 같은 의미를 지닌다고 생각할 수 있다. 은나라 한자 생성 시기에는 제사가 삶의 대부분을 차지하고 있었다. 이 점을 염두에 두면 청(聽)이든 성(聖)이든 만들어질 때는 하늘의 목소리가 귀로 들어가 제사장의 입으로 나오는 것, 혹은 제사장의 입을 통해 나온 말이 하늘의 귀로 들어가는 것을 형상화한 것임을 알 수 있다. 은나라 때 제사장은 여일인(余一人)이라고 부른 천자였다. 이러한 견해는 현대 갑골문 연구에 탁월한 업적을 내고 있는 조성(趙誠)에 의해서도 증명된다. 그는 『갑골문 간명 사전』에서 갑골문에서 청(聽) 자([그림 3]의 첫 번째 글자)는 두 가지 의미가 있는데 하나는 일반 동사로 입으로 말하는 것을 귀로 듣는다는 뜻이고, 하나는 청치(聽治) 즉 군주가 각종 상황에 대해 청취하고 정사를 처리한다는 뜻이라고 한다.[12] 청(聽) 자는 정치 행위와 관련이 있다는 점에서 聖 자와 관련이 있다고 하겠다.

갑골문과 금문의 聖 자인 [그림 1]은 사람이 땅을 딛고 서서 다른 사람이 하는 말을 주의 깊게 듣고 있는 형상이다. 'ㅂ'은 어떤 사람이 말을 하고 있는 것이고, 사람의 머리에 귀가 특별히 돌출되어 있어 대단한 청력을 지닌 사람을 뜻한다고 풀이할 수 있다.[13] 영민한 청각을 지닌 사람, 하늘과 사람의 목소리를 다 듣는 사람, 바로 제사장의 모습이다. [그림 4]에서 보듯 청(聽) 자의 소전은 聖 자의 소전에서 입 구(口) 즉 'ㅂ' 모양이 빠진 대신에 덕(德) 자의 오른쪽 부분이 첨가되어 있다.

설문해자   설문해자

[그림 4] 소전 聖 자와 청(聽) 자

한자의 소전체가 인문학적 사유가 크게 유행한 춘추 전국 시대를 지나며 만들어지고 진시황 때 정부 공식 문서로 채택되었다는 점에서 금문에 보이는 주술적, 종교적 의미보다 주(周) 대의 인간 중심적 사유가 개입된 것으로 생각된다.

이상의 분석을 종합하면 성(聖)과 청(聽)은 최고 정치 지도자로서 제사장의 주술적, 종교적 행위와 높은 곳을 지향하는 사람의 인격적, 도덕적 행위가 결합하게 된다. 聖 자에 관한 소전 이후의 의미 변화에 대해선 아직 규명된 내용이 없으므로, 가장 오래된 해설서인 『설문해자』를 참고할 수밖에 없다. 권12 「이부(耳部)」에 "聖 자는 만사에 통달하다는 뜻이다. 뜻은 이(耳) 자에 연유하며, 소리는 정(呈, cheng)을 따른다."[14] 통(通)이란 소리나 소문을 듣고 사정을 통달했음을 뜻한다. 발전하면, 단순히 듣는 것뿐만 아니라 보고 읽고 대화하며 마음을 통하는 것도 통이 된다. 즉 통인이란 학식이 깊고 넓은 사람이다. 『사기』 「전경중완세가(田敬仲完世家)」에는 통인이 아니면 『주역』의 어려운 이치를 알 수 없다고 하고,[15] 『논형』 「초기(超奇)」 편엔 책을 천 편 이상 통독하여 교수(敎授)로써 다른 사람의 스승이 된 사람을 통인이라 한다.[16] 성인이란 귀 밝고 눈 밝은 총명인(聰明人), 즉 세상의 이치를 꿰뚫는 사람을 뜻한다.

또한 聖이 듣는 것, 말하는 것과 관련 있다는 점에서 귀 밝을 총(聰), 소리 성(聲) 자와도 통하는 글자였다. 특히 성(聲, 현대 중국어 발음은 sheng) 자는 발음 체계도 거의 같으며 의미하는 바도 비슷하다. 성(聲) 자의 갑골문(𪔛)을 보면 귀와 입을 뜻하는 글자가 들어가 있고, 오늘날도 성망(聲望), 명성(名聲) 등에 聖이 갖고 있는 뜻을 다분히 함축하고 있다.

서중서의 『갑골문자전』에는 聖 자의 갑골문(〔그림 1〕)을 귀의 역할을 강조한 글자라고 한다. 귀로 감지하는 것이 성(聲), 귀로 소리를 아는 것이 청(聽), 귀에 민감한 청문(聽聞)의 효능을 갖춤을 聖이라고 하며 성(聖), 청(聽), 성(聲) 세 글자는 근원이 같으며 처음엔 한 글자였다고 말한다. 이 회의 문자들은 후세에 뜻이 분화되긴 했지만 여전히 통용이 가능하다고 한다. 聖은 대대로 통하다(通), 밝다(明), 뛰어나다(賢) 등으로 해석되어 왔으며 정통(精通)하다는 의미에 이르게 되었다는 것이다.[17]

위에서 우리는 금문 가운데 '耴'는 입과 귀가 서로 통함을 가리켰는데, 나중에 이 뜻이 변화하여 귀가 통한다는 '이통(耳通)'은 마음이 통한다는 '심통(心通)'으로 전환되었다고 하였다. 앞뒤에 차이는 있으나 '통'이라는 점에서는 한가지이다. 『설문해자』에 따르면 통(通) 자는 도달할 달(達)이며, 천천히 걷거나 뛰어넘는다는 뜻의 착(辵)에서 연유했다고 한다. 주준성(朱駿聲)은 "춘추 시대 이전에 성인이라 함은 바로 통달한 사람(通人)이다."[18] "전국 시대 이후의 성인이란 존경과 숭배의 허명이다."[19]라고 말한다. 고힐강도 상고 시대의 성인은 평범하게 귀가 밝은(聰) 자에 불과했는데 후세의 성인은 신비로운 초인으로 바뀌어 그 간격이 너무 커졌다고 말한다. 聖이든 청(聽)이든 '통' 자가 그 가운데를 관통하고 있다.

"소리를 듣고 사정을 아는 것"이 '통(通)'이었다. 공자의 "하나로써 관통하는 것"이 '통'이며, 맹자의 "크게 (도를 행하여 천하를) 교화함"이 '통'이며, 장자의 "제물(齊物)"이 '통'이며, 묵자의 "상동(尚同)"이 '통'이며, 관자의 "위로 하늘을 통찰하고, 아래로 땅을 통찰함"이 '통'이며, 상앙의 "만물의 핵심을 알고, 고금의 변화를 통찰함"이 '통'이다. 『주역』이 "회통(會通)"을 주로 함은 더 말할 필요도 없다. 어쨌든 이른바 성인이란 결국 '통'에 있다. 초기 사람들은 지력이 낮아 사고가 자기 몸을 벗어나지 못하였다. 그래서 聖의 영역도 신체의 한 기관에 제한될 수밖에 없었고 '이통(耳通)'의 귀 밝은 자가 성인이 되었던 것이다.

그 후 지력이 차츰 넓어져 사고의 폭이 몸으로부터 마음 깊숙이 돌아 들어감으로써 聖의 영역도 크게 넓혀졌다. 대체로 천지 · 만물 · 음양 · 사시 · 인륜 · 성위(性僞) · 형명 · 도덕 등 거의 통하지 않는 바가 없게 되었다. "聖은 통하지 않는 곳이 없고"[20] "일을 함에 통달하지 않는 바가 없음을 聖이라 부른다."[21]

이렇게 볼 때 聖 자의 어원적 의미는 큰 귀로 민중의 호소나 하늘의 목소리를 듣고, 이를 하늘이나 백성들에게 입으로 전달하는 정치 지도자를 의미하는 말이었다. 나중에 황제를 일컬어 성상(聖上)이라 부르게 된 것은 이러한 聖자의 원래 의미를 참고한 것이었다. 거기에 여러 가지 뜻이 보태지면서 聖은 모든 일에 정통한 달인을 부르는 호칭이 되는 등 다양한 용례로 사용되었다.

2장 성인 관념의 변천

1 특정 능력의 소유자: 고대에서 공자 시대까지

갑골문 · 금문에서의 성인

서중서의 『갑골문자전』에는 곽약우(郭若愚) 등의 『은허문자철합(殷墟文字綴合)』261의 '유성(有聖)'과 동작빈(董作賓)의 『소둔 · 은허문자을편(小屯 · 殷墟文字乙編)』6533의 'ㅁ망기성(ㅁ亡其聖)' 두 용례가 실려 있다. 두 聖 자 모두 청문(聽聞) 즉 듣는다는 뜻이다. 그러니까 전자는 '듣는 바가 있음'이고 후자는 'ㅁ가 듣는 바가 없음'이다. 이렇게 듣는다는 의미로 읽는다면 들을 청(聽) 자의 갑골문 용례는 매우 많다. 잘 듣는 능력으로부터 현명하고 어떤 한 가지에 정통한 사람으로 뜻이 발전했다는 것이다.[1] 조성은 'ᄻ' 자 즉 聖 자의 아랫부분이 없는 글자 '耵'을 성(聖)과 청(聽)과 같은 의미의 '듣다'로 본다. 또 나진옥(羅振玉)의 『은허서계후편(殷墟書契後編)』하(下) 30 · 16의 "방망청(方亡耵)"을 용례로 들며 "방국에 관한 일을 들어 본 적이 없다."라고 해석한다. 동시에 '耵'을 듣다 외에 청치(聽治) 즉 상황을 듣고 판단하여 정무를 처리한다는 뜻으로 해석할 수 있는 용례도 있다. 희불타(姬佛陀)의 『전수당 소장 은허문자(戩壽堂所藏殷墟文字)』45 · 10의 "정묘복(丁卯卜), 왕청추유해(王耵隹有害)"는 "정묘날 점을 침, 왕의 청치에 걱정거리가 있음"으로 '耵'이 다스린다는 뜻을 지니고 있다는 것이다.[2]

한편 시라카와는 금문 대보기에 명시된 聖 자의 용례를 단순한 인명으로 읽으며 "서주 전기에 제작되었다. 은나라 왕자 녹자성(彔子聖)을 정벌하라는 왕명을 받든 대보가 이를 토벌한 뒤 토지를 하사받고 청동기를 만들었다는 내용이 새겨져 있다."[3]라고 설명한다. 'ㅂ' 자를 입이 아니라 주술적 제사 용구로 이해한 시라카와는 "聖은 신에게 기도를 드리고 신의 목소리를 들을 수 있는 사람이라는 뜻이었다."라고 해석한다. 또한 "聖의 오래된 글자 형태는 이처럼 신고라는 직무를 통해서도 확인되지만, 자연의 계시는 바람을 통해 나타나기도 하고 또 기를 통해서도 나타난다."라고도 설명한다.[4]

나는 시라카와의 이 견해를 일부 수용하면서도 신에게 드리는 제사든 신의 목소리를 인간 사회에 전달하는 사람이든 모두 입을 통한다는 점에서 聖은 최고의 제사장인 정치 지도자였을 것이라고 추정하였다. 허신이 『설문해자』에서 이통(耳通) 즉 귀가 밝아 천하의 이치에 통달한 사람이라고 본 것도 그와 비슷한 해석으로 생각된다.

따라서 초기에 聖 자는 특별한 사상 유파의 주장을 담거나 특정한 사상가가 숭배하는 대상으로 취급되지 않았다. 오늘날은 성인 공자, 아성(亞聖) 맹자 등등을 운운하며 성인이 마치 유가 사상의 고유 개념으로 쉽게 오해되는데, 이는 훨씬 후대에 생겨난 용례이다. 고힐강 선생의 고증에 따르면[5] 묵가에서 성인은 훌륭한 기물을 만들어 내는 영웅이기도 하고, 지극히 검약하고 고행을 이겨 낸 절세의 호걸이기도 하다. 또 법가의 성인은 순전히 물질문명의 창조자이면서 정치 사회의 치란과 성쇠의 이치를 철저히 이해하고 있는 정치 지도자이다. 각 학파는 자신들의 사상 원칙을 정하고 그것으로 성인의 형상을 만들어 낸 것이다.

물론 『서경』이나 『시경』과 같은 중국 초기의 전적들이 모두 유가의 필수 교재였다는 점에서 비교적 일찍부터 聖 자를 언급한 것은 유가 사상과 관련이 있다. 거기엔 聖 자의 원초적 의미를 많이 포함하고 있으나, 후대에 성인에게 부여한 인류 도덕의 절대적인 권위이자 지고무상의 천리를 온몸으로 구현한 존재로써 성인이라는 개념을 유가 사상가들이 처음부터 갖고 있었던 것은 아니다. 그렇게 된 것은 몇 번의 변화를 거친 뒤 송 대 이후에 성립되었다는 것이 고힐강 선생 주장의 핵심이다.

초기 문헌에서의 성인

허신의 『설문해자』 이래 역대 자전들을 종합 집대성한 『강희자전』에 등장하는 초기 聖 자의 용례들은 매우 다양하다. 『주역』이나 『서경』 등에 聖 자가 들어가는 단순한 한 구절씩을 인용하고 있다. 전체적인 맥락의 이해를 위해 여기에서는 역대 문헌 자료에 인용된 원문 전체를 살펴보고, 관련된 보충 자료를 덧붙여 聖 자의 용례를 구체적으로 확인하도록 한다.

현존하는 가장 오래된 책으로 인정받는 『주역』 가운데 주나라 문왕(文王)이 직접 썼다고 전해지는[6] 괘사나 효사에는 聖 자가 없다. 그런데 공자의 작품으로 인정받는 『역경』의 해설서인 십익엔 聖 자가 11차례 등장한다. 그것도 건괘와 곤괘에 대해 윤리적인 해설을 한 「문언전(文言傳)」에 3차례, 괘사에 덧붙여 놓은 해설인 「단전(象傳)」에 8차례 등장한다. 몽(蒙)괘의 「단전」에 "몽매한 자들을 바르게 길러 냄은 성공(聖功)이다."[7]와, 정(鼎)괘의 「단전」에 성현(聖賢)이라는 용례 외에는 전부 성인(聖人)이라고 쓰고 있다. 성공(聖功)이 성인의 공로이고, 성현이 성인과 현인이란 점에서 『주역』에 등장하는 聖 자의 용례는 모두 '성인'이며, 공자의 말이라 할 수 있다. 건(乾) 괘 구오(九五)에 대한 「문언전」의 다음 내용을 보자.

같은 소리는 서로 응하고, 같은 기운은 서로 구하며, 물은 습한 데로 흐르고, 불은 마른 곳으로 나아가며, 구름은 용을 좇고, 바람은 호랑이를 좇는다. 성인이 만들어 내니 모든 만물이 드러나 보이고, 하늘에 뿌리를 둔 것은 위로 친하고, 땅에 뿌리를 두고 있는 것은 아래로 친하니, 모두 각자 제 부류를 좇는 것이다.[8]

공자 이전에 일반적인 의미로 쓰이던 聖 자가 공자에 이르러 철학적, 정치적 의미를 부여받은 위대한 인물로 쓰이기 시작했다는 말이다.

은나라 말기나 주나라 초기의 작품을 포함하여 춘추 시대까지 쓰인 시 작품으로 공자의 주 교재였으며 그 스스로 재정리했다는[9] 『시경』의 경우를 보자. 모두 9차례의 聖 자 용례가 보이는데 「소아 · 교언(巧言)」 편에 "대원칙이 조리 있으니, 성인(聖人)이 그것을 바로 정한다."[10]와 「대아 · 상유(桑柔)」 편에 "오직 이 성인(聖人)의 눈빛이 밝아, 그 원대한 눈빛으로 백리를 바라본다."[11]라는 두 경우만 '성인'이란 용례로 쓰였을 뿐 나머지는 모두 聖 한 글자로만 쓰였다. 「교언」 편은 서주 말년 주나라 유왕(幽王)의 무도함을 풍자하는 시이므로 늦어도 서기전 770년 무렵에 '성인'이란 용례가 쓰였다는 이야기다. 이 시에서는 주로 정치하는 계급인 '군자(君子)'에 대한 이야기가 핵심이며 '성인'은 그 군자들 틈에 딱 한 차례 끼어 '원칙을 정하는 사람' 정도로 언급되고 있을 뿐이다. 후대에 보통 군자보다 한 단계 높은 존재로 추앙한 성인 개념과는 차이가 있다. 「상유」 편은 그보다 조금 일찍 있었던 무도한 주 여왕(厲王)에 대한 질타로 여기서 '성인'의 용례는 군자나 양인(良人)과 큰 차이가 없이 '시력이 뛰어난 사람' 정도로 언급되고 있다.

나머지 『시경』에 등장하는 聖 자의 용례도 이와 비슷하다. 예를 들면 「국풍 · 개풍(凱風)」 편에 "어머니는 성선(聖善)하시나, 나는 못되어 갚을 길이 없구나."[12]에서 聖은 미덕을 갖추었다는 선(善)과 같은 '밝고 조리 있음' 정도로 해석할 수 있다. 역시 주유왕을 풍자한 「소아 · 소민(小旻)」 편의 일부는 이렇게 쓰여 있다.

나라가 비록 작음에도 불구하고/ 어떤 사람은 聖하고 어떤 사람은 그렇지 못하나니/ 백성의 수가 비록 얼마 되지 않음에도/ 누구는 똑똑하고 누구는 꾀가 많으며/ 누구는 엄숙하고 누구는 잘 다스리나니/ 정치는 마치 저 맑은 샘

물이 흐르는 것과 같으니/ 더러운 물웅덩이와 뒤엉키게 하지 말아야 하느니[13]

"어떤 사람은 聖하고 어떤 사람은 그렇지 못하다."[14]라고 할 때의 聖은 '총명하다' 정도로 해석할 수 있다. 공자 이전의 문서인 『시경』에서 聖 자는 이렇게 외면적 혹은 육체적으로 능력을 지닌 사람을 언급한 보통 명사로 사용되었다.

『서경』 역시 지구상에서 가장 오래된 책 가운데 하나인데, 여기엔 聖 자가 22차례 등장하며 모두 단독으로 되어 있다. 요임금, 순임금, 하나라 우임금, 은나라 탕왕, 주나라 문왕과 무왕 등 위대한 창업자들의 정치와 역사를 기술하고 있는 문서이므로 받들어 모셔야 할 책으로 『상서(尙書)』라고도 부르는 이 책 또한 공자가 교재로 사용하며 편의를 위해 다시 편찬하였다고 전해진다. 여기서 聖 자의 용례 또한 공자 이전의 것으로 볼 수 있다. 처음 등장하는 「우서·대우모(大禹謨)」편에 "아! 요임금님의 덕이 널리 운행되니 이에 성(聖)하고 이에 신(神)하며, 이에 무(武)하고 이에 문(文)하였다."[15]라고 말한다. 요의 정치를 칭송하는 대목인데, 여기서 무(武)는 겉으로 굳셈을 뜻하고 문(文)은 안으로 빛남을 말한다. 聖은 신, 무, 문과 대등한 정도로 요임금의 덕성을 표현하는 말이며, 대구의 배치로 보았을 때 신(神)이 안으로부터 빛이 나는 내면적 덕성을 지칭한 말이라면, 성(聖)은 겉으로 드러나는 의지가 굳센 모습을 말한다고 할 수 있다. 백성들의 말을 널리 듣고 이를 하늘에 알리는 제사장이자 정치 지도자로서 聖 자의 오래된 뜻이 함축되어 표현된 것이다.

「주서·홍범(洪範)」편의 '예작성(睿作聖)'이란 용례를 보자. 「홍범」은 국가경영에 필요한 이념에서부터 행정 원칙 등에 대한 다양한 충고이다. 그 두 번째는 경용오사(敬用五事)로 공경을 다해 정치를 수행하면서 다음 다섯 가지를 신중하게 운용하라는 주문이다.

두 번째는 다섯 가지 일이다. 하나는 얼굴 모양이고, 둘은 말투, 셋은 시선, 넷은 듣는 태도, 다섯은 사색을 말한다. 얼굴 모양은 공손하게, 말투는 순종적으로, 시선은 뚜렷하게, 듣는 태도는 총기 있게, 사색은 깊고 세밀하게 하는 것을 말한다. 공손함은 정중한 결과를 낳고, 순종은 질서가 잡히게 만들고, 뚜렷함은 사리를 분명히 밝혀 줄 것이며, 총기는 좋은 계책을 낳고, 깊고 세밀함은 聖하게 만든다.[16]

여기서 聖은 깊고 세밀한 사색을 하는 정치 행위를 지칭한다. 질서를 잡는 일이나 사리를 판단하는 일보다 훨씬 더 높은 경지의 결과를 낳는 행위를 성스러운 것으로 본 것이다. '예작성'의 예(睿)는 후대에 임금이나 성인을 지칭하는 용어로 자주 사용되었는데, '예'가 '성'을 만든다는 「홍범」의 주장은 성의 가치를 한껏 도드라지게 한 것으로 보인다. 이 예와 같이 쓰는 글자가 예(叡)인데, 『일주서(逸周書)』[17]의 「시법(諡法)」[18] 편엔 "예(叡)는 성(聖)이다."라고 한다.

『춘추』의 경(經) 부분에는 聖 자의 용례가 없다. 『춘추』는 공자도 그 후반부 작업에 참여했을 것으로 추정되는 편년체 역사서이지만, 중요한 의미를 지닌 사건의 일시와 당사자들을 매우 함축적으로 기록한 것이어서 주로 숫자, 고유 명사, 기본 동사로만 구성된 체제이다. 따라서 인물에 대한 평가를 담고 있는 聖 자가 들어가지 못한 듯하다. 하지만 공자와 비슷한 시대에 살았던 좌구명(左丘明, 서기전 ?~서기전 452년?)[19]이 함축적인 『춘추』에 역사적 사실을 실증하며 풍부한 주석을 단 『춘추좌전(春秋左傳)』에는 聖 자의 용례가 매우 다양하게 나타난다.[20]

공자 시대의 성인

『춘추좌전』에 26차례 등장한 聖 자는 단독으로 쓰인 경우는 8회이며, 성인 (聖人)이 12회, 성왕(聖王)이 3회, 성철(聖哲)이 2회, 성현(聖賢)이 1회이다. 「환 공 6년」에는 "무릇 백성은 신령의 주인이다. 그러므로 聖王은 먼저 백성들을 완성시키고 그런 뒤에 신령을 섬기는 데 온 힘을 다한다."[21]고 하여 '聖王'이란 새로운 개념을 사용하고 있다. 「문공 6년」에는 "백관의 무리가 그것을 신뢰한 뒤에 하늘의 명을 실천에 옮겨야 하는데, 성왕은 그와 같이 하였다."[22]라고 하 고, 「소공 5년」에는 "그래서 성왕은 예의 실행에 힘을 썼으며 사람들에게 부 끄러움을 사려하지 않는다."[23]라고 한다. 새롭게 성왕을 도입하면서 성왕에게 정치적 위대성, 역사성, 도덕적 정당성 등 높은 가치를 부여해 주고 있다고 하 겠다.

『춘추좌전』에 인용된 다른 聖 자의 용례는 정치적 위업과 관련이 있다. 춘 추 시대는 서주 초의 예(禮)가 붕괴되고 대규모의 신분 변동과 사회적 변화를 겪으면서 정치적 혼란도 빈발하였다. 주나라 초엽부터 유행하던 인문주의 풍 토는 더욱 보편화되어 제례나 종교적 행위보다 현실의 인간 사회가 강조되 었다. 이런 변화를 역사학자의 시각에서 냉철하게 재조명한 좌구명은 공자와 마찬가지로 새로운 현실 정치적 대안으로 성인을 이념화, 개념화한 것이다. 그에게 聖의 용례는 초기 제례와 관련이 있는 종교적, 주술적 의미를 탈피하 고 인간, 사회, 정치에서 탁월한 사람을 지칭하는 말로 정형화되어 갔다. "악 을 징벌하고 선을 권장하려면 성인이 아니고 누가 그것을 다스릴 것인가."[24] 라면서 좌구명은 聖 자를 도덕적 성취와 관련짓고 있다.

「성공 16년」에는 "오직 성인만이 외정과 내정을 잘하여 걱정이 없게 만들 수 있다. 우리처럼 성인이 아닌 사람들은 바깥일이 편안하더라도 반드시 안 에 근심이 있게 된다."[25]라고 한다. 이 구절은 역시 좌구명의 저작으로 알려진 『국어』의 「진어(晉語)」에도 보이는데 다음과 같다.

오직 성인만이 외부로부터의 우환도 내부로부터의 걱정도 없게 할 수 있다. 적어도 성인이 아니라면 반드시 둘 중 한곳에 집중한 뒤에야 가능할 것이다. 치우쳐 집중하는 곳이 외부라면 그나마 구원을 얻을 수가 있겠지만, 해독이 자신의 나라 가운데서 일어난다면 그것은 막기 어렵다.[26]

사자성어 내우외환(內憂外患)의 출처인 이 용례에서 성인은 국내외 정치를 모두 훌륭하게 처리할 수 있는 위대한 정치가이다. 『국어』에는 모두 34차례 聖 자의 용례가 보이는데, 성인이 17차례로 그 반을 차지하고, 성왕이 8회, 단독으로 聖 자만 쓴 경우가 9회였다. 「오어(吳語)」에 다른 개념들과 비교하면서 상을 잘 주는 방법으로 국정을 잘 이끄는 것을 '聖'하다고 표현하며, 그 나머지는 성인으로 해석이 가능하기 때문에 좌구명에게 있어서 성인이나 성왕은 곧 난세를 구원해 줄 위대한 정치가였던 것이다. 좌구명은 공자와 동시대의 인물이다. 聖 자는 공자의 시대에 이르러 위대한 정치인이란 새로운 정의를 갖게 되었다.

전통을 충분히 숙지하고 있었던 공자는 아픈 현실을 뼛속 깊이 성찰하고, 아름다웠던 전통을 되살려 극악한 현실을 타파하려 하였다. 그는 많은 전통시대의 개념들을 현실에 맞게 수정하고 새로운 의미를 부여하여 재창조하였다. 인(仁)이 그렇고, 군자(君子)가 그렇고, 예(禮)가 그렇고, 성인(聖人)이 그렇다. 본인 스스로 창조하지 않고 그저 위대한 임금 요와 순을 받들어 기술하고, 완벽했던 주나라의 옛 전통을 모범으로 삼아 지켜 올 뿐이라고 선언한[27] 공자였기에 본인의 이름을 쓴 책은 없다. 다만 그가 오경을 다시 정리하여 편찬하고 그것으로 제자들을 가르치고, 또 제자들과 더불어 다시 정리하기를 거듭했다는 점에서 위에 언급한 경전 문헌들 원문에서는 聖 자의 용례가 많지도 않았으며 초기의 종교적 제례의 의미와 크게 다르지도 않았다.

공자를 거치면서 학문의 보편화가 이루어지고, 인문주의가 성숙하고, 경전에 대한 해설서들이 나오면서 聖人은 새롭게 탄생한 것이다. 『주역』의 전(傳)들이 그렇고, 『춘추』의 전들이 그렇고, 나머지들도 공자 이후에 형성되어 덧붙여진 부분들이 그렇다. 그러한 전들은 대다수가 공자의 말을 빗댄 것들이다. 따라서 위대한 인격적 완성자이며 인간 사회 최고의 정치가를 상징하는 聖 자는 공자와 그의 시대에 의미가 부여된 것이라고 할 수 있다.

우리는 공자와 그의 제자들 사이에 이루어진 대화집인 『논어』를 통해 공자가 聖 자를 어떻게 사용했는지 더 상세히 알 수 있다. 모두 8차례 등장한다. 제자들이 스승에게 자꾸 성인이라는 호칭을 들이대었던[28] 건 공자가 성인 이야기를 무척 자주 했기 때문일 것이다. 하지만 「술이」 34장에서 공자 자신은 성인은커녕 인인(仁人)도 못되고, 그저 학문적 활동과 도덕적 수양을 열심히 하는 사람이라고 정의한다. 군자 정도로 자신을 위치시켰던 것 같다. 성인은 군자보다 한 단계 높은 사람이다. 「계씨」 8장에는 천명, 성인, 대인을 군자가 두려워해야 할 대상으로 상정한다.

공자가 말했다. "군자에겐 세 가지 두려워하는 일이 있는데 천명을 두려워하고, 대인을 두려워하고, 성인의 말씀을 두려워한다. 소인은 천명을 모르므로 두려워하지 않고 대인을 얕보고 성인의 말씀을 업신여긴다."[29]

「술이」 26장에선 군자는 그래도 볼 수 있지만 성인은 아예 찾아볼 수가 없다고 한탄한다. 성인이 신적인 존재여서 볼 수 없는 게 아니라 공자가 살았던 당시에 그런 덕성을 갖춘 사람을 찾아보기 어렵다는 말이다. 뒤에 선인(善人)을 찾아볼 수가 없다고 대구를 단 것을 보면 공자의 생각을 가늠할 수 있다. 성인은 당시 사람들에게 현실에서 능력이 매우 탁월한 사람으로 받아들여지기도 했던 모양이다. 「자한」 6장을 보면 공자가 이런 견해에 대해 보충 설명을 하고 있다.

태재가 자공에게 물었다. "당신의 선생님은 성자(聖者)이십니까? 어떻게 그렇게 능력이 많으시지요?" 자공이 대답했다. "본래 하늘이 그를 장차 聖으로 내려놓으셨으며, 또한 많은 능력을 주셨던 겁니다." 공자가 이 말을 듣고는 말했다. "태재가 나를 아는가! 나는 어려서 신분이 낮았으므로 여러 가지 비천한 일을 하는 능력을 지녔다. 군자의 신분이었다면 그런 여러 가지 일을 했겠는가? 많지 않았을 것이다."[30]

실제로 공자는 예법, 음악, 활쏘기, 말 타기, 글쓰기, 셈〔禮樂射御書數〕 등 육예(六藝)에 매우 능했고, 제자들도 그것으로 가르쳤다. 많은 사람들이 이 능력을 높이 사서 당시 유행하던 개념으로 성인이라 칭했을 수 있다. 하지만 공자의 대답은 어려서 신분이 낮고 가난했을 때 익혔던 여러 가지 기예들을 가지고 자신을 평가하지 말라는 것이다. 어려서부터 덩치가 크고 총명하고 호방하고 공부를 좋아했던 공자인지라 육예의 기초가 되는 여러 가지 기술들은 배웠을 것이다. 예컨대 셈은 그가 젊어서 창고의 출납 일을 맡았을 때 익혔을 것이다. 하지만 육예에 대한 나름대로의 성취는 가난을 벗어나 어느 정도 학문적 깨침을 얻은 결과로 얻어졌을 것이다. 자공이 하늘이 주신 능력이라고 말한 것은 아마도 육예의 탁월한 성취와 학문적 깨침으로 인한 고매한 인격을 아울러 이야기한 것일 테지만, 공자 스스로 비천한 능력이라고 말한 것은 그런 재능이나 예능을 가지고 자신을 평가하지 말라는 뜻일 것이다.

그렇다면 공자가 생각하는 성인은 정치하는 계급인 군자들이 익혀서 깨치고 다다라야 할 높은 경지의 사람이라는 것이다. 주술적 종교적 능력을 지닌 정치 지도자를 의미하던 초기의 聖 자가 하늘의 명을 인간 사회에 소통시키는 사람이었다는 점에서 공자가 생각한 聖과 연결이 가능할 것 같다. 주술 능력 대신에 학문 혹은 도덕 능력으로 대체되었을 뿐이다. 이렇게 볼 때 공자는 주술의 도덕화 또는 종교의 학문화라는 인문주의의 성취를 聖 자에 부여한 셈이다.

이상 공자 시대까지의 聖 자에 관한 용례 분석을 통해 공자가 전통적 聖 자에 정치적 사회적 윤리적 도덕적 의미를 부여한 것임을 알 수 있었다. 옛날의 聖은 그저 제사장이었으며, 공자를 만들어 낸 책들의 聖 자도 최고의 인격자나 이상적 정치 지도자를 의미하지 않았다. 공자가 꿈에서도 그리워해 마지않았던 주공(周公)이 지었다는 『주례』의 「지관사도 제2(地官司徒第二)」에도 육덕(六德) 즉 지(知), 인(仁), 성(聖), 의(義), 충(忠), 화(和) 가운데 하나일 뿐이었다.[31] 결국 오늘날과 같은 도덕의 완성자로서 聖 자의 용례는 공자와 그의 시대에 재창조된 개념이었다고 할 수 있다.[32]

2 위대한 정치 지도자: 제자백가의 성인

聖 자의 용례는 공자와 그의 시대에 윤리적 도덕적 완성자로서 최고 지도자라는 새로운 의미를 부여받았다. 이 시대는 역사적으로 유례를 찾아보기 힘들 정도로 격랑의 시대였다. 청동기에서 철기로 전환하고, 농업 생산력의 증가에 따른 잉여는 다양한 계급 분화를 촉진시켰고, 지식을 독점하던 귀족 계급이 몰락하면서 지식이나 재능을 갖춘 사(士) 계급이 흥기하고, 주 왕실 중앙 권력의 약화를 틈타 토지를 겸병하고 영토를 확장하던 제후국들은 경쟁적으로 인재 영입에 혈안이었다. 신분 변동의 와중에 새로운 지식과 각종 재능으로 무장한 인재들은 정치적 전망이 좋고 경제적 여유를 가진 정치 지도자들을 위해 수많은 아이디어를 창출해 내었다. 춘추 시대 후반기에 더욱 또렷해진 이러한 경향들은 위대한 스승 공자의 출현과 스승을 따라 지식의 보편화에 앞장선 공자의 제자들과[33] 제자의 제자들의 노력으로 전국 시대에 들어서면서 풍성한 사상적 성취를 이루었다. 언어, 용어, 개념들에도 큰 변화가 따

랐다. 하늘과 소통하던 위대한 제사장 '한' 사람을 지칭하던 聖 자는 훌륭하고 모범적인 정치 지도자나 인격적으로 완벽한 사람을 지칭하는 보편적 개념으로 자리 잡게 되었다.

『묵자』의 성인

공문의 제자였다가 나중에 공자 추종자들의 가장 강력한 반대 세력이 되고 말았지만, 성인에 대해 가장 많이 언급한 사람은 묵적(墨翟)이다. 그의 책 『묵자』에는 성인이 특정한 능력을 지닌 사람이란 공자 이전 시대의 의미뿐만 아니라 해당 시대의 聖 자의 다양한 의미도 잘 담고 있다. 묵가 학파가 당시 현학(顯學)으로 크게 인기를 얻고 있었다는 점을 감안하면 『묵자』에 등장하는 聖 자의 용례가 그 시대에 아주 보편적으로 쓰였다고 추측할 수 있다.

손이양(孫詒讓)의 『묵자한고(墨子閒詁)』를 보면 聖 자가 무려 191차례나 등장하는데, 그 용례는 크게 세 가지로 나누어 볼 수 있다. 첫째 대부분의 용례는 위대한 정치 지도자로서 聖王에 대한 언급이고, 둘째는 공자가 이야기하는 것과 비슷하게 인격적으로 완벽한 사람, 셋째는 귀신이나 천지와는 구별되는 인간 사회에 뛰어난 능력을 지닌 사람을 가리킨다. 물론 이 세 가지 의미는 중첩이 가능한 것이고, 성인이 포괄적인 의미의 인간 세계 최고의 존재라는 점에서 세 가지 용례가 뚜렷하게 구분이 되는 것은 아니다.

『묵자』 「친사(親士)」 편에는 성인을 이렇게 규정한다. "성인이란 사람은 일이 있을 때 사양하는 법이 없으며, 사물의 원리나 타인의 의견에 대하여 거스르는 법이 없다. 그래서 능히 천하를 다스리는 큰 그릇이 될 수 있다."[34] 천하를 다스리는 큰 그릇이란 위대한 정치 지도자란 의미다. 「법의(法儀)」 편엔 역사상 인물들을 성왕이라 부른다. "옛날의 성왕이었던 우(禹), 탕(湯), 문(文), 무(武)는 천하의 백성을 두루 사랑하였으며, 그들을 이끌어 하늘을 존중하고 귀신을 섬겼으니 사람들에게 주는 이익이 매우 많았다."[35] 「천지 하(天志下)」

편은 성인을 다음과 같이 정의한다.

옛날 삼대의 성왕 요, 순, 우, 탕, 문, 무는 천하를 두루 사랑하였으며, 그로부터 백성들을 이롭게 하였으며, 백성들이 뜻을 바꾸도록 하여 그들을 이끌어 상제, 산천, 귀신을 공경하게 하였다. 하늘은 그들이 사랑하는 바에 따라 그들을 사랑하게 하고, 그들이 이익이 되는 바에 따라 이익을 얻도록 해주었다. 거기에 상을 더하여 주었으며 그들을 높은 자리에 올려 주고 마침내 법도에 따라 천자로 삼고 그들을 '성인'이라 이름 지었다.[36]

요임금과 순임금, 그리고 하나라의 우임금, 은나라의 탕왕, 주나라의 문왕과 무왕은 이른바 삼대를 일으킨 창업주들로 당시에 위대한 정치가로 널리 존중을 받고 있었다. 묵자는 이들에게 성왕의 칭호를 부여하였다. 「사과(辭過)」편엔 10차례나 聖 자가 출현하는데, 성왕에 대한 이야기가 주를 이루고 있다. 예컨대 "옛날 인민들은 배나 수레를 아직 만들어 쓸 줄 몰라 무거운 물건을 옮기지 못하고 먼 길을 가지 못했다. 그래서 성왕이 배와 수레를 만들어 인민들의 일을 편리하게 해 주었다."[37]라고 한다. 성왕이 배나 수레를 만드는 일을 직접 했는지, 그런 아이디어를 내게 만들었는지, 신하들이 만든 배나 수레가 결국은 정치 지도자인 국왕의 작품으로 미화된 것인지 알 수 없지만, 성왕이 배나 수레를 만들어 백성들의 불편을 덜어 주었다는 칭송이다. 「상현(尚賢)」편 등 묵자의 정치사상을 담고 있는 편들에는 위대한 정치 지도자의 상징으로서 성왕에 대한 언급이 무척 많다.

다음으로 『묵자』는 공자와 마찬가지로 인격적으로 완벽한 사람을 성인이라 부른다. 「상현 중(尚賢中)」편엔 "이는 성인의 덕이 밝고 뚜렷하고 넓고 크고 굳건하여 항구적이라는 말이다. 그래서 성인의 덕은 천지 모든 미덕을 총합하고 있다."[38]라고 한다. 「수신(修身)」편엔 청렴, 의로움, 자애 등 미덕을 지닌 군자와 성인을 연결하고 있다.

군자의 도는 가난하면 청렴함을 드러내고, 부유하면 의로움을 드러내고, 살아 있는 사람에겐 사랑을 표시하고, 죽은 사람에겐 슬픔을 표시한다. 이 네 가지 품행은 허구로 가장할 수 없으며 필경 제 몸 안에 구비되어 있는 것이다. 마음에 감춰져 있는 것은 끝이 없는 사랑이고, 마음에서 움직여 행동으로 나타나는 것은 끝이 없는 공손함이고, 입을 통해 나오는 말은 끝이 없는 순종이다. 이러한 행동이 온몸 사지로 펼쳐지고 피부에 붙어 있어 백발에 대머리가 될 때까지 버리지 않고 유지할 사람은 오로지 성인뿐이리라![39]

『묵자』에는 또 다음과 같은 재미있는 비유가 등장한다. 성인은 특정한 능력을 소유한 사람으로서 사람을 초월한 존재인 귀신이나 천지에는 미치지 못한다고 한다. 종교적 성향이 농후한 묵자의 사상을 감안하면, 그에게 성인은 인간 세계의 최고일 뿐이지 궁극적이고 초월적인 존재는 아니었다. 「경주(耕柱)」편에 다음과 같은 내용이 실려 있다.

무마자가 묵자에게 물었다. "귀신과 성인 중 누가 더 밝은 지혜를 지녔을까요?" 묵자가 대답하였다. "귀신이 성인보다 더 밝은 지혜를 지녔지요. 이는 마치 귀가 밝고 눈이 밝은 사람과 귀머거리 장님을 비유하는 것과 같습니다. …… 성인이 어진 신하를 모으고 걸출한 재상과 일을 도모한다 한들 어떻게 수백 년 뒤의 일까지 밝게 알 수가 있겠습니까! 그런데 귀신은 그것을 밝게 알고 있습니다. 그래서 귀신이 성인보다 더 밝은 지혜를 지녔고, 이는 마치 귀가 밝고 눈이 밝은 사람과 귀머거리 장님을 비유하는 것과 같다고 말한 겁니다."[40]

「공맹(公孟)」편엔 기자(箕子), 미자(微子), 주공을 성인이라 부르고, 묵자더러 '당신은 성인인데 왜 병이 걸렸느냐?' 하고 묻는 장면도 있다. 마치 『논어』에서 공자의 제자들이 선생님을 성인이라고 불렀던 것과 비슷하다. 「대취(大取)」편엔 "하늘이 사람을 사랑하는 것은 성인이 사람을 사랑하는 것보다 폭넓고, 하늘이 사람을 이롭게 하는 것은 성인이 사람을 이롭게 하는 것보다 두텁다."[41]라고 한다. 종합적으로 『묵자』에서 聖 자의 용례는 현실 정치 사회에서 악과 폭력의 반대편에 서 있는 선 또는 좋음의 상징이었다고 할 수 있다.

도가의 성인

노자가 공자보다 선배인가 아닌가에 대한 논쟁이 있지만, 聖 자는 그들의 시대에 인간 사회에서 최고의 성취를 이룬 사람으로 이미 보편적으로 쓰였던 듯하다. 이 점에서 성인의 용례는 도가 계열의 사상가들도 결코 『묵자』에 뒤지지 않는다. 춘추 시대부터 전국 시대에 걸쳐 형성되어 훗날 도교 차원에서 경으로 존중받는 몇 가지 문헌 및 최근 발굴된 도가 사상 관련 죽간(竹簡)이나 백서(帛書)에서 예를 찾아보도록 하자.

『도덕경』으로 불리는 『노자』에는 聖 자가 33차례 등장한다. 5000언에 불과한 작은 책임을 감안하면 노자 사상의 핵심 개념 중 하나인 셈이다. 그 가운데 32차례는 모두 '성인'으로 쓰고 있으며, 용례는 거의 유사하다. "성인은 어질지 못하여 백성들을 모두 짚으로 만든 개처럼(자연스럽게 살도록) 취급한다."(5장) "성인은 (자연스럽게) 배 부르는 데 관심을 갖지 (현란한 가식의) 눈의 즐거움에 관심을 갖지 않는다."[42](12장) 『노자』에서 "성인은 항상 사람을 잘 구하여 그래서 사람을 포기하는 일이 절대로 없는"[43](27장) 위대한 정치 지도자이기도 하고 훌륭한(노자의 생각에 따르면 매우 자연스러운) 행위를 하는 사람의 통칭이기도 하다.

그런데 딱 한 차례 『노자』 19장에 "聖을 끊고 지혜 구하기를 포기하면 인민의 이익은 백 배가 될 테고, 인(仁)을 끊고 의(義) 따지기를 포기하면 인민들이 다시 효성스럽고 자애로워질 것이며"[44]에 한 글자로 쓰인 聖 자가 있으며 유가 사상에서 강조하는 인의에 절대 반대한다는 내용을 포함하고 있다. 이 聖 자는 1993년에 발굴된 『곽점초묘죽간(郭店楚墓竹簡)』을 통해 장자(서기전 369~서기전 289년?)를 추종하는 후대의 사람들이 의도적으로 유가를 공격하려고 삽입한 것으로 의심되며,[45] 전체적으로 『노자』에는 성인 비판이 없다.

노자를 추종한 『장자』에는 무려 149차례 聖 자가 등장한다. 113차례는 성인으로 쓰고 있으며, 나머지는 단독으로 쓰이든지 아니면 지성(至聖), 성지(聖知) 등 다른 말과 결합해서 사용하고 있다. 『노자』와 마찬가지로 성인을 끌어와 자신의 주장을 정당화하는 용례로 사용하기도 하고, 공자가 말한 성인을 비판하기도 하며, 그가 이상으로 생각하는 위대한 사람을 지칭하는 용어인 지인(至人)이나 진인(眞人)보다 못한 존재로 설명하기도 한다.

『장자』에서 생각하는 도와 덕은 유가의 것들과 다르다. 그는 특히 유가들이 내세우는 인의나 도덕, 그리고 그 정점에 두고 있는 성인에 대해 자연에 반하는 인위의 산물로 공격하는 곳이 매우 많다. 「마제(馬蹄)」 편에는 "도덕을 훼손하여 인의를 내세운 것은 성인의 잘못이다."[46]라고도 하고, 사람들이 멈추지 않고 이익을 다투는 것도 성인의 잘못이라고 한다. 「거협(胠篋)」 편에선 심지어 "성인이 생기니 큰 도적이 일어났다."라고 하고, 이렇게도 말한다.

이렇게 보면 선한 사람은 성인의 도를 얻지 못하면 서 있지를 못하고, 도둑 척(跖)은 성인의 도를 얻지 못하면 실행에 옮기지 못한다. 천하에 선한 사람은 적고 선하지 않은 사람이 많다면 성인은 천하를 이롭게 하는 바가 적고 천하를 해롭게 하는 바가 많을 것이다.[47]

하지만 많은 부분에서 장자는 긍정적으로 聖 자를 사용하고 있다. 「각의(刻

意)」편에 "이 천지의 도가 성인의 덕이다."라고 하거나 「지북유(知北遊)」편에 "성인이란 사람은 천지의 아름다움의 원천으로 만물의 이치를 통달하고 있다. 그래서 지인은 무위하고 대성(大聖)은 작위를 하지 않으며 천지라 일컫는 바를 주의 깊게 관찰한다."[48] 등의 용례는 자신이 생각하는 성인을 말하고 있다. 장자에게 성인이 추종의 대상이든 공격의 대상이든 聖 자의 용례는 공자와 그의 시대의 이상적 인간상인 성인과 같은 맥락으로 이해해도 될 듯하다.

도가 가운데 聖 자의 용례가 가장 많은 책은 『문자(文子)』로 164차례 등장한다.[49] 대부분 노자와 장자의 용례를 따르고 있는데, 예컨대 「도원(道原)」편엔 노자의 말을 인용하여 "성인은 다른 사람을 다스리는 일을 잊어버리고 스스로를 다스리는 일에 관심을 둔다."[50]라고 한다. 『논어』가 자왈(子曰)로 시작하는 것처럼 『문자』의 대부분은 노자왈(老子曰)로 시작하고, 일부는 문자가 말하거나 묻는 형태이다. 「도덕(道德)」편에 "문자가 성지(聖智)에 대해 물었다. 노자가 대답하였다. 듣고서 그것을 아는 것이 성(聖)이요, 보아서 그것을 아는 것이 지(智)이다."[51] 이 聖 자의 용례엔 듣는 것과 관련된 초기 聖 자의 의미가 들어 있다고 할 수 있는데, 그렇다 하더라도 성인이 갖고 있는 위대한 인격자 혹은 정치 지도자로서의 의미와 충돌하지 않는다. 『문자』 또한 『노자』처럼 당시 유행하던 어투 그대로 聖 자를 사용하고 있으며 『장자』처럼 비판적 의미로 사용하는 예는 거의 없고, 노자의 말을 옮기는 방식으로 이상적 인간형으로 성인 혹은 성왕을 언급하고 있다.

그 외 도교에서 『충허진경(沖虛眞經)』으로 받드는 『열자』는 장자와 비슷한 시대의 인물로 『장자』에 언급된 열어구(列禦寇, 서기전 450?~졸년 미상)의 작품으로 알려져 있지만 오늘날의 모습을 갖춘 것은 훨씬 후대의 일이다. 『열자』에는 50차례 聖 자가 쓰이고 있는데, 「황제(黃帝)」편에 "성인은 모르는 바가 없고 통하지 못한 곳이 없다."[52]라는 용례처럼 성인을 무소불위의 위대한 정치가 혹은 인격적 완성자로 보고 있다. 이 점에서 다른 도가의 서적과 다르지 않다. 다만 유가나 묵가 혹은 다른 도가의 서적에서 신(神)에는 미치지 못한 현실 사회의 위인으로 성인을 언급하고 있는 것과 달리『열자』에선「황제」편에 "태고의 신성(神聖)한 사람"이란 용례가 있고,「중니(仲尼)」편에 다음과 같은 흥미로운 기사가 실려 있다.

서방의 사람으로 성자(聖者)가 있었습니다. 높은 누대에 올라 세상을 다스리지 않아도 질서가 어지러워지지 않았으며, 말을 하지 않아도 저절로 믿음이 이루어졌으며, 교화를 행하지 않아도 저절로 실천이 되었습니다. 광대한 그의 모습에 인민들도 무어라 이름을 붙일 수 없었습니다. 구는 그가 성인이 아닐까 의심합니다만 그가 진짜 성인인지 진짜 성인이 아닌지 알지 못합니다.[53]

도가 사상이 일관되게 추구하는 자연 상태의 삶, 백성들의 자연스러운 삶을 해치는 인위적 통치에 대한 반대가 주된 이유이기 때문에 여기서의 聖 자는 자연 상태의 삶에 대한 동경을 뜻한다고 할 수 있다. 마치『장자』의「소요유(逍遙遊)」편에 "지인은 사적인 자신을 돌아봄이 없으며, 신인은 어떠한 인위적 공적도 내세움이 없으며, 성인은 이름조차도 내세움이 없다."[54]라고 했을 때에도 열어구의 삶을 기리며 자연스러운 삶의 방식을 찬양한 것으로 볼 수 있다. 여하튼 여기서 聖 자는 실존했던 위대한 정치가를 聖으로 불렀던 기존 용례와 차이가 나는 것으로 聖을 상상 가능한 가장 높은 곳의 지고한 이상으로 표현했다고 생각된다. 이렇게 보면 도가에서 聖 자의 용례는 위대한 정치 지도자를 뜻하다가, 그것을 넘어 아예 인문 세계를 초월한 자연 그 자체의 삶을 사는 신선의 경지에 이른 사람으로까지 범위를 넓혔다고 하겠다.

법가의 성인

법가들에게 聖 자의 용례는 비교적 단순하다. 그들은 철저한 법치주의와 그것을 집행하는 군주의 위세를 높이는 것이 목적이었으므로 그들에게 성인은 절대 권력을 행사하는 위대한 군주를 뜻한다. 최고의 정치 지도자라는 기존의 聖 자 용례를 그대로 따르고 있긴 하지만 거기에 인격적 도덕적 수양이 함께한다든가, 자연의 삶을 살아가는 신선과 같은 존재라든가, 특정 방면에 뛰어난 능력을 지닌 영웅과 같은 용례는 거의 보이지 않는다.

법가의 이론 정립에 많은 아이디어를 낸 신도(慎到, 서기전 395?~서기전 315년?)는 기존 관념과 다르게 성인을 이야기한다. 남은 저작과 일문을 포함하여 그의 저작에는 16차례 聖 자가 쓰이고 있다. 보통 성인의 경우, 위대한 인격적 완성자이며 정치 지도자이기 때문에 그의 은덕으로 백성들이 살아간다고 생각하기 쉬운데 신자는 그와 반대로 "백성은 성인과의 관계에서 그를 양육하며, 성인으로 하여금 자신을 양육토록 하는 것이 아니다."[55]라고 주장한다. 같은 편에서 신도는 "성인의 천하 소유는 누구로부터 받은 것이지 스스로 취한 것이 아니다."[56]라고 한다. 정치 지도자로서 성인을 언급하고 있지만 그의 존재가 백성들과 떨어진 초월적 존재일 수 없으며 따라서 성인이라고 하여 천하를 제멋대로 할 수는 없다는 의미다. 그의 책에는 '성인', '성군(聖君)', '성왕'이란 용례가 혼용되고 있다.

정교한 군주의 통치술을 강조한 신불해(申不害, 서기전 385?~서기전 337년)의 저작으로 남아 있는 「대체(大體)」, 「군신(君臣)」 편과 일문에 6차례 聖 자가 등장한다. 유가 사상가들과 마찬가지로 요임금을 성인으로 보는 용례도 있다. "요임금의 통치는 법을 밝히고 명령을 살피는 것이었다. 성군(聖君)은 법에 따르지 지혜에 따르지 않는다."[57]라면서 요임금을 성군으로 묘사하고 있다. 「대체」 편에도 "성인은 명칭이 바르게 됨을 중시한다."[58]라며 정명을 잘한 성군으로 요임금을 예로 든다. 한편 신불해는 "성인의 부절을 사용하면 만물의 성정이 도망갈 데가 없다."[59]라는 등 聖 자를 정치적 최고 지도자에게 부여하면서도 약간 신비적인 요소를 가미한 용례도 있다.

『상군서』도 큰 책은 아니지만 50차례나 聖 자가 나온다. 대부분은 '성인의 치국', '성인의 위국' 등으로 쓰며 위대한 정치 지도자를 뜻한다. 상앙(商鞅, 서기전 390?~서기전 338년)은 현실 정치에 오랫동안 참여하며 중국 역사상 가장 성공적인 정치 개혁을 이루어 낸 인물이다. 『상군서』「농전(農戰)」편의 '성인 명군(聖人明君)'이란 용례처럼 상앙은 성인을 법치와 정치 개혁을 실천에 옮긴 훌륭한 군주로 그린다. '성왕'이란 말도 사용한다. 「화책(畵策)」편에 전국적인 병역 의무를 강조하면서 "성왕이 지극한 군사 정책으로 내세우는 것은 거국적으로 병역 의무를 지우는 것이다."[60]라고 한다. 「산지(算地)」편 "성인의 다스림은 금지 사항을 많이 두어 재능 발휘를 그치게 하고, 힘에 맡겨 둠으로써 속임수를 그치게 한다."[61]에서 성인은 금령, 법령을 잘 수행하는 법치를 행하는 군주이다. 그는 「상형(賞刑)」편에서 '성지(聖知)'라는 말도 쓰는데, 성인이 단순히 법을 잘 집행하는 사람일 뿐만 아니라 "성인은 반드시 그러한〔必然〕이치와 반드시 그렇게 되는〔必爲〕시세를 잘 알아서 반드시 다스려지는〔必治〕정치를 하는"[62] 사람으로 생각한 듯하다. 다시 말해 왜 법치를 행하는 강력한 군주가 되어야 하는지 철학적 이치를 꿰뚫고 있는 정치 지도자를 성인이라 부른 것이다.

한비(韓非, 서기전 280?~서기전 233년)는 이상의 법가들 이론을 집대성하였다. 따라서 『한비자』에도 당연히 성인을 위대한 법치주의 군주의 대명사로 사용한다. 聖 자가 107회 등장하는데 주로 기존의 용례와 비슷하게 '성인의 정치', '성왕의 입법' 등으로 사용된다. 또한 법치, 술치(術治), 세치(勢治)의 당위성과 역사적, 사상적, 심리적 근거를 찾아내는 데에도 성인을 동원한다. 유명한 수주대토(守株待兎)의 고사가 나오는 「오두(五蠹)」편을 보자.

그렇다면 오늘날 요, 순, 탕, 무, 우의 도를 당금의 세상에서 칭송하는 사람이 있다면 반드시 새로운 聖의 웃음거리가 될 것이다. 그래서 성인은 옛것을 고수하길 기대하지 않고 항상 옳다고 인정했던 것들을 따르지 않는다. 세상의 일을 논함에는 실제 현실에서 갖추어진 바를 따라야 한다. 송나라에 밭을 가는 사람이 있었는데, 밭 가운데 나무 그루터기가 있었다. 토끼가 달려오더니 그루터기를 들이받고 목이 부러져 죽었다. 이에 농부는 쟁기를 내버리고 그루터기만 지키면서 다시 토끼를 얻을 수 있기를 바랐다. 결국 토끼를 다시 얻을 수 없었을뿐더러 그 자신 송나라 사람들의 웃음거리가 되었다. 오늘날 선왕들의 정치를 가지고 당세의 인민들을 다스리고자 하는 것은 모두 수주대토의 부류이다.[63]

한비자는 「난언(難言)」편에서 "상고 시대 탕왕(湯王)은 지성(至聖)이고 그의 신하 이윤은 지지(至智)이다."[64]라면서 지극한 성자와 지극한 지자를 구분하더니, 「설난(說難)」편에선 이윤과 백리해 등 신하 모두를 성인이라 부른다. 그는 성인을 정치적 성취를 거둔 사람에게 보편적으로 사용했던 것이다. 그래서 「설림(說林)」상편, 하편 모두에 제나라 환공(桓公)의 명신으로 패자 정치의 문을 연 관중(管仲)에게 '聖' 자를 붙여 주기도 한다. 그리고 「설의(說疑)」편엔 '성왕명군'과 '성군명왕' '성주명군'이란 용례를 혼용한다. 「팔설(八說)」편에 "성인의 글은 반드시 뚜렷한 논지를 담고 있다."[65]라거나 「양권(揚權)」편에 "성인이 핵심을 잡으면 사방에서 모여들어 본받는다."[66]라는 등 법가 사상을 집대성한 한비자의 논의에서 聖 자는 훌륭한 법치주의 통치자, 그런 법치의 근거를 잘 알고 있는 정치가, 그리하여 국내 정치 질서를 훌륭하게 만들어냈거나 외교적으로 위상을 높인 사람, 또는 군사적 성취를 거둔 훌륭한 신하들까지도 聖 자를 붙여 주고 있다. 정치 사회적으로 가장 현실적이고 폭넓게 聖 자를 사용하고 있다고 할 수 있다.

기타 제자백가의 성인

聖 자는 제자백가라면 거의 대부분이 언급하고 있으며, 그 가운데는 주류 사상이었던 유가, 묵가, 도가, 법가의 저작과 약간씩 다른 의미를 지닌 용례도 있다. 聖 자 용례 가운데 비교적 특수한 것들을 살펴보면 다음과 같다.

『무경칠서(武經七書)』[67]의 우두머리인 『손자병법』[68]에는 聖 자가 단 한 차례 등장한다. 병가의 성경에 속하는 이 책에 聖 자가 그뿐인 것이 특이하다. 「용간(用間)」편에 "성지(聖智)가 아니면 스파이를 운용할 수 없고, 인의가 아니라면 스파이를 부릴 수 없다."[69]라고 하며, 聖을 인의와 대등하게 취급하고 있다. 공자 직후이지만 중원에서 멀리 떨어진 곳이라 그런지 聖을 단순히 한 분야의 성취로 본 공자 이전의 용례를 그대로 따르고 있다고 하겠다. 전국 시대 초기 명장 오기(吳起, 서기전 440?~서기전 381년)의 병법 책으로 전해지는 『오자』(吳子)에는 聖 자가 세 번 등장하는데 같은 시기 다른 용례와 비슷하게 "세상에 성인은 끊이지 않는다."라거나, "성인의 지모" 등으로 쓰이고 있다. 비슷한 시기의 『위료자(尉繚子)』[70]에 2회 등장하는 聖 자도 "성인이 소중히 여기는 것은 사람의 일이다."처럼 비슷하다. 전국 초기 제나라 명장 사마양저(司馬穰苴)가 썼다는 『사마법(司馬法)』에는 "성덕(聖德)의 정치" 등 聖 자가 두 번 보인다. 같은 병서이면서도 주공(周公)의 이름에 가탁해 만들어진 『육도(六韜)』에는 26차례나 聖 자가 등장한다. 「수국(守國)」편에 '인성(仁聖)'이란 용례가 여러 차례 등장하며, "성인의 덕" 등 전국 시대 후반 이후에 쓰인 聖 자의 용례와 내용이 비슷하다.

전국 시대의 대표적 종횡가인 소진(蘇秦)과 장의(張儀)의 스승으로 알려진 귀곡(鬼谷) 선생[71]의 『귀곡자』에는 34차례 聖 자가 보이는데, 전국 중기 제자백가의 용례와 비슷하며 현실 사회의 위대한 인물로 성인을 묘사한다. 「오합(忤合)」편엔 "성인은 하늘과 땅 사이에 살면서 입신하고 세상을 다스리며 교화를 베풀며……"[72]라며 인간임을 암시한다. 그것도 수련을 잘한 사람을 말한다. 「성신법오룡(盛神法五龍)」 편에는 "안으로 수련을 잘하여 꿰뚫어 아는 사람을 가리켜 성인이라고 한다."[73]라고 말한다.

역시 생몰 연대가 알려지지 않은 윤문(尹文)은 몇 편 남아 있지 않은 그의 책 『윤문자』로 볼 때 명가, 특히 형명론(形名論)를 위주로 하면서 도가, 법가, 묵가, 유가를 종합하고 있다. 이 점에서 학파를 종합하는 추세인 전국 중기 이후 작품으로 생각되는데, 작은 책 속에 20차례 등장하는 聖 자의 용례를 보면 일반적으로 뛰어난 사람을 지칭하던 공자 시대까지의 용례와 추상화된 이상적 인격으로 격상되어 가는 전국 시대 후반을 연결해 주는 듯하다. 성(聖), 현(賢), 인(仁), 지(智)를 같은 선상에 놓고 비교하기도 하며, 「대도 하(大道下)」 편에선 "성인과 성법(聖法)이 어떻게 다르냐?"라는 송자(宋子)의 질문에 마지막으로 "성인의 정치는 혼자 다스리는 것이요, 성법의 정치는 다스려지지 않는 바가 없는 것"이라고 대답한다.[74] 명가로 분류되는 『등석자(鄧析子)』와 『공손룡자(公孫龍子)』의 몇 편 안 남은 글 속엔 聖 자가 없다. 聖은 논리적 논쟁거리가 아니었던 모양이다. 승상 이사(李斯, 서기전 280?~서기전 208년)가 진시황에게 쓸데없는 학문적 논쟁을 하는 이들을 몰아내자고 건의한 「간축객서(諫逐客書)」에도 성인은 등장하지 않는다.

남쪽의 시인은 그래도 聖 자를 아름답게 사용하고 있다. 오늘날 중국의 호남성(湖南省)과 그 주변에 있던 초(楚)나라의 위대한 애국시인 굴원(屈原, 서기전 340?~서기건 278년?)의 『초사(楚辭)』는 비교적 큰 책인데 15차례 聖 자가 등장한다. 「구변(九辯)」에 "원컨대 선대 聖이 남긴 가르침을 앙모하나니!"라 하고, 「초방(初放)」 편에 "요임금 순임금 聖은 이미 몰하였나니, 누가 충직하리오!"라고 한다. 시인의 깊은 슬픔이 녹아 있는 『초사』 聖 자의 용례들은 전국 시대 중반의 중원 분위기를 반영하고 있다고 하겠다.

전국 시대에 형성된 것으로 알려진 중국 최초의 의학 서적 『황제내경(黃帝內經)』엔 50차례 聖 자가 등장하는데, 성인을 의학적 주장의 창시자이고 근거로 등장시키고 있다. 「소문(素問)」의 「상고천진론(上古天眞論)」에 보면 수명이 더할 나위 없이 강한 사람으로 진인(眞人)이 있고, "그다음에 성인이 있는데, 하늘과 땅의 조화로운 곳에 거처하고 팔풍(八風)의 이치에 따른다."[75]라고 하여 진인보다 낮은 단계의 인물로 상정하고 있다. 역시 「소문」의 「사기조신대론(四氣調神大論)」 편에선 "성인은 이미 생긴 병을 치료하지 않고 아직 생기지 않았을 때 치료하며, 이미 일어난 난리를 다스리지 않고 아직 난리가 나지 않았을 때 다스린다."[76]고 한다. 성인을 의료라는 한 분야의 전문가로 보기도 하면서 위대한 정치 지도자로 상정하고 있다. 이 점에서 제자백가들이 자신들 주장의 근거로 혹은 정당화 수단으로 성인을 언급하는 것과 같은 맥락이라고 볼 수 있다.

전국 시대 후반에 성립된 것으로 보이는 『산해경』은 신화와 지리 및 괴담을 수록한 책이다. 누가 언제 썼는지 알 수 없는[77] 이 책은 중국사에서 가장 상상력이 넘쳐나는데 聖 자가 세 번 등장한다. 「해내서경(海內西經)」에 감수(甘水)와 나란하게 '성목(聖木)'이 있다는 구절이 있고 같은 편에 "바로 거기에 신성(神聖)이 있어 이 (용어를) 타고 아홉 들녘을 돌아다닌다."[78]라고 말한다.

현존하는 『관자』는 관중(管仲, 서기전 723?~서기전 645년)의 이름을 가탁해 전국 시대 말기부터 만들어져 한 대에 와서야 완성된 책이다.[79] 이 책이 『논어』보다 열 배나 큰 책이기 때문이기도 하겠지만 聖 자가 무려 185회나 출현한다. 성왕, 성인을 다룬 관련 문장들은 책의 성격처럼 유가적, 법가적, 도가적, 음양가적, 병가적 내용을 다루면서 각 방면의 이상적 정치 인격, 혹은 지향하는 정치적 성취와 그 지도자를 뜻한다. 예컨대 『관자』 가운데 편 수가 가장 많은 법가적 경향의 글 가운데 「법금(法禁)」 편엔 "성왕이 금지하는 것"이라는 말이 18회나 등장한다. 도가 경향의 논문집인 「심술 상(心術上)」 편엔 "오직 성인만이 텅 빈 도를 얻는다."라고 득도한 성인에 대해 이야기한다. 상업치국에 대해 다룬 「경중 갑(輕重甲)」 편에선 "성인은 자신이 갖고 있지 않는 것을 잘 활용한다."[80]라며 이해타산과 계산에 밝은 사람을 성인이라고 한다.

춘추 시대 제나라의 명재상 안영(晏嬰, ?~서기전 500년)의 언행을 가탁한 『안자춘추(晏子春秋)』는 아마도 전국 시대 말기에 성립되었을 확률이 높다. 무슨 학파에 속한다고 딱히 정의하기 어려운 이 책 안에 41회 등장하는 聖 자의 용례는 공자 이전의 용례와 다르며, 일부는 주로 전국 후반의 다른 용례들과 유사하다.「잡편 상(雜篇上)」에「환공이 관중을 봉한 일을 칭송하며 안자의 식읍을 늘려 주려는 경공의 뜻을 받아들이지 않음〔景公稱桓公之封管仲益晏子邑辭不受〕」을 다룬 편에 "옛날 성왕은 공적을 논하여 현자에게 상을 내렸는데, 현자는 그것을 얻지만 불초한 사람은 그것을 잃습니다."[81]라고 한다. 『안자춘추』에는 또 18회나 '성왕'이라는 개념을 사용하고 있는데, 이는 한 무제 무렵의 분위기와는 사뭇 다르다.「외편 하(外篇下)」의「공자가 노나라 재상이 되어 경공이 걱정하자 안자가 걱정하지 말라고 응대함」이란 편에서 제나라 경공(景公, 재위 서기전 547~서기전 490년)이 "이웃 나라에 성인이 있으면 적국의 걱정거리이지요?"라고 묻자 안영은 공자는 성상(聖相)이지만 노나라 군주는 허약한 군주이니 걱정할 것 없다고 대답한다.[82] 공자에게 聖 자를 붙였지만 신성한 지위가 아닌 재상으로 처리한 것은 이 글을 쓴 사람이 공자 성인화 이전이었으리라 추측된다.

『관자』나 『안자춘추』가 다양한 주장을 담은 편들을 모아 하나의 책이 된 것이라면, 『여씨춘추(呂氏春秋)』는 여러 사상이 한 편 안이나 책의 여기저기에 뒤섞여 나타나고 있다. 聖 자가 116차례 등장하는 『여씨춘추』는 단어 선택과 언어에 매주 신중하였다.[83] 聖 자의 용례도 그렇게 볼 수 있다. "옛날의 성인" "옛날의 성왕"이란 의미의 '고성인(古(故)[84]聖人)' 또는 '고성왕(故聖王)', '선성왕(先聖王)', '석(선)성왕'(昔(先)聖王) 등의 용례가 수십 차례나 등장한 것을 보면 성인 또는 성왕은 보편적인 당시 언어를 쓴 듯하다. 특히 '성왕(聖王)'이란 용례는 『관자』에 45차례, 『여씨춘추』에 26차례 보이는데, 이 책들이 전국 시대 후반에 형성되었음을 고려하면 진시황 무렵 현실을 다룬 정치사상가들에게 성왕은 매우 익숙한 용어였을 것으로 추정된다.

『여씨춘추』의 용례에서 보면 현실 정치의 상징으로서 '성왕'과 보편적이고 추상적인 만물과 제도의 근원으로서 '성인'을 구분해 볼 수 있다. 「시군(恃君)」편엔 "성인이 이 우환을 깊이 살펴 천하를 위해 길게 고민한 결과 천자를 두는 것이 낫다고 여겼으며, 한 국(國)을 위해 길게 고민한 결과 군(君)을 두는 것이 낫다고 생각했다."[85] 천자, 군주와 같은 현실에서의 정치적 행정적 직위보다 성인을 더 근원에 두고 있음을 알 수 있다.

이렇게 볼 때 전국 시대 후반에 오면서 성인의 용례는 차츰 추상화되고, 이상적 인격을 대변하는 태초의 지도자로 생각하게 되고, 현실에서의 왕과 聖을 연결하면서 '성왕'의 용례가 보편화되고 있었다고 추정된다. 점점 추상화되어 가는 성인이라는 용어와 달리 현실의 왕을 성왕으로 생각하거나 성왕이길 기대하는 용어로 성왕이 쓰였던 듯하다. 물론 진시황에서 한 무제를 거치면서 제국의 황제의 실상이 드러나면서 달라졌지만 말이다.

3 완벽한 인격의 소유자: 공자의 후예들과 성인

공자에 이르러 성인은 완벽한 인격의 소유자 혹은 위대한 정치 지도자로써 새로운 의미를 부여받았으며, 공자도 제자들과 성인에 대해 무척 많은 이야기를 나누었다. 공자는 예, 군자 등 그 이전의 많은 전통적 개념에 인문주의적 가치를 부여하여 풍성한 사상적 토양을 만들어 내었다. 성인도 마찬가지다. 공자의 제자와 제자의 제자들, 그리고 박식한 그의 추종자들을 거치면서 성인은 중국 정치 사상의 가장 중요한 개념으로 자리 잡게 되었다. 후대에 동양의 '성인' 운운을 마치 유가 사상의 고유한 영역인 것처럼 착각하게 된 것도 어쩌면 공자를 추종하는 학자들의 입에서 모두 공자가 정의한 성인 관념을 그대로 사용하였거나, 그로부터 유추하여 의미를 더욱 풍성하게 함으로써 공자의 학문을 '성학(聖學)'[86]으로 정의하였기 때문인지도 모른다. 실제로 특정한 시각으로 보면 유가 사상을 딱 한 글자로 표현하라면 '聖'이고, 좀 과장하면 한 무제 이후 동양 정치 사상 전체는 '성학(聖學)'이라고 부를 수도 있다. 이는 모두 공자를 추종하는 유가의 후예들이 만들어 낸 결과였다.

『중용』·『맹자』의 성인

증삼(曾參, 서기전 506?~서기전 436년)은 『논어』 편찬에 참여한 것으로 보이는데,[87] 『대학』[88]과 『효경』[89]은 그의 작품으로 전해진다. 『대학』의 경문엔 聖 자가 없으나 해설인 전(傳)문엔 聖 자가 '인지언성(人之彦聖)' 즉 사람들의 훌륭함과 聖함이란 표현으로 두 번 등장한다. 모두 평천하(平天下)의 항목을 설명하는 대목으로 성인이란 명사적 용례가 아니라 뛰어나다는 의미의 '언(彦)' 자와 병렬하여 형용사적 의미로 사용되고 있다. 성인 그 자체보다 성인이 지녀야 할 덕성이나 당위 등에 대한 토론의 결과로 보인다. 공자로부터 한 세대가 흐른 뒤 성인은 한 방면에 뛰어난 사람 혹은 위대한 정치가의 대명사에서 한 걸음 나아가 그들이 현실 사회에서 가져야 할 구체적인 덕성이 무엇인가의 문제로 발전해 갔던 것이다. 『효경』에는 성인의 덕, 성인의 교(敎), 성인의 정(政) 등 용례로 6차례 聖 자를 쓰고 있는데 증자의 질문에 공자가 대답하는 말로 기록되어 있다. 특히 「성치(聖治)」 편에선 성인 정치의 핵심으로 효(孝)를 언급하고 있는데, 이는 정치 사상에서 매우 중요한 의미를 지닌다고 할 수 있다. 2부의 사상 분석에서 구체적으로 다루기로 한다. 참고로 한선제(漢宣帝, 서기전 74~서기전 49년 재위) 때의 경학자인 대덕(戴德, 생졸년 미상)이 모아 재편찬한 『대대예기(大戴禮記)』[90]에 증자의 말을 아주 많이 인용하고 있는데 聖 자는 41회 등장한다.

공자의 손자이면서 증자에게 배우고, 맹자의 스승의 스승이기도 했던 자사 (子思) 공급(孔伋, 서기전 483?~서기전 402년?)이 직접 썼다고 전해지는 『중용』 에는 이렇게 쓰여 있다. "참됨이 힘쓰지 않아도 적중하고, 생각지 않아도 얻 어지며, 온몸이 도와 맞아떨어지는 사람이 성인이다."[91](20장) 할아버지의 시 의적절하면서도 간결한 '성인' 관념을 다 알고 있었을 그가 이렇게 추상적이 고 고차원적으로 성인을 정의 내리는 것은 그동안 '성인'에 대해 얼마나 많은 담론이 있었는가를 반증한다.

자사의 학통을 이었다고 본인도 공언했고[92] 후배인 순자에게 싸잡아 비판 을 받았던[93] 맹자도 당연히 성인을 매우 중시하였다. 3만 5000여 글자로 구성 된 『맹자』 전체에 聖 자는 48회 등장하며, 대부분은 '성인'의 용례로 쓰이고 있다. 맹자는 선배들보다 한 걸음 더 나아갔다. 현실 사회에서 덕성의 함양이 극에 이른 사람, 혹은 지고지순한 도의 상징으로서 언급하던 聖은 맹자에 이 르러 새로운 또 하나의 관념을 추가하게 되었다. 성인과 보통 사람을 동류로 보았다는 점이다. 대표적인 「공손추 상(公孫丑上)」 편의 다음 구절을 보자.

"선생님께서는 이미 성인이 된 것입니까?"

맹자가 말했다. "아니! 그게 무슨 말이냐? 옛날에 자공이 공자에게 '선생 님은 성인이십니까?'라고 묻자 공자는 '성인은 내가 다다를 수 있는 바가 아 니다. 나는 그저 배우는 데 싫증 내지 않고, 가르치는 데 게으르지 않을 따름 이다.'라고 말씀하셨다. 이에 자공은 '배우는 데 싫증 내지 않으니 지혜로우 며, 가르치는 데 게으르지 않으니 어집니다. 어질고도 지혜로우신 선생님이 야말로 이미 성인이십니다!'라고 말했느니라. 성인은 공자께서도 자처하지 않으셨는데, 그게 무슨 말이냐?"

(중략)

맹자가 말했다. "지키는 도가 달랐다. 섬길 만한 군주가 아니면 섬기지 않왔고, 부릴 만한 백성이 아니면 부리지 않았으며, 치세엔 나아가 벼슬하고 난세에는 물러나 은거한 사람이 백이다. 섬기지 못할 군주가 어디 있으며, 부리지 못할 백성이 어디 있냐고 하고, 치세에도 나아가 벼슬하고 난세에도 나아가 벼슬한 사람이 이윤이다. 벼슬해도 될 것 같으면 나아가 벼슬하고, 물러나도 될 것 같으면 물러났으며, 오래 있어도 될 것 같으면 오래 있었고, 빨리 끝내도 될 것 같으면 빨리 끝낸 사람이 공자이다. 모두 옛 성인들이다. 나는 아직 이렇게 해 볼 수 없었지만, 스스로 바라는 바는 공자를 배우는 것이다."[94]

발췌(拔萃)라는 말이 출현하는 이 장엔 聖 자가 10차례나 등장한다. 제자들이 선생님은 성인 아니냐는 질문에 공자의 말을 빌려 "그게 무슨 말이냐!" 하고 부정하는 듯 발언을 하지만, 뒤이어 공자를 성인으로 추켜올리고 있다는 점에서 맹자 스스로 성인을 자처하고 있다고 하겠다. 맹자에게서 성인은 보통 사람도 '덕행'과 '그것을 말로 풀어내는 능력이 있는 사람'이면 다다를 수 있는 경지였다. 성인과 보통 사람을 동류로 생각하는 구절은 「고자 하(告子下)」편 "성인은 나와 같은 부류의 사람이다", 「이루 하(離婁下)」편 "요임금과 순임금은 보통 사람들과 같다." 등에서도 등장한다. 또 위의 인용문에 등장하는 '성인이 다시 나타나더라도 반드시 내 말이 옳다고 따를 것이다.'라고 공언한 것도 맹자 자신이 그런 성인들과 다를 바 없다는 말이다. 자기 자신이 성인이라는 말을 직접 하지는 않았지만, 스스로 그렇게 자리매김했다는 사실은 맹자 당시 유자들에게 聖 자의 용례가 매우 현실적인 말로 사용되었음을 뜻한다.

『순자』와 그 후예들의 성인

맹자가 성인을 인간화하고 있다면, 순자는 인간이 어떻게 성인이 되어 가는지 그 과정에 깊이 천착하였다. 『순자』에는 聖 자가 무려 157회나 등장한다. 순자의 사상은 한마디로 '성인학'이라고 할 수 있다. 그는 제자백가의 다양한 학설을 종합 집대성하여 향후 천 년을 빛낼 정치 사상을 개발하였는데, 그가 추구한 이상 정치는 성왕의 치세였다고 할 수 있다. 순자는 일반인과 성인이 동류라는 맹자의 생각에서 한 걸음 더 나아가 일반인과 성인이 동류이지만 그 사이에 경계선이 있음을 상정한다. 순자 주장의 핵심 개념 가운데 하나인 위(僞) 즉 '인위'가 그 사이에 놓여 있다. 동물과 다른 사람을 사람다운 존재로 만들어 주는 위(僞)를 성인이 출발시켰다는 것이다. 순자 인성론의 핵심은 '본성을 변화시켜 인위를 일으킨다.'인데 이 화성기위(化性起僞)가 나오는 「성악(性惡)」편을 보자.

그래서 성인이 (자연적) 본성을 변화시켜 (후천적) 인위를 일으켰다.〔化性起僞〕 인위가 일어나니 예의가 생겼으며, 예의가 생기니 법도가 만들어졌다. 그러니 예의 법도라는 이것은 성인이 탄생시킨 것이다. 따라서 성인이 뭇 사람들과 같으면서 뭇 사람들을 넘어서지 않는 바는 (자연적) 본성이며, 다르면서 뭇 사람들을 넘어서는 바가 (후천적) 인위이다.[95]

보통 사람들은 욕망을 지닌 상태로 있지만, 인위를 통해 예의를 실천함으로써 보통 사람들을 넘어선 사람이 성인이라는 이야기다. 2부에서 다룰 문제이지만 여기서 순자에겐 약간의 모순이 생긴다. 성인이 인위를 만든다면서 인위를 성취한 사람이 또 성인이 된다는 이중 모순이 그것이다. 여하튼 순자의 성인은 본성이 악한 인류를 개조시켜야 할 사명을 두 어깨에 짊어진 성왕이다.

다시 회고해 보면 제사장으로서 신의 목소리를 인간 사회에 전달해 주는 역할을 하고, 인간의 희원을 신에게 보고 드리는 역할을 하던 태고의 성인은 특정한 분야에 놀라운 능력이 지닌 사람으로서 성인이 되었다. 이어서 도덕적 완성자이자 위대한 정치 지도자로서 성인으로 의미 확장을 하고, 학문과 도덕을 수양함으로써 누구나 성인이 될 수 있다는 인간 사회와 삶의 표본적 지향으로서 쓰이게 되었다. 순자에 와서는 현실 사회 및 인간을 개조시키는 역할을 하는 사람에게 聖 자를 사용하기에 이르렀다.

『순자』에서 聖 자의 용례는 참으로 다양하다. 도의를 가지고 군주의 등급을 나누면서 최하위 '탐주(貪主)'의 정반대인 최상위를 '성군(聖君)'이라 하고, 「신도(臣道)」 편엔 '성신(聖臣)'이란 말이 5차례나 등장한다. "태신(態臣)이 있고, 찬신(簒臣)이 있고, 공신(功臣)이 있고, 성신(聖臣)이 있다. …… 성신을 임용하는 사람은 천하의 왕이 된다."[96]라고 하며 은나라의 이윤(伊尹)과 주나라의 태공(太公)을 성신으로 분류한다. 「성상(成相)」 편에선 후직(后稷), 기(夔), 설(契), 고요(皐陶) 등을 성신으로 언급하였다. 순자에게 성인은 도덕과 정치에서 최고의 성취를 이룬 사람일 뿐만 아니라 사람을 바꾸어 예의 바른 사람으로 만드는 주체적인 역할을 하는 사람을 지칭하였다.

현존하는 『예기』의 기본 형태를 완성한 한나라 때 대덕(戴德)의 『대대예기』와 그의 조카 대성(戴聖)이 지은 『소대예기』는 『순자』와 상당 부분 일치하고 있으며,[97] 한영(韓嬰)의 『한시외전(韓詩外傳)』도 유사한 곳이 매우 많다. 따라서 『예기』에서의 聖 자의 용례는 거의 대부분 순자와 유사하다고 할 수 있다. 총 75회 등장하는 聖 자 가운데 선성(先聖), 후성(後聖)이라는 용례는 역사적인 실체로서 성인의 연속성에 착안하여 시대가 변해도 성인이 갖는 의미는 변하지 않는다는 뜻으로 이해할 수 있다. 성인의 본질만 갖고 있으면 과거의 성인들처럼 나중에도 얼마든지 성인이 있을 수 있다는 말이다. 주로 최고의 정치가들에게 부여하는 것이었다. 「중니연거(仲尼燕居)」 편에 등장하는 성제명왕(聖帝明王)이란 말은 추후 이상적인 최고 통치자의 전형을 이야기하는 술어가 되었다.[98]

순자 계통의 학문을 계승한 학자로써 한 초 유방(劉邦, 서기전 256~서기전 195년)을 도와 건국 공신이 되고 유방을 말에서 끌어내려 지식에 기반을 둔 통치를 해야 한다고 주장하였던 육가(陸賈, 서기전 240?~서기전 170년)가 쓴 『신어(新語)』에는 40차례 聖 자가 등장한다. 주로 성인의 용례로 사용되었지만, 선성(先聖)과 후성(後聖)을 이야기하는 중간에 "중성(中聖)이 벽옹(辟雍)과 상서(庠序)라는 교육 기관을 설립하였다."라는 용례가 있고, 명왕성주(明王聖主)라는 말도 보인다.

가의(賈誼, 서기전 201~서기전 168년)는 33살에 요절하고 말았지만 유가 사상을 바탕에 깔고 중앙 권력의 강화, 진나라 멸망의 원인과 결과에 대한 분석, 정치가의 도덕적 성취 등을 강조한 『신서(新書)』라는 불후의 명작을 썼다. 여기 61차례 등장하는 聖 자의 용례는 여전히 순자 이래의 풍토를 그대로 따르고 있지만, 몇 가지 주의할 만한 용법이 보인다. 「연어(連語)」편에 폭군으로 알려진 은나라 마지막 임금 주(紂)에 대해 "성천자(聖天子)의 후손이었지만" 도의를 버리고 방자하게 굴어서 천하 사람들이 배반을 하였다고 하는데 당시 제왕을 불렀던 구체적인 칭호인 '천자'의 앞에 聖 자를 붙이고 있다. 그는 특히 성왕(聖王)이란 용어를 많이 사용하고 있으면서 성제(聖帝), 성주(聖主), 성철(聖哲) 등의 용어도 섞어 쓰고 있다. 이는 聖 자가 차츰 추상화하면서 이상적 상태를 지칭하는 형용사적 용례가 다양하게 등장하였음을 뜻한다.

한 무제 독존유술(獨尊儒術)과 성인

지식과 교육을 특징으로 하는 것이 유가였기 때문에 한나라 초기 정치 안정을 이루자 유가적 지식으로 무장한 관료 집단이 주류로 등장하였다. 그러나 통치자들의 개인적 경향과 결부하여 음양가, 도가, 법가 정치 사상이 다양한 차원에서 경쟁하던 시기가 한나라 초엽이었다.

유가를 표방하면서 이런 경향들을 종합 집대성하여 『춘추공양전』에 일가를 이루었던 동중서(董仲舒, 서기전 179?~서기전 104년)는 중앙 집권적 황제 정치와 독존을 꿈꾸는 한 무제와 의기투합하여 '모든 다른 사상을 퇴출시키고 오직 유가만을 존중한다.'는 이른바 '파출백가(罷黜百家), 독존유술(獨尊儒術)'이란 중국 정치사상사상 대 전기를 마련한다. 사상사적으로 다양성의 상실이요, 학문적으로 창조보다 재해석으로 기울어 버리게 된 이 정책은 순자학의 또 다른 계승자였던 동중서가 입안하고 독재자 한 무제가 영합하여 시대 분위기를 형성하기에 이르렀다. 이 점에서 향후 중국의 정치 사상은 다소 곡절은 있었지만 유가 일색이 되고 말았다.

聖 자의 용례 또한 군주권의 강화에 맞물려 황제에게만 통용되는 용어로서서 정형화의 길을 걷게 되었다. 독존유술은 곧 유술의 개창자인 공자 성인화 작업과 궤를 같이하게 되어, 성인은 공자와 같은 행위를 하고 공자의 생각을 실천하는 사람 또는 공자에 의해 성인으로 추앙받았던 사람에게 쓰이게 되었다. 일부 반대론자도 출현하였지만, 동중서 이후 중국 유학은 공자·맹자·순자가 생각하던 다양성을 갖지 못하였다. 보통 사람과 성인을 동일시했던 초기 유가와는 완전히 다르게 변질되었다. 내가 '성왕론'의 범주를 여기까지 설정한 이유이기도 하다.

동중서 시대의 한나라는 이른바 '춘추결옥(春秋決獄)' 즉 정치적 혹은 법률적으로 문제가 생기면 『춘추』에 입각해 그 해결책을 찾는 경향이 심했다. 『춘추』의 충실한 연구자였던 동중서는 이 방면의 권위자였다. 그는 신비주의적 경향이 농후한 천인감응설을 동원하고 음양가와 도가를 적절히 결합하여 『춘추공양전』을 크게 발전시켰다. 이런 취지로 동중서는 「거현량대책(舉賢良對策)」 등 『천하삼책(天下三策)』을 발표하여 공자의 신성화, 유가 사상의 국교화, 중앙 집권 체제의 제도화, 전제 정치의 이론화를 달성하였다. 그 모두 성인이 그 근거였다. 그의 대표작 『춘추번로』에는 聖 자가 132차례 등장하는데, 거의 대부분 '성인'이란 용례로 사용하고 있으며 순자 이래 기존 聖 자의 용례와 크게 차이가 나지 않는다. 하지만 「요순불천이, 탕무부전살(堯舜不擅移湯武不專殺)」편에선 "유학자들은 탕왕과 무왕을 지성대현(至聖大賢)으로 여긴다."라고 하여 '지성'이란 용례가 보인다. 후대에 공자를 '지성선사(至聖先師)'로 부르게 된 것은 여기에 기인한다. 「대교서왕월대부부득위인(對膠西王越大夫不得爲仁)」편에선 이렇게 이야기한다.

> 어진 사람은 도를 바르게 지키고 이익을 도모하지 않는다. 이치에 맞게 잘 수양할 뿐 공적에 급급하지 않는다. 지극한 무위의 상태를 견지하니 습속이 크게 교화되는데 인성(仁聖)이라 부를 만하다. 삼왕이 그러하였다.[99]

인성(仁聖)이란 말은 『순자』「부국」편과 『예기』「경해(經解)」편 등에도 보인다. 공자의 학문을 통칭하면 인학(仁學)이고 '인(仁)'은 유가 모든 덕목의 총칭으로 사용된다는 의미에서 '인성'은 곧 유가적 성인을 지칭하는 표현이라고 할 수 있다. 동중서의 정치적 입장이 잘 반영된 용례라고 생각된다. 그는 또 『춘추번로』의 「동류상동(同類相動)」이란 흥미로운 주제의 글에서 '총명성신(聰明聖神)'이란 용어를 사용하는데, 신과 결부시켜 같은 급수로 성인을 다루고 있다는 점이 흥미롭다.

결과적으로 순자 이후 聖 자의 용례는 유가의 정형화된 이상형으로 자리를 잡았고, 한 무제 때에 이르면 공자의 모습과 말씀이 그 실체로 받아들여졌다고 할 수 있다. 결국 하늘과 소통하던 초기 성인의 이미지는 공자에 의해 윤리적 의미를 부여받았다가 끝내는 공자 자신이 본의 아니게 그 주인공이 된 것이다.

진·한은 중국 역사상 처음으로 제국(帝國)을 형성하여 장안(長安)의 거대한 궁궐 안에서 천하를 통치하였다. 내조(內朝)라 불리는 궐내에 사는 사람들과 외조(外朝)라 불리는 궐 밖에 사는 신료들에 둘러싸여 5000만이 넘는 인구를 중앙 집권 방식으로 통제하였다. 황제는 신성화되고 신비화되고 함부로 같은 말을 사용해도 안 되는 존재로 격상되었다. 성왕이란 말은 성왕답지 못한 현실의 군주에게 엄청난 스트레스로 작용할 수 있었고, 또는 황제 스스로 성왕을 자임하며 자신의 행위와 아이디어를 정당화했을 것이다. 학자들은 황제의 미움을 사거나 혹은 비호를 받는 것을 동시에 피해 갈 수 있는 중성적이고 더 추상적인 용어인 '성인'을 훨씬 많이 사용하였을 것이다. 때로는 왕보다 훨씬 높은 신적인 존재로 성인을 격상하여 현실의 왕에 대한 간접적인 비판을 하고 싶었을지도 모르겠다.

『회남홍렬(淮南鴻烈)』이라고도 불리는 『회남자』는 회남왕 유안(劉安, 서기전 179~서기전 122년)이 다양한 학파의 견해를 모아 만든 다음 한 무제 건원(建元) 2년(서기전 139년)에 황제에게 진상한 책이다.[100] 황실의 일원으로 매우 총명하고 공부를 많이 했던 그가 나중 반란을 일으켰는데, 이 사실과 그의 식객들이 펴낸 책 속의 성인과는 무관할 것이다. 하지만 적어도 그가 주도한 저술모임은 시대적 정치적 제약을 받았을 것이다. 『회남자』에서 '성인'의 용례는 상당수가 『여씨춘추』 혹은 기존 도가 혹은 법가의 聖 자 용례와 비슷한 성격을 지니지만 추상적이고 상상의 이미지로 표현되는 정도가 훨씬 강하다. 도가적 표현이라도 「숙진훈(俶眞訓)」에선 "성인은 음양의 기운을 호흡한다."라고 한다. 도(道)와 같은 추상성으로 이미지화되기도 한다. 「원도훈(原道訓)」엔 "이렇게 볼 때 얼음은 때에 달려 있지 싸움의 (결과에) 달려 있지 않고, 질서는 도에 달려 있지 聖의 (여부에) 달려 있지 않다."[101]라고 한다. 「태족훈(泰族訓)」에선 "성인은 천기를 품고 천심을 안아 …… 능히 신(神)으로 화할 수 있다."[102]라며 성인이 신격화되고 있다. 「무칭훈(繆稱訓)」엔 "성인은 지나간 과거를 살펴 다가올 미래를 안다."[103]고 한다. 한 무제 대에 이르면 이렇게 聖 자의 용례는 일반적이고 구체적인 사람의 모습을 넘어 고도로 이미지화한 이상적이고 추상적인 모습으로 바뀌게 된다. '유술독존, 파출백가', 사상의 통일, 유가 사상의 국교화, 공자 성인화와 무관하지 않을 것이다.

한 무제 때 사람인 사마천의 『사기』 「백이열전(伯夷列傳)」에는 이런 글이 실려 있다.

같은 밝음은 서로 비추고, 같은 부류는 서로 구하며, 구름은 용을 좇고, 바람은 호랑이를 좇는다. 성인이 만들어 내니 모든 만물이 드러나 보인다. 백이(伯夷)·숙제(叔齊)가 비록 어질어도 공자님의 칭송을 얻음으로써 그 이름이 더욱 드러나고, 안연(顏淵)이 비록 돈독하게 공부를 했지만 공자님의 말미에 의지했기에 그 품행이 더욱 도드라졌던 것이다.[104]

聖 자의 용례를 다루며 맨 처음 언급했던 『주역』의 「문언전」에 등장했던 '성인'의 용례와 같은 맥락의 글이다. 그런데 『주역』 인용에서 성인은 만물을 만들어 내는 존재로 묘사하는데, 「백이열전」에도 만물의 창조자로서 성인을 말하지만 그 뒤의 설명을 보면 어질다든지 품행이 도드라졌다든지 하며 인간의 내면적 덕성의 문제를 삽입시키고 있다. 한 대, 특히 '파출백가, 유술독존' 하며 공자 성인화 작업이 이루어지던 한 무제 시절에 쓰인 글이기 때문에 공자에게 聖 자를 둘러씌우고 있는 현상을 볼 수 있다. 공자 스스로 만들어 낸 성인 개념에다 그 자신은 성인이 아니라고 부정하였지만 역사는 공자에게 그가 만든 용어인 성인을 붙였으니 아이러니가 아닐 수 없다. 『사기』에 단독으로 聖 자는 185회 등장하고, 성왕을 붙여 쓴 용례는 다른 사람의 글을 인용할 때 15차례 등장할 뿐이다.

3장 王자의 어원

1 王 자의 다양한 형태

오늘날 해서로 쓰고 있는 王자는 소전체에서 유래한 것이다. 이 소전을 바탕으로 후한의 허신은 『설문해자』를 썼는데, 이 책 1권 왕(王) 부에서 "천하가 귀왕하는 바이다."라고 한다. 천하귀왕(天下歸往)이란 이 말은 허신보다 한 세대 앞선 반고(班固, 32~92년)가 쓴 『백호통의』에 용례가 보인다. 『백호통덕론(白虎通德論)』이라고도 불린 이 책의 권1 「호(號)」 편에 "王이란 왕(往)으로, 천하가 귀왕하는 바이다."[1]라는 내용이 있다. 허신이 이것을 참고했는지 알 수 없지만, 여기서 왕(往)은 단순히 '가다'라는 뜻이 아니라 '지향하다, 그리워하다'라는 의미이다. 귀(歸) 또한 단순히 돌아간다는 뜻이 아니라 귀의하다, 귀순하다 등의 의미이다. '귀왕'은 '귀순하여 그리워하다'라는 의미이다. 한편 『춘추곡량전』(장공 3년)에는 "王이란 백성들이 귀왕하는 바이다."[2]라고 한다. 이렇게 보면 『설문해자』의 王 자 해석은 '천하에 사는 모든 사람들이 순종하여 그리워하는 대상'으로 해석된다. 물론 천하 사람들이 '복종하여' 그리워하는 대상이 아니라, 천하 사람들이 '되고 싶어' 그리워하는 대상으로 해석할 수도 있겠으나, 『설문해자』의 그 뒤에 따라오는 내용을 보면 전자가 맞는 것 같다. 王을 천하 백성들의 귀소로 여겼다는 뜻이다. 『설문해자』는 동중서의 다음 말을 인용하고 있다.

옛날에 문자를 만들었던 사람은 세 획을 긋고 그 가운데를 연결시켜 王이

라 불렀다. 셋은 하늘, 땅, 사람이며 셋에 두루 통하는 사람이 王이다.[3]

동중서의 말인데 삼화(三畵) 대신 삼서(三畵)라로 쓰여 있을 뿐이다. 삼(三) 자를 특히 좋아하여 그의 많은 사상을 삼(三)으로 연결시키고 있는 동중서 식 사고가 잘 녹아 있는 주장이다. 그가 공자님 말씀이라고 끌어다 붙인 "하나가 셋을 관통하니 王이 된다."라는 말은 출처가 어디인지, 공자가 직접 이런 말을 했는지 알 수가 없다. 갑골문이 발견되기 전 『설문해자』 해설의 대미를 장식했던 주준성은 그의 『설문통훈정성(說文通訓定聲)』에서 심지어 당나라 사람 이양빙(李陽氷)이 王 자의 "가운데 획이 위 획에 가까이 붙는다. 왕이 하늘과 연결되었다는 뜻이다."[4]라고 한 말을 그대로 받아쓰고 있다. 王의 의미를 한껏 부풀린 『설문해자』는 王 자의 끝부분에 "무릇 王 자 부수에 속하는 것은 모두 王 자의 뜻에 따른다. 盂 자는 옛 글자로 王이다. 雨〔wu〕와 方〔fang〕의 반절로 읽는다."[5]라고 맺는다.

王이 갖는 다양한 의미와 추상적 이미지로 볼 때 동중서와 『설문해자』의 王 자 해석이 완전히 잘못된 것은 아니다. 하지만 이렇게 도덕 정치의 이미지로 王을 해석한 것은 앞에서 분석한 聖 자와 비슷하게 후대에 부가되어 변형된 의미이다. 특히 한나라 때 유가 사상이 활성화되고 급기야 한 무제 때 '파출백가, 독존유술' 정책으로 유가 사상의 국가 이데올로기화, 공자의 성인화가 동시에 진행되었는데, 이와 맞물려 王은 聖王의 이미지와 중첩되게 되었다. 그것이 위에서 언급한 동중서와 같이 다소 의도적인 해석을 낳았다고 할 수 있다. 일종의 변의(變義)라 할 수 있는데, 王 자의 본의(本義)는 그와 다르다.

王 자가 처음 출현한 고대에는 훨씬 구체적인 상징으로 王 자였다. 그것은 도끼의 상형 문자로 추정된다. 〔그림 5〕에서 王 자의 변천을 보자.

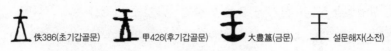

大 佚386(초기갑골문) 玉 甲426(후기갑골문) 王 大豊簋(금문) 王 설문해자(소전)

〔그림 5〕 王 자의 변천

　도끼의 상형에다가 위에 일(一) 자를 붙여 최고의 무사를 가리킨 지사 문자로 보인다. 단순하게 보면 초기 갑골문 '大'이 금문, 소전을 거쳐 해서 王 자로 발전해 간 것은 당연한 듯이 보인다. 하지만 최근 갑골문 연구 결과에 의하면 '大'이 아주 초기의 王 자는 아니었던 듯하다.

　금문은 아무래도 재질이 부드러운 곳에 글씨를 써넣는 것이라 곡선이 가능하고, 갑골문은 딱딱한 뼈 위에 쓰는 것이어서 직선체일 수밖에 없는데, 그 점에서 〔그림 5〕가 시간적 차이를 드러내는 것은 사실이다. 하지만 금문 '王'과 소전체 '王'을 연결시키기는 어렵지 않으나, 초기 갑골문 '大'과 금문 '王'을 바로 연결시키기에는 상상력 동원이 잘 안 된다. 같은 글자라면 이 사이에는 분명히 많은 변천이 있었을 것이다. 복모좌(濮茅左)와 서곡보(徐谷甫)가 편찬한 『상갑골문선(商甲骨文選)』[6]은 은나라 때 갑골문들을 다섯 시기로 나누어 선명하고 큰 글씨로 처리하여 갑골문 연구에 큰 공헌을 하였는데, 여기에 입각해 王 자의 갑골자형을 다섯 시기로 구분하면 〔그림 6〕과 같다.

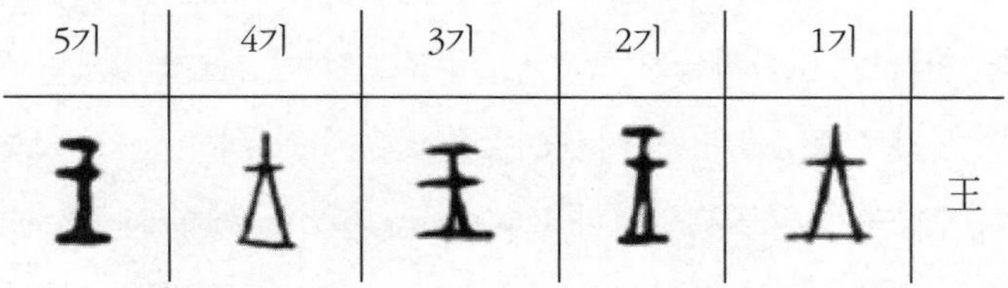

5기	4기	3기	2기	1기	
王	大	王	王	大	王

〔그림 6〕 갑골문 王자의 시기별 차이

출처: http://yupeihsu.at.infoseek.co.jp/syouten/kokotu.html(2010년 8월 30일 검색 편집)

『상갑골문선』의 시기 구분에 의하면 제1기는 반경(盤庚), 소신(小辛), 소을(小乙), 무정(武丁) 임금 시기(서기전 1300~서기전 1180년)이고, 제2기는 조경(祖庚), 조갑(祖甲) 임금 시기(서기전 1179~서기전 1140년)이고, 제3기는 늠신(廩辛), 강정(康丁) 임금 시기(서기전 1139~서기전 1130년)이고, 제4기는 무을(武乙), 문정(文丁) 임금 시기(서기전 1129~서기전 1084년)이고, 제5기는 제을(帝乙), 제신(帝辛) 임금 시기(서기전 1084~서기전 1028년)이다.(이상 5~7쪽) 발견된 갑골문 가운데 선명한 독해가 가능한 모음집인 『상갑골문선』에 王 자가 124회 드러나는데(419쪽), 이것을 다섯 시기로 정리한 것이므로 신뢰할 만하다. 하지만 구체적인 연도에 대해선 지금도 사학계의 심각한 논쟁이 진행되는 중이고 어느 것 하나 정확하게 연대기를 추정할 수가 없으므로 하나의 주장으로 보는 것이 좋겠다. 다만 갑골의 내용을 분석하여 역사서에 등장하는 사건들과 궤를 맞추어 이해하면 도움이 된다. 갑골 王 자의 1기는 은나라가 중흥하던 19대 반경 임금부터인 왕조의 중간시기에 해당되며, 특히 마지막 무정 임금 시기는 장기적인 번영을 누리던 때이다. 『상갑골문선』은 무정 시기를 특히 서풍(書風)의 번영 시기로 보고 있다.(5쪽)

한편 〔그림 6〕에서 보듯이 제1기와 제4기의 글씨체는 같고, 제2기와 제3기는 변화가 거의 없으며, 제5기는 좀 갑작스럽다. 30대 왕 제신은 미인 달기(妲己)를 끼고 주지육림(酒池肉林)했던 '폭군'으로 알려진 주(紂)왕의 시기인데, 폭군이라는 '정복자들의 평가'만 빼면 오랜 번성을 누렸으며 청동기가 성했던 시기로 추정된다. 이 시기는 금문 王 자와 갑골문 王 자가 모두 빈번히 등장하며 쓰는 방식도 다양하다. http://www.jjdes.com/maji/jjdes/Html/?395. html(2012년 3월 11일)에는 王 자의 변천에 대한 가장 상세한 그림이 들어 있다. 장식용 그림으로서 王 자, 청동기에 새겨진 금문 王 자, 그리고 갑골문에 나타난 다양한 형태의 王 자의 수백 가지 형태를 보여 주고 있다. 각종 제기나 무덤, 생활용품 들에 고도로 장식화된 王자가 들어간 경우도 있고, 점사나 사건 사고를 기록한 문장 내에 포함된 경우도 있다.

2 王자의 도끼 유래설

王자는 이렇게 많이 등장하고 그 용례들이 최고 권력을 상징하고 있다는 점에서 오늘날 王의 뜻과 크게 다르지 않음을 알 수 있는데, 문제는 그것의 유래이다. 〔그림 6〕의 갑골문에서 2, 3, 5기는 유추가 가능하고, 1, 4기는 유추가 불가능하다. 또한 1, 4기를 보면 도끼에서 출발했다는 의미가 이해가 되지만 2, 3, 5기를 보면 도끼와 무슨 관계가 있는지 의심스럽다. 금문의 여러 가지 王자의 경우를 봐도 도끼와 연관을 지으려면 많은 상상을 필요로 한다. 이 때문에 王자의 유래에 대해서 학자들마다 견해를 달리하고 있다.

주언민(朱彦民)은 「갑골문 王자로 살펴본 제왕 관념의 기원(從甲骨文'王'字看帝王觀念的起源)」[7]이란 글에서 王자 유래에 대한 그동안의 견해를 7가지로 명료하게 정리하였다. 소개하면 다음과 같다.

첫째, 불 화(火)의 불꽃 모양이라는 설이다. ⌐형태는 옛날의 火자로 땅 가운데 왕성한 불기운을 王(旺과 같음)으로 보아 덕이 왕성한 사람도 王이라 하였다는 것이다. 나진옥(羅振玉), 왕국유(王國維), 주방포(朱芳圃), 마서륜(馬叙倫) 등이 이 학설을 추종한다.

둘째, 王은 왕(往) 자의 초기 문자라는 견해이다. 갑골문 王자는 곧 '천하가 귀왕하는 바의 왕(往) 자이다'라는 견해 등이 그렇다. 엽옥삼(葉玉森), 굴만리(屈萬里) 등과 미국의 저명한 갑골학자 D. 키틀리[8] 등이 그와 같이 주장한다.

셋째, 남자 생식기의 상형이라는 설이다. 곽말약(郭沫若)은 갑골과 금문 가운데 王자는 '토(土)', '사(土)', '차(且)'와 같은 글자로 사실상 수컷의 생식기 형태라고 주장한다. 초기엔 존엄의 표시였으나 문명의 진보에 따라서 여러 변형이 꾸며졌다고 한다. 모계 사회에서도 王 자를 앞에 써 왕모(王母)라 하면서 존엄을 표시했고, 부계 사회에서도 이를 따라 대왕(大王)이라 하여 왕공(王公)의 존엄을 표시했다는 것이다. 차(且)는 죽은 자에게 붙여서 조상 조(祖) 자가 되었는데 이는 살아생전에 王이었다는 표시라고 한다.

넷째, 봉새의 볏을 거꾸로 놓은 형상이라는 주장이다. 엽옥삼은 王 자를 고대 왕들의 위엄 있는 모자를 상징한다고 본다. 황(皇)은 더 후기에 만들어진 글자로 모자 위에 모자 하나를 더 한 형태의 면류관을 말한다고 한다. 고대에 황왕(皇王)은 일반 민중과 다르게 높은 면류관을 써서 뚜렷이 구별 지었다는 주장이다. 진몽가(陳夢家), 허진웅(許進雄) 등이 이 설을 추종한다.

다섯째, 한 사람이 단정히 앉아 있는 모양의 상형이라는 주장이다. 서중서(徐中舒)는 王과 '사(士)', '황(皇)'을 한 글자로 보며 모두 사람이 단정히 앉아 있는 모양인데 王 자는 사(士) 자와 비교해서 머리가 특히 큰 사람을 표시한 것이고, 황(皇) 자는 머리 위에 모자를 더 얹은 형태라는 것이다. 동작빈(董作賓), 호후선(胡厚宣) 등이 이와 비슷한 이야기를 하였다.

여섯째, 큰 사람 즉 '대인(大人)'의 상형이라는 주장이다. 여정보(黎正甫)의 주장인데 호후선과 제문심(齊文心)도 王 자는 노예주가 서 있는 형상 혹은 부락의 추장이 크게 서 있는 모습의 상형이라고 한다.

일곱째, 병장기 부월(斧鉞)의 상형이라는 설이다. 오기창(吳其昌)은 갑골문과 금문 가운데 王이라는 글자를 만든 본래의 의의에 천착하여 병장기 부(斧)이고, 검은 실과 흰 실로 도끼를 수놓은 보(黼)라고 한다. 임운(林澐)은 더 나아가 王 자는 부월의 상형이며 은나라 때 군사 수령의 상징이자 호칭이라고 주장한다. 서중서도 이 설을 따랐다.

모두들 내로라하는 고문학자, 갑골학자, 고대 철학자 등이고 나름대로의 근거를 갖고 있어서 부정하기 어려운 주장들이다. 주언민은 이 가운데 부월의 상형으로 王 자에 찬동한다. 시라카와도 이 설을 지지하는데, 王 자는 "큰 도끼를 뜻하는 鉞(도끼 월)과 같은 음으로 불렸기 때문에 생긴 가차인지, 아니면 큰 도끼의 머리 부분이 왕권을 나타내는 상징적인 의례 도구였기 때문에 왕을 의미하는 글자가 된 것인지, 어느 한쪽으로 명확하게 결정짓기 힘든 문제이다."[9]라고 한다. 도끼임에는 긍정하지만 그는 의례 도구 쪽에 더 무게를 두고 있다. 〔그림 7〕은 조각으로 화려하게 꾸며진 의례용 도끼이고 왼쪽의 갑골문 가운데 위에서부터 세 번째 글자가 그 상형이라는 것이다.

〔그림 7〕 王자의 초기 형태와 도끼

출처: http://www.jkn21.com/contents/material/jitsu/html/column/column_jitsu_guide.html(2010년 8월 30일 검색 편집)

시라카와는 그 세 번째 글자(〔그림 8〕의 첫 번째 글자)를 갑골문 가운데 현재까지 알려져 있는 가장 오래된 글자라고 한다.[10]

〔그림 8〕 갑골문 王자의 여러 가지 모양

조성의 『갑골문 간명 사전』도 여기에 동의한다. 거기에는 〔그림 8〕의 첫 번째 글자가 아니라 두 번째와 세 번째 글자에 천착하여 초기엔 아랫부분이 굽은 곡선의 호(弧) 형이었다가 쓰기의 편의를 위하여 아랫부분이 그림처럼 직선으로 발전하였다고 한다. 그 뒤엔 '선조성(線條性)의 법칙' 즉 한자가 그림이 아니라 선의 가감을 통해 자연스러운 발전을 한 원칙에 따라 선이 덧붙여짐으로써 〔그림 8〕의 네 번째 글자와 다섯 번째 글자가 만들어졌다는 주장이다. 그리고 특정한 방국(方國)의 수령에게도 王 자가 사용되었다는 갑골을 예로 들기도 한다.(227쪽)

도끼가 갖는 상징성을 긍정한다면 오기창, 시라카와, 조성 등의 주장은 근거가 있다. 실제로 최근 발굴된 은나라의 주검들에 허리를 자르고 가슴을 도려낸 형태가 있는데, 이는 형벌을 가하는 도구로 도끼가 사용되었음을 뜻하며, 죽음의 형벌을 내릴 수 있는 사람으로는 예나 지금이나 최고 권력자라는 점에서도 일리가 있다.

앞의 주언민의 고증을 조금 더 따라가 보자. 그는 오기창의 설을 따르면서도 부월의 상징성에 주목하였다. 「괵계자백반(虢季子白盤)」의 명문과 『좌전』 「소공 15년」 등을 근거로 들며 군사 통수권을 장악한 사람이 도끼를 그 상징으로 사용하였다고 한다. 그리고 『서경』의 「탕서」 편 등에 도끼를 형구로 사용하였다는 기록이 있다. 도끼는 전쟁터에서 직접 적의 목을 치는 도구가 아니라 전쟁 명령을 듣지 않는 사람에게 형벌을 가하는 도구로서 작용하였다는 것이다. 그리고 『시경』의 「장발(長髮)」 편과 『사기』 「은본기」의 기사를 예로 들며 은나라 창시자 성탕의 조상 때부터 상(商) 족에게 도끼는 군사적 수령을 상징하는 것이었다고 한다.

전쟁의 시대 군사적 수령을 도끼로 상징되는 王으로 불렀다는 것은 일리가 있는 주장이다. 그런데 같은 「장발」 편에 죽은 임금들에 대해 王 자를 사용하는 것은 어떻게 해명할 것인가?[11] 군사의 지휘와 형벌을 왕이 직접 하였다는 것인가? 〔그림 8〕의 세 번째 글자처럼 세워진 도끼 즉 월(鉞, 원래 글자는 戉 yue)이나 도끼를 들고 서 있는 부(父)나 그것으로 나무를 자르는 형태의 부(斧)가

더 무서운 상징일 텐데 그것을 수령의 호칭으로 삼지 않고 왜 누운 도끼를 상
징으로 삼았는가?

蕭文67(갑골문 斧) 　　居簋(금문 斧) 　　갑골문 월(戉) 　　금문 월(戉)

〔그림 9〕 부(斧) 자와 월(戉) 자의 초기 형태

　시라카와처럼 王 자를 의례용으로 사용하던 도끼에서 유래한 글자로 보든,
조성처럼 도끼가 아래로 눕혀 있는 이 모양이 王 자의 기원이라고 하면서 상
형 문자와 회의 문자의 결합으로 보든(227쪽) 도끼라고 보는 입장에선 동일하
다. 그러나 조성은 아래로 향한 도끼날을 권력의 상징으로 본 것이고, 시라카
와는 선비 사(士)와 마찬가지로 王은 "병기의 날이 의례 도구화한 그릇의 모
양을 본떴다는 점"을 강조하고 "중국과 비슷한 청동기 문화가 발달되었던 크
레타 섬의 고대 문화에서도 이와 유사한 의례 도구가 왕권을 상징하면서 왕
의 자리 앞에 놓여 있었다는 사실도 참고가 될 것이다."라고 한다.[12]

3 王과 관련된 글자들: 무(巫)・조(祖)・제(帝)・군(君)・황(皇)

　王 자의 어원이 의례와 관련 있다면 의례의 집행자인 무(巫)는 王 자와 관계
가 없는가? 하나라 시조 우(禹)는 9년 홍수를 해결해 임금이 되었고, 은나라
탕(湯)은 7년 가뭄을 해결해 왕이 되었다는 이야기는 『한서』의 「식화지(食貨
志)」 이래로 의심 없이 받아들여져 왔다. 사실과 관계없이 7년이나 가뭄이 들
어 땅은 갈라지고 모든 생물이 시들어 갈 때 심신을 정갈히 하고 높은 단을 쌓
아올려 머리 풀고 기우제를 지내니 하늘에서 큰비를 내려 주었다는 것은 그

가 제사장이었음을 말해 준다. 시라카와는 그를 무당 우두머리로서의 왕인 무축왕(巫祝王)이었다고 한다.[13] 무(巫) 자의 변천은 〔그림 10〕과 같다.

 粹1036(갑골문)   詛楚文(금문) 설문해자(소전)

〔그림 10〕 무(巫) 자의 변천

『설문해자』는 무(巫) 자를 공(工) 자와 같은 구조를 지닌 글자로 보며 신을 섬기는 일을 업으로 하는 무당이 양손을 펼치고 춤추는 형태에서 유래했다고 한다.[14] 탕가경은 『설문해자금석』[15]에서 갑골문과 금문의 무(巫) 자에 대해 옥(玉)을 교차하는 형상이고, 고대에 무당은 옥을 영물로 여겼다고 말한다.(648쪽) 조성 『갑골문 간명 사전』은 무(巫)를 구조가 불분명한 일종의 가차자(假借字)로 보면서 은나라 사람들이 제사의 대상으로 섬긴 신 가운데 하나였다고 한다.(18쪽) D. 키틀리도 동서남북에 있는 신으로 무(巫)를 해석하며 당시의 제사 체계로 볼 때 방(方)보다 지위가 낮았다고 한다.[16] 하지만 문자는 인간 삶의 반영이며, 신 또한 인간의 사유가 먼저이고 그것의 반영으로 '만들어졌다'는 점을 긍정한다면 갑골의 시대에 신에 대한 문자가 만들어졌다는 사실 자체가 그런 직업(?) 혹은 그런 행위를 하는 사람 또는 사유가 존재했다는 뜻이다. 다시 말해 무(巫)는 신과의 소통을 이야기하는 존재로 은나라 때 존재했던 사람이라는 말이다.

시기적으로 갑골이 먼저이고 『설문해자』가 뒤이므로 신 내림을 받아 신과 소통하는 여자 무당 무(巫)라는 동한 『설문해자』 시대의 용어는 은나라 갑골 시대 신이었던 무(巫)가 1000여 년 역사를 지나며 인간 사회의 용어로 전이된 경우라고 해석할 수도 있겠다. 하지만 후대의 남자 무당은 신격이 덜한 박수 무당 격(覡)으로 별 의미를 가지지 못하지만, 탕 임금이 남자로서 무축왕이었다면 은나라 때도 무(巫)가 일정 부분 신과의 소통을 말하는 제사장 노릇을 했을 것이라는 추측도 해 볼 수 있다. 이 점에서 王은 무(巫)와 깊은 관계를 가진 글자일 것이며, 이 부분의 보다 면밀한 고증과 갑골문 및 금문의 해석이 이루어져야 할 것이다.

王 자는 다수 학자의 견해처럼 도끼의 상형으로 볼 수 있다. 힘을 앞세우는 현실 권력의 화신으로서 수령일 수 있다. 생살여탈의 권력을 장악하고 있는 집단의 두목일 수도 있다. 반면 무(巫)는 무당을 나타내는 회의 문자이다. 정치의 또 다른 영역인 '언어' 권력을 장악한 수령일 수 있다. 이 경우 신에 대한 섬김과 제사가 일상인 시대에 힘보다 언어와 지혜로 갈등을 해결하고 사회질서를 잡아가는 수령이다. 은나라 때의 최고 정치 지도자는 곧 무(巫) 가운데 최고였을 것이며, 신과 인간을 소통시키는 중개자였을 것이다. 이렇게 보면 무(巫)는 우리가 앞 장에서 이야기한 聖 자와 일정 부분 연관을 갖게 된다. 모두 신 또는 조상과의 소통을 책임지고 있는 역할을 담당한 사람들이다.

聖이나 무(巫)와 달리 王이 따로 존재했었을 수도 있다. 신과의 소통을 책임진 최고 정치 지도자가 聖이었다면, 도끼를 사용하여 전쟁과 형벌을 장악하고 있는 王도 있었을 것이다. 사회를 구성하고 전쟁과 제사를 지내며 살아가는 공동체의 경우, 지도자는 용사이기보다 오랜 경험을 소유한 지혜로운 언어의 소유자임을 상기해 보자. 인디언 추장은 용맹한 싸움꾼이 아니라 신과 동물과 조상을 모두 이야기할 수 있는 연로한 현자일 경우가 많다. 그렇게 보면 은나라 정치 지도자 '聖'은 제사장이었을 것이다. 엄청나게 무거운 싸움용 청동 도끼를 들고 서 있지는 않았을 게 분명한 이 '聖'이 구성원에 대해 정치적 영향력을 행사한 수단은 '언어' 즉 신과 조상들의 말이었을 것이다. 결국 수를 놓은 의식용 도끼 혹은 귀중한 옥으로 만든 의례용 도끼는 제사장 '聖'이 제례에 사용하는 물품이었을 것이며, 권력을 상징하는 도구 가운데 하나였을 것이다. 마치 제사장 단군이 청동으로 만든 칼과 청동거울, 그리고 방울을 신부로 삼고 있었듯이 말이다. 다만 후대의 왕, 군(君) 혹은 공(公), 황(皇)처럼 최고 지도자인 聖을 부르는 추상적 명사는 없었으며, 갑골문에 무수히 보이는 임금들은 각자의 이름을 불렀을 따름이다.

그 이름은 대체로 갑을병정무기경신임계(甲乙丙丁戊己庚辛壬癸)라는 십간(十干)으로 구성되었다. D. 키틀리의 『갑골의 세계 ── 상대 중국의 시간, 공간, 공동체』에 따르면 이는 시간적으로 공간적으로 신이나 조상과 소통을 하는 임금에게 복종해야 함을 뜻하였다. 은나라 왕권이 강하게 확립되어 가던 13대 조을(祖乙)부터는 조상신의 상징(갑골 문자형🈂️)인 조(祖) 자[17]를 왕의 이름에 썼고, 청동의 위력이 막강해진 29대 제을(帝乙)부터는 씨족신의 상징인 제(帝)를 앞에다 더하였다.

은나라 갑골문의 시대에 제(帝) 자는 王 자나 聖 자보다 권력을 장악한 왕을 표현하는 가장 확실하고 강력한 글자였다. 『설문해자』에선 천하를 지배하는 왕에게 부여하는 호칭이라고 한다.[18]

粹1128(갑골문) 仲師父鼎(금문) 설문해자(소전)

〔그림 11〕 제(帝) 자의 변천

서중서의 『갑골문자전』에 따르면 〔그림 11〕의 첫 번째 글자는 갑골문 1기에 해당하고 두 번째 금문의 글자는 갑골문 3기에 해당된다고 한다. 원래 나무를 옆으로 묶어 놓고 불을 살라 하늘에 제사를 지내던 것이 나중에 천제의 제(帝)가 되었고 은나라 왕의 호칭이 되었다고 한다.(7쪽) 『상형자전(象形字典)』[19]에서는 나무 자루의 끝에 꼬부라진 칼날을 단 무기를 소지한 사람을 가리킨 지사 문자라고 한다.

조성의 『갑골문 간명 사전』엔 훨씬 다양한 제(帝) 자의 갑골 문자를 보여 준다. 그는 제(帝) 자가 꽃받침[화체(花蔕)]의 상형이라는 설을 지지한다.[20] 『한어대사전』에서도 [그림 11]의 첫 번째 글자는 꽃받침이 완전히 갖추어진 형태로서 윗부분은 꽃의 씨방을 그린 것이고 중간은 꽃 판의 녹색 부분 받침이며 아래 늘어뜨린 부분은 자웅의 꽃술을 상형한 것이라고 한다. 조성은 꽃받침이 천제의 제로 쓴 것은 음을 빌려 쓴 것이라고 한다. 은나라 사람들은 제(帝)가 하늘 위에 살며 일체를 주재한다고 생각했으며, 사람들이 열심히 제사를 올리면 인간 사회에 강림하기도 한다고 믿었다는 것이다. 갑골문편을 분석해 보면 은나라 왕은 자신의 행위들을 제가 보우해 준다고 믿은 듯하다. 은나라는 최후 두 명의 군주가 이름에 제를 씀으로써 하늘의 신이 인간 사회에 강림한 신으로 군림하게 되었던 것이다. 왕권이 그만큼 강해진 것으로 추측된다.

십삼경(十三經)의 하나로 글자에 관한 전문서로 중국에서 가장 오래된 책 가운데 하나인 『이아(爾雅)』에는 "제(帝)는 군(君)이다."라고 말한다. 그렇다면 초기의 군은 또 어떤 관념이었으며 王이나 聖과는 어떤 차이가 있었던 것일까?

後下13(갑골문)　　　　令鼎(금문)　　　　설문해자(소전)

[그림 12] 군(君) 자의 변천

고대엔 군과 윤(尹)은 통용되는 글자였다. 윤의 갑골문 ﾉ﹅은 손으로 권력을 상징하는 지팡이를 잡고 있는 모양이다. 집정권을 장악하여 사무를 관장하는 사람을 뜻한 것이다. 후기 갑골문에 명령을 뜻하는 ⊔(口) 자를 아래에 덧붙여 회의 문자를 만들었고 이것이 군의 어원이 된 것이다. 갑골문 상의 뜻은 명령을 발포하고 정무를 관장하며 나라를 다스린다는 의미이다. 금문과 소전은 갑골문 자형을 그대로 본받은 것이다.

『설문해자』에선 군을 "지위가 높음이다. 다스릴 윤(尹) 자의 의미에 따르며 호령을 발한다. 고대 문자는 ꣑인데, 군이 앉아 있는 형상이다."[21]라고 특이한 설명을 덧붙이고 있다. 그리고 덧붙여 ꣑(꣑) 자를 쓰고 있다. 조성의 『갑골문 간명 사전』에는 갑골문의 아랫부분은 입 구(口)이고, 윗부분의 왼쪽은 붓(筆)이고 오른쪽은 손(手)이라고 한다. 그리고 복사의 몇몇 용례를 들어 "은나라 왕의 좌우에 있던 사람으로 지위가 상당히 높은 사람으로 사관(史官) 부류에 속한다."라고 한다.(60쪽) 탕을 도와 은나라를 창업한 중국 역사상 최고의 명 재상은 이윤(伊尹)이었다. 서중서의 『갑골문자전』에서는 역시 윤(尹) 자와 같이 보지만 고대 부락의 추장 혹은 방국의 군장으로 볼 수도 있고, 다군(多君)의 용례처럼 은나라 때 직관의 명칭일 수도 있다고 한다.(89쪽) 이들을 종합하면 군의 의미는 임금의 주위에서 임금을 보좌해 정치적 명령을 만들어 내는 사람일 수 있다. 시라카와의 상상처럼 구(口)를 축고기로 본다면, 제사장인 임금이 제사에 올리는 동안 손으로 축문 따위를 축고기에 기대어 들고 있는 보좌관일 수도 있다. 중요한 권력의 핵심부였을 것이며 이것이 의미 확장을 하여 나라를 다스리는 사람, 국가의 최고 통치자를 부르는 호칭이 되었을 것이다. 물론 초기의 의미를 잃지 않고 후대에도 군은 왕의 바로 아래 직위를 부르는 용어로 사용되었고, 최고 통치자는 군들의 주인이라는 의미에서 군주(君主)로 불리게 되었다.

그 외 王과 관련된 글자들 가운데 후대에 형성된 것으로 보이는 황(皇) 자는 갑골문에는 보이지 않고 금문(皇)에만 보인다. 『설문해자』에서는 소전(皇)에 근거하여 약간은 황당한 해설을 달고 있다. "크다. 자(自)를 따른다. 自는 시작함이다. 처음 황이라 한 사람은 삼황(三皇)이며 큰 군(君)이었다. 자(自) 자는 코 비(鼻) 자처럼 독해한다. 오늘날 풍속에 처음 태어난 아들을 비자(鼻子)로 삼는다."[22] 『한전』에서는 상형 문자로 보고, 금문의 황자는 등불이 휘황한 모양이라고 한다. 위의 세 점은 등불이 위로 솟는 형태이고, 중간 부분은 등잔이며, 아래 부분은 등잔 받침대라고 한다. '휘황찬란하다'에서의 황(煌) 자와 황(皇) 자는 고대에 통용되던 글자이다. 사광휘는 『상용한자도해』에서 약간 다르게 설명한다. 아래는 王 자이고 위는 화려한 장식으로 꾸며진 모자의 형상으로, 고대 제왕이 쓰고 있는 관모라고 한다. 여기서 의미가 확장하여 제왕이나 군주의 의미가 이끌려 나왔다는 것이다.(365쪽) 『상형자전』에도 초기 금문의 황자는 금빛 찬란한 모자를 쓴 최고 통수권자를 가리킨 글자라고[23] 한다.

4장 왕 관념의 변천

갑골문이 출현한 은나라 때 도끼의 상형이었든, 남성 생식기의 상형이었든, 불꽃 모양이었든, 王은 물리적 폭력을 장악하고 권력의 핵심부를 구성한 사람을 부르는 용어였다. 어떤 지역에선 최고 통치자를 부르는 호칭으로 쓰였을 수 있고, 어떤 지역에선 군부의 수령, 혹은 지역의 우두머리를 지칭하는 것이었을 수도 있다. 최고 통치자는 단 한 사람이기 때문에 王은 인간 사회의 최고 지배자 한 사람을 부르는 용어가 되었고, 은나라 말기와 서주 시대는 그렇게 '천하의 모든 사람들이 귀의하여 복종하고 그리워하는 대상'으로서 의미를 가졌다. 그러던 것이 이른바 '초왕문정(楚王問鼎)'[1] 사건에서 알 수 있듯이, 중앙 권력이 약해지고 지방에 강한 정치권력이 등장하면서 스스로 왕을 칭하여 王 자가 보편화되는 경향을 보였다. 한편 많은 제자백가들, 특히 맹자는 王 자에 대하여 단순히 최고 정치 지도자를 부르는 호칭이 아니라 추상적 의미를 부가하였다. 완벽한 도덕 정치 즉 왕도(王道)를 실행하는 현명하고 성스러운 정치적 영수를 王 이라 불렀고, 힘을 앞세우는 패(覇)와 구분해 사용하였다. 그 후 통일 제국인 한나라는 군국(郡國) 제도를 채택하며 무수한 '신하' 왕들을 두게 되었다. 王 자는 이제 천자인 황제 아래 제후국의 우두머리를 뜻하는 글자로 의미가 하강하게 되었다. 이 장에서는 이와 같이 크게 세 시기로 나누어 왕 관념의 변천을 살펴보고자 한다.

1 유일자: 춘추 시대 이전의 왕

갑골문·금문에서의 왕

갑골문의 王은 크게 세 가지 용례로 나타난다. 첫째, 조상님 즉 선공(先公)에 대한 명칭으로 사용하였다. 곽말약의 『은계수편(殷契粹編)』 75에는 "추왕해치우(隹王亥蚩雨)"라는 용례가 보인다. 조상 중 하나였던 해(亥)에게 비를 기원하는 이 복사에 王 자를 붙여 선조에 대한 높은 존중을 나타낸 것이다. 왕해(王亥, ?~서기전 1810년?)라는 이름으로 알려진 이 사람은 은 민족이 시조인 설(契)의 6세손으로 하나라 때 소와 말을 가축으로 만들어 인류 문명에 위대한 공헌을 한 인물로 전해지고 있다. 은 민족의 후손들은 왕해를 대단한 신격을 지닌 조상으로 섬겼는데, 이 조상에 대해 거의 유일하게 王 자를 앞에 붙여 주며[2] 고조(高祖)로 추앙했다.[3] 심지어 하늘에 대한 제사와 동격으로 제사를 받들기도 했으며 기우제를 지낼 때도 왕해를 향해 기원한다. "점을 쳐 묻습니다. 왕해에게 풍년을 기원할까요?"[4]

둘째, 방국의 수령을 부르는 용례로 王 자를 썼다. 방(方)이란 글자는 원래 방주(方舟)라고 쓸 때처럼 배를 뜻하는 글자였는데, 은나라 때는 자신들과 다른 사람들이 사는 지역을 방(方)이라 불렀다. 그로부터 지방이니 사방이니 하는 말들이 나왔는데, 다른 지역의 최고 수장을 부를 때 王 자를 썼던 용례가 왕양(王襄)의 『보실은계징문(簠室殷契徵文)』 인(人) 96에 보인다. "영왕추황(令王隹黃)"의 상세한 의미는 알 수 없지만 황국(黃國)의 수령을 王이라 칭했다는 것이다.[5]

셋째, 갑골문에 가장 보편적으로 많이 등장하는 王 자는 역시 은나라 왕이라는 유일자에 대한 일반적 호칭으로 쓰였다.

"왕이 궁 땅에서 사냥을 함."[6]

"부(缶)가 왕을 배알하려고 옴."[7]

"신유(辛酉)날 점, 이 점을 쳐 묻습니다. 끝에 왕에게 재앙이 내리겠나이까?"[8]

"왕이 여러 윤(尹)에게 서쪽에서 전답을 개간하라고 명령함."[9]

갑골문 王 자는 제5기인 제을(帝乙), 제신(帝辛)의 시대에 와서야 오늘날 쓰는 王 자와 글자가 같아지는데, 위 용례에서 알 수 있듯이 은나라의 최고 지도자 한 사람을 지칭하는 일반적인 용어로 쓰였던 듯하다. 그렇지만 선조를 지칭할 때 王 자를 앞에 붙인다든가, 특정 지방의 수령을 부를 때 王을 쓰는 용례 등도 오랫동안 유지되었다. 고대 사전인 『이아』에 37차례 등장하는 王 자 가운데 대부분은 「석친(釋親)」편에 있는데 부계, 모계의 선대 가족들의 호칭 앞에 王 자를 붙였다. 예를 들면 "아버지가 돌아가신 아버지는 왕부(王父)라 하고, 아버지의 돌아가신 어머니는 왕모(王母)라 한다."[10] "왕부의 돌아가신 아버지를 증조(曾祖)왕부라 하고, 왕부의 돌아가신 어머니를 증조왕모라 한다."[11] 등이 그렇다.

선조에 대한 칭호와 지방 수령에 대한 호칭으로 쓰이는 매우 특별한 경우를 제외하고, 초기 전적들에 등장하는 王 자의 용례는 대부분 최고 정치 지도자 그 유일자를 지칭하는 말이었다. 은나라가 출발할 때는 王의 권력이 그다지 높지 않았던 듯하다. 대신이었던 이윤(伊尹)이 태자 태갑(太甲)을 방출한 사건이 이를 증명한다. 그러다가 유택화의 견해에 따르면 19대 반경(盤庚) 임금이 은허로 천도할 때 은 왕의 권력은 누구도 침범할 수 없는 경지에 이르렀다고 한다. 신료들이 천도에 반대하자 그는 오히려 "내 그대들의 코를 베어 진멸시키겠노라."[12]라고 공언하였다는 것이다. 은 주왕(紂王) 시대에 이르면 어떤 사람이라도 왕의 언행에 위반되었을 경우 살신의 화를 당하였다. 예컨대 비간(比干)은 간언을 하였다는 이유로 심장이 찢기었다. 은 왕은 권력 정도가 강화됨에 따라 '왕'이라는 월계관만으로는 성이 차지 않아 제(帝)를 끌어다 자신을 신화화하기 시작하였다고 한다. 따라서 왕은 다른 일체의 사람들과 대립적인 존재가 되어 사람 위의 사람이 되었고 스스로를 '여일인(余一人[13], 나 한 사람)'이라 불렀다.

초기 문헌에서의 왕

지고무상의 유일자가 王이었다. 그는 하늘의 신명을 몸에 구현한 사람으로 과거 신과의 소통을 책임지던 聖과 같은 존재가 되었다. 모든 사람과 백성은 왕으로 말미암아 존재의 가치를 가지게 되었다. 이렇게 왕의 권력이 강화되어 가던 시기 출현했던 초기 문헌들에 등장하는 王 자의 용례는 대체로 유일자의 모습으로 그려지고 있다.

『주역』에 47차례나 王 자가 등장하는데 괘사, 효사뿐만 아니라 십익(十翼)에도 다양하게 나타나고 있다. 곤(坤)괘와 송(訟)괘의 괘사에 공통적으로 등장하는 '혹종왕사(或從王事)'는 "혹여 왕이 하는 것과 같은 일에 종사한다."라는 뜻이므로 실존하는 왕을 뜻하는 것이 아니라 추상적으로 음양 가운데 양의 최고인 유일자 왕이라는 의미이다. 진(晉)괘에는 '왕모(王母)' 즉 돌아가신 할머니라는 용례가 보인다. 「계사 하」편엔 "옛날 복희씨는 천하의 王이 되어 우러러 하늘의 상을 보고, 구부려 땅의 법을 관찰하고 ……"[14] 팔괘를 만들었다고 이야기하는데, 여기서 王 자는 동사적 용법으로 이 세상의 정치적 지배자로 군림하게 되었다는 의미이다. 『주역』의 王 자는 갑골문 시기에 갖고 있던 王의 의미가 모두 그대로 쓰이고 있다고 할 수 있다.

『시경』에 197차례 등장하는 왕도 『주역』과 비슷하다. 평왕(平王) 등 실존했던 왕을 부르는 호칭으로 사용하는 경우도 많고,[15] 선왕(先王), 군왕(君王), 왕국(王國), 왕실(王室) 등 오늘날처럼 보통 명사로 쓰이는 용례도 아주 많다. 「출거(出車)」편의 '왕사다난(王事多難)'이나 「채미(采薇)」, 「북산(北山)」편 등에 공통적으로 등장하는 '왕사미고(王事靡盬)' 즉 "王의 일에는 어려움이 많으니", "왕의 일이 안정을 이루지 못하니" 등에서 '왕사(王事)'는 단순한 '왕의 업무'라기보다 '나라 전체의 일'을 뜻하는 것으로 봐야 한다. 왕이 국가를 대표하는 용어로 사용된 것이다. 「대아ㆍ문왕유성(文王有聲)」 편엔 위대하고 훌륭하다는 의미의 황(皇) 자를 앞에 첨가하여 '황왕(皇王)'이란 용례를 보여 주기도 한다. 유명한 「북산」 편이 다음 내용에서 王은 실존하는 왕과 최고 지도자로서 천하의 소유주라는 의미를 동시에 지닌다.

　　드넓은 하늘 아래의 모든 땅은
　　왕의 땅이 아닌 곳이 없나니
　　어느 땅 가장자리 그 어디에 있는 것도
　　왕의 신하가 아닌 것이 없나니[16]

　『서경』에 442차례 등장하는 王 자도 『시경』처럼 유일자 왕에 대한 다양한 의미를 담고 있다. 우선 「대우모(大禹謨)」 편에 "사방의 이민족이 왕에게 온다."는 '사이래왕(四夷來王)'은 역사적으로 중국인의 중화 의식을 키우는 데 큰 역할을 한 구절이다. 여기서 왕은 중원을 통치하는 최고 지도자를 뜻하기도 하지만, 문화적으로 우월한 나라의 임금, 또는 그 임금의 덕이라는 뜻이기도 하다. 문화적으로 낙후한 사방의 이민족, 오랑캐라고 불리는 동이, 서융, 남만, 북적의 사방 민족들이 복종해 온다는 뜻이다. 『서경』의 내용은 대부분 새로이 왕이 될 사람(주로 成王)에게 좋은 정치가 무엇이고 이를 어떻게 실천해야 할 것이라는 충고이다. 그 근거는 선대 임금들의 훌륭한 덕이었다. 따라서 선왕(先王)이란 말이 42차례나 등장한다. 대부분은 「열명 중(說命中)」 편의 '선왕성덕(先王成德)'처럼 덕을 완성한 사람들이라는 의미에서 왕과 도덕을 연계시키고 있는 경우가 많다. 『서경』의 이러한 선왕 운운은 후대에 자연스럽게 왕과 덕을 상호 연결시켜 이해토록 하는 데 중요한 공헌을 하였다. 「열명 중」 편은 중국 최초의 '성인' 정치가로 평가받는 은나라 무정(武丁, 재위 서기전 1250?~서기전 1192년?) 때의 부열(傅說)의 말을 싣고 있는데, '밝은 왕'이 "나라를 세우고 도읍을 건설하고 후(后), 왕(王), 군(君), 공(公)의 신분 제도를 수립하였다."[17]라고 한다. 『서경』 「홍범」은 왕도(王道)를 언급함으로써 나중 유가 정치사상의 핵심 관념을 만들어 냈다. 王 자의 용례와 관련하여 그 일부를 보면 다음과 같다.

치우치지 않고 기울지 않으니 왕의 의로움을 따름이요, 사적으로 좋아하는 일을 벌이지 않으니 왕의 도를 따름이요, 사적으로 싫어하는 일을 피하지 않으니 왕의 길을 따름이다. 치우치지 않고 패거리를 짓지 않으니 왕도(王道)가 탕탕하고, 패거리를 짓지 않고 치우치지 않으니 왕도가 평평하며, 거꾸로 하지 않고 옆길로 빠지지 않으니 왕도가 정직하다.[18]

『서경』에서 못 다한 말을 담고 있는 책이 『일주서』이다. 「도훈(度訓)」, 「명훈(命訓)」, 「상훈(常訓)」 세 편에 12차례 등장하는 '명왕(明王)'이란 용례는 『서경』의 '명왕'보다 내용이 다양하다. 이 현명하고 밝은 왕은 하늘의 도를 존중하고 신중하게 덕을 수양하는 『서경』 「열명 중」 편의 명왕과 약간 다르다. 『일주서』 「상훈」 편에선 "옛 명왕은 법을 받들어서 어두운 곳을 밝혀 주는데, 어두운 왕은 어둠을 받들어서 법을 폐기한다."[19]라고 한다. 유가적 경향도 다분히 있지만, 권모술수를 포함하여 정치적으로 훌륭한 일을 해내는 최고 지도자를 명왕이라 부르고 있다. 정치에 대한 질의응답이 많은 『일주서』의 왕은 내용이 유가적이기도 하고, 묵가적인 곳도 있고, 법가적인 곳도 있다. 그래도 「시법」 편에 "인의가 소재한 임금을 왕이라 부른다."라고 한 점 등으로 보아 큰 틀에선 유가 정치 사상의 용례를 견지하고 있다.

『주례』에 326차례 등장하는 왕은 모두 유일자인 주나라 천자를 지칭하거나, 그에 앞선 '선왕'을 가리킨 말이다. 다만 늦게 성립된 「동관고공기(冬官考工記)」에 "앉아서 도를 논하는 사람을 왕공(王公)이라 부른다."라고 왕과 공을 붙여 쓴 사례가 보일 뿐이다.

『춘추』및 그 해설서에서의 왕

『춘추』의 경(經)은 사건이 일어난 시각을 알리는 부분이므로 대부분 '왕 몇 월' 하는 식으로 주나라 왕을 기록하고 있다. 그리고 이어지는 구절에서 죽음이라든가 왕과 직접 관련된 일을 표시할 때는 '천왕(天王)'이란 호칭을 사용함으로써 천자 즉 '하늘의 아들로써 왕'이라는 한껏 존중하는 표현을 사용하여 노나라 군주를 표현하는 공(公) 자와 구분시키고 있다. '왕사(王師)'는 '주나라 왕실의 군대'를, '왕사(王使)'는 '주나라 왕이 보낸 사자'를, '왕명(王命)'은 '주나라 중앙 왕실에서 내린 명령'을 뜻한다. 『춘추좌전』「은공 9년」에는 "송나라 공이 불왕(不王)하자 정나라 백이 왕의 좌경사가 되어 왕의 명을 받들어 그를 성토하고 송나라를 토벌하였다."[20]라고 쓰여 있다. 뒤의 王 자는 둘 다 주나라 천자인 환왕(桓王)을 뜻한다. 문제는 '불왕(不王)'인데, 토벌을 당할 정도의 큰 죄명일 것이다. 동사로 쓰였을 여기서의 王 자는 '왕의 지위를 인정하다, 왕을 공경하다, 왕을 받들다' 정도의 뜻일 것이다. 그러니까 토벌을 당할 정도로 왕을 공경하지 않았다는 이야기다. 구체적인 죄목으로는 당시 제도로 볼 때 조왕(朝王) 즉 왕을 정기적으로 알현하고 정무를 보고하는 행위를 하지 않았다는 이야기다. '불왕'은 '왕에게 조회를 들지 않다'라는 뜻으로 추정된다.

전 시대와 마찬가지로 춘추 시대에도 주나라 왕의 딸을 '왕희(王姬)'라 불렀다. 이런 용례는 『춘추』의 해설서인 『춘추좌전』, 『춘추공양전』, 『춘추곡량전』 모두에 등장한다. 『춘추좌전』「희공(僖公) 17년」에 제나라 환공(桓公)이 죽은 뒤 장례가 늦어졌다는 이야기를 하면서 "제나라 후에게 부인이 셋 있었는데 왕희(王姬), 서영, 채희였다. 모두 아들이 없었다."²¹라고 한다.

『춘추좌전』에 등장하는 왕 가운데 가장 특징적인 것은 「환공 6년」 "초무왕침수(楚武王侵隨)" 즉 "초나라 무왕이 수나라를 침공했다."라는 기사이다. 춘추 시대 무수히 벌어지는 사건의 하나일 수 있지만, 문제는 초무왕이라는 '왕' 호칭이다. 지금까지 유일자로서 하늘의 명령을 수행하는 천자, 즉 주나라 중앙의 최고 권력자 한 사람에게만 부여하던 왕이 초나라 정치 지도자에게 쓰인 것이다. 미(羋)를 성(姓)으로 웅(熊)을 씨(氏)로 한 이들은 장강(長江) 유역에서 자립하여 독자적인 세력을 키우고 있었으며,²² 서북쪽의 주 왕실과 대립하지 않았을까 추측된다. 서기전 740년에서 서기전 690년까지 재위한 웅통(熊通)은 중원 제후국들을 향해 강력한 자기주장을 한 사람으로 보인다. 『춘추』가 기록되기 전 왕위에 오른 그는 서기전 704년 '무왕'이라고 왕을 자칭했다. 수나라 제후가 주 왕실에서 용인하지 않는다고 하자 스스로 초무왕이라 부른 것이다. 『춘추좌전』에는 왕을 칭한 초나라 군주를 비판 없이 19차례나 언급하고 있다.²³ 앞에 초(楚) 자를 빼고 王 자를 붙여 왕명을 기록한 경우는 허다하다. 그 외에도 『춘추좌전』에는 「애공 원년」에 '오왕(吳王) 부차(夫差)' 등 「애공」 시기 '오왕'이란 용례가 9차례나 보인다. 춘추 시대 왕은 더 이상 주나라 천자의 전유물이 아니었다.²⁴

『춘추곡량전』에도 많지는 않지만 '초왕'과 '오왕'이란 언급이 한 번 나오며, 「희공 22년」에 '초성왕(楚成王)'도 두 차례 이야기한 점으로 보아 주 천자를 높이는 의식이 농후하지만 여전히 王 자를 여러 사람에게 쓰고 있음을 알 수 있다. 주나라 왕실의 정통성을 한껏 높이는 책이지만 『춘추공양전』에도 「환공 2년」, 「정공 4년」 등에 '초왕'의 용례가 보인다는 점에서 춘추 전국 시대 王 자의 쓰임이 넓어졌음을 일정 부분 반영한다고 하겠다.

춘추 시대 각국사인 『국어』를 보면 제후국 규모로 전락한 주 왕실을 다룬 『주어(周語)』에는 당연히 왕의 이름, 행위, 말로 도배를 할 정도로 王을 많이 쓰고 있다. 책 전체에 743회 출현하는 王 자의 상당수는 여기에 쓰여 있다. 반면 제나라 역사인 「제어(齊語)」에는 이름 외에 재상 관중(管仲)의 말을 인용해 '성왕(聖王)'을 두 차례 언급할 뿐이다. 특별한 것은 역시 「초어(楚語)」이다. 상편에 50회 하편에 51회 등장하는 왕은 주나라 왕의 王 자와 구분 없이 초나라 왕을 언급하고 있으며, 왕의 명칭 및 선왕, 성왕, 군왕(君王), 명왕 등이 혼재한다. 王 자가 더 이상 주 왕실의 전용이 아님을 여실히 드러내 준다고 하겠다. 「오어(吳語)」엔 153회, 「월어 상(越語上)」 6회, 「월어 하」 편엔 69회 王 자를 쓰는 등 더욱 많이 등장한다. 춘추 시대 마지막 패자 경쟁을 하며 우리에게 와신상담(臥薪嘗膽), 오월동주(吳越同舟) 등의 고사를 남긴 오나라 '王' 부차(夫差)와 월나라 '王' 구천(句踐)의 정치 이야기를 집중적으로 다루고 있기 때문이다. 「월어 하」 편의 다음 구절을 보자.

　　오호에 되돌아오게 되자 범려가 왕에게 사직하며 말했다. "군왕께서 말씀하시면 신은 다시는 월나라에 들어가지 않겠사옵니다." 왕이 말했다. "불곡이 그대가 한 말을 의심한 것이 무엇이오?" 범려가 대답하였다. "신하가 된 자는 군이 걱정하면 신하는 노력을 다하고, 군이 욕을 당하면 신하는 죽음으로 맞서야 한다고 신은 들었사옵니다. 옛날 군왕께서 회계 땅에서 욕을 당하셨으나, 신이 죽지 못한 까닭은 이 일 때문입니다. 오늘 어려움에서 벗어났사옵니다. 저 범려는 회계에서의 벌을 받고자 청하옵니다."[25]

이 구절엔 왕, 군, 군왕, 불곡(不穀) 등의 용어가 혼재해 등장한다. 『국어』의 기록에 따르면 춘추 시대 후반으로 갈수록 王은 유일자를 다루는 용어가 아니라 남부의 세 왕국 즉 초, 오, 월의 왕을 자연스럽게 받아들이는 과정이라고 할 수 있다. 비교적 특별한 것은 세 나라 기록에 여러 차례 등장하는 '군왕'이라는 호칭이다. 『국어』에는 '군왕'의 용례가 23회 등장하는데, 주로 대화 중에 사용된다. 예컨대 위의 인용에서처럼 신하 신분인 범려(范蠡, 서기전 517?~서기전 448년?)[26] 등이 자신의 주군과 이야기하면서 직접 호칭으로 사용하기도 한다. 또 군주는 스스로를 '불곡'뿐만 아니라 '과군(寡君)'이라 쓰기도 한다.

구체적인 유일자로서 은나라 王이나 주나라 왕을 부르던 호칭이 서주 후기에 이르러 변화가 생겼다. 춘추 시대에는 심지어 유일자만이 사용하던 이 글자를 '감히' 특정 지역의 정치 지도자들도 사용하는 큰 사건이 일어난 것이다. 물론 춘추 시대의 문헌에도 최고 정치 지도자를 구체적으로 왕이라 특정한 용례가 남아 있지만, 이론화되고 추상화된 의미로 왕을 언급하는 경우 또한 생겨났다. 여기엔 커다란 정치적 사건이 개입되어 있다. 탐욕스럽게 국가의 이익을 독점하며 폭정을 일삼던 주나라 여왕(厲王)의 37년 압정을 견디지 못한 귀족들과 '백성(百姓)'[27]이 그를 체(彘)로 몰아내고 이른바 공화(共和,[28] 서기전 841~서기전 828년) 시대를 연 것이다. 『일주서』「예량부」 편에 따르면 예량부(芮良夫)는 주 여왕에게 강력한 충고를 한 사람이다. 그는 '왕은 어찌해야 하는가?'라고 문제를 제기했고, 왕에 대해 구체적인 실존 인물에서 추상화된 일반적 개념의 인식 대상으로 바꾸어 말하였다. 현실적으로 구체적인 왕의 부재가 추상적 관념을 불러일으켰을 수 있다. 예량부는 구체적인 주 여왕과 이론상의 왕을 구분했던 것이다.[29] 춘추 시대의 책이지만 예량부의 주장을 담고 있는 『국어』「주어 상(周語上)」 편의 관련 내용을 보자.

무릇 왕이란 사람은 이익을 끌어내어 위아래에 베푸는 사람이다. 신과 사람으로 하여금 만물의 지극함을 얻지 않음이 없도록 한다. 마치 태양이 무서워 경계하는 것처럼 원망이 일어날까 두려워한다."[30]

예량부는 주 여왕의 이익 독점 정책에 반대하면서 진정한 왕이 무엇인지 말하고 있다. 이렇게 왕을 추상화하고 이론화하는 것은 왕에 대한 부정이 아니라 더욱 보편적인 이론 근거를 만드는 일이다. 그러나 동시에 구체적으로 특정 왕을 비판할 수 있는 길을 연 것이기도 하다. 이론상의 왕이 현실의 왕보다 훨씬 고상하기 때문에 현실의 왕은 왕이라는 이론 앞에 검사를 받게 된 것이다. 이 점에서 예량부의 자아 인식과 비판은 춘추 시대 왕 관념의 변화에 선구자적 역할을 한 셈이다.

2 다수의 왕: 제자백가의 왕

『묵자』의 왕

"춘추 시대엔 주나라 왕을 으뜸으로 생각했으나 전국 시대엔 절대로 왕을 언급하지 않았다."[31] 묵자는 문왕·무왕의 도가 끝장나고 주 왕실에 대한 존중이 완전히 사라져 "절대로 왕을 언급하지 않았던" 전국 시대의 초기 인물이다. 『묵자』「친사(親士)」편은 시작부터 아무 거리낌 없이 "월나라 왕 구천은 오나라 왕에게 패해 창피를 당했음에도 마침내 중국을 위협하는 현군(賢君)이 되었다."[32]라고 한다. 왕과 군을 동등한 의미로 쓰고 있으며 어떤 면에선 군이 더 높아 보이기도 한다. 왕자가 그저 일반 군주를 지칭하는 용어로 쓰이고 있는 것이다.

『묵자』에 419차례나 나오는 王 자는 물론 대부분 과거와 비슷하게 각 왕의 호칭이거나, '선왕'으로 쓰이거나, 일반 명사로서의 왕인 경우가 많지만 과거처럼 유일한 권력자라는 의식이 개입되어 있지 않다. 주 왕실의 왕들을 언급하고 있지만 왕이 갖는 권위는 없고, 특별히 위대한 정치 지도자나 인격적으로 뛰어난 정치가를 이야기할 때는 오히려 '성(聖)' 자를 붙여 '성왕(聖王)'이란 단어를 사용하였다. 『묵자』 전체에 聖王이란 용례는 121회나 등장한다. 문왕, 무왕이란 말만으로도 훌륭한 최고 권력자를 지칭하는 말이었는데, 「법의(法儀)」편에 "옛날의 聖王인 우, 탕, 문, 무는 천하의 백성을 두루 사랑하셨다."[33]에서처럼 이름의 앞에 따로 성왕이란 말을 사용하고 있다.

『묵자』에서 왕은 대부분 특별한 의미를 갖지 않고 일반 명사로 다양하게 쓰이고 있지만 예외인 경우도 있다. 「상현 중(尚賢中)」편에 네 차례 등 총 9회 등장하는 '왕천하(王天下)'가 그것이다.

　　오늘날의 왕, 공, 대인이 왕천하(王天下)하고 정제후(正諸侯)하고자 하면서 덕의가 없으면 장차 무엇에 의지할 것인가? 그들은 반드시 권위와 강력한 힘에 의지할 것이라고 말한다. 오늘날 왕, 공, 대인은 권위와 강력한 힘으로부터 장차 무엇을 얻으려는가? 뒤집힌 백성들의 죽음일 것이다. …… 예로부터 오늘날까지 이런 식으로 왕천하와 정제후를 달성한 사람은 없었다. 이제 대인이 왕천하, 정제후를 하고자 하며, 장차 천하를 얻고 후세에 이름을 날리는 데 스스로 뜻을 두면서도 왜 상현(尚賢)을 정치의 근본으로 면밀히 고찰하지 않는가? 이것이야말로 성인의 도타운 행위인데.[34]

'정제후'는 제후들을 바로 세우는 것, 즉 제후국들의 대장이 되어 질서를 잡는 맹주나 패자를 뜻하는 듯하다. 그 대구인 '왕천하'는 그보다 한 단계 높은 천하의 왕이 되는 것, 즉 천하를 통일하여 옛날 주나라 천자처럼 왕으로 군림하는 것을 뜻한다. 그렇다면 앞의 왕, 공, 대인의 王 자는 천하통일의 왕을 꿈꾸는 아직 거기에 이르지 못한, 또는 더 낮은 계급의 현실 군주를 뜻한다고 할 수 있다. 이는 위에서 공자가 말한 '어진 정치를 실행할' 왕과는 다르지만, 현실적으로 제후들의 패자가 되어 천하를 통일하여 실제로 군왕이 될 사람을 뜻한다고 할 수 있다. 묵자는 「귀의(貴義)」편에서 "군왕은 천하의 대왕이다." 라고 말한다. 그러니까 뒤에 이야기할 맹자와 같은 인의가 아니라 묵자 식의 덕의를 지니고 천하를 통일하여 정치 질서를 잡아 갈 사람을 왕으로 표현한 것이다. 이로써 王자의 용례는 또 다른 의미를 지니게 된다. 게다가 묵자는 성인을 이야기하며 그런 왕이 되려면 성인을 지향하라고 충고하고 있다. 이 구절에 나온 개념들을 정리하면 성인이 가장 높고, 그다음이 왕천하를 달성한 왕이고, 그다음이 제후들을 바로잡는 패자이고, 그다음이 왕공대인이란 현실 정치가의 순서라고 할 수 있다. 「절용 중(節用中)」 편에 "옛날 명왕성인이 왕천하를 이루고 정제후를 달성한 까닭은 저들이 확실하게 충심으로 백성들을 사랑하고, 확실하게 도탑게 백성들을 이롭게 한 때문이다."[35]라고 하는데, 그렇다면 왕천하한 사람이 바로 명왕이고 성인이 된다. 묵자는 공자가 이상화의 단서로 마련한 왕을 자신의 방식으로 전환시켜 이상화한 것이라고 할 수 있다.

도가의 왕

도가 사상은 복잡다단한 정치 세계에서 벗어나 삶의 깊은 진리를 추구하는 달관의 철학이기도 하지만, 어떤 면에서는 매우 적극적인 정치철학이기도 하다.[36] 이 점에서 그들의 저서 속에 역시 적잖은 王자의 용례를 보여 주고 있다. 『노자』엔 군자(君子)를 두 번, 군(君)을 3차례 언급하고 있지만 모두 정치 세계의 군이 아니라 주재자나 중심의 뜻으로 쓰였다. 반면 왕은 13차례 등장하는데 모두 정치와 연관을 맺고 있다. 25장의 일부를 보자.

> 도가 크고, 하늘이 크고, 땅이 크고, 王 또한 크다. 영역 가운데 네 가지 큰 것이 있는데 왕 또한 그 가운데 하나를 차지한다.[37]

여기서 왕은 물론 도나 천지처럼 큰 존재로 그려진다. 25장 전체로 보면 도야말로 천지에 앞서는 가장 위대한 것이므로 도를 따라야 한다는 주장이지만, '왕 또한 크다'고 본 것은 정치 세계를 긍정하고 있는 것이며, 최고 정치 지도자로 왕을 언급하고 있음을 알 수 있다. 노자는 성인의 말씀을 빌려 그 정치가는 "나라의 온갖 상서롭지 못한 일들을 모두 받아들이므로 천하의 왕이라 부를 수 있다."[38](78장)라고 한다. 이 경우 왕은 특정 정치가를 지칭한다기보다 보통 명사로서 대표자를 부르는 말이라고 하겠다. 이는 66장에 "강물과 바다가 능히 수많은 골짜기들의 왕이 될 수 있는 것은 그것이 아래로 아래로만 잘 흘러들어 모두 모아드는 것이므로 능히 수많은 골짜기들의 왕이 될 수 있다."고 할 때의 王 자 용례와 비슷하다.

『곽점초간』은 맹자에 의해 王 자가 '왕도의 구현'이라는 추상적인 의미를 부여받기 전에 형성된 죽간인데『노자』와 용례가 일치한다. 마왕퇴 출토 문헌들도 비슷하다.

『장자』는 분량이 큰 책인데도 제목을 포함하여 王 자가 177번 나올 뿐이며, 그나마 우화와 예시를 위주로 한 문체가 보여 주듯 왕 또한 대부분 사람의 이름이나 무슨 왕이 그랬다는 식으로 쓰이고 있다. 『장자』엔 오왕, 송왕, 진왕, 초왕 등등 각 나라의 군주를 이야기할 때 왕이라 부르지 않는 경우가 거의 없다. 또한 문왕, 무왕 등 기존의 명호를 그대로 사용하고도 있다. 전국 시대 중반의 분위기를 그대로 반영하고 있다고 하겠다. 좀 특이한 것은 '선왕'이란 기존 용례를 많이 사용하면서도 '제왕(帝王)'이란 새로 유행하던 용어 또한 비슷한 용례로 사용하고 있다는 점이다. 『장자』에서 최고 정치 지도자는 '제왕'이라 할 수 있다. 「천도(天道)」편에 높은 데 임함을 '제왕천자(帝王天子)의 덕'이라 하고, 낮은 데 처함을 '현성소왕(玄聖素王)의 도'라고 하는 구절이 있다.[39] 聖과 王을 혼용하고 있으며, 두 글자로 개념어를 만들어 비교하고 있다. 여기서 '제왕'을 실질적 정치 세계의 지도자이며, '현성'은 도를 체득한 아득한 경지이다. '천자'는 현실적 권위를 갖는 제왕이며, '소왕' 즉 '흰옷 입은 왕'은 실질적인 군주는 아니지만 도를 구현하는 이상 속의 왕이라고 할 수 있다.

장자는 법가는 물론이고 유가와 묵가의 견해에 반대하였다. 왕을 보는 견해도 비슷하다. 「재유(在宥)」편의 다음 구절을 보자.

하나라 우왕, 은나라 탕왕, 주나라 문왕 삼왕의 시대에 이르자 천하는 더욱 혼란스러워졌다. 아래로 폭군 걸(桀), 도적 척(跖) 같은 사람이 있는가 하면, 위로 증삼(曾參), 사추(史鰌) 같은 인간이 나타나고 유가와 묵가가 다투어 일어났다.[40]

유가 사상가들이 존경해 마지않는 효자로 유명한 증자를 도적과 비유하고 있을 정도이다. 또한 법가에서조차 훌륭한 정치의 표상으로 언급한 '삼왕'을 국가 혼란을 불러온 원흉으로 지적하고 있다. 장자가 보는 정치와 왕의 실상을 이해할 수 있는 대목이다. 그렇다면 그가 생각한 이상 정치로서 왕의 용례는 무엇인가? 「응제왕(應帝王)」편은 이를 잘 설명하고 있다.

명왕의 정치는 그 공이 천하를 덮어도 천하가 자기의 소유가 아닌 듯하고, 만물을 화육시키면서도 백성들이 그것에 기대게 만들지 않는다. 공이 있어도 사람들이 거명하지 않게 하고 외물로 하여금 스스로 기뻐하도록 만들며, 예측하기 어려운 데 자신을 위치시키고 무(無)에 자유자재로 노니는 것을 말한다.[41]

『장자』「천운」편에서 이상적인 王은 자연을 따르고 도를 따르는 존재를 말한다. "하늘에는 육극(六極)과 오상(五常)이 있는데, 제왕이 이를 따르면 다스려지고 이에 거스르면 흉하게 된다."[42] 이 점에서 장자 또한 왕의 의미에 새로운 의미를 부여한 사람으로 부를 수 있겠다. 그의 책 대부분이 도와 자연에 대해 읊조리고 있듯이 왕은 도와 자연을 따르는 존재로서의 의미만 있을 뿐이다. 도라는 보다 근원적이고 높은 경지의 개념 아래서는 聖이든 王이든 비슷한 개념이 될 수도 있다. 「천하(天下)」편에 "聖이 어디서 탄생하여 존재하든, 王이 어디서 만들어져 존재하든 모두 하나 즉 도에 근원을 둔다."[43]라고 한다.

聖과 王을 유기적으로 결합시켜 후대 유학자들이 聖王을 언급할 때마다 모범 답안으로 제시되었던 「천하」편의 '내성외왕(內聖外王)'의 용례는 '안으로 聖을 수양하고 밖으로 王의 위엄을 갖춘다.'는 매우 유덕한 군주의 전형적인 모습을 상상할 수 있는 말이다. 그 외에도 『장자』「천도」편에는 그동안 이야기되어 오던 '왕천하'의 용례도 보이는데, "마음이 일정하여 천하를 통일할 왕이 되며"[44]에서처럼 '마음'을 '왕천하'와 결합시킴으로서 철학적 의미를 더하게 되었다고 할 수 있다.

법가의 왕

법가 사상가 가운데 『신자(愼子)』에 15차례 나오는 왕은 『맹자』나 『상군서』에서 '왕' 자체에 새로운 의미를 부여한 것과는 달리 춘추 시대 이래 왕 관념과 유사한 경향을 보인다. 이 점에서 『신자』는 『맹자』 이전의 책으로 보이는데 주로 '선왕'이란 용례가 그렇다. '삼왕오백(三王五伯)'의 왕은 하나라 우왕, 은나라 탕왕, 주나라 문왕 또는 무왕 등 창업주를 일컫는 말이다. 같은 「위덕」편에 요임금도 최고 정치 지도자라는 위세가 없었으면 필부에 불과했겠으나 "남면하여 왕이 되었기 때문에 금지하라는 각종 명령이 실행될 수 있었다."[45]에서의 왕은 바로 최고 정치 지도자에 대한 범칭이다. 또 『신자 일문(逸文)』에는 '성왕'이란 말도 3차례 보인다. 한편 신도와 같은 시기의 신불해가 썼다는 『신자(申子)』「일문」에는 '왕천하'라는 『묵자』에 보이는 용례가 보인다. 공자에서 맹자로 연결되는 그사이의 전국 시대 초반엔 묵자가 사용한 왕이 보편적으로 사용된 듯하다.

『상군서』는 규모는 『맹자』와 비슷하지만 맹자만큼 많이 왕을 언급하진 않는 대신에 96차례 용례 중 왕이 무엇인지 정의를 내리려는 시도가 많다. 「화책(畫策)」편에 "聖王은 의를 소중히 여기지 않고 법을 소중히 여긴다."[46] 등이 그렇다. 맹자와 달리 상앙은 왕(王)과 패(覇)를 같은 가치로 여긴다. 「경법(更

法)」편엔 "하나라, 은나라, 주나라 삼대는 각각 다른 예법을 가지고 왕이 되었으며, 춘추 시대 다섯 패자는 각기 다른 법 제도를 가지고 패가 되었다."[47]라고 한다. 유일자로서 최고 정치권력의 담당자가 되었다는 점에서 왕이나 패는 같다. 여기서 상앙은 삼대를 이야기하지만 맹자처럼 높은 인격적 수양을 바탕으로 한 위대한 임금들에 의한 창업을 왕으로 표현한 것이 아니다. 그냥 정치권력을 장악하고 법치를 잘 시행하여 제왕이 된 사람을 왕으로 표현한 것이다. 특히 이 점에서 맹자와 선명한 대조를 이룬다.

『상군서』의 '왕도(王道)'는 한 국가의 최고 지도자가 강력히 추진해야 할 정책이자 이념이다. 상앙에게 그 정책은 농사와 전쟁의 일치, 즉 병농일치였다. 이 농전(農戰) 한 길을 완성하는 것이 왕의 임무였다. 「거강(去彊)」편에 "한 나라가 한 가지에 일 년을 전념하면 십 년이 강해진다. 한 가지에 십 년을 전념하면 백 년이 강해진다. 한 가지에 백 년을 전념하면 천 년이 강해지는데, 천 년이 강해진 경우가 왕이다."[48]라고 한다. 농사와 전쟁이라는 한 가지 일에 한 국가를 백 년 동안 전념하게 만들면 천년왕국을 건설할 수 있는데, 그래야 왕이 된다는 것이다.

『상군서』에는 같은 맥락에서 왕(王), 강(彊), 삭(削) 세 차원을 대비해 나라의 강약을 표시하는 용례가 여러 군데이다. 「근령(靳令)」편에 "(부강을 좀먹는 일체의 행위와 지식을) 5리 이내에서 끊어 버리는 나라가 왕(王)이며, 10리 이내에서 끊는 나라는 강(彊)이며, 밤새워 이것을 다스리려 노력하는 나라는 삭(削)이다."[49]라고 하는데 삭은 영토가 깎이어 망해 가는 나라라는 뜻이다. 상앙이 원하는 왕은 힘이 지배하는 패왕이다.

한편 순자의 제자인 한비는 스승이 예의를 드높여 왕천하를 이루고자 한 것을 너무 높은 이상이라고 간주한 것일까. 그는 스승이 언급한 두 번째 즉 '법을 중시하고 백성을 아끼는' 패도가 더 현실성이 있다고 생각하였다. 권모술수가 난무하고 국가 기강이 엉망진창인 약소국 한(韓)나라 왕족이라는 슬푼 현실이 생존을 위한 치열한 현실에 관심을 갖게 했는지도 모르겠다. 그는 스승의 말 가운데 아예 '백성을 아끼는'이라는 말마저 빼 버렸다. 그리고 스승처럼 굳이 王 자를 정의하려고 들지도 않았다. 그럴 필요도 없었다. 철저히 '법을 중시'하는데 법보다 높은 가치를 지향한다는 왕은 더 이상 그의 생각을 정리하는 데 도움이 되지 않았던 듯하다. 굳이 王을 쓴다면 그의 책에 24차례 등장하는 패왕(覇王)의 왕일 것이다. 이 점에서 그는 스승 순자가 아니라 오히려 뛰어난 정치가 상앙을 따랐다고 할 수 있다.

『한비자』엔 '선왕'과 '명왕'[50]이란 말을 가끔 인용하여 자신의 이론을 정당화하는 수단으로 사용하기는 하지만 대부분은 현실 군주를 예로 들 때 호칭으로 사용하고 있다. 「식사」편에 "강함을 다스리는 자가 왕이 됨은 옛날의 도였다."[51]라거나 「심도(心度)」편에 "간사함을 철저히 틀어막는 사람이 반드시 왕이 된다." 등의 용례는 비교적 특수한 용례이다. 이렇게 법가적으로 왕을 정의하는 것은 『상군서』에서 유래한다고 할 수 있다.

같은 순자를 스승으로 삼아 공부했지만 친구 한비를 시기하여 죽음으로 몰았고, 중국 최초의 통일국가를 세우는 데 결정적인 공헌을 했지만 그 진(秦)나라를 멸망으로 몰아가기도 했던 승상 이사의 「간축객서(諫逐客書)」에는 7차례 왕이 등장하지만 의미 있는 용례로는 "왕은 뭇 서민 대중을 물리치지 않는다."[52]라는 딱 한 차례뿐이다. 법가 사상가들에게 왕 관념은 『상군서』에서 거의 완성을 보았고, 후대엔 그대로 따랐던 듯하다.

제자백가의 왕

병가의 『손자병법』에는 '패왕의 군대(覇王之兵)'라는 용례가 두 번 나오는데, 패업을 추구하던 춘추 시대의 용어였던 듯하다. 『오자(吳子)』엔 6차례 王 자가 보이는데 「도국(圖國)」편에 "두 번 승리하면 왕이 된다."라든가 "세대가 이어지면서 聖인은 끊어지지 않고, 나라에는 현인이 없어지지 않으니 능히 그 군사(軍師)를 얻을 수 있는 사람은 왕이 되고, 그 우군을 얻을 수 있는 사람은 패자가 된다."[53]라고 한다. 이 용례는 『맹자』나 『상군서』에 무엇을 어찌어찌 하면 '왕'이 된다는 식의 용례와 비슷하다. 王 자 용례로만 볼 때 『오자』는 그들과 시대 차이가 나지 않는 것으로 보인다.

『문자』는 전국 시대에서 진한 시대의 언어까지 포괄하고 있는데, '선왕'과 보통 명사로 쓰는 왕 등 용례는 춘추 시대의 문헌과 다를 바 없으며, '제왕' '성왕' '패왕' '왕천하' '삼왕' 등 용어는 전국 시대 문헌과 유사하다. 위에 언급한 여러 사상가들의 용례를 혼용하고 있다. 예컨대 「정성(精誠)」편에 "그럼에도 천하를 통일하는 왕이 되지 못하는 경우는 아직 없었다."[54]라는 용례는 『맹자』와 닮았고, '제왕'과 '왕도(王道)'를 언급한 부분은 『장자』와 유사하다. 비교적 특이한 것은 「도덕(道德)」편에 등장하는 문자의 다음 말이다.

옛날엔 도로써 왕이 된 경우가 있었고, 군대로 왕이 된 경우가 있었는데 어떻게 그것을 한가지라고 하는가? 가로되, 도로써 왕이 된 것은 덕 때문이고, 군대로 왕이 된 것 또한 덕 때문이다."[55]

왕은 천하 권력의 소유자를 가리키는데 도로써 왕이 된 사람은 도왕(道王)이겠고, 군사력을 길러 왕이 된 사람은 병왕(兵王)이라는 호칭을 만들 수도 있는 구절이다. 또 「상인(上仁)」편엔 노자의 말이라며 하늘과 "기운을 같이하는 자는 제(帝)이고, 의로움을 같이하는 자는 왕(王)이고, 공적을 같이하는 자는 패(覇)이고, 하나도 없는 자는 망(亡)이다."[56]라고 하는데 제, 왕, 패, 망을 순서를 매겨 구분 지은 특별한 용례이다.

『열자』에는 「양주(楊朱)」편에 "공자가 제왕의 도를 밝히고, 그 시절 군주의 부름에 응하였다."[57]라고 하여 공자가 제왕을 언급한 것처럼 말한 부분이 있고, 「역명(力命)」편에 '패왕(覇王)'이란 말이 등장한다. 이 몇 사례를 제외하고『열자』에서 왕은 맹자 이전의 용례와 비슷하다. '초왕' '진왕' 등 일부 제후국의 군주를 왕으로 부르는 사례도 있지만 대부분 선왕이나 주나라 유일자 천자를 지칭하는 말이거나 보통 명사로 호칭할 때 쓰고 있다. 대부분 맹자 이전 수립된 책이기 때문일 것이다.

『안자춘추』에도 무수한 王 자가 등장하지만 '선왕' '성왕' '명왕' 등 기존의 용례를 답습하고, 일부 제후가 호칭으로 쓴 전국 시대 왕들의 이름을 거명하는 것이 거의 전부이며 왕에 대하여 특별한 정의를 내리고 있지는 않다. 다만 '성왕'에 대한 용례를 다양하게 쓰고 있는 것으로 보아 전국 시대 후반 정형화되어 가는 성왕 논의의 일단을 그리고 있다고 하겠다.

『관자』는 책 자체가 '왕천하'를 위한 내용인 듯 王 자가 가질 수 있는 거의 모든 용례를 망라하고 있다. 예컨대 「유관(幼官)」 혹은 「유관도(幼官圖)」 편에 "몸소 인의를 실천하고 충성과 믿음을 잘 응용하면 왕이 된다."[58]라고 했을 때 왕은 맹자가 이야기하는 도덕으로 무장해 천하를 통일할 왕이다. 「승마(乘馬)」 편에 "일체의 인위를 하지 않는 사람은 제(帝)가 되고, 인위를 하되 애써 무위를 실천하려는 사람은 왕(王)이 되고, 인위를 하면서 무위를 중시하지 않는 사람은 패(覇)가 된다."[59]라고 제, 왕, 패를 구분 짓는 것은 도가적 견해로 보인다. 「중령(重令)」 편에 "땅이 크고 국가는 부유하며, 사람은 많고 군대가 강한 것, 이것이 패왕의 근본이다."[60]라고 할 때의 패왕은『상군서』와 유사하다. 전체로 356차례 등장하는 王 자 가운데 '선왕'이 가장 많고 '성왕' '패왕' '제왕' '명왕' 등 용어가 혼재하며 심지어 「심술 하(心術下)」 편에 "폭왕(暴王)이 천하를 나쁘게 만든다."고 '폭왕'이란 말도 쓰고 있다. 왕을 일반 개념으로 본 전국 시대 중기 이후의 사례들이 모여 있다고 할 수 있다. 「경중 무(輕重戊)」 편에 집중적으로 그런 용례가 모여 있다. '황제(黃帝)의 왕', '유우(有虞)의 왕', '하인(夏人)의 왕', '은인(殷人)의 왕', '주인(周人)의 왕', '당세(當世)의 왕'이란 말을 써서 설명하는데, 王 자는 왕조의 창업주들이 권력을 장악하였다는 동사로 일반화되고 있다. 한편 『관자』 「군신 하」는 왕을 군보다 높은 데 위치시킨다. "신성(神聖)한 사람이 왕이고, 인지(仁智)한 사람이 군이다."

명가의 『공손룡자(公孫龍子)』는 전국 시대 후반의 문헌답게 전국 여러 나라 왕들의 호칭에 보편적으로 王 자를 쓰고 있으며, 병가 서적인 『육도』는 태공(太公)과 주 문왕의 대화이므로 왕의 호칭에만 사용하고 있고, 『위료자』는 서주를 표방하므로 명령을 하달하는 유일자 천자로써 王을 언급하고 있다. 『귀곡자』는 춘추 시대의 용례와 유사하게, '선왕' '문왕' '삼왕' 세 가지 용례뿐이다. 『윤문자』는 '위왕', '초왕', '제 선왕' 등 전국 시대 군주의 호칭으로 왕을 사용하고 있지만, 「일문」에 "나라 사람들이 모두 현명하다면 누가 왕의 아래에 있겠습니까?"[61]라고 대화 상대인 군주를 지칭할 때도 왕이라 한다.

굴원의 『초사』는 기이한 지명이나 인명이 많이 나오지만 '王' 자를 특이하게 사용한 용례는 없다. 예전의 왕이란 뜻의 '전왕(前王)', 현명한 왕이라는 '철왕(哲王)' 그리고 '군왕' 등의 용례가 이름 외에 등장할 뿐이다. 전국 시대나 혹은 더 늦게 생겨난 것으로 추정되는 『황제내경』에는 '성왕' 등 일반 용례 외에 비교적 특수한 용례가 몇 보이는데, 의학 서적의 특성상 인체를 이야기하면서 '王' 자를 쓰고 있다. 「영추경(靈樞經)」 「오색(五色)」 편의 '왕궁(王宮)'과 '면왕(面王)'이 그것인데, '왕궁'은 얼굴의 핵심인 이마를, '면왕'은 낯에서 가장 드러난 코끝을 가리킨다. 둘 다 왕이 갖는 최고의 의미를 부여한 것으로 볼 수 있다. 王 자는 여기서 인간사 여러 가지 일 가운데 최고의 것을 지칭하는 아주 보편적인 의미로 여기저기서 차용해 쓰는 용어가 되었다.

잡가로 분류되는 저작들에선 활발하게 王 자를 사용하며 다양한 의미 부여를 하고 있다. 물론 대부분은 위에서 언급한 다른 사상 학파들의 주장을 그대로 수용한 것이어서 새로운 것은 거의 없다. 『여씨춘추』엔 선왕, 성왕, 제왕, 왕천하, 왕도, 왕공대인, 군왕 및 보통 명사로서 왕 등 기존 용례와 왕들의 명칭이 가장 많이 사용되고 있다. 「거사(去私)」 편에 "왕백(王伯)의 군 또한 그렇다."처럼 군을 범칭으로 사용하고 왕과 백(伯 즉 霸)을 대등하게 취급한 경우도 있다. 「지도(知度)」편엔 '패왕'과 '왕패'(王霸) 두 가지 용례가 다 보인다. 「논인(論人)」편의 다음 이야기는 『맹자』를 보는 듯도 하고 『상군서』를 보는 듯도 하다.

> 하나라, 은나라, 주나라 삼대에 왕이 일어나서 잘못이 있으면 자신의 책임으로 돌렸으므로 날로 공적이 많아져 쇠약해질 줄 몰랐다. 그리하여 왕에 이르게 되었다.[62]

앞의 왕은 유일자 천자가 되었다는 의미이고, 뒤의 王 자는 훌륭한 정치의 전범으로서 왕이 되었다는 이야기다. 「일행(壹行)」편의 "강대하다고 반드시 왕이 되는 것은 아니지만, 왕이 되면 반드시 강대해진다."[63]에서 왕은 확실히 맹자의 주장과 상앙의 주장을 같이 섞고 있는 용례이다.[64]

3 이상적 정치가: 공자의 후예들과 왕

공자와 제자들의 왕

왕 관념 중 가장 의미 있는 변화는 초기 유가 사상가들이 이루어 냈다. 그들은 왕을 구체적인 지칭에서 추상적인 통칭으로 정형화했다. 앞 절에서 언급했듯이 공자의 시대에는 여기저기서 왕을 칭하는 사람들이 있었으며, 왕은 다수의 왕을 뜻하는 용례로 이미 사용되고 있었고 사람들도 별로 이상하게 생각하지 않았다. 『춘추』 기록에 참여했던 공자는 이러한 왕의 범람에 실망하면서, 예법에 어긋나는 일로 간주했다. 하지만 기이하게도 『논어』에는 이런 비판이 없다. 공자가 썼다는 다른 서물에도 이와 같은 비판은 없다. 물론 『춘추』를 면밀하게 해석하면 그러한 비판이 곳곳에 숨어 있을 수 있으나 직접 언급한 적은 없다.

『논어』에는 7차례 王 자가 등장하는데, 전통 시대의 것들과 다름없이 '선왕'이라는 말을 두 차례 쓰고 있으며, 호칭으로서 「태백」 편의 '무왕(武王)'과 「자한」 편의 '문왕(文王)'을 한 차례씩 사용하고 있으며, 사람 이름인 왕손가(王孫賈)가 두 번 등장한다. 특별한 것은 「자로」 편에 나오는 다음 구절이다.

공자가 말했다. "만약에 왕이 된 사람이 나타난다면, 반드시 한 세대가 지나고 난 뒤 어진 정치가 성공하게 될 것이다."[65]

여기서 왕은 어진 정치 즉 인정(仁政)을 시행하여 도덕적인 세상을 만들어갈 수 있는 위대한 임금에 대한 통칭이다. 이미지로 상상할 수 있는 추상적인 통치자이다. 정치철학을 다룬 그의 책 대부분은 어진 세상을 위한 위대한 정치가 무엇인지에 대해 논하고 있다. 도덕적이고 예법에 어긋나지 않으며, 전통과 현대가 조화된 참으로 살 만한 세상을 꿈꾸고 있다. 그런 그가 제기하고 있는 새로운 개념이 바로 이 '어진 정치를 성공시킬 수 있는' 왕이다. 이상적인 통치자로 사용하고 있는 이 王 자의 용례 외에 『논어』에선 구체적인 현실 정치 지도자를 '군(君)'이라 부르고 있다. 『논어』에 54차례 언급된다. 그리고 이상적인 왕의 밑에서 열심히 정치에 종사하는 도덕적인 정치가상을 '군자'라는 새로운 개념으로 탄생시켰다. 『논어』는 106차례나 군자를 다루고 있다.

『효경』에는 王 자가 10차례 등장하지만 기존처럼 '선왕'이란 말이 6차례이며, 좀 다른 것은 3차례 언급되는 '명왕'이다. 「효치(孝治)」 편에 "옛날 명왕은 효로 천하를 다스릴 때는 감히 부용인 소국의 신하라도 소홀히 하지 않았는데, 하물며 공, 후, 백, 자, 남에게는 어찌했겠는가?"[66]라고 하는데 왕을 추상화하고 있지만, 그래도 공(公)이나 후(侯)보다 높은 곳에 위치시키고 있다는 점에서 유일자 천자를 지칭한다고 할 수 있다.

『예기』에 등장하는 266회의 王 자는 기존 용례와 새로운 용례가 혼용되고 있다. 이 가운데 비교적 일찍 성립된 것으로 보이는 『대학』에는 『시경』을 인용하여 왕을 두 차례 언급했을 뿐이고, 『중용』에는 주 왕실 계보상의 왕들 호칭에 16차례 王 자를 쓰고 있을 뿐이다. 나머지 부분에도 유일자인 주나라 왕, 돌아가신 부모, 보통 명사로서 왕이라는 기존 용례가 대부분이지만, 「향음주의(鄕飮酒義)」에 등장하는 '왕도(王道)'라든가 「경해(經解)」편의 '패왕(霸王)' 등 일부 용례는 후대에 형성된 것으로 보인다.[67]

『맹자』의 왕

『논어』「자로」편에 왕이 된 사람 즉 왕자(王者)가 출현하면 나중에 인정을 펼칠 것이라고 한 말은 왕이라는 개념에 대한 새로운 생각을 하게 해 주었다. 맹자는 그것을 잘 계승하여 어떤 사람이 어떻게 하면 인정을 펼치는 왕이 될 수 있을까에 대한 구체화 작업을 하였다. 중간에 묵자는 '왕천하'라는 말을 사용하여 '천하를 통일할 수 있는 왕' 또는 '제후들 위에 군림하는 실질적인 군왕'이란 말을 사용하였다. 맹자는 여기서 한 걸음 더 나아가 '천하'를 제거하고 왕 한 글자만으로 공자의 말씀을 세상에 실천하여 천하를 통일할 수 있는 이상적인 최고 정치 지도자를 호칭하는 말로 의미 전환을 시켰다. 『상군서』에도 법가적 입장에서 맹자와 비슷한 작업을 하고 있는 것으로 보이는데, 둘이 같은 시대라는 점에서 전국 시대 중반에 들면 왕은 전통적인 의미 외에 천하통일을 이룰 수 있는 이상 정치가를 지칭하는 용어로 보편화되고 있었다고 생각할 수 있다. 물론 재미있는 사실은 묵자도 그렇거니와 『상군서』를 쓴 상앙도 공자의 문도들로부터 학문을 배웠다는 사실이다.

맹가는 『맹자』의 책 첫 문장에 양혜왕(梁惠王, 재위 서기전 369~서기전 319년) 즉 위(魏)나라 혜왕과의 문답을 싣고 있다. 이렇게 왕을 칭하는 군주들이 보편화되던 시대에 살았으므로, 그는 전통 시대 王 자가 갖는 유일자로서의 특별한 의미를 더 이상 찾을 필요가 없었다. 앞에서 언급한 대로 일부 국가의 통치자들 가운데 오래전부터 왕을 칭한 사례가 있었으며, 맹자 당시만 해도 비교적 강력한 나라들은 거의 대부분 그동안의 공(公)이나 후(侯) 혹은 백(伯) 등의 칭호를 버리고 왕을 칭하였다. 양혜왕은 불과 백 년 전에 대부(大夫)에 불과하였던 집안인데, 그의 할아버지 위문후(魏文侯)가 위업을 달성해 서기전 403년에 주 왕실에 의해 정식으로 제후로 인정을 받은 터였다. 그리고 제멋대로 왕이라 부르다가 서기전 334년 서주(徐州)에서 제나라 위왕(威王)과 만나 왕이라 부르기로 서로 승인해 주었다. 이 시기 초나라는 이미 왕이라 부르고 있었으니 왕은 더 이상 유일자 주 천자가 아니라 강국들의 군주들이 스스로를 칭하는 일반 용어가 되었다고 할 수 있다. 맹자는 더 이상 이런 일에 왈가왈부하지 않았다. 대신 그동안 王 자의 변천에 주의하면서 '왕'에 대해 새로운 의미를 부여하여 정치철학의 한 지평을 열었다.

『맹자』에는 제목을 포함하여 무려 323회의 王 자가 등장한다. 책 자체가 왕들과의 대화이기 때문에 가장 많이 등장하는 것은 보통 명사로서 왕인데, 맹자는 '양혜왕', '제선왕' 등 왕들을 대화 상대로 삼은 경우가 많기 때문에 상대자의 질문이나 대답을 바로 '왕왈(王曰)' 형태로 쓴다. 그래서 내용에 등장하는 다른 왕들은 오히려 시호를 명시하는 경우가 많다. 『춘추』에 유일자로서 주나라 천자를 지칭하던 王 자는 이제 제후국의 왕들에게 쓰이고, 주나라 천자는 문왕이나 무왕 등으로 기록하고 있으니 시대에 따른 칭호의 역전이라고 할 만하다. 「양혜왕 하」편의 다음 구절을 보자.

폭군 주왕 한 사람이 온 세상을 제멋대로 하는지라 무왕이 이를 부끄러워하셨으니, 이것이 무왕의 용맹입니다. 무왕 또한 한 번 노하시는 것으로 천하의 백성들이 안정을 얻었사옵니다. 이제 왕께서도 한 번 노하시는 것으로 천하의 백성들이 안정을 얻는다면, 백성들은 왕께서 혹시 용맹을 좋아하지 않으실까 봐 걱정할 것이옵니다.[68]

위는 제선왕과의 대화인데, 용맹을 좋아해서 걱정이라는 선왕의 질문에 맹자는 과거 유일자로서 주나라 천자였던 무왕을 예로 든다. 무왕과 제선왕을 동격으로 놓고 비교한 것이다. 왕은 더 이상 천자에게만 쓰는 용어가 아니었던 것이다.「양혜왕 하」편 첫 번째 장에는 王 자가 무려 23차례나 나오는데, 여기선 양혜왕을 '선왕'의 행위와 비교하고 있다. 같은 왕으로 취급한 것이다.

그런데 이 장의 마지막 말을 주의해 볼 만하다. "지금 왕께서 백성들과 즐거움을 함께 나누신다면 왕이 될 것입니다." 백성들과 즐거움을 같이 나눈다는 사자성어 여민동락(與民同樂)을 다룬 이 구절에서 맹자가 강조하고자 한 것은 이 마지막 왕이라는 글자이다. 앞의 왕은 제선왕을 지칭하는 명사이고, 뒤의 왕은 동사적 용법인데, 맹자가 말하는 이른바 왕도(王道)를 실천하는 왕이기도 하고, 그로써 천하를 통일하는 왕이 될 수 있다는 말이기도 하다. 다시 말해 맹자는 "진나라 초나라의 왕"처럼 왕을 주로 보통 명사로 쓰지만, '왕도를 실천하는 진정한 왕이 되다'라는 동사적 용법으로 쓰는 특별한 경우도 있다는 것이다. 이 용례는 맹자의 창조로 보인다.「양혜왕 상」편에 '왕지불왕(王之不王)'이란 말이 세 차례 나오는데, 여기서도 앞의 王 자는 대화의 상대인 제선왕을 말하고, 뒤의 '불왕'은 왕도를 실천하는 진정한 왕이 되지 못한다는 말이다. 이 구절은 왕도의 실천이 산을 들고 바다를 넘듯 어려운 일이 아니라 나뭇가지 부러뜨리듯 쉬운 일인데, 현실의 군주들이 하려고 들지 않는다고 질타하고 있다. 맹자는 '왕도'를 직접 언급하며 "산 사람을 양육하고 죽은 사람을 장사 지내는 데 아무런 유감이 없는 상태야말로 왕도의 시작이다."[69]라고 한다. 이렇게 백성들의 아픔을 덜어 주고, 인의로 사람을 대하고, 세상을 걱정하는 쉬운 정책들을 채택했는데, "그럼에도 왕도를 실천하는 진정한 왕이 되지 못한 경우는 아직 없었다."라고 책 전체에서 다섯 번이나 강조한다.

여기서 출발하여 맹자는 왕에 한 가지 더 새로운 개념을 덧붙였다. 그것은 '왕'을 '패'의 반대말로 규정한 것이다. 한 세대 늦은 순자가 왕과 패를 다 긍정해 버리면서 이 용례는 크게 유행한 것처럼 보이지는 않지만, 맹자를 추종하는 사람들에게 오랫동안 영향력을 행사해 온 용례이다. 춘추 시대는 패자의 시대이고, 특히 춘추오패(春秋五霸)라고 불리는 강력한 군사력과 경제력을 보유한 제후국의 왕들이 회맹(會盟)이라는 형식을 통해 국제 질서를 주도하던 시대였다. 맹자는 여기에 강한 반기를 든 것이다. 그건 사람들의 내면에서 우러나와 자발적 질서를 잡아 가는 정치의 본래 의의에 맞지 않으며, 폭력적 억압에 굴종하는 거짓 질서라는 것이다. 그래서 '왕도를 실천하는 진정한 왕'이 다스리는 정치 세계에 있어서는 안 될 일이라고 한다. 「공손추 상(公孫丑上)」편의 일곱 번째 장에 이런 내용이 있다.

힘으로 어짊을 가장하는 정치가 패이다. 패는 반드시 큰 나라를 필요로 한다. 덕으로 어짊을 실행하는 정치가 왕이다. 왕은 큰 나라를 필요로 하지 않는다. 탕은 사방 70리의 땅으로 되었고, 문왕은 사방 100리의 땅으로 되었다.[70]

맹자가 주장하는 왕다운 왕의 내용은 "덕으로 어짊을 실행하는 정치"이다. 패는 백(伯)으로도 쓰는데 맹자는 춘추오패를 "삼왕의 죄인"이라고 한다. 인의에 기초한 왕도를 잃어버리고 힘의 질서를 만들어 냈기 때문이다.

그 외 『맹자』에는 『묵자』에 등장했던 '왕천하'와 같은 용례가 한 번 쓰이고 있다. 「진심 상」편 "군자에겐 세 가지 즐거움이 있는데 왕천하는 그 즐거움에 포함되지 않는다."라고 한다.[71] 이때의 '왕천하'는 천하를 통일한 왕이라는 의미일 것이다. 맹자는 좋은 정치를 해야 한다고 평생 주장하고 다녔지만 정치 자체가 그다지 즐거운 일이라고는 생각하지 않았던 듯하다.

『순자』의 왕

제자백가의 사상과 학설을 종합 집대성한 순자는 그동안 논쟁하던 수많은 개념들에 대해서 명료한 자기주장을 전개하고 평가를 내리는 데 주저하지 않았다. 왕에 대해서도 다시 새로운 의미를 부여하며 그의 왕도정치론을 완성하였다. 그는 먼저 '백왕(百王)'이 있음을 인정해 버렸다. 백 명이 왕이 아니라 모든 왕이란 의미의 '백왕'은 『순자』에 15차례 등장한다. 더 나아가 이 '백왕'은 다 같다고 한다. 「유효(儒效)」 편에서 "백왕의 도는 한가지다."라고 한다. 특히 순자가 즐겨 쓰는 표현은 "모든 왕들이 똑같이 여기는 바"라는 '백왕지소동(百王之所同)'이다.

그렇게 '백왕'을 똑같은 존재로 여기며 그러한 '백왕'의 모든 장점을 현실에서 찾아볼 수 있다는 새로운 이론을 제기하였다. 그동안 등장했던 무수한 '선왕'이라는 말에 대하여 순자만의 독특한 개념을 만들어 냈는데, 바로 '후왕(後王)'이다. 「불구(不苟)」 편에선 "백왕의 도는 후왕이 지금 하고 있는 것이다. 군자는 후왕의 도를 잘 살펴서 앞선 백왕의 행동들을 토론하면 마치 몸을 바로 세우고 두 손을 마주잡듯이 논의한다."[72]라고 한다. 왕의 제도라는 「왕제」 편의 일단을 보자.

> 왕자의 제도는 이렇다. 치국의 도는 하나라, 은나라, 주나라 삼대를 넘지 않고, 나라를 다스리는 법은 후왕이 갖추고 있는 것과 다르지 않다. 도가 삼대를 넘으면 막연하다고 하고, 법이 후왕과 다르면 바르지 않다고 말한다.[73]

순자는 자신이 이상으로 생각하는 도덕적 군주를 후왕이라 부른 것이다. 그리하여 그동안 사상가들이 무수히 예로 든 '선왕'이 도대체 무엇을 어떻게 했느냐는 질문에 대해 스스로 답을 내렸다. 선왕의 예법을 현실에 충분히 반영하고 실천하는 그 나라 최고 정치 지도자이면 바로 왕이 된다는 뜻이다.

이렇게 현실 정치가의 노력을 긍정하고 거기서 정치적 정당성을 찾으려는 것이 순자의 생각이었다. 그렇다면 바로 얼마 전 역사에 등장했던 패자 또한 그런 입장에서 노력한 정치가로 볼 수 있을 것이다. 여기서 이상주의자 맹자와는 확연히 다른 선언을 하였다. 순자는 패자를 부정함으로써 왕을 도드라지게 하고 싶었던 맹자와 달리 패자를 긍정하지만 왕의 다음 순위에 놓으면서 왕을 더욱 도드라지게 만들었다. 그렇게 하면 역사도 긍정하고, 왕도와 현실 정치와의 사이에 항상 괴리로 존재하는 '정치적 신의'의 문제를 긍정적인 가치로 만들 수 있기 때문이다. 맹자는 인의도덕이 최고의 정치적 가치라는 점을 강조하는 데 성공했지만, 투쟁과 갈등이 만연한 현실 정치에서 최고 정치 지도자가 어쩔 수 없이 타협해야 하는 그 지점을 부정해 버림으로써 사람들로부터 실천하기 어려운 것으로 외면당했었다. 반면 같은 왕도를 지향하지만 패도 또한 왕도로 가는 길목에 있는 가치이므로 긍정하여 키워 가야 한다는 순자의 논리는 수많은 후계자를 양성해 낼 수 있었다. 『순자』엔 전문적으로 왕도와 패도에 대해 논하는 「왕패(王覇)」편이 있는데, "도의를 앞세우는 것이 왕이며, 신의를 앞세우는 것이 패이다."[74]라고 한다.

『순자』엔 41회나 패가 등장하는데 물론 왕을 최상의 것으로 보지만, 어떤 나라의 정치를 평가할 때는 항상 패를 왕의 다음에 두었다. 평가 기준이 왕(王)이냐 망(亡)이냐 두 가지로 할 경우는 없었다. 세 가지의 평가 기준을 가질 때는 왕, 패, 망이고, 네 가지의 평가 기준을 가질 때는 「천론(天論)」편의 다음 구절과 같다.

군주 되는 사람이 예를 높이고 현인을 존중하면 천하의 왕이 되고, 법을 중시하고 백성을 아끼면 제후들 사이의 패가 되고, 이익을 좋아하고 속임수가 많으면 위태롭게 되고, 권모술수 · 뒤집음 · 음험하면 완전히 망한다.[75]

다섯 가지 즉 "왕, 패, 안존(安存), 위태(危殆), 멸망(滅亡)"(「왕제」)으로 상세하게 구분할 때도 패는 왕의 다음이다. 물론『순자』에 355차례나 나오는 王 자가 모두 새로운 의미를 가진 것만은 아니다. 이전 시대부터 사용해 온 관례들, 예컨대 왕의 칭호라든가 일반 명사적 용법이라든가 선왕이라든가 모두 사용하고 있다. 다만 구체적인 항목을 들어 왕의 정의를 내리고 있는데,「정론(正論)」편을 보자.

옛날 천자는 천 개의 관직을 갖추었고, 제후는 백 개의 관직을 갖추었다. 이 천 개의 관직에 기초해서 명령이 중국의 여러 제후국들에 행해지도록 하는 사람을 가리켜 왕이라고 한다.[76]

예의로 천하를 통일하는 사람을 왕으로 정의하고 있는 대목이다. 관료 조직을 거느리고 위로부터의 명령이 모든 제후국에 관철되는 것이 왕이라는 것이다. 이런 정의를 바탕으로 王은 어디로 가야 하는지에 대한 이상 정치의 대안을 성왕으로 일원화시켰다. 그가 제자백가 정치사상을 집대성한 결과는 한마디로 성왕론이었다. 이에 대해선 2부에서 상세히 논의하기로 한다.

한나라 초기의 왕

한 대는 제왕의 시대였는데 아직 제왕의 정치적 정신적 무게가 짓누르지 않았던 시대에 성립된 육가의『신어』에는 전국 시대 왕의 관념이 그대로 살아 있는 경우가 많다. 특히 유가 사상가를 표방한 육가는『순자』의 왕을 수용하고 있다.「도기(道基)」편에 "모든 관직이 바로 서고 왕도가 생겨나게 되었다.""성인이 다스리는 왕의 세계에는 현자가 공을 세운다."라는 용례는 왕의 현실성과 이상성이 잘 조화된 표현이라고 할 수 있다.「술사(術事)」편의 다음 구절도 王을 다른 개념과 비교해서 정의하는 중요한 용례이다.

성자를 지팡이로 삼으면 제(帝)가 되고, 현자를 지팡이로 삼으면 왕(王)이 되고, 인자를 지팡이로 삼으면 패(霸)가 되고, 의로운 사람을 지팡이로 삼으면 강(强)자가 됩니다. 중상모략을 일삼는 사람을 지팡이로 삼았다간 나라가 멸망하고, 도적을 지팡이로 삼았다간 목숨을 잃게[亡] 됩니다.[77]

육가의 '지팡이론'이 잘 녹아 있는 이 구절을 보면 제, 왕, 패, 강, 멸, 망의 순서로 정치적 성패의 수준을 가늠하고 있다. 위에서 살펴본 전국 시대부터 많은 사상가들이 왕을 정의하면서 여러 개념과 비교를 해 왔는데, 그것들의 종합처럼 보이기도 하지만 육가도 능히 그 한 자리를 차지할 만한 의미 있는 발언을 했다고 하겠다.

그 외에도 육가는 「보정(輔政)」 편에서 "범왕(凡王)을 만나면 신분이 높아진다."라고 말하여 '평범한 왕'이라는 '범왕'이란 개념을 만들어 내고 있다. 오늘날은 범인, 범부처럼 범용한 군주라는 의미의 범군(凡君)이란 말을 더 많이 사용한다. 또 육가는 한나라 인물로 진나라의 실정을 비판하는 글을 썼는데, 황제를 선언했던 진시황의 아들을 진 2세(秦二世)라고 하면서 '진왕(秦王)'이라고 표현하고 있는 점이 특이하다. 제후국 수준으로 낮춰 부르려는 의도였는지 아니면 그냥 보통 명사로 진이라는 나라의 최고 정치 지도자를 지칭한 표현이었는지는 애매하다.

어떤 경우든 한대 문헌들에 등장하는 왕은 매우 조심스러우며, 모든 사람들이 공통적으로 인정하는 문왕이나 무왕 같은 위대한 군주를 지칭할 때 많이 쓴다. 왕에 대한 여러 가지 측면의 정의를 내리며 이야기할 때도 추상적 도덕의 극치나 정치적 논란을 불러일으키지 않을 만큼의 사회적 합의가 가능한 이야기를 한다. 예를 들면 『대대예기』는 유일자 황제의 눈치를 살피고 있다. 「예찰(禮察)」 편에는 육가처럼 '진왕'이라고 쓴다. 그 외 「역본명(易本命)」 편에 "왕은 반드시 도에 입각해서 움직인다."라는 정의가 한 번 나온다. 그 외 대부분은 선왕의 이름이나 칭호로서 왕을 언급하고 있을 뿐, 새롭게 왕에 대해 어떻게 행동하라든가 어떤 것이 정의롭다든가 하는 정의는 내리지 않는다.

그런대 한대 초기 가의는 좀 특별하다. 과감히 그런 정의를 내리면서 확실한 자기주장을 개진하였다. 그는 『신서』에서 王 자에 대해 패기 넘치는 용례를 사용하고 있다. 「과진 중(過秦中)」편의 다음 용례들을 보자. 주 왕실도 미약하고 오패도 없어진 마당에 천하에 명령이 행해지지 않는 걸 보면 "근고에 왕이 없는지 오래이다."에서 왕은 천하를 호령하는 현실의 최고 권력자를 지칭한다. "이제 진나라는 남면하여 천하의 왕이 되었으니 위로 천자의 지위를 갖추었다고 하겠다."[78]에선 역사적 사실로서 진시황이 천하를 통일한 왕이 되었다는 뜻이다. 그런데 '진 왕'은 "왕도를 폐기하고 사사로운 친밀함만을 내세웠다."고 할 때의 왕도는 천하 사람들의 마음을 진정으로 복종시키는 도덕 군주의 길을 지칭한다 하겠다. 그 도덕은 과거 '삼왕'이 건립한 바 있다고 한다. 「과진 중」편의 이런 논의들은 가의가 왕을 보는 여러 가지 시각을 잘 보여 주고 있다.

「종수(宗首)」편에선 '대국의 왕', '제후왕' 등 王 자가 경우에 따라, 상황에 따라 달리 쓰일 수 있음을 보여 준다. 가의의 시대는 이미 수많은 '제후왕'들이 지방에 산재해 있는 시절이었고, 가의는 이들의 권력을 대폭 제한하여 중앙 황실의 권위를 높임으로써 정치 안정을 이룰 수 있다는 생각을 갖고 있던 사람이었다. 가의는 또 군과 왕에서 군은 정치 지도자를 뜻하는 보통 명사를 군으로 일반화하고, 왕은 그 군주들이 도달해야 할 어느 상태로 보았다. 유가 정치사상의 저작들에서 노력해 오던 '왕'의 새로운 개념화를 더욱 분명히 한 것이다. 『순자』가 '성왕'으로 정리한 것을 가의는 '왕' 한 글자로 표현했다고 할 수 있다. 「선성(先醒)」편의 다음 구절을 보자.

그 군주가 현군(賢君)임에도 또 스승으로 삼을 만한 사람의 도움을 받는다면 왕이 된다. 그 군주가 중군(中君)인데 스승으로 삼을 만한 사람의 도움을 받는다면 백(伯)이 된다. 그 군주가 하군(下君)임에도 뭇 신하들이 그만한 사람이 하나도 없다면 망한다.[79]

군주의 등급을 나누어 놓고 최고를 왕의 상태라고 한 것이다. 『순자』의 생각을 많이 계승하고 있고, 특히 순자의 '성왕'론을 거듭 받아들인 가의였으나, 제왕을 언급하면서 왕 위에 제(帝)를 하나 더 올린 것은 한 초부터 있어 왔던 풍토와 관련이 있어 보인다. 「흉노(匈奴)」편에 "강한 나라는 지혜를 다투고, 왕은 의로움을 다투고, 제는 덕을 다툰다."[80]라며 왕을 제보다 아래 놓는 비유는 육가와 비슷하다. 한나라 초엽 최고 정치 지도자의 상징으로서 제를 왕보다 한 급 높게 보는 것이 보편적인 시각이었던 듯하다.

사마천도 같은 맥락으로 이야기한다. 『사기』는 그 방대함 때문이기도 하지만 왕들과 그 주변에 대한 기록이므로 王 자가 무려 9200여 회나 등장한다. 군이 왕의 호칭에 대해서도 언급한 부분이 있다. 폭군의 대명사인 은나라 마지막 임금 주(紂)를 그냥 '주'라고만 언급하고 그를 정벌한 주나라 '무왕'을 한껏 높인 「은본기(殷本紀)」에 "그리하여 주나라 무왕이 천자가 되었다. 그 후세들은 제의 호칭을 낮추어 왕이라 부르게 되었다. 그리고 은나라 후예를 봉하여 제후로 삼았으며 주나라에 복속시켰다."[81] 제가 낮추어진 것이 왕이라는 이 말은 전국 시대 이래의 용례들에 대해 또 하나의 근거를 마련해 준 것이다.

순자의 또 다른 계승자였지만 동중서는 상대적으로 군주를 보려 하지 않고 하늘을 끌어다 왕의 권위를 정당화하는 절대적인 정의를 내리는 데 주력하였다. 무수한 왕이 존재하는 전국 시대와 유일한 황제만이 존재하는 한대와의 차이 때문이기도 하겠지만, 동중서에게 왕은 자신이 한껏 부풀려 놓은 황제라는 권력에 도덕적 권위를 부여해 주는 상징어로 작용하였다. 『춘추번로』

「초장왕(楚莊王)」편엔 "하늘로부터 명을 받아 성을 고치고 왕을 바꾸었으니 이전의 왕을 계승하지 않고 왕이 된 것이다."[82]라고 한다. 왕자는 새로운 권력을 장악한 최고 권력 담당자에게 쓰인다는 말이다. 그런데 「옥배(玉杯)」편에서 말하듯 "공자께서 새로운 왕의 길을 수립하셨다."라는 것이다. 동중서의 책은 자신이 추켜올린 '성인' 공자님의 이 '왕도'를 신성한 것으로 만드는 데 온갖 힘을 다 쏟고 있다. 왕을 적극적으로 정의하고 있다는 점에서 가의와 비슷하지만 『신서』가 당시의 왕들을 비판하고 왕을 현실 권력의 도덕성과 연결시키려 한 데 비해, 동중서는 현실 황제를 추켜올리고 왕도를 인간 사회에서 천도의 구현이라는 추상성으로 연결한다. 「왕도(王道)」편을 보자.

> 도는 왕도이다. 왕은 인간관계이 시작이다. 왕이 바르면 원기가 조화롭고 순조롭고, 비바람이 때에 맞고, 밝은 별이 나타나고, 황룡이 내려온다. 왕이 바르지 못하면 위에서 하늘에 변동이 일고 도적의 기운이 더불어 나타난다.[83]

하늘의 기운을 받아 태어난 위대한 인간, 그래서 그 인간관계의 단초 또한 하늘이 만들어 주는 것인데, 王이 그 시작이 된다는 것이다. 구체적으로 말하면 왕은 천명을 받은 존재이므로 그의 생각과 행동과 말은 곧 모든 인간의 생각과 행동과 말의 준칙이 된다는 말이다. 왕은 정치 세계에서 피지배자들 모두의 육체뿐만 아니라 정신적 가치까지 지배하는 위대한 존재라는 말이다. 「천지음양(天地陰陽)」편에 "왕은 하늘을 모를 수 없다."라고 한다. 완성은 인간이 한다는 순자의 주관 능동적 휴머니즘[84]과 달리, 동중서는 완성은 하늘이 하는 것이라는 피동적 인간상을 견지한다. 왕, 특히 현실 권력으로서 한 무제와 도덕권력으로서 공자에게 모든 것을 위탁하면 된다고 믿음으로써 인간 스스로의 가능성을 배제해 버린 것이다. 동중서의 왕, 즉 성왕론은 순자처럼

"백왕의 도를 관통하는"(「부서(符瑞)」) '왕천하'론이라고 할 수 있지만, 궁극적으로 천명의 추상성을 빌려다 현실의 비판적 논의를 잠재워 버리는 독존(獨尊)론이었다. 이로부터 왕에 대해서 새로운 논의가 발전하기는 매우 어려워졌다.[85]

같은 시대의 문헌인 『회남자』는 잡가로 분류되지만 王 자 용례의 다양성은 『여씨춘추』만 못하며 '삼왕'이나 '문왕' '무왕'을 예로 든 경우가 대부분이다. 다만 「본경훈(本經訓)」의 "제(帝)는 태일(太一)을 체현하고, 왕(王)은 음과 양을 기준으로 삼고, 패(覇)는 사시를 모범으로 삼고, 군(君)은 육률(六律)을 운용한다."[86]에서 제, 왕, 패, 군의 서열을 짓고 있는 것이 흥미롭다. '태일'이란 우주의 근원을 뜻하며, 도와 일치된 개념이기도 하고, 자연과학적으로는 천문의 기준이 되는 북극성이기도 하다. 이를 제의 모범으로 삼은 것이다. 봄 여름 가을 겨울 사시사철 생명의 생장과 거둠을 기준 삼아 정치를 하는 사람을 패라 한다. 군은 그보다 아래인 살리고 죽이고 상을 내리고 벌을 내리고 관직을 수여하기도 빼앗기도 하는 현실 정치의 여섯 가지 칼자루를 말한다. 왕은 천지의 조화로운 운용에 참여하여 만물을 변화시키는 음양의 이치를 가지고 정치를 하는 사람이다. 추상성의 극단이 제라면 현실 정치에서 피통치자 백성들뿐만 아니라 천지자연의 자발적 복종을 이끌어낼 수 있는 인물을 왕으로 본 것이다. 또한 「태족훈」 등에는 왕을 의(義)의 실천과 결부시키고 있는데, 이로써 『회남자』에서의 왕이 다분히 유가적인 색채를 띠고 있음을 알 수 있다.

이상에서 聖과 王에 대한 여러 가지 개념과 용례들을 검토하였다. 갑골문, 금문에서 시작하여 주나라 초에 성립된 것으로 보이는 경전 문헌들, 그리고 춘추 전국 시대의 문헌들을 중심으로 등장하는 사례를 살펴보았다. 거의 모든 선진 문헌을 망라하였지만, 1부에서는 관념을 중심으로 어떤 의미를 지니는지가 주된 관심이었으므로 주로 단편적 글귀들을 인용하였을 뿐이다.

『일주서(逸周書)』는 서주 시대의 문장부터 전국 시대 말기의 글까지 잡박하게 섞여 있다. 하지만 『서경』에서 담아내지 못한 내용들을 보여 주며 제자백가 사상의 중요한 원류들을 담고 있기도 하다. 『일주서』의 「시법해」에는 춘추 전국 사상가들이 聖과 王을 어떻게 위치 짓고 있는지 상상해 볼 수 있는 중요한 내용이 들어 있다.

백성들이 이름을 지어 부를 수 없었으면 신(神)이다. 선을 찬양하고 세금이 간결하였으면 성(聖)이요, 손님을 공경하고 예를 두터이 하였으면 성(聖)이다. 덕이 하늘과 땅을 닮았으면 제(帝)이다. 백성들을 안정시키고 법도를 모범으로 삼았으면 황(皇)이다. 어질고 의로움이 항상 같이했으면 왕(王)이다. 상으로 축하해 주고 형벌에 위엄이 있었으면 군(君)이요, 그를 따르는 사람이 무리를 이루었으면 군(君)이다. 제도를 만들고 무리에 잘 적용했으면 공(公)이다. 원칙을 지켜 팔방이 응하였으면 후(侯)이다. 덕으로 일관하여 흐트러지지 않았으면 간(簡)이요, 공평하고 쉽게 처리하되 흠이 없었으면 간(簡)이다. 하늘과 땅을 날줄과 씨줄로 삼았으면 문(文)이요, 도와 덕이 넓고 두터웠으면 문(文)이요, 열심히 공부하고 묻는 걸 좋아하였으면 문(文)이요, 자애로운 은혜로 백성을 사랑했으면 문(文)이요, 백성들을 불쌍히 여기고 예를 사랑하였으면 문(文)이요, 백성들에게 관작과 지위 하사를 잘 했으면 문(文)이다. 굳건하고 강하게 올곧음으로 다스렸으면 무(武)요, 위엄과 강력함으로 덕에 밝았으면 무(武)요, 재앙과 난리를 잘 극복하고 안정시켰으면 무(武)요, 백성들에게 형벌을 가하여 능히 복종시킬 수 있었으면 무(武)요, 뜻이 과장되고 어려움을 자주 겪었으면 무(武)이다.[87]

여기 순서 자체가 가치의 높낮이를 이야기하거나 존중의 정도 차이를 표시하는 것은 아니다. 따라서 성(聖)이 신(神)보다 아래고 제(帝)보다 위라고 이야기할 수는 없다. 또 전체 104개 시호의 예 가운데 무(武)까지 언급한 것은 1부에 등장한 문헌을 통틀어 가장 많이 등장하는 성왕의 사례가 주나라 '문왕'과 '무왕'이기 때문이다. 거기엔 중국 고대 사상가들이 정치적 이상으로 여기는 덕목들이 녹아 있다. 이런 사유가 중국 전통 정치사상의 여러 학파들 사이에 구체적으로 어떤 모습인가 등을 살펴보는 것이 2부의 주된 과제이다.

1부에선 이와 같이 원전을 단편적으로 인용하여 개념을 정의하는 데 치중하였지만, 2부에선 그 문헌의 상세한 언어들을 중심으로 수많은 사상 학파들이 구체적으로 어떻게 사유하고 정치적 이상을 지향했는지 알아보고자 한다.

2부
제자백가의 성왕 사상

2부에서는 1부에서 검토한 聖과 王 자의 뜻과 용례를 바탕으로 한 무제 때까지의 '성왕'에 관한 철학적 논의들을 분석한다. 문헌학(philology)을 다룬 1부는 독립된 문헌들을 펼쳐 놓고 그 속에서 내용과 관련하여 의미 있는 글자들의 기원과 뜻, 그리고 다양한 용례들을 살펴보았다. 2부는 그 책들에 보이는 철학(philosophy)을 다루고자 하는데 분절적인 저작을 모두 하나씩 접근하기는 불가능하고 체계적이지도 못하다. 따라서 역시 한대 학자들이 자신의 선조들의 학문을 구분하였던 방식대로 학파를 나누고 그 학파들의 내용을 종합하고자 한다. 그리고 이 책의 목적이 그들 사상가와 저작에 보이는 '성왕' 논의의 정치사상(political thought)적 의미를 발견하려는 것이므로, 그 사상 학파들 가운데 정치사상적으로 의미도 크고 영향력도 컸던 네 학파 즉 유가, 묵가, 도가, 법가를 하나의 단위로 하고 마지막 장은 그 밖의 제자백가에 보이는 성왕론을 한꺼번에 다룬다.

　　1부에 논의한 바와 같이 聖이라는 글자는 처음 신과 인간을 소통하는 제사장의 의미를 지녔다. 그리고 귀가 밝은 사람이라는 원래 모양에서 유추하여 후대에 특정한 방면에 뛰어난 능력을 지닌 사람도 성인이라고 불렀다. 하지만 철학적 분석의 대상으로 삼을 수 있을 만큼 초기 성인이 정치적 사회적 윤리적 도덕적 의미를 갖추었다고 보기는 힘들다. 聖이 그러한 의미를 지니기 시작한 것은 공자와 그의 시대 즉 춘추 시대 후반에 형성된 것이었다. 그렇게 재창조된 聖과 王을 결합시켜 이상적인 최고 정치 지도자를 지칭하는 용어로 사용하기 시작한 것도 이 시기이다. 물리적 폭력을 장악하고 권력의 핵심부를 구성한 사람을 부르는 용어였던 王이 유일자 천자가 아니라 제후들에 의해 보편적으로 쓰이기 시작한 것도 춘추 시대 후기이다. 그리하여 王 자도 뜻의 변화가 생겨 추상적 이미지를 띠게 된 용례가 『논어』에 등장하고, 맹자는 그 왕에다 단순히 최고 정치 지도자를 부르는 호칭 외에 완벽한 도덕 정치 즉 왕도(王道)를 실행하는 현명하고 성스러운 정치적 영수라는 새로운 의미를 부가하였다. 다른 제자백가도 모두 자신만의 왕에 대한 주장을 갖게 되었다.

1장 유가의 성왕 사상

1 공자와 선왕(先王)

은나라는 제정(祭政) 일치 사회였으며, 신을 존중했다. 신, 특히 각종 조상신에 대한 제사가 백성들 생활과 정부 활동의 대부분을 차지할 정도였다. 주나라 사람들 또한 은나라보다는 덜했지만 하늘을 숭배하고 명(命)을 믿었다. 따라서 은 정치 문화의 특징은 백성을 거느려 신을 섬기는 데 있었고, 주 정치 문화의 특징은 영원한 질서와 운명을 하늘에 기원하는 것이었다. 물론 은·주 문화에도 인간 중심적 사유와 삶이 전혀 없는 것은 아니었고, 주나라 정부는 덕을 공경하고 백성들을 보호하는 경덕보민(敬德保民)과 민심을 천심으로 생각하는 등 인문주의적 사유가 통치의 밑바탕을 이루기도 하였다. 봉건(封建)과 종법(宗法) 등 주나라 정치 제도의 틀을 만든 주공(周公)의 이러한 사유는 『서경』과 『시경』에 잘 드러나 있다.

공자는 주공을 사랑하였다. 『논어』 「술이(述而)」 편에 "내가 심히 늙었나보다! 내가 꿈에 주공을 다시 뵙지 못한 지가 오래되었다."라고 한다. 그리고 그의 사상은 주나라를 추종한다는 '종주(從周)'라고 선언하였다. 『논어』 「팔일(八佾)」 편에서는 이렇게 말한다. "주나라는 앞 두 왕조의 성취를 겸하고 있어 그 문화가 융성하도다! 나는 주나라를 따르겠노라."[1]

서방 융(戎) 족과 다투며 살다가 순전히 무력으로 은의 주왕(紂王) 제신(帝辛)을 죽인 사람은 주 무왕이었으나, 무왕 사후 7년간 섭정하면서 혁명(革命)을 완성한 사람은 주공이었다. 그는 쿠데타를 혁명으로 정당화하기 위해 우선 천명이 왜 바뀌었는지를 설명해야 했다.『서경』엔 주왕이 신에 대한 제사 행위를 잘못했기 때문이라는 고명(誥命)[2]도 많지만, 더 많은 부분은 힘든 백성들의 요구를 반영한 것이라고 주장한다.『시경』의 상당 부분도 그에 대한 찬송이다.『주역』「혁괘(革卦)」의 단전(彖傳)을 보자.

　　은나라 탕왕과 주나라 무왕의 혁명은 하늘에 순종하면서 사람에 대응한 것이다. 혁(革)이 시의적절했으므로 그 효과가 참으로 크도다![3]

　탕왕을 끌어들인 것이야 당연한 수순이고, 혁명이 하늘에 순종하면서 인간 사회에 대응한 것이었다는 말은 정치 사건에 대한 정당화의 표현이다. 주공의 정치사상은 하늘을 공경하고〔敬天〕, 조상을 존중하고〔尊祖〕, 예를 숭상하고〔崇禮〕, 덕을 밝히고〔明德〕, 백성들을 보호하고〔保民〕, 벌을 신중히 한〔愼罰〕 것으로 요약된다.[4] 이러한 주공의 정치사상은 하늘과 조상에 대한 일을 포함하여 모든 것이 사람과 사람 사이, 즉 '인간'의 문제를 중심 테마로 삼고 있다. 주공은 자의든 타의든 현실에서 살아가는 사람들, 백성들의 일을 제사보다 중요한 것으로 생각하였다. 따라서 윤리와 정치를 일체화하는 노력을 통해 사회질서를 안으로부터 잡아가려고 하였다.

　주공의 이런 시각은『서경』에 가장 많이 언급되어 있다. 신 중심에서 인간 중심으로 사고를 전환하자니 당연히 경륜 있는 노인이 중시되고, 옛 신하가 중시되고, 연장자가 중시되고, 집안의 어른이 중시되고, 그 어른의 총체로써 하늘의 아들인 천자가 가장 높은 곳에 위치하게 되었다. "오로지 옛 인물을 임용하여 더불어 정치를 도모할 뿐이다." 종법과 봉건 체제 아래서 대종가의 최고 어른이 '가천하(家天下)'의 수뇌가 됨은 당연하다. 우리들의 집안과 마찬가지로 최고 어른은 분명히 부드러운 인간관계, 즉 덕의 화신이어야 한다. 같은 「반경」편의 다음 구절을 보자.

그물이 씨줄에 걸려 있어 조리 있고 혼란스럽지 않은 것과 같고, 농부가 밭에 엎드려 힘써 가을걷이를 하여 그대들이 여유 있는 가을을 맞는 것과 같소이다. 그대들이 사사로운 마음을 버리면 참된 덕을 백성들에게 베풀 수 있을 것이오. 그리하여 친척들과 벗들에게까지 그 영향이 미칠 것이니 그대들은 감히 큰 소리를 칠 수 있을 것이오. 쌓은 덕이 있었노라고.[5]

내가 덕을 베푸니 너희들도 따라서 덕을 베풀라는 말은 신적 존재로서 천자가 아니라 인간 사회 내에서 덕성의 으뜸으로서 천자를 상정한 것이다. 예 또한 조상 및 신에 대한 제례보다 산 자를 보내는 상례 쪽으로 중심이 이동하면서 상을 잘 치른 사람이 덕이 있는 사람이 되었다. 정치권력과 덕의 성공적 결합이야말로 주나라가 500년 사직을 이어 간 원동력이었다.

덕은 위로부터 아래로 베풀어질 때 명령과 복종의 상호 작용이 일어난다. 베풀 수 없거나 감사히 받을 관계에서 멀어지면 이덕복인(以德服人)의 '왕도'는 어렵다. 창업자가 정점에 있으면서 땅을 떼어 나누어 후(侯)로 삼고, 후는 또 떼어 대부(大夫)로 삼는 분봉 구조는 필경 자식 대부터 말썽이 있게 마련이다. 『국어』「주어 상」편에 나타난 "선왕은 덕을 밝혔지 군대만 쳐다보지 않았다."라는 제공모부(祭公謀父)의 선덕후병론(先德後兵論)은 역설적으로 덕의 정치적 작용이 군대의 정치적 작용보다 영향력이 떨어졌다는 반증이다. 더욱이 근대 제국주의 세계 분할에서 보듯 더 이상 분봉할 땅이 없어지면 남의 땅을 빼앗지 않을 수 없게 된다.

춘추 시대의 도래는 융(戎) 족의 침입에 따른 수도의 동쪽 이전 때문만은 아니며 사실 더 큰 원인은 내부적 균열 때문이었다. '패자'들의 '회맹' 정치는 명분이야 중화를 지키기 위한 '존왕양이(尊王攘夷), 일광천하(一匡天下)'였지만 사실은 주변 약소국을 나눠 먹기 위한 회합이었다. 진나라, 초나라, 제나라는 각자 30~50개의 제후 '국(國)'들을 병합하였고 200개에 가까운 '국'들이

12개로 모아졌으니, 그 사이의 정치는 권모술수와 약육강식, 생존 투쟁, 전쟁 행위였음을 알 수 있다. "백성 보기를 원수같이 하고 날마다 새로 부리니"[6] 백성들의 고통이 날로 심해져 간 것이다.

정치와 전쟁이 백성들의 생활을 압도해 버린 춘추 시대에 '선왕' 관념이 추상화되기 시작하였다. 추상화는 서주 후기에 시작되어 춘추 시대에 더욱 발전하였다. 서주 시절 '선왕'의 전통 예법 제도를 지키지 않았다는 이유로 왕의 접견을 거부 당한 공삭(鞏朔)의 이야기[7]에서 보듯 선왕을 과거 시대의 예법 제도로 보는 견해도 일부 있었으나, 대부분의 경우 선왕은 역사 이야기가 아니라 현실 군주를 인식하고 비판하기 위한 것이었다. 춘추 시대의 선왕관은 모두 이런 현실 권력에 대한 비판적 의미로 선왕을 이야기했다. 진나라 목공(穆公)이 죽고 순장을 행하려 하자 이런 비판을 받았다. "선왕은 세상을 어겨서라도 (백성들을) 남겨 두는 법인데, 하물며 살아 있는 착한 사람들의 목숨을 빼앗는대서야!"[8] 진(晉)나라 평공(平公)의 병이 여색 때문에 생겼다고 비난하며 의사 의화(醫和)는 "선왕의 즐김은 온갖 일을 절제했던 바"[9]라 강조한다. 구체적으로 무엇이 선왕의 도인지 언급하고 있지는 않지만 선왕의 도를 들어 현실 군주에게 비판의 칼날을 들이댄 것이다. "선왕이 어디 항상 있었던 것이냐?"라는 『좌전』「소공 26년」의 질문, 진나라 순력(荀躒)과 적담(籍談), 그리고 주나라 왕과 숙향(叔向)이 서로 정확히 선왕의 제도 즉 왕제(王制)가 무엇인지 모른다고 한 『좌전』「소공 15년」의 기록 등을 보면 선왕의 도, 즉 왕도는 현실 정치에 대한 이상 정치로서 제기되고 있음을 알 수 있다.

어떤 의미에서 전쟁은 창조일 수 있다. 철저한 파괴 위에서 인간에 대한 사랑의 싹이 피어나며, 특정 방향으로의 문화적 창조를 가져올 수 있다. 중국 춘추 전국 시대 제자백가의 탄생은 그래서 우연이 아니다. 민(民)의 지위 상승, 지식의 보편화와 사(士) 계급의 성장, 철기와 우경의 보급을 통한 생산력의 비약적 증대, 부에 편승한 상인의 증가, 부강 경쟁, 전쟁, 급격한 신분 변동, 가치관의 혼란, 도덕의 황폐화 등이 사상의 다양한 창조를 불러온 것이다. 이와 같은 정치 사회의 분위기에 직면해 중앙 집권적 전제 군주 제도가 정착되어 가던 시기에 공자가 군주의 도덕성에 기대어 문제 해결을 시도한 것은 자연스러운 현상으로 보인다.

공자 고민의 출발은 거의 모든 사상가들이 그러하듯이 사람들의 힘든 삶에 대한 연민과 그것의 원인에 대한 고민이었다. 그는 백성들의 재산과 생명을 보호하는 것을 정치의 기본으로 인식하였다.『논어』「안연」편의 유명한 다음 구절을 보자.

자공이 정치에 대해 물었다. 공자가 말했다. "의식주를 풍족하게 하고, 군대를 충실히 양성하고, 백성들이 정치를 신뢰하게 해야 한다." 자공이 "부득이하여 반드시 그중 하나를 버린다면 셋 가운데 무엇이 먼저입니까?"라고 묻자 공자가 말했다. "군대를 버린다." 자공이 "부득이하여 반드시 그중 하나를 버린다면 둘 가운데 무엇이 먼저입니까?"라고 묻자 공자가 말했다. "의식주를 버린다. 자고로 모든 사람은 죽게 마련인데, 백성들의 신뢰가 없다면 정치가 성립되지 않는다."[10]

공자가 몇 차례 언급한 '선왕'의 정치는 바로 이 백성들의 생명 보장과 관련이 있다. 폭력이 난무하는 현실 정치권력의 세계를 보면서 이를 재단할 수 있는 가장 확실한 준거로 선왕의 도라는 이상을 제기한 것이다. 도가 통하는 정치 세계를 태평(太平), 대동(大同), 치세(治世), 승평(升平) 등으로도 불렀다. 그 출발은 폭력적 정치 질서인 난을 없앤다는 의미로서 '발란(撥亂)'이 기본이다. '발란'을 통해 선왕의 시절로 복고해 보자는 주장이다. 공자의 '종주', 덕과 정치의 결합은 이런 의미에서 현실 권력에 대한 선왕의 도, 즉 도덕의 우위를 주장한 것으로 보인다.

공자는 은나라 유민이었으나 은나라를 따르지 않고 '주나라를 따랐다.' 괴력난신(怪力亂神), 즉 신에 대해 말하지 않았으며, 신은 고사하고 귀(鬼)도 이야기하지 않았다. "아직 산 사람도 잘 섬기지 못하는데 어떻게 귀신을 잘 모실 수 있겠느냐?"[11] 살아 있는 사람 섬기기를 강조한 공자는 이 세상을 벗어나, 이 역사를 벗어나, 이 인간관계를 벗어나 도저히 이민 갈 수 없는, 한 번 가면 다시는 돌아올 수 없는 그런 신의 나라가 아니라 이 세상 안에 있고, 역사 속에 존재하며, 인간관계 속에서 언제든 닿을 수 있는 한 몸 또는 한 사회 내에 존재하는 그런 덕치, 즉 부드러운 인간관계의 대동 세계를 구상한 것이다. 공자는 이 노선에 따라 선왕을 더 드높였다.

유가 선왕의 세계는 바로 그들의 이상국인데, 그들의 왕도에 대한 그림은 거창한 이상 세계나 무릉도원 또는 관념의 피안을 상정하지 않고 있다. 왕도란 말이 처음 등장한 『서경』「홍범」편에도 한쪽으로 치우치지 않고, 편을 가르지 않고, 거꾸로 기울지 않음을 왕도라 부른다.[12] 『논어』「자로」편엔 현명한 신하 고요(皋陶)와 이윤(伊尹)을 뽑아 쓰고 어질지 못한 사람을 멀리한 순임금과 탕왕을 선왕의 행위로 칭송하고 있다.

공자는 『논어』「옹야」편에서 "귀(鬼)와 신(神)을 공경하지만 멀리한다."면서 인간 사회에 중점을 두었다. 이는 당시 분위기를 반영한 것이다. 예컨대 당시는 신과 민의 관계에서 민이 신의 주재자란 주장이 대두될 정도였다. 춘추 시대 수(隨)나라 계량(季梁)은 이렇게 말했다. "민이 신의 주인입니다. 그래서 聖王은 먼저 민을 이루고 나중에 신에 힘을 쏟았습니다. …… 그런데 지금 민이 각자 마음을 달리하고 있으니 귀와 신은 주인이 없는 셈입니다."[13]

춘추 시대를 거치면서 성인은 귀 밝고 눈 밝은 감각 기관의 우월성으로부터 정신적으로 우월한 존재로 거듭났다. 사람들은 성인에게 신에 버금가는 기탁을 하였고, 따라서 성인은 인간의 마음을 꿰뚫어야 하는 심통(心通)의 경지를 보여야 했다. 그리고 전국 시대로 내려가면 인간 중심의 사유는 더욱 보편화되었다. 맹자는 그나마 천에 대해 마지막 존경심을 약간 비치고 있었으나, 순자에 이르면 신은 고사하고 하늘마저도 그저 자연물일 뿐으로 인간 사회를 위해 천을 제압하고, 천을 이용하자는 제천(制天), 용천(用天)을 주장할 정도였다. 유가 사상가들은 이상의 귀소를 불가지의 신이나 천에 두려는 발상을 잘 하지 않았다. 그들은 인간 속에서 왕도를 실현하고, 인간사 속에서 선왕의 도를 끌어내며, 그것으로 현실 사회의 잘잘못을 가리고, 그것으로 현실 군주를 설득 교정하려 했다. 그들은 신이 아니면서 보통 인간을 훨씬 뛰어넘는 존재인 '聖'의 개념을 도입하였다. 성인은 신과 인간의 중간자적 존재가 아니다. 맹자에서든 순자에서든 성인은 인간이면서 신의 이법(理法)을 체득한 존재이며, 모든 사람들이 수양을 통해 도달할 수 있는 존재이기도 하다.

공자 이후 모든 유가들은 정치적 이상을 언급할 때마다 반드시 선왕의 도를 말했다. "요임금, 순임금을 모체로 서술하고 문왕과 무왕을 본받는다."[14] 맹자는 거의 모든 주장을 선왕에 빗대었고, 입만 열면 요임금, 순임금을 칭송했다. 순자는 후왕을 본받아야 한다는 법후왕(法後王)을 주장했으나 그의 '후왕'은 곧 공자나 맹자가 말한 선왕과 같은 사람이었다.[15]

맹자는 아예 "살아서 잘 봉양하고 죽어서 장례를 잘 치러 유감이 없는 것이 왕도의 출발"[16]이라고 한다. 『순자』도 "선왕이 혼란을 싫어하여 예의를 만들어 구분을 지으셨다."[17]라고 말한다. 선왕의 도에 대한 정책적인 실천이 인정(仁政)인데, 예의 의미와 마찬가지로 이는 공자에 의해 크게 의미 확장을 하였고 맹자 순자에 이르러 구체화되었다. 『맹자』와 『순자』의 상당 부분은 양민(養民), 교민(敎民) 등 왕도 정책에 대해 세세히 언급하고 있다. 이 모두 공자 선왕 사상을 계승 발전시킨 것이라 할 수 있다.

2 심(心)과 성(聖)

유가 사상가들이 천국이나 관념의 피안을 상정하지 않았기 때문에 당시 군주들은 그들의 이야기에 귀를 기울여 주었으나, 반면 이상을 끝까지 포기하지 않고 현실 정치를 비판하였기 때문에 끝내 그들을 쓸 수 없었다. 공자는 그렇게 초(楚)나라에서 물러났고, 맹자는 그렇게 제(齊)나라를 떠났고, 순자는 그렇게 진(秦)나라에서 나왔다. 그들이 이야기하는 선왕의 '王'은 분열하여 각축하던 당시의 군주들이 아니라 덕으로 천하 모두를 복종시키는 전 중국의 이상적인 왕이었다. 선왕을 이야기하면서도 실재 군주들을 인정한 법가가 일시적인 정치적 성공을 거둔 반면, 왕도를 이야기할 뿐 강국의 길을 인정하지 않는 유가가 장기적인 도덕적 성공을 거둔 역사적 사실을 우리는 어떻게 받아들여야 하는가?

그것은 인간의 내면에서 그 해답을 발견하려고 노력했기 때문일 것이다. 1부에서 살펴보았듯이 중국인의 사유는 자연으로부터 사람을 중심에 놓는 방향으로, 그리고 탁월한 사람을 따라야 한다는 이성적인 방향으로 전개되었다. 그 결과 성인의 의미는 확장되었고 그 지위는 상승하였다. 그러니까 성인의 지위 상승은 인간의 의식이 감성적인 데서 이성적인 곳으로 발전해 갔다는 반증이다. 단순히 귀나 눈의 능력이 뛰어난 상태에서 마음(心)을 강조하게 되고, 그렇게 사람의 모든 면에 관해 통달한 사람을 성인으로 보았다. 자기 자신에 대해서도, 수많은 인간관계에 대해서도, 과거와 현재와 미래를 관통하는 원리 원칙에 대해서도 성인은 모두 통달한 사람이 되었다. 성인은 육체적으로 완성될 뿐만 아니라 정신적으로 우월한 사람을 뜻한다. 성인은 이렇게 신의 경지까지 오르게 되었다. 맹자는 이를 "성스러우면서 알 수 없는 것을 신이라 부른다."[18]라고 말한다.

춘추 전국의 제자백가들은 대부분 몸보다 마음을 더 높은 위치에 둔다. 마음이 몸을 주재하고 이끈다고 생각하였다. 마음의 작용에 대해서는 사상가마다 생각이 다르지만 대체로 다음 세 가지 정의가 제자백가의 논의를 잘 포괄하고 있다고 생각된다. 첫째, 『광아(廣雅)』「석고 4(釋詁四)」엔 "심은 포용이다."라고 했다. 둘째, 『석명(釋名)』「석형체(釋形體)」엔 "심은 가는 선〔纖〕이다. 미세함을 알면 관통하지 못하는 물질이 없다."[19]라고 했다. 셋째, 『맹자』「고자 상」편엔 "심의 기관은 생각함이다. 생각하면 얻고 생각하지 않으면 얻지 못한다."[20]라고 한다. 포용〔容〕, 관통〔通〕, 추상〔思〕을 심의 세 가지 작용으로 본 것이다.[21] 『광아』는 마음이 갖는 넓은 포용성을 이야기한 것이다. 심은 무한한 허공과 같이 포용하지 않는 바가 없다. 맹자의 "만물이 모두 나에게 갖추어져 있다."라는 말은 바로 심이 만물을 통섭함을 의미한다. '포용'이 극치에 이르면 우리의 마음이 바로 우주이고 우주가 바로 우리의 마음이 된다. 『석명』에선 마음이 갖는 관통성을 가리킨다. 마음은 영원한 본성과 같아 관통하지 않음이 없다. '관통'이 극치에 이르면 천지 만물을 관통한다. 『맹자』가 말한 '심지관(心之官)'은 마음의 추상성을 가리킨다. 그것은 성인으로 하여금 포착하기 어려운 현묘한 경향을 띤 형이상의 가치를 얻도록 하며, 그것이 일약 정신적 주재가 됨으로써 생각을 극치로 끌어올리면 "성스러우면서 알 수 없는 것을 신이라 일컫게" 된다.

마음이 몸을 주재한다는 믿음은 '도'에 대한 추구로 이어졌다. 제자백가는 누구나 각기 다른 의미를 지닌 '도'를 추구한다. 『순자』「해폐」 편에는 "사람은 어떻게 도를 아는가? 가로되 심 때문이다."라고 했고 「정명」 편에는 "심이란 것이 도의 주재자이다."라 했다. '심'이 도를 주재할 수 있는 것은 포용성, 관통성, 추상성이라는 세 가지 작용을 갖고 있기 때문이다. 성인은 분명히 이 '심'의 작용을 극한까지 발휘할 수 있는 자이다. 즉 맹자가 말하는 "그 심을 다하는 자"이다. "그 심을 다하는 자는 그 본성을 안다. 그 본성을 알면 하늘을 안다."[22] '성(性)'과 '천(天)'이 있는 곳이면 도 또한 스스로 그 가운데 있다. 성을 알고 천을 알면 도는 스스로 명백해진다. 오직 '심'만이 형이상의 도를 관통할 수 있다.

심에 대한 철학적 논변을 聖과 연결하려는 시도는 유가 사상가들이면 누구나 하였다. 앞의 1부 2장에서 설명한 『서경』 「홍범」에 나오는 '聖'자의 용례 가운데 '예작성(睿作聖)'의 '성'에 대하여 『상서대전(尙書大傳)』[23] 「홍범오행전(洪範五行傳)」에서 정현(鄭玄)은 "심이 밝음을 성(聖)이라 말한다."라고 주석하고 있다. 순자는 『순자』 「해폐」 편에서 성인의 심은 "텅 비고 오직 하나이며 고요한데 이를 가리켜 크게 청명(淸明)하다고 말한다."라고 한다. 개념적으로도 『광아』 「석고 1(釋詁一)」은 "밝음이란 통달함이다."라고 말한다. 따라서 '심이 밝음'이란 '심이 통달함'이라고도 말할 수 있다. "심이 밝음을 성이라 말한다."는 곧 '심이 통달하면' 성인이 된다는 것이다. 이 책의 범위를 넘어가지만 『백호통의』 「성인」 편은 그런 성인의 경지를 잘 묘사하고 있다.[24]

정치철학적으로 '심'과 이목의 관계를 지위의 고저를 가지고 말하면 군주와 신하의 관계와 같아진다. 『관자』 「심술 상」 편엔 "심이 몸에 있음은 군주의 자리이다. 몸의 아홉 구멍이 각자 맡은 일이 있음은 각종 관직이 구분됨과 같다."[25]라고 했다. 『순자』 「천론」 편은 "심은 가운데 빈곳에 있으면서 오관을 다스린다. 이를 가리켜 천군(天君)이라 부른다."[26]라고 한다. 「심술 상」 편은 더 나아가 "그 궁을 깨끗하게 하고 그 문을 열어 놓는다. 궁이란 심을 일컫는다. 심이란 지혜의 집이다. 문이란 이목을 일컫는다. 이목이란 그것으로 듣고 보는 바이다."[27]라고 한다.

마음과 몸의 관계가 상하·본말의 관계가 된 것은 도덕 판단과 가치 지향에도 반영되었다. 맹자는 "그 대체를 따르면 대인이 되고, 그 소체를 따르면 소인이 된다."[28]라고 말한다. '대체'는 '심'이고 '소체'는 이목의 부류이다. 제자백가 사상 가운데서 '명(明)'은 감각 기관의 사물 표상에 대한 뚜렷한 반영을 가리킬 뿐만 아니라 특히 사물의 본질에 대한 체인을 뜻하기도 한다. 이는

『노자』16장의 "항상 그러한 (불변의 도를) 아는 것을 명이라 한다."와 통하고, 『한비자』「난 4(難四)」편의 "미묘함을 앎을 명이라 한다."와도 통한다. '항상' 과 '미묘함' 즉 이목으로 파악할 수 있는 바가 아닌 것을 알고 싶으면 심에서 찾지 않고는 불가하다. 제자백가의 성인관은 바로 '심'의 작용을 원형으로 하여 건립된 포용성, 관통성, 추상성의 일체화 구조이다.[29]

3 성인의 품격 구분

유가 사상에서 성인은 인류의 극치이며 인격의 최고 상태를 가리킨다. 성인은 도의 절정이며, 도의 핵심을 장악하고 있는 사람이다. "성인은 도를 갖추고 (인간 사회에) 완벽한 아름다움을 구현하는 사람이다."[30] 성인은 그러한 품덕과 조건을 갖춘 군자 가운데 최상층의 인물이어야 한다고 처음 정의한 사람은 공자였다.

공자의 눈에 성인은 오를 수 없이 드높으며 말할 수는 있으나 미칠 수는 없는 존재였다. 그에게 성인은 "백성들에게 널리 베풀고 민중을 구제할 수 있는"[31] 사람이었다. "성인은 내 어떻게 만나 볼 수가 없다. 군자를 보는 것이라면 가능하다."[32]라고 한다. 제자들이 그를 성인으로 받들자 공자는 "성인과 인자라면 내 어찌 감히 그럴 수 있겠느냐? 일을 함에 싫증내지 않고 사람을 가르침에 게으르지 않는 것이라면 너희들에게 그렇다고 말할 수는 있겠다."[33]라고 했다. 그는 스스로를 군자라고는 명명하였으나 감히 성인으로 자처하지는 않았다. "널리 베풀고 능히 민중을 구제할" 수 없음을 스스로 알고 있었기 때문이다.

성인은 군자 가운데서 분화되어 나온 존재로 군자 중에서 가장 뛰어난 자이다. 성인과 병렬되는 것으로 '선인(善人)'과 '대인(大人)'도 있다. "선인은 내

어떻게 만나 볼 수가 없다. 항상성을 유지하고 있는 사람을 보는 것이라면 가능하다."[34] "군자에겐 세 가지 두려워함이 있다. 천명을 두려워하고, 대인을 두려워하며, 성인의 말씀을 두려워한다."[35] 『논어』에서 일반적으로 대인은 소인과 대비하고, 선인은 악인과 대비하며, 성인은 우인(愚人)과 대비하여 말한다.

성인의 품격은 지혜 방면에 특출하며, 선인은 도덕적 완벽성을 강조하며, 대인은 뜻이 분명하여 주변 사람들에 대한 확고한 권위를 갖는 사람을 일컫는다. 공자는 아직 이 세 가지를 통일시키지는 않았다. 그런데 후세 유가들이 일컫는 성인은 이른바 내성(內聖)과 외왕(外王)의 길을 겸비한, 그래서 지혜도 뛰어나고 도덕적으로 훌륭하며, 의지가 분명하고 권위를 갖는 완벽한 사람을 지칭하는 방향으로 발전해 갔다. 그러니까 공자가 발굴해 낸 성인의 품격이란 어느 한 방면 특히 도덕적으로 뛰어난 사람을 말하는 것이었으나, 세월이 지나면서 후대 사람들은 지력이든 덕행이든 의지든 사람이 살아가면서 이상으로 삼고 도달하려는 최고의 경지를 모두 '성인'의 신상에 투영하게 된 것이다. 성인의 품격은 이렇게 하여 아주 높아지게 되었다.

맹자의 눈에 성인은 헤아릴 수 없이 드높은 자는 아니었다. 공자의 학생조차도 성인의 일부분을 얻을 수 있었다고 생각했기 때문이다. 『맹자』「공손추 상」편은 다음과 같이 말한다.

> 자하 · 자유 · 자장은 모두 성인의 일부분을 갖고 있었다. 염우 · 민자 · 안연은 성인의 모든 것을 갖추고 있었으나 미약하였다.[36]

『맹자』에 나오는 용례의 일부를 보면 '성인'이란 말을 어느 한 분야에 탁월한 사람으로 묘사하고 있다. "백이는 청렴결백의 성인이며, 이윤은 책임 완수의 성인이며, 유하혜는 온화 화합의 성인이며, 공자는 시의적절의 성인이다."[37]라고 한다. 성인의 품격에 대해 맹자는 청렴결백, 책임 완수, 온화 화합 등을 언급하고 있는데 위에서 언급한 지력, 덕행, 의지 셋과 연결시킬 수 있다. 백이는 덕행이 뛰어난 사람이어서 성인이고, 이윤은 임무에 능하여서 성인이고, 유하혜는 화합을 잘하여 성인이라는 말이다. 그런데 여기서 '시의 적절의 성인'으로 언급한 공자는 맹자가 진정으로 따르고자 하는 삼위일체를 완수한 가장 높은 품격의 성인으로 해석된다. 공자야말로 지혜로운 자로서 때를 알며 지혜, 덕행, 의지가 잘 결합된 완벽한 성인이란 말이다. 다 같이 성인이지만 맹자는 모두 같은 품격을 지닌 성인으로 보지 않고 백이와 이윤은 단지 한 방면에 우월한 성인일 뿐이고 진정 완벽한 품격의 성인은 공자라고 생각했다. 그는 공자를 '집대성자'라 부르며 "소원이 있다면 공자를 배우는 것이다."라고 한다. 내성외왕의 완벽성을 숭상하는 경향을 드러낸 것이다.

맹자가 생각한 최고 품격의 성인은 우임금, 주공, 공자인 듯하다. 맹자는 다른 제자백가와 상당히 다른 형태의 담론을 전개한 인물로서, 『맹자』는 그 독특한 생각을 잘 담아낸 저작인데, 맹자 스스로는 그 목적을 당시에 유행하는 그릇된 학설들을 없애는 데 두었다. 「등문공 하」 편에선 우임금, 주공, 공자의 세상을 자신의 시대에 구현해야 한다는 자의식에 불타서 이렇게 이야기하고 있다.

사악한 학설을 없애고 극단적인 행위를 제거하고 잘못된 주장을 추방하여 위 세 분 성인을 계승하고 싶다. 어찌 논쟁을 좋아한다고 하느냐? 난 부득해서 그런 것이다. 논쟁하여 양주나 묵적의 주장을 없앨 수만 있으면 곧 성인의 제자이리라.[38]

맹자는 성인의 품격을 한껏 올려 놓고 공자를 그 원형으로 삼았는데, 그 점에서 현실의 정치권력을 장악하고 있는 왕과 직접 연결시키지는 않았다. '성왕'이란 말도 딱 한 차례 썼을 뿐이다. 맹자는 도덕의 완성을 더 높은 가치로 본 것이다.

반면 순자 마음속의 성인은 최고의 품격과 조건을 갖춘 사람일 뿐만 아니라 현실의 정치권력과 연결되는 사람이다. 성인은 최상층의 인물로 지력과 덕행과 의지가 완벽한 사람이기에 성왕이고 대유(大儒)라고 한다. 천자는 반드시 성인이 맡아야 한다고 주장하기도 한다. 정치적 권력의지가 가장 뛰어난 사람이 천자가 되어야 한다는 것이다. 「정론」 편에선 "국(國)은 소인이 그것을 가질 수 있다. 그러나 꼭 망하지 않는다고 할 수는 없다. 천하는 지극히 커서 성인이 아니고는 가질 수가 없다."[39]라고 말한다. "천자는 성인이 아니고는 맡을 수 없으며" 천자는 뛰어난 도덕성과 밝은 지혜를 가지고 남면하여 왕이 된다는 것이다.

이상적인 성인은 바로 의지, 덕행, 지려의 합일체이다. "의지가 잘 닦여 있으며, 덕행이 두터우며, 지려가 밝다."[40] 순자는 공자나 맹자와 마찬가지로 덕행을 강조한다. 정치권력의 중요한 근거가 두터운 덕행으로 민심을 장악하는 것임을 잘 알고 있었기 때문이다. 그는 사람을 다섯 등급으로 나눈다. "사람에겐 다섯 가지 모양이 있다. 용인(庸人)이 있고, 사(士)가 있고, 군자가 있고, 현인이 있고, 대성(大聖)이 있다."[41] 여기서의 사람은 정치에 참여하는 사람을 말하는 것으로, 덕행의 고저에 따라 품격 구분을 한 것이며 대성은 그 최상층에 존재하는 사람이다. 순자는 지려 또한 성인의 주요 특질로 본다. "이른바 대성은 지혜가 큰 도에 통하고, 변화에 응하되 무궁하고, 만물의 성정을 능히 분변하는 자이다."[42]라고 말한다.

순자의 성인에 대한 품격 구분은 맹자처럼 내재적 심성을 중시하지 않고 일의 성과에 중점을 두었다. 그래서 그는 성인을 성왕(聖王)·성군(聖君)·성신(聖臣)과 성사(聖師)로 구분하기도 한다. 성왕은 최고 급수의 성인으로 천하를 자신의 임무로 여겨 천하를 통일하는 자이다. 「정론」 편에서 순자는 복잡다단한 정치 사회인 천하는 지중(至重)하고 지대(至大)하고 지중(至衆)하므로, 지극히 강하고 지극히 분별력이 있고 지극히 밝은 사람만이 다스릴 수가 있는데 "이 세 가지 지극함은 성인이 아니고는 다할 수가 없다."[43]라고 말한다. 그래서 순자에게 성인은 곧 성왕과 같은 말이다.

성신은 성왕의 보좌이다. 「신도」편은 이렇게 정의한다.

(성신은) 위로 능히 군주를 높여 주고 아래로 능히 백성을 사랑한다. 정령 · 교화가 아랫사람의 모범이 되어 그림자와 같다. 갑작스러운 일에 부딪혀도 임기응변하여 메아리처럼 민첩하게 유추하여 비상사태에 대응한다. 하나하나 정성을 들여 모범적으로 성취시킨다. 이것이 성신이다. 따라서 성신을 쓰는 자는 왕이 된다.[44]

성사는 성인 가운데 권력도 세력도 없이 도를 전하고, 학문을 가르치고, 의혹을 풀어 주는 것을 자신의 임무로 삼는 사람이다. 『순자』 「비십이자」 편에 말하는 "위로 요임금 · 우임금의 제도를 본받고, 아래로 중니(仲尼) · 자궁(子弓)의 의를 본받음으로써 12자의 학설을 종식시키는 데 힘써야 한다. 이와 같으면 천하의 해로움이 제거되고 어진 사람의 사업을 끝낼 수 있으니 성왕의 공적이 뚜렷해질 것이다."[45]의 중니 즉 공자와 자궁(즉 중궁)이 바로 성사에 해당된다.

이렇게 보면 순자가 자임한 스스로의 역할도 위에 언급한 맹자의 입장과 크게 다르지 않다. 자기 자신의 성왕론을 통하여 천하의 잘못된 주장과 이데올로기들을 정리하려는 것이다. 성군은 성왕의 후보자이다. 성군이 일국의 주인이고 성왕이 천하의 주인이라는 점에서 둘이 구분될 따름이다. 규모가 작은 국(國)을 책임지고 있지만 군(君) 또한 덕행과 지혜와 의지를 지녀 성군이 되어야 한다고 주장한다. 그래서 성군은 성왕과 마찬가지로 절대적 권위를 갖는다. "성군을 섬기는 사람은 듣고 따름이 있을 뿐 간쟁함은 없다."[46]

　초기 유가 사상가들이 성인에 대한 품격 구분을 시도한 것은 첫째 당시 풍성하게 의미 확장을 해 가고 있는 聖 개념에 대한 논의를 정교하게 하기 위함이었고, 둘째 군주 중심주의로 전환되어 가는 정치 체제 속에서 왕을 더욱 왕답게 만들기 위해 '성인'에 대한 형이상학적 이론화가 필요해서였으며, 셋째 타 학파와의 논리적 경쟁에서 앞서려는 의도와 관련이 있어 보인다. 맹자와 순자를 통해 그것을 확인할 수 있다. 동시에 성인을 띄움으로써 현실적으로 군주에게 지혜, 덕행, 의지를 분명히 하도록 강요하여 유가 사상에 내재하는 각종 정치 주장들을 세속에 관철시키려는 의지와도 관련 있어 보인다. 순자의 핵심 주장 가운데 하나인 종도불종군(從道不從君) 즉 "도에 따르지 군주를 따르는 것이 아니다."는 그 의미이다.

　어떤 사람이든 덕행, 지혜, 의지를 충분히 수양하면 '성인', 나아가 '성왕'이 될 수 있다는 유가 사상가들의 주장은 유일자로서 성왕과 보편자로서 성인이 하나라고 말하는 셈이다. 이렇게 절대성과 보편성이 함께 존재하는 철학적 특징을 갖는다는 사실은 동시에 위험성도 내포한다. 유일자이기에 보편자라는 사유는 곧 절대자에 대한 절대적 숭상이 보편적 진리라는 말일 수 있기 때문이다. 후대의 세속적 황제들이 덕행, 지혜, 의지와 상관없이 왕이라는 존재 자체로 '聖'을 부르면서 전체 인민들의 절대적 숭상을 강요했던 것은 이러한 위험성이 현실화한 것으로 볼 수 있다. 다시 말해 성인을 다룬 원시 유가 사상 그 자체에 도덕에 대한 조건 있는 요구와 신민의 무조건적 복종이라는 모순된 명제가 함께 존재하고 있었다고 볼 수 있다.

4 수기치인과 순자의 성왕론

'성왕'은 내성외왕(內聖外王)의 약칭이기도 하다. 안으로 도덕적 수양을 한 성인이 밖으로 만백성의 군왕이 된다는 의미이다. 내성외왕을 붙여 쓴 용례 가운데 지금까지 내려온 책들 가운데 가장 오래된 것은 아마도 『장자』「천하」 편일 것이다.[47] 그러나 장자의 뜻은 우주 본체의 근원으로서 도를 강조하기 위함이었다. 성왕의 도는 일(一)이라고도 쓰는데, 바로 이 도의 경지를 나타내기 위한 표현으로 사용한 것이었다. 따라서 동양 전통 사회에서 오랫동안 정치적 의미로 가장 위대한 지도자를 뜻하는 성왕의 뜻과는 조금 다르다고 할 수 있다.

인격적으로 완성된 사람이 천하의 최고 통치자가 된다, 또는 되어야 한다는 의미에서 성왕의 의미를 가장 잘 표현하고 있는 것은 아마도 『예기』「대학」 편일 것이다. 「대학」에 '성왕'이나 '내성외왕'의 용어는 등장하지 않지만 '대학지도(大學之道)'란 말은 이를 대변한다고 할 수 있다. '대학지도'의 실제 내용은 곧 '성왕지도'를 뜻한다. 후대에 이른바 3강령(綱領)이라고 불린 명명덕(明明德), 친민(親民, 또는 新民), 지어지선(止於至善)과 8조목(條目)이라고 불린 격물(格物), 치지(致知), 성의(誠意), 정심(正心), 수신(修身), 제가(齊家), 치국(治國), 평천하(平天下)야말로 오랫동안 동아시아 정치사에서 '내성외왕'의 본질과 내용을 설명하는 기본 틀이었다.

춘추 시대까지 가(家)는 대부 계급의 집안을 의미하는 정치 단위이고 국(國)은 제후의 강역을 의미하는 정치 단위이므로 '제가'는 '치국'처럼 결국 정치적 의미를 지닌다고 할 수 있다. 「대학」의 8조목 가운데 격물, 치지, 성의, 정심은 내성의 수신을 위한 단계들로 파악할 수 있고 제가, 치국, 평천하를 외왕이 필요한 정치의 단위로 생각할 수 있다. 그런데 전국 시대를 지나면서 가국(家國) 일체화와 대부 계급의 소멸로 '가'는 대부가 제어하는 정치 집단이 아니라 국가 정책의 기본 단위이자 대상으로서 사회 구성의 내적 개체의 의미로 전환하게 된다. 그 후 중국 정치사에 있어서 '제가'는 흔히 내성의 범주에 포함되어 왔다. 따라서 제가를 포함한 수신의 내성과 평천하를 포괄하는 치국의 외왕이 통일되는 경지가 성왕이라고 할 수 있다. 「대학」에 따르면 내성외왕은 수신과 치국이 내적으로 통일된 상태인 것이다. 공자의 수기안인(修己安人)은 이 상태를 말하며, 「대학」은 그 이념을 충실히 반영한 것이라고 할 수 있다.

『중용』과 『대학』에선 수신을 제가·치국·평천하의 근본으로 강조한다. 자신(己)·집안(家)·국가(國)·천하(天下)는 일종의 서열 관계인데 여기서 자신이 그 서열의 시작이다. 그리고 수신, 제가와 치국은 내재적 통일성을 갖는다. 치국은 제가의 확대인데, 그 사이의 통일성은 바로 '효(孝)' 한 글자에 달려 있다. 두 책의 저자는 순 임금, 주 무왕, 주공 모두가 효에 발을 딛고 출발하여 천자의 지위에 올랐고 성왕이 되었다고 주장한다. 수기치인을 핵심으로 하는 유가 성왕의 정치적 요체는 한마디로 '효'라 할 수 있다. 유가를 표방한 통일 제국 한나라 황제들이 시호에 모두 '효' 자를 붙인 데는 그만한 이유가 있었던 것이다.

유가 사상에서 수신의 내용은 주로 천륜을 포함한 인륜의 가치를 극대로 발휘하는 것이다. 『맹자』 「이루 상」 편엔 "성인은 인륜의 극치이다."(人倫之至)라고 한다. 『순자』 「해폐」 편엔 "聖이란 인륜을 다하는 자이다. 王이란 제도를 다하는 자이다."[48]라는 구절이 있다. 인륜의 극치, 인륜을 다한다 함은 인륜을 완벽하게 실천하고 사물의 이치에 정통한다는 말이다. 제도를 다한다 함은 제도를 완벽하게 실천하고 세상의 예법 제도에 정통하다는 말이다. 이 두 가지를 다하는 사람이 천하의 모범적인 정치가가 될 수 있다는 말이다.

유가 사상에서는 이론적으로 성왕에 대해 '해석'한 경우는 거의 없다. 대부분의 경우 숭배와 찬미의 대상으로서 요임금, 순임금, 우임금을 이야기하며 이들을 통해 그들 마음속의 성왕관을 표현하고 있을 따름이다. 공자의 경우를 예로 들어 보자.

　　공자께서 말씀하셨다. "위대하도다! 순임금과 우임금은 천하를 차지하고서도 (문명이 아닌 것과는 조금도) 함께하지"[49] 않았느니라. 공자께서 말씀하셨다. "크도다! 요의 임금 됨이여! 위대하도다! 오직 하늘만이 그토록 큰데, 오직 요임금만이 그것을 본받았느니라. 훌륭하도다! 백성들이 무어라 이름을 붙일 수가 없을 정도이다. 위대하도다! 그가 이룬 빛나는 성공들이여, 빛나도다! 그가 이룬 문명의 성취여."[50]

　　"무위(無爲)하며 잘 다스린 사람은 순임금이었도다. 무엇을 하려 하였던가! 자신을 삼가며 바르게 남면(南面)하고 있었을 따름이니라."[51]

이 말들에 굳이 의미를 붙이자면 공자 마음속의 성왕은 수신에 노력하고, 무위의 태도를 취하며, 안민에 신경 쓰고, 행동함에 하늘을 본받고 사사로움이 없는 사람이다.

맹자의 경우, "성왕이 행사하지 못하니 제후들은 방자하고, 처사들은 제멋대로 의론하여 양주·묵적의 언론이 천하에 가득하다."[52]라는 이 한 군데서만 성왕이란 표현을 쓰고 있으며, 모두 성 한 글자, 혹은 성인으로 성왕을 표현하고 있다. 특히 입만 열면 요·순을 이야기했던 맹자는 그 주장의 대부분을 '요-순-우-탕-문-무'의 성왕을 언급한다. 예를 들면, "그림쇠와 곱자는 네모와 원의 극치이며, 성인은 인륜의 극치이다. 군주가 되려면 군주의 도를 다해야 하고, 신하가 되려면 신하의 도리를 다해야 하는데 두 가지 다 오직 요임금 순임금의 정치를 본받을 따름이다."[53]

선진 유가 사상가들은 왜 성인과 성왕을 동일시하는가? 성인은 고도의 도덕 수양과 심오한 지혜를 지니고 있으므로 응당 전체 천하의 영도자가 되어야 한다고 생각했다. 성인이야말로 이상적 통치자이기 때문에 성왕이라는 이야기다. 맹자는 이렇게 말한다.

정치를 잘하려 하면서 선왕의 도에 기인하지 않는다면 어찌 지혜롭다고 할 수 있겠는가? 그러므로 오직 어진 사람만이 높은 지위에 있어야 마땅하다. 어질지 못하면서 높은 자리에 있는 것이야말로 여러 사람들에게 악을 퍼뜨리는 짓이다. 위에서 군주가 도의 원칙을 준수하지 않으면 아래서 백성들은 법을 지키지 않게 된다. 조정에서 도를 믿지 않고, 상공인들은 척도를 믿지 않고, 군자들이 의를 어기고, 소인들이 죄를 범하고도 나라가 존속한다는 것은 행운이다.[54]

성인이 왜 성왕이어야 하며, 그가 어떻게 위대한 인물로 세상을 통치하는지 순자의 다음 대답은 아주 적절하다. 『순자』 「정론」 편에 나오는 이야기다.

천하는 지극히 중요하므로 지극히 강한 존재가 아니면 담당할 수가 없다. 천하는 지극히 크므로 지극한 분별력을 갖춘 사람이 않으면 이해를 가늠할 수가 없다. 천하는 지극히 많은 사람이 살아가므로 지극히 분명한 사람이 아니면 화합을 이끌 수가 없다. 이 세 가지 지극함은 성인이 아니고는 책임을 완수할 수가 없다. 따라서 성인이 아니면 왕이 될 수 없다. 성인은 도를 갖추어 모든 것을 아름답게 정리할 수 있는 사람이며 천하의 저울추로 드높이 걸려 있어야 하는 존재이다.[55]

유가 사상가 가운데 성왕에 대한 논의를 가장 많이 하고 체계적으로 정리한 사람은 순자이다. 성왕학을 다루고 있는 『순자』의 「왕패(王覇)」 편엔 성왕의 존재 이유를 인간의 보편적 소망에서 찾는다. "고귀하여 천자가 되고, 부유하여 천하를 소유하며, 성왕으로 이름 불리고, 두루 사람들을 다스리고, 타인에게 통제되지 않는 것이야말로 사람의 정이 다 같이 바라는 바이다. …… 성왕의 명성은 해·달과 같고, 공적은 하늘·땅과 같아 천하 사람들이 모두 영향을 받아 감응하는 것 또한 사람의 정이 다 같이 바라는 바이다."[56] 모든 사람이 감응을 하는 사람이 성왕이므로 그의 통치는 정당성을 갖는다는 이야기다.

순자는 보다 구체적으로 성왕이 다스리는 나라의 구체적인 제도 조치에 대해서도 언급한다. 이는 나중 『예기』에도 그대로 반영되어 중국의 전통 정치에 지대한 영향을 미쳤다. 『순자』 「왕제」 편은 성왕의 제도와 기능을 다음과 같이 이야기한다.

성왕의 제도는 이렇다. 초목이 무성하고 열매를 맺는 때면 도끼를 들고 산림에 들어가지 못하게 하여 생명을 요절내지 않고 성장을 끊지 않도록 한다. 큰 자라·악어·물고기·자라·미꾸라지·두렁허리가 알을 낳을 시기엔 그물망이나 독약을 들고 못 속에 들어가지 못하게 하여 생명을 요절내지 않고 성장을 끊지 않도록 한다. 봄에 밭 갈고 여름에 김매며 가을에 거두고 겨울에 저장하는 네 순서가 때를 잃지 않으므로 오곡이 끊이지 않고 백성들은 먹고 남음이 있다. 물고기가 사는 둠벙·연못·늪·개천에서의 포획 시기를 엄격하게 금지하므로 물고기·자라가 넉넉하게 많아 백성들이 쓰고도 남음이 있다. 나무를 베고 숲을 육성함에 때를 잃지 않으므로 산림이 벗겨지지 않으므로 백성들이 목재를 쓰고도 남음이 있다.

성왕의 기능은 이렇다. 위로 하늘의 때를 헤아리고, 아래로 땅의 이로움을 빌려 천지 사이에 가득하여 만물의 위에 작용한다. 숨겨진 것 같으면서도 밝게 드러나고, 짧은 것 같으면서도 길며, 좁은 것 같으면서도 넓다. 신명하고 넓고 크면서도 지극히 간략하다. 그래서 말하길, 예의통류 하나로 집단 생활

을 하나로 이끄는 일을 하는 사람을 성인이라 부른다.[57]

성왕론은 순자에 이르러 구체적인 제도의 성취에까지 연결되기에 이른다. 그 고리엔 순자 주장의 압축적 용어인 '예'가 연결되어 있다. 「유효」편에 '백왕의 도'에 관통되는 것도, 「영욕」편에 '성왕이 갖추어야 하는' 바도, 한마디로 종합하면 예이다. 정치는 복잡한 이해관계를 잘 변별하여 확실한 정책의 구분을 이루어 냄으로써 인간 사회의 질서와 조화를 이끌어 내는 것인데, 「비상(非相)」편에서 순자는 이렇게 말한다. "변별은 구분보다 큰 것이 없고, 구분은 예의보다 큰 것이 없으며, 예의는 성왕보다 큰 것이 없다."[58]

순자는 성왕이 예의로 다스릴 수밖에 없는 철학적 근원을 인간의 본성에서 탐구한다. '성악'하기 때문에 성왕이 다스려야 하고, '성악'하기 때문에 인위의 극치인 예의가 필요하다고 한다. 『순자』 「성악」편은 이에 대한 순자의 설득이다.

맹자는 '사람의 본성은 선하다'고 하는데 이는 논리적으로도 맞지 않고 증명할 근거가 없는 말이다. 그저 책상머리에 앉아서 하는 이야기로 일으키려 해도 가설을 만들어 낼 수 없고 펼치려 해도 시행할 수가 없으니 그 잘못이 심하다고 하지 않을 수 없다! 본성이 선하다면 성왕을 버리는 것이며 예의를 없애는 것이다. 본성이 악하다면 성왕과 함께하는 것이며 예의를 소중히 여기는 것이다.[59]

지금 사람의 본성이 악함은 반드시 장차 성왕의 다스림과 예의의 교화를 기다린 뒤에야 모두 잘 다스려진 질서로 나아가고 선에 합치하게 된다. 이렇게 본다면 사람의 본성이 악함은 분명하며, 그것이 선해짐은 후천적 인위 때문이다.[60]

순자 또한 맹자처럼 왕도를 통한 정치 질서의 완성을 지향한다. 다만 그 방법에서 맹자는 인간만이 갖고 있는 도덕 이성을 확충함으로써 왕도가 실현된다고 보았으나, 순자는 인간의 악한 성품을 교화시키고 통제해 감으로써 왕도를 실현할 수 있다고 생각했다. 외부의 힘을 통한 질서의 구축을 꿈꾼 것인데, 그것이 예의였다. 그리고 그 예의는 성인에 의해 만들어진 것이다. 성왕에 의한 예치(禮治)의 실현은 인간의 악한 본성을 교화해 질서 잡힌 사회를 만드는 길이며, 그것이 곧 왕도라는 이야기다.

옛날 성왕께선 사람의 본성이 악하기 때문에 치우치고 기울어 바르게 되지 못하고 어긋나고 어지러워 다스려지지 않을 것이라고 생각하여 그를 위해 예의를 일으키고 법도를 만들어 사람의 성정을 바로잡고 꾸밈으로써 그것을 바르게 만들었으며, 사람의 성정을 길들이고 교화함으로써 그것을 이끌었으며, 모두로 하여금 다스려짐 즉 질서에 따라 나아가고 도에 합치하도록 하였다.[61]

지금 참으로 사람의 본성이 본래부터 올바르게 잘 다스려지는 것이란 말인가? 그렇다면 또 성왕은 무슨 쓸모가 있겠으며, 예의는 또 무슨 쓸모가 있겠는가? 설령 성왕과 예의가 있다고 한들 장차 올바르게 잘 다스려지는 데〔正理平治〕무엇을 더 보탤 수 있겠는가? 지금 보니 사실이 그렇지 않다. 사람의 본성은 악하다. 따라서 옛날 성인은 사람의 본성이 악하기 때문에 치우쳐 위태롭고 바르지 못하고, 사리에 어긋나 다스려지지 않는다고 생각하였다. 그래서 성인은 이를 위해 군주의 권위〔勢〕를 세워서 백성들에게 군림하게 하였고, 예의를 밝혀서 백성들을 교화시켰으며, 법도를 일으켜 백성들을 다스렸고, 형벌을 엄중하게 하여 백성들을 금지시켰으며, 모든 것이 다스려지는 길로 나아가고 선에 합치하도록 하였다. 이것이 성왕의 다스림이며 예의의 교화이다.[62]

순자는 성왕과 예의 관계를 매우 분명하게 밝히고 있다. 순자 성왕론은 기본적으로 성인을 성왕과 동일시하며, 인륜을 특별히 중시하며, 성왕의 제도로써 왕제(王制)를 강조하며, 공자나 맹자와 마찬가지로 요임금과 순임금을 고대 성왕의 전형적 모범으로 생각했다. 순자의 사유를 이어 간 한대 초 사상가들도 도가 등의 사유가 접목되어 폭이 더 넓어진 점이 없지 않지만 그들의 성왕론은 대체로 순자를 따랐다고 할 수 있다. 이에 대해선 4장에서 상세하게 다루기로 한다.

2장 도가의 성왕 사상[1]

1 『노자』의 성인론

도가 사상가들이 공통적으로 성인으로 떠받드는 인물은 황제(黃帝)이다. 그리고 후대의 도가들은 사상 학파의 개산조사인 노자를 직접 성인으로 추앙했다. 『여씨춘추』「불이(不二)」 편에선 각 학파 학설의 요지를 개괄하면서 노담(老聃)을 칭송하고, 「중언(重言)」 편에는 이렇게 이야기한다. "성인은 소리 없는 데서 듣고, 형체 없는 데서 보는데 첨하(詹何), 전자방(田子方), 노담이 그들이다."

도가의 성인에 관한 논의는 노자에서 시작되었다. 『노자』에는 聖 자가 30번 등장하는데, 그 가운데 무려 29차례를 성인이라 칭한다. 그의 주장 대부분은 성인의 말을 빌려 한 것이라고 보아도 무방하다. 그런데도 『노자』 17장에 "聖을 끊고 지혜를 버리면 백성들이 이익이 백배가 될 것이다. 인(仁)을 끊고 의를 버리면 백성들이 다시 효성스럽고 자애로워질 것이다."[2]라고 말한다. 유일하게 '성인'이 아니라 '聖' 한 글자로 표현하며 유가 사상의 핵심 이념에 대해 반대하는 논리를 세우고 있다. 이 때문에 17장은 많은 논란을 불러일으켰는데, 1부 2장에서 살펴보았듯이 최근 발굴된 『곽점초간』의 관련 구절에는 이 구절이 없다. 따라서 『노자』에는 긍정이든 부정이든 성인이란 용어를 일관되게 사용하고 있다고 보아야 한다.

노자는 이목 감각 기관의 특별함 따위에 의해 규정되는 성인에는 관심이 없고, '도를 얻음(得道)'을 특징으로 하는 그 자신의 새로운 성인을 제기한다.

노자의 궁극적 관심사는 인간 사회에서 도의 실천이었다. 우주 어디든 존재하고 어디든 관여하는 도는 정치 세계에서도 당연히 핵심이 되는 가치이다. 『노자』 77장은 말한다.

하늘의 도는 남는 것을 덜어 부족한 데를 돕는다. 사람의 도는 그렇지 않다. 부족한 자들의 것을 덜어 남는 자를 받든다. 누가 능히 남는 자들의 것을 덜어 천하를 받들 것인가? 오직 도가 그럴 따름이다. 그래서 성인은 성취를 이루고도 거기에 기대지 않으며, 공을 이루고도 거기에 머물지 않으며, 현인을 보려 하지도 않는다.[3]

53장에선 이렇게도 이야기한다. "큰 도는 아주 평탄한데 백성들이 자꾸 샛길을 좋아한다." 같은 53장에 이어서 말한다. "조정은 더럽혀지고 들판은 거칠어지고 창고는 비었는데도 (귀족들의) 복식 문양이 화려하고 좋은 칼을 차고 음식이 넘치고 재화가 남아도니 이를 도적과 사치〔盜夸〕라 일컫는다. 그것은 도가 아니다."[4] 결국 인류의 수많은 작위와 자연의 '큰 도'는 서로 배치된다는 것이다.

『노자』에서 큰 도는 오묘함과 청정무위를 주된 취지로 삼는다. 41장을 보면 "밝은 길은 어두컴컴함과 같고, 나아갈 길은 물러섬과 같고, 평탄한 길은 엉킨 실타래와 같다."[5]라고 한다. 사람이란 어쨌든 욕구를 가지고 있으며 그것을 이루어야 만족하므로, 욕구의 충족을 위해 꾸며진 행위를 하는 '유위(有爲)'를 능사로 여긴다. 사람들은 족함을 모르고 항상 욕구에 차 있으며 끊임없이 무언가를 얻고자 한다. 아름다운 음악이나 미색 그리고 짜릿한 쾌감에 젖는 것을 좋아한다. 그 결과 큰 도를 파괴하고 마침내 재앙이 제 몸에 미치게 된다. 많이 간직하였더라도 너무 차고 넘쳐 결국은 비극을 초래하게 된다. 성인은 비극을 막고, 욕망을 없애고, 쾌감에서 멀리 있으며, 오로지 큰 도를 실천하는 사람이다. 『노자』에서 성인은 도의 구현자로서 세상의 억지 행위를 잠재우고 무위를 실천하는 위대한 지도자이다.

노자는 또 사회 역사가 한 번 진보할 때마다 '도'는 쇠미해지고 '덕'은 퇴행한다고 주장한다. 38장에서는 다음과 같이 말한다.

> 도(道)를 잃은 뒤 덕(德)이 있고, 덕을 잃은 뒤 인(仁)이 있고, 인을 잃은 뒤 의(義)가 있고, 의를 잃은 뒤 예(禮)가 있다. 예란 충(忠)과 신(信)이 땅에 떨어져 생긴 것으로 난의 출발점이 된다.[6]

여기 등장하는 개념들은 유가의 성인이 추구하는 가치들이다. 유가에서 말하는 치(治)를 오히려 난(亂)이라고 규정한 노자의 역설은 한 가지 사실을 우리에게 알려 준다. 사람이 무지무욕의 천성 원칙을 위배한 결과 인의나 충신 등 유위적 행위를 하면 할수록, 쟁탈하면 할수록 더 탐욕스러워지고 '도'에서 멀어진다는 것이다. 그래서 노자는 성과를 숭상하는 일체의 유위 정치에 이의를 제기하였으며, '도'의 원칙을 사람의 사회적 정치적 생활에까지 확대하여 '도'의 원칙에 입각한 정치 개조를 단행하고자 했다. 우주 자연의 '도'를 서술하는 동시에 그 '도'에 위배되는 세상이나 삶의 형태를 비판하는 노자의 서술은 대부분 "도로써 천하에 임한다."는 자신의 최종 목적을 위해 준비된 것이었다. 이러한 것을 실천하는 성인은 인간 사회에 직접적으로 개입하는 유가의 성인과는 완전히 다르다고 할 수 있다.

『노자』는 나라를 다스리는 성인은 '도'의 화신이어야 한다고 주장한다. 이러한 성인에게 드러난 특징은 자연에 따르고(因自然), 도에 따르는 것(因道)이다. 그 원인을 『노자』 73장에선 이렇게 이야기한다.

> 하늘의 도는 다투지 않고도 잘 이기며, 말하지 않고도 잘 대응하며, 부르

지 않아도 저절로 오며, 느릿느릿 천연덕스럽되 잘 도모한다.[7]

『노자』79장에는 "천도는 친소가 없으며, 항상 (절대적) 선인과 함께 한다."라고 하고 51장에는 "낳았으되 소유하지 않으며, 행하였으되 의지하지 않으며, 길렀으되 주관하지 않는다."[8]라고 한다. 그것은 7장에 이야기하듯 "천지가 영원히 길고 오래일 수 있는 까닭은 스스로 낳았다는 (의식을 갖고 있지) 않기 때문이다. 그러므로 길게 갈 수 있는 것"[9]이기 때문이다. 이러한 원칙에 따르면 성인은 64장에서 이르듯 "행하되 다투지 않고" "행하되 의지하지 않으며" "그럼으로써 만물의 자연스러움을 돕되 감히 억지로 행하지 않게 되고" 79장의 말처럼 "(채권자용) 왼쪽 계약을 붙들고 있으나 사람들에게 (채무를) 독촉하지 않는"[10] 정치를 행하게 될 것이다.

노자의 정치 주장은 '무위'가 핵심이다. 『노자』3장의 다음 구절은 노자 무위 정치의 내용과 요구를 잘 설명해 준다.

성인의 정치는 그 마음을 비우고, 그 배를 채우며, 그 뜻을 약하게 하고, 그 뼈를 강하게 하여 항상 백성들로 하여금 무지무욕하게 하고, 지혜로운 자로 하여금 감히 행동하지 못하게 한다. 무위(정치)를 하면 다스려지지 않음이 없게 된다.[11]

『노자』에서 '성인'과 군주는 서로 대립하는 존재이기도 하다. '성인'의 기본 특징은 백성들에 대한 봉사의 입장에서 무위를 실천한다. 군주는 백성들에 대한 지배자의 입장에서 정책이라는 유위를 행하는 사람이다. 이 점에서 확실히 『노자』의 성인은 군주와 다르다. 그러나 성인과 군주가 완전히 대립하는 존재인 것은 아니다. 『노자』에서 말하는 성인은 3가지 기본 특징이 있는데, 즉 '도'의 화신, 인간의 모범, 통치자의 표본이 그것이다. 성인은 철학, 윤리, 정치를 하나로 융합시킨다. 이렇게 통치를 긍정한다는 점에서 성인은 군주와 대립하는 개념이 아닐 수 있다. 그러니까 무위의 성인과 유위의 군주는 윤리와 정치가 합일된 상태에서 품격의 차이가 있을 뿐 대립하는 존재는 아닌 것이다.

『노자』 성인의 최대 특징은 자연에 따르고, 도에 따르는 것이다. 그렇지만 성인은 소극적으로 따르지 않고, 따름으로써 그것을 이용하려는 것이다. 이를 정치에 응용하면 '백관의 우두머리'가 될 수 있다. 28장에선 "나무 등걸의 본성이 흩어져 기물이 된다. 성인은 이를 잘 이용하여 관장(官長)이 된다."[12]라고 말하고 16장에선 "항상 불변함을 알면 포용하게 되고, 포용하면 공평무사하게 되고, 공평무사하면 왕이 되고, 왕이면 하늘과 같이 되고, 하늘이 되면 도를 이루게 되며, 도를 이루면 영원하게 된다."[13]라고 말한다. 노자의 성왕은 정치 세계에 도를 구현하는 사람이다.

『노자』 '무위'의 핵심은 단순히 행위를 하지 않는 무위가 아니라 3장과 63장에서 이야기하는 '무위이부불위(無爲而無不爲)'이다. 즉 소극적으로 정치 행위를 부정하는 것이 아니라 모든 일이 안 되는 경우가 없는 결과를 상정한 것으로 어떤 측면에선 적극적 통치 행위를 주장하는 것이라고 할 수 있다. 무위의 본의는 도와 자연에 따름이다. 사실상 『노자』 전체를 통해 저자는 '치(治)'를 매우 강조하고 있다. 『노자』의 치는 언교(言敎)와 인도(引導)뿐만 아니라 형살(刑殺)도 포함하고 있다. 『노자』에 성인은 "사람을 상하게 하지 않는다."(60장)라는 말은 무조건적이 아니다. 그 전제는 도에 따름이며, 도에 따르지 않은 사람에겐 반드시 형살을 시행한다. 그러므로 무위란 성인 수중에 있는 일종의 정책 형식이라고 할 수도 있다.

이 점에 대해 『노자』 7장에서는 이렇게 이야기한다. "성인은 제 몸을 뒤에 두지만 몸이 항상 앞에 있게 되며, 제 몸을 밖에 두어도 몸이 항상 제자리에 있게 된다. 사적인 (개인을) 없이 함으로써 사적인 (개인을) 성취할 수 있다."[14] 어떻게 보면 사적인 개인의 성취를 바라는 매우 치밀한 권모술수로 읽을 수도 있다. 사실상 『노자』는 성인이 "항상 불변의 마음이 없고, 백성의 마음을 제 마음으로 삼는다."(49장)라고 말한 적이 있다. 이 말에 이어 "성인이 천하에 임할 때는 넉넉한 모양으로 천하를 위해 제 마음을 혼돈 상태로 둔다."[15]라고 말한다. 『노자』 전체 내용을 볼 때 백성과 마음을 같이한다는 것은 정치적 수사일 수도 있다. 오히려 천하 사람들의 마음을 혼돈 상태에 두는 것이야말로 강령이며, 요구이고, 수단이라고 할 수 있다. 천하 사람들의 마음이 모두 혼돈 상태라면 사회적 갈등을 일으키는 주장이나 논리적 권력 비판이 없어질 것이므로 통치자의 지배 이데올로기는 강력한 힘을 발휘하게 될 것이다. 장자의 말대로 천하 사람들의 마음을 훔치는 것이다.

『노자』에서의 성인은 왕과 다르다. 그러나 왕은 성인이어야 한다. 왕이 만약 도에 따라서 일을 할 수 있다면 오랜 안정과 질서를 얻을 수 있다. "제후 왕이 일(一)을 얻으면 천하를 바르게 하는 사람이 된다."(39장) "제후 왕이 그것 즉 도를 지킬 수 있다면 만물이 장차 복종해 오리라."(32장) "제후 왕이 그것을 지킬 수 있다면 만물이 장차 동화하리라."[16]

결과적으로 『노자』에서의 성인은 왕에 대한 부정이 아니라 다른 각도에서 왕에 대한 긍정이다. 왕의 직무는 소극적인 '무위'가 아니라 무위 정책을 적극적으로 시행하는 것이다.

2 『장자』의 성왕론

『장자』는 방대한 책으로 聖 자도 무수히 등장하는데 대부분 '성인'의 용례로 쓰고 있으며 '성왕' 표현은 한 번도 없다. 장자는 성인을 대체로 두 부류로 나눈다. 첫째 부류는 "훔침에 도가 있는" 자이다. 모두 『장자』 「거협(胠篋)」 편에 보이는데, 그중 하나는 도둑 척(跖)[17] 등과 같은 "옷 고리짝을 여는 도둑질"을 한 자이다. "도척이 말하기를, '아무 단서도 없이 집 안에 무슨 물건이 감춰져있는지 아는 것이 聖이다.'"[18] 둘은 "천하를 훔친" 자이다. "저 갈고리를 훔친 자는 죽임을 당하지만 나라를 훔친 자는 제후가 된다."[19] 셋은 요임금, 순임금 등과 같이 "사람의 마음을 훔친" 자이다. 『장자』「마제(馬蹄)」편에 등장한다. "예·악을 굴절시킴으로서 천하의 형태를 바로잡는다 하고, 인과 의를 높이 내걸어 천하의 마음을 위로한다고 하여"[20] 그 결과 백성들로 하여금 소박한 본심을 잃게 만들어 "온힘을 기울여 지혜를 좋아하고 이익을 다투어 그칠 수 없게 만들었다."[21] 장자는 물건을 훔치는 자, 천하를 훔치는 자, 마음을 훔치는 자를 첫째 부류의 성인으로 분류하고 있다. 재화, 땅, 민심을 훔친다는 의미로 볼 때 이 부류의 성인은 정치가를 뜻하는 것으로 해석할 수 있다.

두 번째 부류는 "자연 자체로 보통 사람이 아닌〔天而不人〕" 자이다. 거기에는 또 두 가지 경향이 있는데, 그 하나는 사람도 동물처럼 몸을 가진 존재라는 점에서 인간을 동물과 같이 취급하려는 경향이다. 「마제」편에 "금수와 더불어 같이 살며, 만물과 더불어 나란한 족속이 된다."라고 말한다. 「응제왕(應帝王)」편엔 "일(一)의 도로써 스스로 소가 되고 일의 도로써 스스로 말이 된다."라고 말한다. 인간과 동물의 경계를 허무는 자연스러운 존재 자체를 성인으로 본 것이다. 또 하나는 사람의 몸의 한계를 벗어난 신선과 같은 존재로서 성인이다. "지인(至人)은 신이다. 큰 연못이 불타도 그를 뜨겁게 할 수 없으며, 황하(黃河)나 한수(漢水)가 얼어붙어도 그를 춥게 할 수 없으며, 천둥 번개가 산을 깨뜨리고 회오리바람이 바다를 흔들어도 그를 놀라게 할 수 없다. 그저 자연스러운 듯 구름을 타고 해와 달에 걸터앉아 사해의 밖에서 노닌다."[22] 『장자』「제물론(齊物論)」에 나오는 이야기다. 지인은 장자에게 가장 높은 품격을 지닌 성인이기도 하다. 요컨대 장자가 말하는 두 번째 부류의 성인은 자연과 인간의 경계를 뛰어넘는 존재이다. 동물 그 자체이기도 하고 육체를 뛰어넘는 존재이기도 하다. 수양을 통해 인간 몸의 한계를 넘는 존재를 성인으로 본 것이다.

그러니까 『장자』의 성인은 몸을 지니고 있는 사회적 존재로서 성인과 그 몸의 한계를 벗어나려는 자연적 혹은 신선적 존재로서 성인을 구분하고 있는 것이다. 그리고 전자는 후자에 비해 턱없이 수준이 낮은 성인으로 취급된다. 그는 정치적 성취를 통해 완벽한 윤리 질서를 세상에 구현하는 외왕으로서 성왕에는 비판적이었던 반면 인간의 육체적 한계를 뛰어넘어 자연과 합치하는 내성에 관심을 갖고 있었다.

몸의 끝은 죽음이다. 『장자』 전체를 보면 죽음의 한계와 그 어두운 공포에 대하여 끝없는 관심을 기울이고 있다. 장자의 말을 자세히 유추해 보면 '자연 자체로 보통 사람이 아닌' 성인은 몸의 궁극적 한계인 죽음의 그림자를 걷어 내고자 하는 깊은 정서를 읽을 수 있다. 장자는 해골과 대화하고 인생이 마치 "흰 망아지가 문틈을 지나는" 것 같다고 슬피 탄식하였으며, 먼 훗날 사람이 사람을 잡아먹는 현상이 나타날 것이라고 예언하였다. 그러나 그는 구차하게 목숨을 아껴 자연스러운 죽음을 늦추라고 주장하지는 않았다. 「각의(刻意)」 편엔 "성인은 살아 있을 때는 자연스럽게 행동하고, 죽어서는 만물과 더불어 변화한다."라고 말한다. 그래서 그의 아내가 죽었을 때도 통곡하지 않고 오히려 "키에 기대앉아 대야를 두드리고 노래를 부르며"[23] '즐거운 죽음(樂死)'의 정신을 나타내었다.

장자는 '양생'의 도,[24] '낙사'의 도[25]를 제기하는 동시에 '대화(大化)'의 도[26]를 제기한다. 사람은 이 세상에 뒤섞여 살면서 해탈을 추구해야 할 뿐만 아니라 초월도 해야 한다고 주장한다. 그리하여 만물은 일체라는 철학적 기반 위에 무한한 자유의 추구를 열망하였다. 신선, 지인, 진인을 이상으로 삼는 자유의 추구는 영원에 대한 집착과 무한에 대한 희구를 나타낸다. 생과 사를 초월하고 물과 아를 지워 버려 생명 형식의 극한을 돌파함으로서 절대 자유를 실현한다는 것이다. 자연의 존재로서 동물과 같은 몸을 가진 인간은 그 자연으로의 회귀를 꿈꾸기도 하고, 한편으로 정신을 가진 존재로서 인간은 육체의 한계를 극복하는 초월을 꿈꾸기도 한다. 동물적 욕구의 긍정과 자아 초월의 이상이 중첩된 인간은 신성을 향한 부단한 충동을 드러내기도 한다. 회귀는 인간을 본원에 좀 더 접근토록 해 주나 초월은 인간을 신으로 끌어올린다. 인간은 신을 만들어 내면서도 스스로 신이 되고자 하며, 동시에 스스로 '만물의 영장'이 되도록 하였는데, 장자에 의하면 이런 존재가 바로 진정한 성인이다.

장자는 득도하여 성인이 되는 과정을 이야기하면서 이렇게 말한다. 『장자』 「대종사」 편에 나오는 내용이다.

내 여느 때처럼 도를 지키며 그것을 가르쳐 주니, 사흘이 지난 뒤 그는 세상을 도외시〔外天下〕할 수 있게 되었네. 세상을 완전히 도외시하게 된 뒤 내 다시 도를 지키니, 이레가 지난 뒤 그는 사물을 도외시〔外物〕할 수 있게 되었네. 사물을 완전히 도외시하게 된 뒤 내 다시 도를 지키며 가르치니, 아흐레가 지난 뒤 그는 삶을 도외시〔外生〕할 수 있게 되었네. 삶을 완전히 도외시하게 된 뒤 맑고 바른 경지로 투철〔朝徹〕할 수 있게 되었네. 완전히 투철하게 된 뒤 의식의 집중으로 절대 독립의 경지〔見獨〕에 이르게 되었네. 완전히 절대 독립의 경지에 이르게 된 뒤 고금의 시간성을 초월〔無古今〕하게 되었네. 고금의 시간성을 완전히 초월하게 된 뒤 죽음도 삶도 없는〔不死不生〕 자연에 합치한 영원의 경지에 이르렀다네.[27]

세상을 도외시하고 물질을 도외시하고 마침내 삶을 도외시한다. 투철한 실천으로 절대 독립의 경지에 오르고 고금의 시간성을 초월하며 끝내는 삶도 죽음도 없는 상태에 이른다. 이렇게 끝없이 수양해 가는 과정은 세계와 자아를 부단히 방기하는 과정이며, 동시에 오도(悟道), 득도(得道)를 통해 영원과 생사 초월에 진입하는 과정이기도 하다. 장자는 인간의 자기중심적 사고에 반대하였다. 그는 「대종사」편에서 "지금 한 번 사람의 형상을 갖고 있다고 하여 '사람이어야 해, 사람이어야 해.'라고 말한다면 조물주 즉 도는 반드시 그를 상서롭지 못한 사람으로 생각할 것이다."[28]라고 말한다. 장자는 인성을 제실로 자신을 묶는 번데기로 보았다. 그러므로 '삶을 도외시하는' 성인은 바로 인성의 번데기를 버리고 새털처럼 가벼운 몸짓으로 우화등선(羽化登仙)의 경지에 오른 그러한 사람이다.

사람의 삶은 세상과 더불어 '혼세(混世)'하거나, 생사의 고락을 넘어서 '현해(懸解)'[29]하거나, 모든 것으로부터 초월(超越)하는 세 가지 생존 방식이 있다. 장자의 성인은 초월하여 '득도'한 존재자인데, 이 성인에 대해서도 통인(通人), 진인(眞人), 신인(神人) 등 여러 가지 품격 구분을 한다. 그는 유자들이 칭송하는 성인에 대해 비판적이었지만, 그래도 공자에겐 통인의 지위를 부여하고 있다. 공자가 비록 '도'의 문지방에 서서 배회하였을 뿐이지만 어떻게 발을 붙이고 살 것인가를 이미 알고 있었으므로 통인으로 볼 수 있다는 것이다.[30] 한편 노자는 장자가 마음에 새기고 떠받드는 정말 위대한 진인이다. 나아가 「대종사」편에서 완전한 성인의 계보를 위해 장자는 아주 먼 옛날로 소급하여 일련의 허구적 신인들을 꾸며 냈다. 예컨대 희위(狶韋)씨는 "도를 체득해 하늘과 땅을 열었으며" 복희(伏羲)는 도를 얻어 "음양의 기를 운용하여 만물을 만드는 어머니가 되었으며" 북두칠성(維斗)은 "도를 얻어 주기적 순환을 차질 없이 하였으며" 황제(黃帝)는 "도를 체득하여 구름 위에 높이 올라 천지를 다스렸다." 등 역사와 신화의 엇물림을 나타냈다. 도대체 성인인지 신인지 신선인지 가늠할 수 없는 내용들이다.

장자가 성인이 갖고 있다고 주장한 동물과 다름없는 육체 의식, 신선을 지향하는 초월 의식은 후세의 문화에 깊은 영향을 미쳤다. 특히 신선 지향성은 민속 문화의 저층으로 가라앉았을 뿐만 아니라 제왕들의 의식 속에서도 보편화되었다. 이 신선 지향성이 불로장생을 추구하는 등의 공리적인 소망들과 결합하여 종교화한 것이 중국의 도교이다. 도교는 장자식 도가 사상의 선명한 세속화 경향이다. 그들은 인간 세상의 부귀영화에 미련을 둔다. 그래서 특정 분야에 뛰어난 성인이 되는 것에 만족하지 않고 '과거와 현재도 없고, 삶과 죽음도 없는' 신선이 되고 싶어 한다. 일부 욕심 많고 절대적 권력을 소유한 제왕들마저 그런 경향을 보인 일이 역사에 여러 번 등장하였다. 그들은 도를 묻고 신선을 찾는 데 깊이 빠져 사회적으로 중요한 정무를 돌보지 않는 경우가 있을 정도였다. 신선 수련을 한다면서 현실 정치에서 관심을 거두어 버림으로써 울지도 웃지도 못할 상황을 연출한 황제도 여럿이었다.

장자는 노자의 무위이치 사상을 계승하여 발전시켰다. 그의 정치사상의 핵심은 '불치주의(不治主義)'이다. 오늘날 말로는 '무정부주의' 정도가 될 것이다. 「대종사」 편에서 그는 "나의 스승이시여! 나의 스승이시여! 만물을 하사하시고 의(義) 따위는 하지 않으시고, 은택이 만세에 미치심에도 인(仁) 따위는 하지 않으십니다."[31]라며 오직 천지와 자연을 본받고 자연스러운 그 삶을 살아갈 뿐 도덕이나 인의로 포장된 그 어떤 정치적 삶도 거짓으로 보았다. 그렇다고는 하지만 불치(不治)가 정치 자체를 부정했다는 말은 아니다. 위에서 장자가 정의한 첫 번째 부류의 성인으로 볼 때, 장자가 정치나 정부 그 자체를 완전히 부정하고 동물처럼 깊은 산에 은거하여 사는 그런 삶을 추구한 것만은 아니다. 오히려 정치에 대한 또 다른 차원의 희구가 장자의 내성외왕론에 깔려 있다고 보는 것이 옳다.

「응제왕」 편에서 그는 혼돈(混沌)의 죽음을 애도한다. 그리고 "만물과 자연에 순응하여 사사로운 어떤 욕심도 용납하지 않는 그런 상태가 되어야 천하가 다스려지지."[32]라고 말한다. 다스려짐을 기대한다는 것은 정치 자체에 대해 부정한 것은 아니었다는 이야기다. 「응제왕」 편은 장자의 성왕관을 잘 반영하고 있다. 핵심은 '응(應)'이다. 무심한 다스림이고, 다스리지 않는 다스림이지만 그것도 다스림이다. 「소요유(逍遙遊)」 편에선 "지인은 자기 자신이 없고, 신인은 아무 공적이 없으며, 성인은 부르는 이름이 없다."[33]라고 한다. 풍우란(馮友蘭)은 그의 『중국 철학사』에서 이 「응제왕」 편을 'Philosopher King'이라 번역하였다. '철인왕'은 플라톤의 용어이다. 두 사상이 완전히 합치한다고 할 수 없으며, 철인왕이 응제왕의 함의를 가지고 있다고 보기도 어렵다. 응제왕은 무심치국(無心治國)인데 철인왕은 전심치국(專心治國)이기 때문이다. 장자는 통치 기구와 전장 제도를 긍정하지 않았지만, 철인왕은 완벽한 기구와 제도를 갖는다.

장자의 주된 관심은 인생 철학에 있지만, 삶 자체가 정치와 유리될 수 없다는 점에서 그의 주장 자체는 이미 깊은 정치철학적 함의를 가지고 있다. 실제로 『장자』의 많은 편들이 사회의 경제, 정치, 인륜 도덕 등 관계가 인성에 대한 족쇄라고 반복하여 논하고 있는데, 족쇄라는 그 인식 자체가 정치적이라는 이야기다. 따라서 그가 언급하는 성인은 정치가로서 성왕으로 해석하기 어려운 점이 있으며, 칭송과 부정을 반복하는 그의 말 속에서 반면의 의의를 읽어 낼 수 있다.

사람들은 모두 황제·요·순을 '천하를 다스린' '성인'이라고 칭찬한다. 그러나 『장자』 일부 편의 저자가 보기에 역사상 모든 혼란은 바로 이들의 '다스림'으로부터 시작되었다. 따라서 「천지」 편에 "다스림은 혼란을 이끈다. 신하로 북면함은 재앙이며, 군주로 남면함은 도적이다."라고 말한다. 『장자』의 많은 편에는 또 일세를 구제하면 그에 따르는 재앙이 만세에 이른다고도 이야기한다.

「재유」 편에는 이 사상을 지침으로 삼은 적이 있는데, 황제가 의를 제창하며 세상을 어지럽힌 역사를 구체적으로 서술하고 있다. 장자가 정치를 긍정하고 있다는 반면의 의미를 읽을 수 있는 대목이다.

옛날 황제가 처음 인의로 사람의 마음을 묶어 버렸다. 이어 요·순은 넓적다리에 솜털이 없어지고 정강이에 털이 없어질 정도로 사람들을 애쓰게 해서 천하를 위한 정치라는 형체를 길렀으며, 오장에 근심을 가득 실은 채 인의를 행하도록 하였으며, 혈과 기를 약화시키면서 법도를 규정하였다. 그럼에도 천하의 문제를 다 이겨 낼 수 없었다. 요임금은 환두를 숭산으로 추방하고 삼묘를 삼위산으로 몰았으며 공공을 유도로 유배시켰으니 이는 천하가 잘 다스려지지 않았다는 뜻이다. 하나라 우왕, 은나라 탕왕, 주나라 문왕의 시대에 이르자 천하는 더욱 혼란스러워졌다. 아래로 폭군 걸, 도둑 척(跖) 같은 사람이 있는가 하면, 위로 증삼·사추 같은 인간이 나타나고 유가와 묵가가 다투어 일어났다. 그리하여 기뻐하고 화내면서 서로를 의심하고, 어리석음과 지식이 서로를 속이고, 선함과 그렇지 못함이 서로를 비난하고, 허위와 믿음이 서로를 나무라게 되어 천하는 쇠약해져 버렸다.[34]

그래서 『장자』는 「외물(外物)」 편에서 초나라 사람 노래자(老萊子)의 입을 빌려 "일세의 상처를 참지 못하고 만세의 걱정거리까지 힘쓴다."[35]라고 말한 적이 있다. 사람들은 모두 '치인'이나 현능한 사람이 나와 세상을 다스려 주기를 바란다. 그런데 『장자』는 오히려 반대로 생각했다. 「재유」 편에선 "그럴 경우 사람들을 보존하는 나라는 만분의 일도 안 된다. 사람들을 망치는 나라가 하나가 아니라 만 개도 넘게 될 것이다. 슬프다! 땅을 가진 자들이 이것을 모르니."[36]라고 한탄한다. 이것이 바로 『장자』가 '치자'가 나타나 인류를 구제하기를 바라는 사람들에 대한 대답이다. 그러니까 장자의 성인론, 혹은 성왕에 대한 기대는 유가식의 시각을 벗어나 전혀 다른 안목으로 보았을 때 의미가 분명해진다고 할 수 있다.

『장자』는 인의 따위는 자연의 본성에 속하지 않고 일 좋아하는 유가적 '성인'이 만들어 낸 것이라고 비판한다. 「마제」 편에서는 "도와 덕을 훼손하여 인의로 삼음은 성인의 잘못이다."라고 한다. 인의의 흥기는 다음과 같은 나쁜 결과들을 불러일으켰다고 한다. 첫째, 예악은 '구분'을 불렀다. 백성들은 원래 구분이 없었는데 예악이 있고부터 백성들 사이에 귀천의 구분이 생겼다. 그러므로 예악 제도는 인간의 자유에 대한 속박이며 족쇄이다. 번잡한 예악 제도는 "천하의 형체를 삐뚤어 놓는" 작용을 하였다. 둘째, 인의의 창달은 '천하의 마음'을 동요시켰고 이로부터 '의혹'을 불러일으켰다. 사람들이 서로 의심하고 아귀다툼을 함에 따라 만사가 혼란에 빠지게 되었다. 셋째, 지식을 좋아하고 이익을 다투는 것이야말로 만 가지 악의 근원이다.[37]

『장자』는 사람들이 인의, 예악, 지식, 이익 따위를 염두에 두고 살면 결국은 그것 때문에 늘 불안에 떨며 살아야 하고, 그 속박 때문에 자신을 해치게 될 것이라고 주장한다. 「경상초(庚桑楚)」편을 보자.

아무것도 아는 것이 없다면 사람들은 나를 어리석다고 말할 것이다. 지식을 갖게 되면 반대로 내 몸뚱이에 근심이 쌓인다. 인(仁)하지 않으면 다른 사람에게 해를 끼치고, 인하면 반대로 제 신체에 근심이 쌓인다. 불의하면 남에게 상처를 주고, 의(義)를 행하면 반대로 내 몸이 근심스러워진다.[38]

어쨌든 인의와 가까이 하기만 하면 쌀겨가 눈에 들어간 듯 사방을 분별할 수 없고, 모기에 여기저기 물린 듯 밤새 잠을 이룰 수 없으며, 인경 소리 가까운 데 잃어버린 자식 찾듯 한시도 편안할 수가 없다고 한다. 장자가 얻은 결론은 인의를 제창하면 할수록 인의를 가장하여 자기의 이익을 챙기는 사람이 많아진다는 것이었다. 심지어 인의는 밖에 있고 금수 같은 마음은 안에 있어 인의는 금수들의 행위 도구로 바뀐다고 한다.[39]

장자의 이러한 주장들은 어쩔 수 없이 정치 사회를 구성하고 도덕적 삶을 살아야 하는 우리들이 마음 한편에서 동경하는 하나의 경지를 설명해 주는 것임에는 틀림없다. 하지만 우리는 많은 사상가들이 인의와 사랑에 대해 이야기할 때, 그것이 욕망이나 이익 때문이 아니라 참된 마음에서 비롯되었음을 안다. 그래서 장자의 이와 같은 공격은 좀 지나친 것으로 생각된다. 『장자』는 자신이 처한 시대를 민심 동요의 시대로 생각했고, 이런 상황은 황제 이래 천하를 다스린다는 사람들이 만들어 낸 것이라고 여겼기 때문에 그런 주장을 한 것이고, 그래서 그들은 성스러움을 끊고 지식을 버리라고 주장했을 것이다. 「거협」 편에선 "성인을 배격하고 도적을 풀어놓으면 천하가 다스려지기 시작하리라." "성인이 죽어 없어지면 큰 도둑이 일어나지 못할 것이니 천하는 태평해지고 사건사고가 없을 것이다."라고 말한다. 그렇다 하더라도 인류가 이미 도달한 문화적 성취까지 공격하면서 이런 성취들을 멸해 버려야만 천하 사람들이 본성을 회복할 수 있다고 주장한 점은 인류가 역사적 존재라는 점에서 선뜻 받아들이기 힘들다.

　장자는 군주를 정면으로 배격하기는 하였으나 무군론자(無君論者)는 아니었다. 그가 묘사하는 이상 사회의 조감도에는 군주가 있는 곳도 있고 없는 곳도 있다. 그러나 어디에서도 명확하게 군주가 절대로 불필요하다고 주장한 곳은 없다. 즉 군주의 필요성에 대해서 『장자』는 해답을 명확히 제기하지도 않는다. 군주에 대해 이야기하는 곳을 보면 몇 곳에선 황제(黃帝)를 긍정하고, 부분적으로 요임금과 순임금을 긍정하고 있다. 그러나 그 외 대부분의 경우는 자신의 이야기를 포장하기 위해서 군주·군·천자·제왕·성인 등의 호칭을 무작위로 가져다 붙이고 있을 뿐이다.

　장자는 군주 지위를 취득하는 방식이 쟁탈이나 도둑질이어서는 안 되고 반드시 도덕 수양을 통하여 이루어져야 한다고 생각했다. 「천지」 편에선 이렇게 말한다. "군주는 덕에 근원을 두는데, 그 덕은 하늘에서 이루어진다. 그래서 '태고에 천하의 군주가 된 사람은 무위로 다스렸다.'라고 말하는데, 하늘의 덕이 그러했다는 것이다."[40] 「천도」 편에서는 도를 닦아 "하늘의 원망이 없고, 사람의 비난이 없으며, 외물의 재난이 없고, 귀신의 책망이 없는" 경지에 도달하면 "마음이 일정하여 천하의 왕이 되며" "만물이 복종하도록" 할 수 있다고 말한다. 「양왕」 편에서는 "천하를 다스리는 데 욕심이 없는 사람에게 천하를 맡길 수 있다."라고 한다. 권력에 대한 욕망이 없는 사람만이 천하를 맡을 수 있으며, 이욕을 다투고 천하를 쟁탈하는 사람들은 제왕 군주가 될 자격이 없다는 이야기다.

장자가 꺼린 것은 욕망에 충실한 삶이다. 정치권력에 눈이 먼 사람들이야말로 욕망의 화신들이다. 장자는 권력을 잡고 싶어 하는 자는 반드시 사리사욕이 있는 사람이라고 생각했다. 따라서 천하를 이런 사람에게 준다면 천하는 그의 주머니 속 물건이 되고 말 것이라고 거듭 충고한다. "천하를 다스리는 데 욕심이 없는 사람"에게 천하를 위탁하여야만 천하가 사유물로 바뀌지 않으리라는 것이다. 그렇다면 도대체 누가 천하를 이런 사람에게 위탁하는가? 『장자』라는 책에는 권력론의 근거인 이 부분에 대한 이야기가 없다. 다만 「경상초」 편에 약간 언급되고 있을 뿐이다. "사람들 가운데 도를 닦는 자만이 변치 않는 항상성을 유지한다. 항상성이 있는 자는 사람들이 그에게 의지하고 하늘이 그를 돕는다. 사람들이 의지하는 바이므로 그를 천민(天民)이라 부르고, 하늘이 돕는 자이므로 그를 천자라 부른다."[41] 하지만 이 역시 정치권력의 근거를 모호한 '하늘'에서 찾고 있을 뿐이다.

성인의 정치에 대한 『장자』의 이론 가운데 가장 새겨 볼 만한 대목은 군주에게 사회를 초월하는 특권이 있어서는 안 된다는 점이다. 이 주장의 이론적 근거는 모든 사람은 자연 앞에 평등하다는 것이다. 「서무귀」 편에선 "천지의 양육은 공평하게 한가지이다. 높은 데 올랐다고 길다고 할 수 없으며, 낮은 데 산다고 짧다고 할 수 없다."라고 말한다. 이 원칙에 근거하여 저자는 군주가 백성들을 괴롭힘으로써 자신의 즐거움을 구하는 행위를 비판한다. 이는 백성을 다치게 할 뿐만 아니라 자기의 정신도 손상시킨다. 성인의 정치는 만물을 화육시키고도 그것을 점유하지 않는 천지처럼, 행하되 거기서 무엇을 기대하지 말아야 한다. 「응제왕」 편은 말한다. "밝은 왕의 정치는 그 공이 천하를 덮어도 천하가 자기의 소유가 아닌 듯하고, 만물을 화육시키면서도 백성들이 그것에 기대게 만들지 않는다. 공이 있어도 사람들이 거명하지 않게 하고 외물로 하여금 스스로 기뻐하도록 만들며, 예측하기 어려운 데 자신을 위치시키고 무(無)에 자유자재로 노니는 것을 말한다."[42] 무욕과 무위의 정치를 강조하기 위한 주장이긴 하지만, "천하가 자기의 소유"인 사람에게 "소유가 아닌 듯하게" 살아감으로써 훌륭한 정치를 달성할 수 있다는 주장은 역사적으로도 이론적으로도 좀 공허한 느낌이 든다.

3 그 밖의 도가 사상 중의 성왕론

노자와 장자 외에도 초기 도가 사상을 구성하는 양주와 한 대 마왕퇴 무덤에서 발굴된 노자 관련 서적, 그리고 『관자』 가운데 도가적 경향의 책들 가운데 '성인'과 '왕'에 관한 논의들이 꽤 있다. 우선 양주는 그 저작이 남아 있지 않아 후대의 저술에 의존해서 그의 사상을 알아볼 수밖에 없는데, 그 스스로 성왕에 대해 무엇을 논증했는지는 알 길이 없다. 다만 그가 누구나 성왕이라고 추앙하는 요임금과 순임금에 대해서 비판적 입장을 견지했다는 점에서 도가 사상과 같은 맥락으로 분석할 수 있다.

양주는 요임금과 순임금을 적극적인 통치 행위를 한 군주로 파악한다. 그리고 그가 보기에 통치 행위를 많이 할수록 백성들은 손발을 둘 곳이 없어지므로 사람들은 모두 요·순을 성인이라 하나 양주는 이와 반대로 요·순의 정치가 바로 '혼란의 시작'이라고 주장한다. 위서이지만 『열자』에도 「양주」 편이 있고, 한 대 유향(劉向)이 펴낸 『설원(說苑)』이라는 책의 「정리(政理)」 편에 양주에 대해서 다음과 같은 이야기를 상세하게 기록하고 있다.

양주가 양(梁)나라 왕을 배알하면서 말했다. "천하를 다스림은 손바닥을 뒤집는 것과 같지요." 양 왕이 말했다. "선생은 아내 한 명, 첩 한 명도 다스릴 수 없고, 3무의 밭에 채소를 무성히 키울 수도 없으면서 천하를 다스림이 손바닥 뒤집는 것과 같다고 하니 어찌된 일이오?" 양주가 말했다. "그럴 수 있지요. 군주께선 양치기를 본 적이 없으십니까? 수많은 양들이 무리를 짓고 있는데 5척 동자가 지팡이 하나로 그것들을 뒤따르며 동쪽으로 가게 하려면 동쪽으로, 서쪽으로 가게 하려면 서쪽으로 갑니다. 군주께서 요임금으로 하여금 양 한 마리만 거느리게 하고 순임금이 지팡이를 들고 그를 뒤따르게 하니, 이것이 혼란의 시작입니다. 신이 듣기에 배를 삼킬 정도의 큰 물고기는 작은 연못에 놀지 않으며, 높이 나는 흰 고니는 더러운 도랑에 깃들지 않는다고 합니다. 왜 그렇겠습니까? 그 뜻이 지극히 원대하기 때문입니다. 황종(黃鐘)과 대려(大呂) 음률로는 복잡한 연주의 춤에 적용할 수 없습니다. 왜 그렇겠습니까? 그 음이 성글기 때문입니다. 큰 것을 다스리려는 사람은 작은 것을 다스리지 않으며, 큰 공을 이룬 사람은 조금도 각박하지 않습니다. 그런 말입니다."[43]

『설원』은 대부분이 옛날 이야기로 다 믿을 수는 없지만 이 기록의 중심 사상은 양주의 사상과 일치한다. 여기서 이야기하는 불간섭 혹은 적게 간섭하라는 사상은 널리 알려져 있듯이 개인의 독립자존을 존중하는 양주의 위아(爲我)주의와도 일치한다. 양주가 바라는 바는 목동이 양 치는 것과 같은 정치로, 무위이치의 상징적 표현이라 할 수 있겠다. 물론 인민을 아무 의지도 없는 순한 양 떼에 비유한 것을 보면 양주가 정치를 이해하고 있는지 의심스럽기도 하다. 하지만 다른 각도에서 보면 양주가 상상하는 통치자의 움직임은 있는 듯 없는 듯 줄어들고, 인민들은 양치기 목동과 마찬가지로 자유롭게 자연 가운데 살면서 유유자적한다. 이 때문에 양주는 인위적인 정치를 행한 요임금과 순임금에 대해 비판적 입장을 견지한 것으로 보인다. 도가 성왕 사상의 기본 맥락과 일치한다고 할 수 있다.

반면 도가 저작이면서도 한 대 초반 강력한 영향을 미쳤던 황노(黃老) 사상 계열의 저작은 정치에 대해 매우 적극적인 입장을 견지한다. 특히 성인 혹은 성왕의 통치에 대하여 노자나 장자와는 다른 시각을 갖고 있는 경우도 많다. 예컨대『노자』에선 '성인'을 칭찬하기도 하고, 그 '성인'은 상당히 이성적인 성인이기도 하며, 도의 화신으로서의 성인이기도 하다. 이러한 성인과 역사와 현실 속에서 속화된 성인은 조금도 어울리지 않는다. 그런데 마왕퇴에서 출토된 문헌에서 황제는 속화된 성인 그 자체이다. 이치에 따르면 노자학에서 배척되어야 할 부류인 것이다. 그런데 마왕퇴에는 양자가 철저히 결합하고 있다.

천도와 인도는 구분이 되기도 하고 일체가 되기도 한다. 출토본 가운데『십육경(十六經, 혹은 十大經)』「전도」편은 말한다.

성인이 일을 거행할 때는 천지에 합치하고 백성에 순응하며, 귀신에게 본보기가 되고, 인민들이 같이 이익을 누리게 하니 만백성이 그에 의지한다. 이를 의(義)라 한다.[44]

『경법(經法)』의「군정(君正)」편은 말한다.

사람의 근본은 땅에 있고, 땅의 근본은 작물 재배의 마땅함에 있으며, 마땅함의 생성은 때에 달렸고, 때의 운용은 백성에 달렸으며, 백성의 쓰임새는 힘에 있고, 힘의 운용은 절도에 달렸다. 땅의 마땅함을 알아 필요한 때에 심으며, 백성의 힘을 절도 있게 부리면 재물이 생긴다. 부세에 절도가 있으면 백성이 부유해지고, 백성이 부유해지면 염치가 있다. 염치가 있으면 명령이 풍속이 되어도 형벌에 저촉하지 않는다. 명령의 풍속에도 형벌에 저촉하지 않는 것이야말로 전승(戰勝)의 도를 굳건히 지키는 것이다.[45]

이 두 문단은 하늘 즉 자연적인 것으로서 도와 땅 위에서 먹고 사는 인간 세계의 관계를 하나의 틀 속에서 순환하는 것으로 조건 짓고 있다. 물론 그 순환의 관건은 바로 '하늘 즉 자연에 따르고', '하늘에 순응하는' 것이다.[46] 이를 거꾸로 생각하면 인간 세계를 주재하는 통치자는 자연의 질서를 인간 사회에 구현하는 존재가 되는 셈이다. 그것이 의(義)라는 것이다.

이어서 법의 수립은 민심에 합치해야 하고, 법의 집행은 공정하고 사사로움이 없어야 한다고 주장한다. 『경법』「도법」 편에는 "백성들로 하여금 항상 법도를 지키게 하려면 사사로움을 버리고 공정해야 한다.〔去私立公〕"라고 말하고, 『경법』「군정」 편에는 "면밀히 공정하고 사사로움이 없으면서〔精公無私〕 상벌에 믿음이 있으므로 질서가 잡힌다."라고 한다. 공정무사는 도의 본성이며 성인은 그에 따른다. 『경법』「국차(國次)」 편은 말한다. "하늘과 땅에 사사로움이 없으니 사시가 쉬지 않는다. 천지가 공정함을 세우니 성인이 그에 따른다." 「육분(六分)」 편은 말한다. 성인은 "천지에 참여하면서 두루 그에 따르되 사사로움이 없다. 그래서 천하의 왕이 된다."[47] 공정무사는 또 총명함으로 통하는 길이기도 하다. 『경법』「명리」 편은 "공정무사하고 알려진 데 현혹되지 않으니 분연히 일어날 줄 안다."라고 말하고, 「도법」 편은 "공정함은 일의 내막에 명확하다. 지극히 명확한 사람은 일을 성공시킨다. 지극한 올바름은 고요하다. 지극히 고요한 사람은 聖스럽다. 사사로움이 없음은 지혜롭다. 지극히 지혜로운 사람은 천하를 위해 머리 숙인다."[48]라고 말한다. 그리하여 성스러운 왕의 정치는 집법(執法), 무사(無私), 총명(聰明) 세 가지가 좋은 순환의 고리를 이룬다. 어떻게 보면 유가에서 추구하던 성왕의 모습보다 훨씬 더 '성스러운' 존재로서 성왕을 다루고 있다고 하겠다. 논리적으로도 유가 사상에는 빠져 있던 하늘 또는 자연과 통치의 접목을 황노는 성공적으로 하고 있으며, 왜 성왕이 통치를 해야 하는지에 대해서도 유가 사상과는 다른 해답을 마련하고 있는 것이다.

마왕퇴 노자 관련 서적의 사상을 검토해 보면 그것이 『노자』 원본의 사상으로부터 얼마나 많이 변화했는지 금방 알 수 있다. 『노자』나 『장자』의 사상을 흡수하여 현실 사회의 문제의식을 덧붙여 생각하고 있으며, 성인과 왕에 대한 그들만의 견해를 확립했다. 강력한 제국의 형성과 전국 후기 성왕론의 유행에 힘입어 원래 도가의 사상에는 없었던 내용들을 첨가해 변화를 줌으로써 현실적 생명력을 강화시킨 것이다.

한편 전국 시대 말에 형성되었을 『관자』 가운데 「백심(白心)」, 「심술 상(心術上)」, 「심술 하」, 「내업(內業)」 네 편은 도가의 저작으로 생각된다. 그 외의 몇 개의 편들에도 강한 도가 사상의 색체를 띤 내용이 보인다. 이 책들의 기본 관점은 정치의 근본 원칙이 하늘을 좇고〔遵天〕, 사람을 따름〔從人〕에 있다고 주장한다. 「백심」 편은 "맨 위는 하늘을 따르는 것이고, 그다음이 사람을 따르는 것이다."라고 말한다. 또 「형세」 편은 "일을 함에 하늘에 순종하면 하늘이 도와주고, 일을 함에 하늘을 거역하면 하늘이 떠난다. 하늘이 도우면 작아도 반드시 커지며, 하늘이 떠나면 성공해도 반드시 실패한다."[49]라고 말한다. 저자들은 '하늘'을 통해 두 가지 중요한 정치 원칙을 끌어내고 있다. 첫째, "하늘은 한 가지 사물 때문에 때를 그르치지 않는다."라는 규율에 근거하여 명군이나 성인이 "한 사람 때문에 법을 그르치지 않아야" 한다는 것이다. 하늘이 만물에 대하여 평등하듯이 성인도 만민을 똑같이 취급하여 친소를 가리지 않아야 한다는 말이다. 둘째, "하늘은 그 행할 바를 행하고 만물은 그로부터 이로움을 얻는다."고 한다. 이 규율에 따르면 "성인 또한 그 행할 바를 행하고 백성들은 그 이로움을 얻는다."[50] 해야 할 일을 성공적으로 수행하는 것이 성인의 행위이고, 그것을 통해 피통치자들은 이익을 얻게 된다는 이야기다.

언뜻 보면 『관자』 내 도가 서적들은 유가의 주장에 도가의 학설을 접합시킨 듯하다. 성인의 인위적 행위를 긍정한다는 점에서 유가적이고, 그것을 자연의 도와 합치시킨다는 점에서 도가적이다. 성인의 행위는 자연 규율을 근거로 삼을 뿐만 아니라 동시에 '성인'의 행위는 천도와 마찬가지로 바뀌어서는 안 되는 실천 강령이 된다. 백성의 '성인'에 대한 관계는 만물의 천도에 대한 것과 한가지이다. 황노 사상에서와 마찬가지로 이 이론 또한 한편으로는 성인을 천도에 대응시켜 신성화함으로써 백성들보다 높고 높은 곳에 위치시키고 있다. 하지만 다른 한편으로 '성인'이라는 존재에게 정치 세계에서 무엇을 어떻게 해야 하는지 행위 원칙을 만들고 있기도 하다. 이는 성인이라는 정치가에게 적극적인 요구를 하고 있는 셈이다. 만약 백성들에게 공정하지 못하고 이롭지 못하다면 성인의 자격을 잃게 된다는 것이다.

『관자』 「추언」 편 또한 백성을 이롭게 하는 것이야말로 '도'에서 이끌어 낸 원칙이라고 한다. '도'가 인간 사회에 구현되는 방식은 백성의 이익이라고 특별히 강조하고 있다. 이익을 따진다는 점에서 유가와 도가와 다른 독특한 관자 학파의 풍모를 엿볼 수 있는데, 백성의 이익을 위해 제왕은 반드시 백성을 이롭게 하는 정책을 실행해야 한다고 주장한다.

그들을 사랑하고, 이롭게 하고, 더해 주고, 편안히 해 주는 네 가지 길은 도에서 나온다. 제왕이 이를 운용하니 천하가 다스려진다. 제왕은 먼저 할 바와 나중에 할 바를 살펴서 백성들과 토지를 우선하면 얻게 되고, 귀함과 교만함을 앞세운다면 잃을 것이다.[51]

제왕은 반드시 백성을 보살피고 생산을 증진하는 데 최선의 노력을 다해야 한다. 마치 '도'를 대하는 것과 마찬가지로 위배하여서는 안 된다. 이것이 바로 제왕의 천직이며 제왕이 천하를 다스리는 둘도 없는 법문이다.

왕과 성인에 대한 이런 철학적 탐색에 근거하여 『관자』 내 도가 학파는 치국의 근본은 형상(刑賞)에 있지 않고 '기(氣)'를 장악하느냐의 여부에 달려 있다고 말하기도 한다. "상으로는 충분히 선을 권장하지 못하며, 형벌로는 충분히 잘못을 징벌하지 못한다. 기(氣)의 의미를 얻으면 천하가 복종하고, 마음이 하나로 정해지면 천하가 듣는다."[52] 천하를 다스리는 사람은 반드시 성인이어야 하는데, 그 성인은 인(仁)의 기와 심을 충분히 내면화하고 있는 사람이다. 정기를 지닌 사람으로 치국의 비결을 터득하고 있는 사람이다. 일반 사람과 달리 성인은 몸과 마음에 많은 정기가 응집되어 있으며, 이 정기가 있기 때문에 지혜롭고 유덕하게 된다고 말한다. 『관자』 「내업」 편은 "기가 통하면 생명이 태어나고, 태어나니 생각하며, 생각하니 알며, 지혜로워져 거기에 머문다."라고 말한다. 정기가 충족해야 "사람이 단정하고 고요하면 피부가 탱탱해지고 이목이 총명해지며 근육이 팽창하고 뼈가 튼튼해진다. 이에 나아가 하늘을 이고 (씩씩하게) 땅을 밟고 서서 눈으로 맑은 물을 보듯 일월을 관찰하니"[53] 일체를 통찰할 수 있다. 그러나 모든 사람이 다 이 경지를 이룰 수는 없다. 이 경지를 이룰 수 있는 사람이 바로 성인이다.

『관자』 내 도가 학파의 논의는 그 정치적 적극성의 측면에서 황노 사상과 차이가 있으며, 인위적 수양보다 자연의 기를 통해 심을 설명하고 있다는 점에서 유가 사상과는 상당한 차이가 있다. 같이 심을 다루면서 성왕을 끌어내는 논지를 전개하면서도 자연을 중시하느냐 인간의 행위를 중시하느냐에 따라 가는 길이 달라진 것이다.

3장 법가의 성왕 사상

1 법가의 역사관과 성인관

법가 학파는 공통적으로 역사는 변한다고 주장한다. 성인과 성왕에 대한 사유도 마찬가지이다. 그들은 역사 변천의 시각에서 성인을 보았으며, 현실적 필요에 따라 성인을 평가하였다. 그래서 그들의 성인에 대한 품격 구분은 다른 사상 학파와 전혀 다르다. 그들은 가급적이면 성인의 신비성과 초월성을 이야기하지 않으며, 철저히 현실과 공리라는 주제 아래 성인을 다룬다. 그들의 이론은 간단명료하고 매우 실제적이다.

법가의 기본 출발점은 시세가 영웅을 만든다, 즉 역사 시기마다 그에 상응하는 성인이 만들어진다는 것이다. 그러므로 성인의 특징은 『상군서』「경법(更法)」편에서 이야기하듯 "시대에 따라 법을 세우고, 일에 따라 예를 만든다."는 것이다. 즉 시대가 변하면 그에 적용하는 제도와 원칙이 달라져야 하며, 이렇게 시대 변화에 충실하여 통치를 행하는 사람을 성인 또는 성왕이라고 지칭한다. 따라서 역사상 등장하는 숱한 영웅들, 혹은 성왕으로 지칭하는 통치자들은 각기 그 시대에 맞는 성인일 뿐 현세에는 오직 법에 입각한 통치를 행하는 자만이 진정한 성인이라고 한다. 법가들의 공통된 역사철학이 배어 있는 주장이다.

법가는 인간이 자신이 처한 시대를 선택할 수는 없으며, 사람은 주어진 시대에 맞추어 살아갈 수밖에 없는 존재라고 한다. 따라서 과거를 그리워하는 모든 정서는 인간의 생존 능력을 부식시킬 뿐이므로 오직 현실을 직시해야만 생존의 주체적 권한을 얻을 수 있다고 주장한다. 성인은 각기 한 시대를 대표하며 고저의 구분은 없다. 상앙(商鞅)은 역사를 상세, 중세, 하세 세 시기로 나누어 고찰했다. 『상군서』「개색」편에 잘 정리되어 있다. 천지에 사람이 생겨난 상세엔 사람들이 어머니만 알고 아버지를 몰랐다고 한다. 그래서 친밀감을 앞세우고 사사로운 정을 좋아했다. 그래서 상앙은 이 시기의 특징을 '친친(親親)'이라 명명했다. 그렇게 세월이 한참 흘러 사람이 많아지면서 친밀감에서 비롯된 사사로운 감정으로 인해 충돌이 잦아졌다. 이 갈등을 해결하기 위해 사적인 감정에 치우치지 않는 어진 중재자로서 현인을 숭상하는 중세가 되었다. 상앙은 이를 '상현(上賢)' 시대라 명명했다. 그런데 사람이 더욱 많아진 하세에 이르니 그 많은 문제들을 현인의 어진 마음으로만 해결할 수 없어 제도가 필요해졌다. 남녀를 구분하고 여러 가지 통제를 해야 하는데 신분의 차등과 금지하는 법이 없으면 안 된다. 그래서 하세엔 관이 설치되고 그 관을 통솔할 군주가 생겨났다는 것이다. 상앙은 이를 '귀귀(貴貴)'의 시대라 명명하였다.[1]

『상군서』「화책(畫策)」편엔 "신농이 황제보다 높지 않으나 그 명성이 존귀한 것은 시대에 적합하기 때문이다."라고 한다. 법가는 성인을 위해 어떠한 선험적 본보기도 만들어 내지 않았다. 성인을 일정한 생산 방식과 권력 형식의 대표자로 보았다. 『한비자』에서 우리는 이 점을 간파할 수 있다.

『한비자』는 고대부터 그때까지의 역사를 네 시기 즉 상고, 중고, 근고, 당금으로 구분한다. 시대마다 각기 성인이 있었다. 상고 시대에는 유소(有巢)씨, 수인(燧人)씨가 성인이었고, 중고에는 곤(鯀), 우(禹)가 성인이었으며, 근고에는 탕(湯), 무(武)가 성인이었다. 당금 세상에는 누가 성인인가? 법가의 대답은 조금도 모호하지 않다. 누군가 이 겸병 전쟁을 이기면 그가 바로 성인이다! 「오두(五蠹)」편에는 "상고에는 도덕으로 경쟁하였고, 중세에는 지모를 쫓았으며, 당금에는 기력을 다툰다."라고 말한다.

법가의 성인은 덕 있는 사람도 아니고 지혜로운 자도 아니며 힘을 숭상하는 패자이고 패왕이다. 법가가 말하는 힘은 한마디로 하면 경(耕)과 전(戰)이다. 농경과 전쟁에 능하여 패업을 달성하면 바로 성인이다. 『관자』「도지(度地)」편에는 노골적으로 "능히 패왕이 될 수 있으면 천하의 성인일 것이다."라고 한다. 법가의 이 생각은 당시 겸병 전쟁의 필요에 적용하기 위한 것으로 전국 시대 이후의 역사 진행 과정에 심각한 영향을 미쳤다.

법가가 바라는 성인은 우리 이미지 속의 성인으로서 군주가 아니다. 법가의 대부분은 군주 목적론자이다. 신도와 『관자』 가운데 법가 학파인 관법(管法)이 황노(黃老)의 영향을 받아 군권에 대해 약간의 우회적인 비판이 있었을 뿐, 법가의 맹장인 상앙, 신불해, 한비, 이사 등은 거의 군권에 목숨을 건 철저한 존군론자들이다. 그들에겐 성인으로서 군주가 아니라 군주로서 성인이 존재할 따름이다.

군주를 성인으로 삼은 법가의 경향은 후세에 정치의 법칙이 되었다. 아무리 부족하고 잔혹한 군주를 만나더라도 사람들은 그의 발밑을 기며 성스럽고 밝으신 임금의 만세를 불러야 했다. 도가 군주보다 높다고 외치던 유생들마저 예외가 아니었다. 물론 이런 결과를 완전히 법가의 잘못만으로 돌릴 수는 없다. 그러나 법가가 처음 시작하였고 최고로 조예가 깊다는 것만은 틀림없다. 법가의 치열한 권력 지향성은 어떤 의미에서 보면 인간의 존엄을 무시하는 것이며, 인류 정신의 퇴화를 드러내는 반지성주의의 산물이기도 하다.[2]

법가는 명리를 중시한다. 그렇다고 합리적 이기주의자도 아니다. 그 적나라한 이기주의마저 그들의 절대적 군주전제주의라는 원대한 계산 속에 함몰되었다. 정치 심리의 각도에서 보면 법가의 정치사상은 주로 인간의 타고난 공포감 위에 건립된 것이다. 인성의 약점을 통찰하는 면에서 법가는 확실히 예리하다. 그러나 우리는 법가 특히 상앙이나 한비의 인성에 대한 적의에 찬 묘사를 보면서 그들 그림 속의 성인은 인간의 존엄성이나 문화 창조의 능력이 철저히 무시되었다는 비관적 이해를 하게 된다.

군주의 이익이 백성의 이익과 일치한다는 전제는 상당 부분 허구일 가능성이 높다. 법가의 명리 사상이 객관적으로 인간의 사회성의 확장에 유리하며, 법가의 현실 군주 본위의 성인관이 인간 생존 경쟁의 본능적 측면을 충분히 불러냈다는 점에서 적극적인 의미가 있다는 사실을 부인하기는 어렵다. 그러나 어떠한 공리적 목적을 위한 것이더라도 인간의 존엄성을 희생한 것이라면 동기, 목적, 수단 여하를 불문하고 우리는 받아들일 수 없다. 인간의 존엄성이 없다면 명리를 이야기할 근거도 없기 때문이다.

법가는 자신들의 인성관, 군주관, 성인관을 바탕에 깔고 '성왕'을 자주 언급한다. 하지만 그들이 언급하는 '성왕'은 우리가 위에서 살펴본 유가나 도가의 성왕과는 판이하다. 그들은 『한비자』「현학」편에 보이듯 유가, 묵가 등 사상을 '어리석고 법도에 어긋나는 학문' 즉 우무지학(愚誣之學)이라고 비판한다. 『상군서』「화책」편에는 "성왕이란 의를 소중히 여기지 않고 법을 소중히 여긴다. 법이 명확하고 명령이 반드시 행해진다면 그것으로 끝나는 것이다."[3]라고 한다. 분명한 법치를 실시하고 명령이 관철되도록 하기만 하면 성왕은 자신의 임무를 다하는 것이라는 이야기다. 성왕이 갖추어야 할 덕목이 무엇이며, 어떤 분야에 뛰어나야 한다는 등은 법가의 관심거리가 아니다. 법가의 성인관 혹은 성왕관은 법을 핵심으로 하며, 성왕 본인의 지혜나 품질이 좋고 나쁨 따위는 오히려 그다음 문제라고 생각한다.

2 초기 법가의 성왕론

초기 법가 이론의 선구자인 신도는 법가의 성인관에 이론적으로 매우 의미 있는 문제를 하나 제기하였다. 그것은 성인과 백성 관계에서 누가 누구를 먹여 살리느냐라는 문제였다. 수많은 사상가들은 성인 즉 위대한 군주가 만민을 양육한다고 생각했다. 성군이나 명주가 백성을 이롭게 하고(利民), 백성을 어루만지고(撫民), 백성을 먹여 살리고(養民), 백성을 편안하게 만들고(安民), 백성에게 은혜를 베풀고(惠民), 백성들에게 친화적이라는(親民) 개념들로 군주와 백성 간의 관계를 이야기했다. 그런데 신도는 『신자(愼子)』 「위덕」 편에서 이러한 견해와 상반되게 "백성은 성인과의 관계에서 그를 양육하며, 성인으로 하여금 자신을 양육토록 하는 것이 아니다."[4]라고 주장한다. 백성이 성인을 양육한다는 주장은 "천하를 위해 천자를 세운다."라는 그의 주장에 대해 경제 관계에서 유력한 근거를 제공하고 있다.

신도는 또 다음과 같은 논점 하나를 제기한다. 『신자』 「위덕」 편엔 "성인이 천하를 소유하게 된 것은 누구로부터 받은 것이지 스스로 취한 것이 아니다."라고 말한다. 도대체 누가 천하를 성인에게 수여했는지에 대해서 신도는 아무 설명이 없다. 그러나 그 의미는 매우 명료하다. 즉 성인은 천하를 (구체적인 백성일 수도 있고 추상적인 하늘일 수도 있는) 누군가로부터 받음으로써 최고 지도자로 존재하는 것이므로 천하를 빼앗아 제 것으로 해서는 안 된다는 것이다.

권세(權), 법률(法), 의례(禮), 정책 등 정치의 여러 요소 가운데 신도는 권세, 즉 세(勢)를 첫 번째 위치에 놓았다. 권세의 장악이 정치 활동에 종사하는 전제 조건이라는 것이다. 신도는 역사적 경험과 현실적 상황을 종합하여 '세'의 중요성을 강조한다. 정치에서 지배와 복종의 관계를 보면, 누가 누구에게 복종하느냐의 여부는 재능·시비·도덕 때문이 아니라 오직 권세의 크고 작음 때문이라고 한다. 『신자』 「위덕」 편은 이렇게 말하고 있다.

현자이면서 불초한 사람에게 굴복하는 것은 권세가 가볍기 때문이다. 불초함에도 현자를 굴복시킬 수 있음은 지위가 높기 때문이다. 요임금도 필부였다면 그 이웃집마저 부릴 수 없었을 터이지만, 남면하여 왕이 되니 각종 금지 명령들이 모두 실행되었다. 이렇게 볼 때 현자라고 하여 불초한 사람을 굴복시킬 수 없으며, 위세만이 현자를 굴복시킬 수 있다.[5]

신도의 주장을 보면 확실히 유가와 묵가 등 성현을 숭상하라는 학파의 가르침을 반박하고 있다. 이론적으로 볼 때 신도는 권력을 모든 것보다 높게 보고 있으며, 도덕·재능·시비 따위는 권력의 시종 정도로 취급한다. 특이한 이론임에 틀림없다. 그는 군주가 가져야 하는 정치적 영향력과 권위, 그의 용어를 빌리면 세를 중요시하였다. 신도가 보는 성왕의 정치란 곧 그러한 정치적 위세를 완벽하게 장악하는 정치이다.

권위의 위력을 확보하기 위해서는 동일한 권력이 둘 이상 있는 것, 즉 이원화와 다원화를 가장 경계해야 한다. 『신자』「덕립(德立)」편에 "둘이 있으면 다투고, 잡박하면 서로 다친다."고 한다. 신도는 권력의 평등과 섬김 및 사역관계는 병존할 수 없다고 주장한다. 『신자』 일문에 "둘 다 귀하면 서로 섬길 수 없고, 둘 다 천하면 서로 부릴 수 없다."라고 한다. 만일 병행하는 권력이 여럿 있는 상황이라면, 그것들의 위에서 더욱 높고 강력한 하나의 권력이 모든 것을 통제하고 있어야 한다는 것이다. "높은 지위를 가진 신하가 둘 있으면 그 나라는 반드시 어지럽다. 지위를 가진 신하가 둘 있어도 어지럽지 않은 것은 군주가 있기 때문이다. 군주를 믿기에 어지럽지 않은 것이다."[6] 한 나라 안에는 단 한 사람의 군주만 있어야 한다. 일문엔 "현자는 많더라도 군주가 많아서는 안 되며, 현자는 없더라도 군주가 없을 순 없다."라고 한다. 정치 체제에서 신도는 군주로 일원화된 일인 독재 정치를 주장한 것이다. 독재 군주를 성왕으로 상정한 신자는 전형적인 법가 사상가라고 할 수 있다.

신도가 군주가 갖는 추상적이고 철학적인 권위를 중시한 반면 신불해는 군주 당사자의 구체적인 행위와 규정을 매우 중요시했다. 군주는 모든 것에 대하여 명확한 규정을 갖고 있어야 한다. 일이란 천 갈래 만 갈래라서 하나하나 대응하기는 어렵다. 관건은 각각의 사물을 통제할 수 있는 규정을 확실하게 갖고 있느냐에 달려 있다. 규정은 명확하고 구체적이어야 하며, 모든 일은 명문 규정을 두어 그에 따를 수 있어야 한다. 『신자(申子)』「대체(大體)」편을 보자.

옛날 요임금은 명(名)으로 천하를 다스렸는데, 그 명이 바르게〔正〕 되니 천하는 다스려졌다. 걸왕도 명으로 천하를 다스렸는데, 그 명이 치우치게 되어 천하는 어지러웠다. 그래서 성인은 명이 바르게 됨을 중시한다. 군주는 큰 것을 지키고 신하는 미세한 것을 지킨다. 그 명으로 듣고, 명으로 보고, 명으로 명령한다.[7]

군주는 대체 즉 큰 핵심을 온전히 장악하고 있어야 한다. 대체만 장악하고 있으면 사소한 일이나 신하들을 쉽게 제어할 수 있다. 신불해는 사람들이 충성한가 간교한가를 논하는 따위의 일에 군주가 정력을 쏟아서는 안 된다고 생각했다. 중요한 것은 일반적인 규정을 붙잡고 그 규정에 따라 득실을 검사·고과·논평해야 한다는 것이다. 같은 「대체」편에서는 이렇게 말한다. "군주 되는 사람은 계약을 붙들고 그 명(名)을 따져야 한다. 명이란 천지의 강령이고 성인의 부절이다. 천지의 강령을 펼치고 성인의 부절을 사용하면 만물의 성정이 도망갈 데가 없다."[8] 관리들에게 어떻게 충성을 표시하는지를 요구하지 말고, 그들이 규정에 따라 일을 처리하도록 해야 한다. 규정에 따라 일을 처리하는 자가 바로 좋은 관리며, 규정을 따르는 것만이 진정으로 군주를 따르는 것이다. 군주는 신하가 능동적으로 규정을 넘나들도록 두어서는 절대로 안 된다. 비록 이런 능동성이 군주의 이익에 부합하는 것이라 할지라도 금지시켜야 한다. 왜냐하면 이런 능동성은 군주의 절대 권위를 파괴하며, 그것은 군주의 명령을 집행하지 않는 것과 아무 차이가 없기 때문이다. 신불해에게 성인이란 통치의 명분을 굳건히 장악하고 각종 규정을 관장하는 최고정치 지도자를 말한다.

『한비자』의 「난 3(難三)」편에는 "통치 행위는 관직의 범위를 넘어서는 안 되며 알더라도 말해서는 안 된다."라는 신불해의 엄격한 법실천주의를 주장한다. 모든 관리에게 반드시 군주의 규정에 따라 일하도록 요구하므로 군주의 규정은 특별히 신성한 것이 되어 조금만 그르쳐도 천지 차이가 나게 된다. 신불해가 보기에 군주의 한마디가 바르면 천하가 안정되고, 한마디가 치우치면 천하가 쓰러지는 것이었다. 신불해의 성인 군주는 절대 권력을 소유한 자로서 한마디로 천하를 좌지우지할 수 있는 사람이다. 절대적인 군주 전제를 뜻한다.

한편 『관자』 중의 법가 저작에선 법가와 유가의 융합적 사고가 드러나 있지만 대부분은 법에 대한 철저한 신뢰에 기초하고 있다. 유가 사상가들은 법에 대해 부정적이며, 꼭 필요한 부분에선 긍정하지만 역시 최소한의 범위에서만 인정하는데, 법가 사상가들은 오히려 그 반대이다. 역사적으로 법의 기원 문제를 언급하면서 『관자』 중 법가 학파는 성인을 끌어들인다. 법이 애초부터 있었던 것이 아니라 성인이 난을 다스리기 위하여 제정한 것이라는 주장이다. 그들은 인류 최초에는 군주도 없었고 법도 없었으며 어지러이 다투는 상태에 처해 있었는데 나중에 유능한 사람이 출현하여 혼란을 평정하고 법을 창립했다고 주장한다. 마치 시대가 변화하는 것과 마찬가지로 성인은 때에 맞추어 입법하므로 법 또한 시대에 따라 변화해야 한다는 것이다.

『관자』 가운데 법가 저작은 군주 기원에 관해 합리적인 시각을 제기한다. 그들에게 성왕이 철학적 존재 근거를 갖게 된 중요한 이유가 여기에 있다. 신비주의의 영향을 털어 버리고, 군주는 사람이지 천사가 아니라고 생각했으며, 군주의 바탕이 일반인들과 다른 점은 단지 그가 재지를 갖추었기 때문이라고 한다. 성왕은 하늘의 산물이 아니라 지혜 혹은 능력의 산물이라는 견해이다. 『관자』「군신 하」편을 보자.

신성한 사람은 왕(王)이 되고, 어질고 지혜로운 사람은 군(君)이 되고, 굳세고 용감한 사람은 장(長)이 되는 것, 이것이 하늘의 도이고 인지상정이다.[9]

「군신 하」편의 저자는 인류 사회의 모순과 인간의 각기 다른 소질로부터 군주 탄생의 원인과 근거를 찾았다. 또 특별히 지적해야 할 것은 지혜로운 사람이 군주로 상승하는 과정은 수양에 의존하지 않고, 그렇다고 혈혈단신 개인의 투쟁도 아니고, 많은 사람의 힘을 빌리고 이용하여 실현된다는 점이다. 동시대의 제왕기원설과 비교할 때 『관자』중 법가 학파의 견해는 확실히 합리적으로 보인다. 이렇게 출발했기 때문에 어떻게 해야 군주나 천하의 왕자가 될 수 있는지에 대해서도 『관자』중 법가 학파의 저작은 아주 많은 언급을 하고 있다.

「판법해」편은 성인 정치의 요체는 "하늘을 본받고", "땅을 본받고", "사시를 본받는" 데 있다고 주장한다. 「형세해」편에는 "세상에서 말하는 성왕이란 때맞추어 해야 할 술이 무엇인지 아는 사람이다."라고 지적한다. 성왕은 정치의 핵심인 기회를 장악하고 그에 상응하는 대책을 취하는 사람이라는 말이다. 이처럼 성왕은 현실 정치의 산물이지 하늘에서 주어진 것이 아니라고 인식한 점은 위 「군신 하」편의 견해와 같다. 「형세해」편에는 이런 구절들도 있다. "훌륭한 군주는 제 지혜를 쓰지 않고 성인의 지혜로 임한다. 제 힘을 쓰지 않고 대중의 힘으로 임한다."[10] "훌륭한 군주는 천하를 다스림에 반드시 성인을 쓴다." '聖'은 총명과 재지가 가장 높은 사람이다. 군주가 최고의 재지를 갖춘 '성인'을 임용하는 것이야말로 최고의 예술적 영도라고 할 수 있다. 「법법(法法)」편은 이와 같은 이중 관계에 대하여 구체적으로 설명하고 있다.

재주꾼은 컴퍼스와 자를 직접 만들 수 있으나 컴퍼스와 자가 없으면 둥근 원을 그릴 수 없다. 성인은 법을 창제할 수 있지만 법을 폐지하고는 나라를 다스릴 수 없다. 제아무리 명석한 지혜와 높은 덕행을 갖추었더라도 법을 등지고 다스린다는 것은 컴퍼스와 자가 없이 둥근 원을 그리는 것과 같다.[11]

이 말은 상당히 의미심장하다. 「법법」편의 저자는 정치에 대한 심각한 철학적 이치를 고민하고 있다. 성인 군주는 치국의 일반적 규율과 보편적 도리를 발견할 수 있다. 그렇지만 그 자신이 사물의 일반성이나 사물의 규율인 것은 아니다. 도구는 사람이 만드는 것이지만, 도구가 일단 만들어지면 그 작용은 사람의 능력을 초월한다. 바로 위에 언급한 이치에 근거하여 치국은 개인에 의존할 수 없으며, 반드시 법과 도구에 의존해야 하며 개인의 호오에 따라 일을 행해선 안 된다는 것이다. 「명법」편에선 이렇게 말한다. "선왕이 치국할 때는 법 밖에서 도리에 어긋난 사적인 뜻을 개입시키지 않았고, 법 안에서 개인적으로 은혜를 베풀지 않았다. 움직임에 법에 맞지 않는 바가 없었으므로 잘못이 금해졌고 사적인 것은 제외하였다."[12]

한편, 성인 정치가의 행위는 자연의 규율을 근거로 삼는다. 동시에 '성인의 행위'는 천도(天道)와 마찬가지로 바뀌어서는 안 되는 규율 그 자체가 되기도 한다. 백성의 '성인'에 대한 관계는 만물의 천도에 대한 것과 같다. 이 논리를 따라가면, 한편으로 성인을 천도에 대응시켜 신성화함으로써 성인이 백성들보다 훨씬 높은 곳에 자리한다는 것을 인지시켜 주고 있으며, 다른 한편으로 '성인' 스스로에게 어떻게 행동해야 하는지 행위 원칙을 규정지어 주고 있다. 만약 백성들에게 공정하지 못하고 이롭지 못하다면 성인의 자격을 잃게 된다는 것이다.

기본적인 사상 체계상 '관법(管法)'과 유가는 완연히 다른 것이다. 그러나 유가의 일부 구체적 도덕규범에 대하여 '관법'은 반대하지 않았을 뿐만 아니라 오히려 없어서는 안 될 것으로 생각하고 있다. 그래서 유가에 반대하기보다 오히려 융합을 꾀하고 있다. 이 점이 『상군서』 및 한비자와 다른 점이다. 그렇다고 『관자』 내의 법가 저작이 초기 법가의 일반적 시각을 크게 벗어난 것도 아니다. '관법'이 유가에게 자리를 남겨두긴 했지만 전체 정신으로 볼 때 이들은 사상 영역에서 반드시 전제 정치를 실행해야 한다는 법가의 노선에 충실하다. 이런 점에서 『관자』 가운데 법가 학파 저작에 등장하는 성왕은 다분히 관념적이긴 하지만, 역시 군주 전제라는 구체적인 현실 정치를 염두에 둔 구상이었다.

3 『상군서』의 성왕 사상

상앙은 법가 사상가 가운데서도 가장 철저한 현실주의자였다. 『상군서』 「개색」 편은 이렇게 말한다.

성인은 옛것을 본받지도 오늘날의 것을 따르지도 않는다. 옛것을 본받으면 시대에 뒤떨어지고, 오늘의 것을 따르면 시세에 막힌다. 주나라는 은나라를 본받지 않았고, 하나라는 순임금을 본받지 않았다. 이 삼 대는 각기 다른 시세였는데도 모두 왕이 될 수 있었다. 따라서 왕업을 일으키는 데 길이 있으며 그것을 유지하는 데 각기 다른 이치에 따른다.[13]

세상이 바뀌면 생각도 바뀌어야 할 뿐만 아니라, 앞으로 바뀔 게 분명한 지금 생각에 갇혀 있어서도 안 된다는 것이다. 일반적으로 보수란 지금의 생각과 상황 속에서 아름다움을 발견하고 지켜 가려는 주장이다. 그 대척점을 진보라 부른다면 상앙은 진보주의자임에 틀림없다. 실제로 그는 기존 하, 은, 주 삼대에 대한 역사 해석도 아주 진보적이다. 전 시대를 본받지 않고 독자적으로 각기 제 시대에 맞는 정치를 하였음에도 왕업을 이루었다는 것이다. 이렇게 보면 끊임없는 개혁을 통해서만이 역사적 성취를 할 수 있으며, 지금의 현실도 개혁의 대상일 뿐이다. 앞으로 일어날 정치 세력은 또 지금의 세상을 비판하고 새로운 시대 요구에 따를 것이기 때문이다. 『상군서』 「경법」 편은 이렇게 말한다. "이전 세상들의 가르침이 모두 같지 않았는데 옛날의 무슨 법을 본받는단 말인가? 성왕들이 옛 예법을 서로 회복하지 않았는데 무슨 예를 따른단 말인가?"[14] 나라를 다스리려면 반드시 현실 상황에서 출발하여 대책을 마련해야지 고루한 전통으로 역사의 수레바퀴를 밀고 갈 수는 없다는 것이다.

그렇다면 과거의 가치는 무엇이고 오늘의 가치는 무엇인가? 오늘의 성왕은 무엇에 바탕을 두고 정치를 하여야 하는가? 첫째는 법이다. 「경법」 편은 이렇게 말한다.

> 법이란 백성을 사랑하기 때문에 있는 것이고, 예란 일 처리를 편리하게 하려고 있는 것이다. 그래서 성인은 국가를 부강하게 만들 수만 있다면 옛 법도를 본받지 않고, 백성들을 이롭게 할 수만 있다면 옛 예법을 따르지 않는다.[15]

「산지(算地)」 편에서 상앙은 "성인은 권력의 속성을 깊이 관찰하여 칼자루를 손에 쥐며, 술수를 깊이 관찰하여 백성들을 부린다."라고 말한다. 그 칼자루는 상과 벌이었다. 상앙은 혹독한 벌을 통한 법치를 선호했다. 백성들을 허약하게 만들어도 범죄가 끊이지 않을 것임을 상앙은 잘 알고 있었다. 그가 고안해 낸 방법은 상과 벌의 효과적인 운용이었다. 『상군서』를 보면 곳곳에서 상벌 운용에 대한 수많은 아이디어를 제안하고 있다. 상벌에 관한 한 법가 가운데 가장 정교한 논리를 제기한다. 『상군서』에는 상벌이란 말도 쓰이지만 보통 형상(刑賞)이란 말을 더 많이 쓴다. 상앙은 상과 벌을 모두 언급하지만 중점은 형벌에 있다. 상벌은 앞서 이야기했듯이 이익을 좋아하고 손해를 싫어하는 인간의 본성에 기초한 것이다. 특히 상앙은 상을 받는 것도 이익이지만 벌을 받지 않는 것이 더 큰 이익이라는 생각을 백성들에게 심어 주고 싶었던 듯하다. 그래서 상도 필요하나 벌의 보충으로 삼을 수 있을 뿐이라고 말한다. 상앙은 부국강병을 달성하는 데 벌이 상보다 효과가 높다고 생각했다.[16] 채찍이 가져다주는 효과를 철저히 믿는 그는 자연히 범죄에 대해서도 일관된 입장을 갖는다.

상앙은 철저한 법치주의자였다. 법은 치국의 근본이며 군주의 신표이다. 물론 그 법은 오늘날처럼 국민의 손으로 뽑은 국회에서 만들어 낸 국민 입법이 아니라, 군주 개인의 결단으로 만들어지는 군주 입법이다. 법은 한계를 정해 구분을 명확히 해 주는 것이다. 제한을 가하여 혼란을 막는 일이다. 전문 용어로 이를 명분(明分)이라 한다. 「정분(定分)」편의 다음 내용을 보자.

명분을 명확히 정해 주지 않으면 요임금, 순임금, 우임금, 탕임금 같은 성인이라도 주인 없는 토끼를 서로 잡으러 어지러이 달려들 것이다. 그런데 명분을 명확히 정해 제한한다면 탐욕스러운 도둑이라도 그것을 얻으려 들지 않을 것이다.[17]

「정분」편에는 "성인은 반드시 법령을 만들고 그것을 관장하는 전문 법관과 전문 관리를 두어 온 세상의 스승으로 삼는다. 그 목적은 명분을 확정짓는 데 있다."[18]라고도 한다. 이렇게 명분을 정해 제한하는 법이 갖추어지면 군주라도 이를 어겨선 안 된다. 법은 세상의 유일한 표준으로 매우 공(公)적인 것이기 때문에 군주든 신하든 백성들이든 그 표준을 벗어나면 안 된다. 표준이 있기 때문에 공사(公私)가 분명해진다. 법에 위배되는 행위는 사적 행위이다.

사는 응당 공에 복종해야 하며, 군주도 공과 사를 구분해야 한다. 상앙은 옛날 성인들은 공사가 분명했는데, 오늘날 군주들은 사를 도모하고 공에 위배되는 행위를 서슴지 않는다고 꼬집는다.

상앙이 생각하는 성왕이 법을 통해 달성하려는 목적은 부국강병이다. 그 정책의 핵심은 상앙의 용어로 농전(農戰) 즉 농사와 전쟁이다. 성왕은 백성들이 어떻게 해야 이익이 되는지 잘 계산하도록 유도하여 자연스럽게 실천하도록 만드는 사람이다. 상앙은 그 수단을 농사와 전쟁이라고 생각했다. 그의 유명한 「농전」 편은 이렇게 말한다. "성인 명군은 세상 만물의 모든 것을 다 알고 있는 것이 아니라 세상 만물의 핵심을 장악하고 있다. 그래서 그들이 나라를 다스릴 때는 그저 핵심을 분명히 살필 따름이다."[19] 같은 편에서 "성인은 치국의 핵심을 꿰뚫고 있다. 그래서 오직 농사에 전념하도록 백성들의 마음을 돌려놓는다. 농사일로 마음이 돌아오면 백성들은 순박해져 바른길로 들어선다."[20]라고도 말한다.

「산지」 편에는 "성인이 나라를 다스릴 때는 들어서면 백성들로 하여금 농사일에 전념토록 만들고, 나가면 백성들로 하여금 전쟁을 통한 이익을 계산토록 만든다."라고 말한다. 또한 농전 정책이 성공하면 다음과 같은 결과가 있을 것이라고 자신한다. 상앙 농전 정책의 결론이라고 할 수 있겠다. 역시 「농전」 편에 보이는 내용이다.

나라를 잘 다스리는 사람은 항상 백성들이 흩어져 단결할 수 없게 될까 걱정한다. 그래서 성인은 오직 농전이라는 한 방침을 내세워 백성들을 단결시킨다. 국가 전체가 1년간 농전에 전념하면 10년 동안 강해질 수 있다. 10년간 농전에 전념하면 100년 동안 강해질 수 있다. 100년간 농전에 전념하면 천 년 동안 강해질 수 있다. 천 년 동안 강해질 수 있는 사람은 王(천하의 제왕)이 될 것이다.[21]

농전에 백성들을 끌어들여 정치적으로 성공하려면 백성들의 잡다한 관심사를 없애 버려야 하며, 이러한 금지를 가장 효과적으로 수행해 내는 사람이 성왕이라고 상앙은 주장한다. 한 가지에 종사하고 농전에 부정적인 영향을 미치는 학문 활동이나 장사, 기예 등은 일체 거부한다. 「산지」 편의 다음 내용을 보자.

성인은 세상 사람들이 쉽게 여기는 일이 세상 사람들이 어렵게 여기는 일보다 더 나은 대접을 받지 못하도록 한다. 세상 사람들이 어렵게 여기는 일이 세상 사람들이 쉽게 여기는 일보다 반드시 더 나은 대접을 받도록 만든다. 백성들이 어리석으면 지혜로 그들을 제압할 수 있으며, 세상 사람들이 지혜로우면 힘으로 그들을 제압할 수 있다. 백성들이 어리석으면 힘은 쉽게 쓰지만 교묘한 말은 하기 어려우며, 세상 사람들이 교묘한 말을 알면 지혜는 쉽게 쓰지만 힘은 발휘하기 어렵다. 그래서 신농씨는 열심히 농사에 종사하여 천하의 제왕이 되었으며, 백성들에게 그의 지혜를 본받도록 하였다. 탕왕과 무왕은 부강한 국가를 만들어 제후들을 정복하였으며, 세상이 그의 힘에 복종하도록 하였다.[22]

탕왕이나 무왕을 힘을 숭상한 군주로 보고 있다. 상앙은 다른 사상 학파와 완전히 다른 눈을 갖고 있었다. 성왕으로 추앙받는 이 두 인물에 대하여 독특한 법가적 시각을 적용하고 있는 것이다. 성인은 백성들에게 강력한 힘을 발휘하여 오로지 국가 명령에 복종하게 만드는 존재라는 시각이다. 「산지」 편에는 "성인은 나라를 다스릴 때 금지 사항을 많이 두어 백성들의 재능 발휘를 못하게 하고, 강력한 힘으로 밀어붙여 백성들 사이의 속임수를 그치게 한다. 이 두 가지 정책을 두루 사용하면 경내의 백성들이 한 가지 생각만 하게 된다."[23]라고 한다.

상앙의 성왕이 바탕에 깔고 있어야 하는 것은 역시 상과 벌, 『상군서』의 용어로는 상형(賞刑)이다. 상앙 성왕론을 한껏 높은 수준으로 끌어올리고 있는 「상형」편의 다음 구절을 보자.

성인이 나라를 다스리는 방법은 상을 통일시키고, 형벌을 통일시키고, 교육을 통일시킨다. 상을 통일시키면 군대가 무적이 되고, 형벌을 통일시키면 명령이 모두 이행되고, 교육을 통일시키면 백성들이 군주에게 복종한다. 상이 엄정하면 괜한 낭비가 없고, 형벌이 엄정하면 괜한 살육이 없고, 교육이 엄정하면 괜한 이변이 없게 된다. 백성들 스스로 힘써야 할 바를 알게 되어 나라에 다른 분위기가 형성되지 않게 된다. 상이 엄정하여 극치에 이르면 마침내 상을 줄 일이 없어지게 되고, 형벌이 엄정하여 극치에 이르면 마침내 형벌을 가할 일이 없어지게 되고, 교육이 엄정하여 극치에 이르면 마침내 교육할 일이 없어지게 된다.[24]

상앙의 성왕이 다다르고자 한 곳은 신비의 경지이다. 인간의 문화 창조 능력 따위는 신경 쓰지 말고 오로지 공적 질서와 부국강병이라는 공동체 목표를 위해 모든 역량을 집중시켜야 한다. 그것을 위해 성왕은 철저한 상, 벌, 교육을 통해 통치를 행해야 한다는 것이 상앙의 주장이었다. 그리하여 모든 가치를 한가지로 통일하여야 한다. 여기서 이야기하는 일상(壹賞), 일형(壹刑), 일교(壹教)는 그런 의미이다. 그런데 그 궁극적 지향점은 마침내 형벌도, 상도, 교육도 없는 '높은'(?) 경지이다. 모두가 형벌에 주눅이 들어 더 이상 범죄를 저지르지 않게 되는, 그리하여 머리가 하얗게 비어 버린 백성들만 살아가는 그런 경지이다.

상앙의 성왕이 바탕에 두고 있는 또 하나의 정책은 군사 방면이다. 부국강병의 달성이라는 상앙 철학의 목표는 전쟁에서의 승리이다. 전쟁에서의 승리를 통해서만 성왕의 정책 목표는 완성을 보게 된다. 백성들을 전쟁으로 일치시키고, 모든 사람에게 병역 의무를 지우고, 그리하여 모든 전쟁에 용감하게 나서서 출세도 하고 이익도 얻어 모든 백성들이 즐거워하는 상태가 상앙의 성왕이 다다르고자 하는 곳이다. 『상군서』「일민(壹民)」편을 보자.

　　능히 백성들을 전쟁으로 일치시킬 수 있으면 백성들은 용감해지며, 백성들을 전쟁으로 일치시킬 수 없으면 백성들은 용감하지 않게 된다. 성왕이 지극한 군사 정책으로 내세우는 것은 거국적으로 병역 의무를 지우는 것이다.[25]

거국적으로 병역 의무를 지우는 국민개병제가 상앙의 군사 정책이다.「화책」편엔 "성왕은 병력에 몰두해야 천하의 제왕이 될 수 있다는 것을 알기 때문에 군사 정책으로 거국적인 병역 의무를 실시한다."[26]라고 말한다.

상앙이 생각하고 있는 성인은「화책」편에 적절히 지적하고 있듯이 다음과 같은 철학적 탐색을 하는 사람이다. "성인은 반드시 그렇게 되는 이치와 반드시 만들어야 하는 시세를 잘 알고 있다. …… 성인은 바로 그러한 기본적인 정치적 도리를 꿰뚫고 있으며, 반드시 그렇게 되는 이치를 잘 알고 있다. …… 성인은 세상 사람들 모두가 반드시 믿게 만드는 성품을 지니고 있으며, 천하로 하여금 믿지 않을 수 없도록 만드는 방법도 가지고 있다."[27]「상형」편에는 "성인은 만물의 핵심 원리를 알고 있을 뿐이며, 나라를 다스릴 때는 그 핵심 원리를 들어서 만물 모두가 제 역할을 다하도록 한다. 그래서 별로 가르친 것이 없는데도 그 업적은 아주 많다. 성인이 나라를 다스리는 원리를 알기는 쉽지만 실천하기는 어렵다. 성인이라고 거기에 무엇을 더 덧붙일 것도 없으며, 범용한 군주가 그것을 폐기할 수도 없다. …… 성인이 나라를 다스리는 원리는 무엇이든 한가지로 통일시킬 따름이다."[28]라고 한다.

상앙이 추구하는 가치는 전 국가의 모든 분야의 획일화에 다름 아니다. 그의 성왕은 인간 사회의 다양한 가치를 포용하는 정치가가 아니라 인간 사회의 복잡다단한 문제를 원천적으로 없애 버리는 절대자이다. 다른 법가의 노선과 마찬가지로 상앙도 궁극적으로 절대적 전제 군주의 입장에서 성왕을 그리고 있다.

4 한비의 성왕 사상

한비자는 법가 사상의 집대성자이다. 법가 사상뿐만 아니라 제자백가의 장단점과 문제점을 자신의 입장에서 철저히 파악하고 정리한 치밀한 사상가이다. 성왕에 대한 『한비자』의 논의는 시대상을 잘 반영하고 있으며, 107차례 등장하는 '聖' 자와 9차례 등장하는 '성왕'이란 용어도 힘에 기반을 둔 현실 정치에서 정책의 성공을 거둔 군주에게 적용된다.

한비의 역사관은 상앙을 추종한다. 그는 생산의 발전, 인구의 증가에 따라 인류와 자연의 관계가 바뀔 뿐만 아니라 사람과 사람의 관계 및 사람들의 관념도 바뀐다고 생각했다. 『한비자』「오두」 편에는 "상고에는 도덕을 겨루었으며, 중세에는 지모를 좇았고, 당금은 기력을 다툰다."라고 말한다. 여기서 한비자는 도덕을 지향한 유가적 성인은 성인으로 보지 않는다는 암시를 하고 있다. 한비는 인류 도덕이 퇴화한다는 이론에 반대하고, 한 시대는 그 시대에 맞는 도덕 표준이 있다고 말한다. 그는 시대가 바뀌었는데도 요·순·우·탕 등을 성왕으로 칭송하며 불변의 수성을 고집한다면 반드시 새로운 성인의 조소를 받게 될 것이라고 한다. 「오두」 편엔 당금의 깃발은 당금의 '새로운 성인' 수중에 장악되어 있어야 한다고 주장한다.

그러므로 성인은 옛것을 닦기를 기대하지 않으며 항상 있어 왔던 것을 본

받지 않는다. 세상일을 논의함에는 그때그때의 행위에 따라서 대비한다.[29]

한비의 성왕론은 다른 학파와는 판이하게 다르고 법가 학파와는 공통적이다. 이는 인간 본성에 대한 법가들의 직관과 관련이 있다. 한비는 본성에 대한 철학적 탐색을 한 적이 없다. 그러나 그의 많은 주장들은 그의 본성에 대한 견해에 기초하고 있다. 한비는 사람의 필요와 수요의 입장에서 인간 본성을 직접 대면하고 정의를 내렸을 뿐 철학적 혹은 논리적 탐색을 한 적이 없다. 따라서 본성에 대해 철학적 분석을 시도하고 악한 본성의 개조를 목표로 삼았던 스승 순자의 성악설을 계승했다고 보기 어렵다.

한비는 인간 사회를 철저한 이해관계의 대결장으로 파악한다. 마치 현대 정치를 보는 듯도 하다. 그는 중국 역사상 첫 번째로 군신지간이 매매 관계임을 제기했다. 「난 1(難一)」편을 보자. "신하는 사력을 다하여 군주의 시장에 참여한다. 군주는 작록을 늘어뜨려 신하의 시장에 참여한다. 군주와 신하 사이는 부자지간과 같은 친함이 있지 않으며, 나오는 것이 얼마나 되는지 숫자 계산을 하는 관계다."[30] 도덕관념으로 사람을 가늠할 수 없다고 보기 때문에 그의 성왕론은 철저한 이해관계 위에서 건립되었다는 점에서 유가와는 다르다.

한비는 사람과 사람 사이의 모든 관계를 '이(利)' 한 글자로 귀납하였다. 사람마다 모두가 자신을 위한다면 논리적으로 미루어 '나[我]'야말로 사회의 핵심이어야 한다. 그러나 한비는 그렇게 단순하지 않았다. 그는 사람마다 자기를 위한다고 생각하면서도 동시에 군주의 이익이 모든 것보다 높다고 주장하였다. 정책 수립에는 신민의 사적 이익들을 주의 깊게 관찰하여야 하며, 신민들이 이익을 쫓는 데 쏟는 힘을 군주를 이롭게 하는 방향으로 전환시켜야 한다고 주장한다. 한비는 신료들의 보좌가 없이 군주 홀로만 있어서는 아무 일도 이루어지지 않는다는 것을 확실히 깨닫고 있었다. 「관행(觀行)」편은 말한다. "요임금과 같은 지혜가 있어도 민중들의 도움이 없이는 큰 공을 이룰 수 없다."

한비는 성왕에겐 우선 강력한 위세가 필요하다고 주장한다. 제왕이 제왕일 수 있는 까닭은 먼저 세가 있기 때문이라는 것이다. 『한비자』 「난 3」 편엔 "현명한 군주의 치국은 세(勢)로 임한다."고 한다. 한비는 이 세를 '자연의 세〔自然之勢〕'와 '취득하여 설립한 세〔所得而設之勢, 즉 人爲之勢〕'로 나눈다. 자연의 세란 기존의 객관적 조건 아래서의 권력 장악 및 그 권력에 대한 운용을 가리킨다. 인위의 세란 가능한 조건 아래서 능동적으로 권력을 운용하는 것을 가리킨다. 한비는 그 가운데 인위의 세를 특별히 중시하였다. 그의 성왕론 또한 여기에 기초하고 있다. 그가 보기에 요·순과 같은 좋은 시대와 초인적 지혜, 걸·주와 같은 나쁜 시대와 잔혹성은 천 년에 한 번 만나기도 어렵기 때문이다. 대부분의 경우 상황은 두 가지 가능성이 존재한다. 좋은 쪽으로 돌아설 가능성이 있거나 나쁘게 바뀔 가능성이 있거나이다. 대다수의 군주는 그저 중간 정도의 자질을 갖추었을 뿐이다. 이와 같은 상황 아래서 사람의 주관적 능동성을 충분히 발휘할 필요가 있으며, 인위의 세를 충분히 운용할 필요가 있다는 것이다. 한비가 인위의 세를 강조한 의도는 군주로 하여금 모든 권력을 자신의 수중에 장악토록 하여 진정한 의미에서의 절대 권력을 완성하게 하는 데 있었다.

한비의 성왕은 철저한 법치의 이행자이다. 모든 사람들이 법에 복종하고, 법을 지키고, 법으로 길을 삼게 하기 위해서는 법이 상세하고 구체적이어야 한다. 「팔설」 편은 말한다.

글이 소략하면 제자들 사이에 변론이 일고, 법이 성기면 백성들의 소송이 간소화된다. 그래서 성인의 글은 반드시 뚜렷한 논지를 담고 있으며, 현명한 군주의 법은 반드시 상세한 사건을 다루고 있다.[31]

한비는 법으로 나라를 다스릴 것을 주장하면서 현인 정치에는 반대한다. 「충효」편에서 "법을 최고로 여겨야지 현인을 최고로 여겨서는 안 된다."라고 주장한다. 군주에 대해서도 현명한 군주를 기다린 뒤 법이 있어야 할 필요가 없다고 말한다. 한비자는 역사상의 성군과 폭군은 천 년에 한 번 나올까 말까 하며, 절대다수의 군주는 '중간 사람[中人]'이다. 중간 사람도 "법을 안고 세로 대처하면" 천하를 다스릴 수 있다. 심지어 걸왕과 주왕 같은 사람도 '법을 안고 세로 대처'하기만 하면 역시 천하를 다스릴 수 있다고 한다. 제도의 권위와 그 중요성을 설파한 주장으로 읽을 수 있다.

한비는 성왕의 통치 '술'에도 관심을 두었다. '술'은 인민에 대한 통치술뿐만 아니라 군신 관계를 전문적으로 연구하는 이론이다. 전국 시기에는 술에 관해 이야기하는 분위기가 매우 왕성했다. 도가야말로 말할 필요도 없이 술을 발명한 창조자들이다. 유가들은 충성과 신의를 지켜야 한다고 부르짖지만 순자는 아주 여러 곳에서 술수에 관해 말하고 있다. 한비는 군주를 찬양한다. 그가 말하는 술은 모두 군주 전제를 옹호하는 신하 제어의 술이다. 한비가 신하들의 제어를 강조한 까닭은 신하들이 정치권력 가운데서 특히 중요하게 작용한다는 사실을 알았기 때문이다. 군주의 최종 통치 대상은 인민이다. 그렇지만 군주는 직접 인민들을 대면할 수 없고, 반드시 관리라는 중간 고리를 통해서만 통치를 실현할 수 있다. 「외저설우 하」편은 말한다. "비록 관리가 어지럽더라도 유독 선량한 백성들이 있다는 말은 들어 보았지만, 어지러운 백성이 있는데 유독 잘 다스리는 관리가 있다는 말은 들어 보지 못했다."[32]

군주와 인민, 군주와 신하의 관계 문제도 한비자 성왕론의 주요 과제이다. 한비는 대신을 군주의 권력 집중에 주된 장애물로 보았다. 이는 당시 현실 상황에 부합하는 사실이다. 실제로 신하의 권세를 약화시켜야만 군주는 전제 권력을 실현할 수 있었다. 한비가 추구한 것은 「양권(揚權)」편의 다음과 같은 국면이다. "일은 사방에 있으나 핵심은 중앙에만 있다. 성인(聖人)이 핵심을 잡으면 사방에서 모여들어 본받는다."[33]

한비의 성왕은 전 국민의 사상 통일을 주도하는 인물이기도 하다. 「난 3」 편은 말한다. "현명한 군주가 법을 언급하면 경내의 비천한 사람들 모두 그것을 들어 모르는 사람이 없다." 그에게 법은 사람들이 문제를 생각하는 규범인 동시에 지켜야 할 원칙이다. 한비가 말하는 법령은 당시 통치자, 특히 군주의 의지를 구현하고 있다. 사람마다 법에 복종하도록 만드는 것이야말로 당시 군주의 통치 질서를 자연스럽게 수호하게 만드는 효과적인 방법이다. 법을 인간의 행위 규범으로 삼는 것은 법률적 관점으로 볼 때 선진 법가들의 공통된 주장이었다. 그러나 법을 인간의 사상 규범으로 삼은 것은 한비가 제기한 새로운 주장이다. 이 주장의 의의는 모든 사람들에게 반드시 법을 준수할 것을 요구하는 데 있지 않고, 사람들이 가진 사고할 권리를 없앰으로써 사상 범죄를 명확히 드러내 규정한다는 데 있다. 「문변」에서는 "말을 하되 법령에 맞지 않는 것이면 반드시 금지해야 한다."라고 말한다. 사람들은 행동에서 법을 지켜야 할 뿐만 아니라 사상에서도 반드시 법의 시녀가 되어야 한다.

한비는 유가, 묵가뿐만 아니라 기타 제자백가에 대하여 혹독한 비판을 가한다. 비판을 위한 비판이 아니라 그 나름대로의 이치를 가지고 비판을 했다. 그 핵심은 그가 인의의 도와 이익을 좋아하는 인간 본성이 서로 배치된다고 생각한 점이다. 한비가 유가·묵가와 기타 제자백가를 비판하는 또 하나의 이유는 유가·묵가 등이 언변을 일삼을 뿐 검증이 없으며, 진부하여 현실적이지 못하다는 것이다. 세상은 이익 다툼의 경연장인데 학자라는 사람들은 스스로도 이익을 따지면서 교묘한 언변으로 이를 피하고 있다는 질타이며, 그들이 제기하는 추상적 이상들은 구체적인 근거 없이 공허한 이야기라는 질타이다. 특히 유가와 묵가는 입만 열면 요·순을 이야기하는데 「현학」 편에서는 이를 얼토당토 않는 거짓말이라고 비판한다.

공자와 묵자는 모두 요·순을 이야기한다. …… 요·순이 다시 살아나지 않는데 유가·묵가의 말이 참되다고 누가 인정하겠는가? 은나라·주나라가 700여 년 전이고, 순임금의 우나라, 그리고 하나라가 2000여 년 전이니 유가·묵가 주장의 진실성을 인정할 수 없다. 지금 와서 3000여 년 전 요·순의 도를 찾으려 한다면 아무리 이야기해도 그 의미가 꼭 그럴 수는 없지 않는가! 비교 검증이 없이 꼭 그렇다고 우기는 것은 어리석고, 증명할 수 없는 것을 증거로 삼는 것은 거짓이다. 따라서 분명히 선왕을 증거로 삼는다면서 꼭 요·순으로 정하려는 사람들은 어리석지 않으면 거짓이다. 현명한 군주는 어리석고 거짓된 학문이나 뒤섞여 반대로 가는 행위는 받아들이지 않는다.[34]

공자·묵자의 학을 모두 어리석고 거짓된 것이라고 한 점은 한비자의 주관적 견해일 수 있지만 "비교 검증이 없고" "증명할 수 없다"고 지적한 점은 구체성을 중시하는 한비의 현실주의적 태도의 반영으로 보인다. 그는 다른 학파나 사상가들이 성왕 운운하며 옛 성현을 칭송하는 데 극력 반대한다. 그건 옛날을 빌려 오늘날 군주를 헐뜯는 행위라고 주장한다. 「충효」 편은 말한다. "신하 된 사람이 자주 선왕의 후덕함을 칭송하고 그렇게 되기를 바라는 것은 지금의 군주를 비방하는 짓이다." 한비는 심지어 제자백가들이 요·순을 칭송하는 것은 곧 신하들에게 왕위 찬탈의 모반을 부추기는 것이라고까지 주장한다. 한비가 보기에 요·순·탕·무왕 등 성왕으로 칭송받는 사람들은 모두 신하로 왕위를 찬탈하려는 무리였다. "요는 군주이면서 제 신하를 군주로 삼았고, 순은 신하이면서 제 군주를 신하로 삼았으며, 탕·무는 신하이면서 제 군주를 죽이고 그 시체에 형벌을 가했다."[35] 이런 사람들이 어떻게 성인일 수 있는가, 군주를 죽이고 왕위를 빼앗은 간악한 무리에 불과하다. 유가·묵가 등이 이들을 배가하여 칭송하는 것은 분명히 신하에게 왕위 찬탈을 부추기는 짓이라는 것이다. 현실 세계의 군주 권력을 중시하는 한비는 이러한 비방자들을 척결하고 싶어 했다.

한비 정치사상의 핵심은 군주 독재의 강화와 군주 이익의 수호였다. 한비의 주장은 중앙 집권적 군주 전제를 추구하던 당시 군주들의 입맛에 들어맞았다. 하지만 군주 외의 모든 사람들은 유쾌하지 않게 여겼을 것이다. 이는 오히려 군주를 공개적으로 모든 사람에 대립하는 존재로 둠으로써 군주로 하여금 고립에 빠지게도 한다. 유가나 도가 사상에서에서 성왕론이 갖는 의의는 조화와 균형이었다. 한비는 군주와 신하, 군주와 인민 관계의 장막을 가장 진솔하게 벗겨 버렸지만, 성왕이 근원적으로 갖고 있는 초월적 이상성을 상실해 버림으로써 현실에서 발생하게 될 군주의 무한 독재를 견제할 수 없게 되는 약점을 지니고 있다.

4장 묵가 및 기타 제자백가의 성왕 사상

1 묵가의 성왕 사상

『회남자』「초진론(椒眞論)」엔 "주 왕실이 쇠락하고 왕도가 피폐해지자 유가·묵가의 무리들이 도를 열거하며 의론을 시작했다. 무리를 나누어 쟁송하기 일쑤였다. 폭넓은 학문으로 성인을 모방하려 하였으며 화려한 언변으로 대중을 위협하였다. 가무를 하며 시·서를 잘 수식하여 천하에 이름을 팔았다."[1]라고 말한다. 확실히 전국 시대에 묵가 사상은 대대적으로 유행한 듯하다. 묵적을 조사로 하는 묵가 사상은 『묵자』라는 책 속에 잘 드러나 있는데, 유행한 만큼 당시부터 논쟁도 많았던 듯하다. 논쟁의 와중에 자신의 학설을 논리적으로 설명해야 할 필요성 때문에, 전국 시대 후기 묵변(墨辯)이라고 불리는 논쟁을 위한 논쟁 속으로 빠져 버린 묵가 사상은 진한 통일 제국이 형성되자 홀연히 사라져 버렸다. 하지만 적어도 춘추 전국 시대 제자백가 가운데 성왕에 대해 가장 다양하게 많이 언급하고 있는 사상가는 묵자라 할 수 있다.

묵가 사상은 『묵자』에 등장하는 책의 편명 혹은 주장들의 종합, 또는 다른 학파나 사상가들에 인용된 평가들을 종합하여 10가지 범주로 이야기한다. 의를 소중히 여긴다는 귀의(貴義), 두루 사랑하여야 서로 이롭다는 겸애(兼愛), 사회적 동의를 존중한다는 상동(尙同), 현인을 존중한다는 상현(尙賢), 귀신의 존재를 밝힌다는 명귀(明鬼), 하늘의 뜻에 순종하라는 천지(天志), 공격 전쟁을 하지 말라는 비공(非攻), 물자의 사용건과 장례식은 아껴서 해야 한다는 절용절장(節用節葬), 운명으로 치부해 버리지 말라는 비명(非命), 음악에 빠지지 말라는 비악(非樂)이 그것이다. 묵자는 이러한 주장을 하면서 반드시 성왕을 언급한다.

『묵자』「법의(法儀)」편 등에 따르면 묵자가 말하는 "옛날의 성왕은 하나라의 우임금, 은나라의 탕왕, 주나라의 문왕과 무왕"[2] 등이다. 이러한 성왕들의 정치는 위에서 언급한 10가지 정치철학 혹은 정책 이념을 고수했다는 식의 논리이다. 『묵자』의 「겸애 하」편에 등장하는 유명한 다음 구절을 보자.

그래서 겸애는 성왕의 큰 도인 것이며, 왕공대인은 그로써 편안해하는 것이며, 만민의 의식은 그로써 풍족해지는 것이다. 그래서 군자는 겸애에 대해 깊이 살펴서 그것을 힘써 실천하는데, 사람들의 주군이 된 사람은 반드시 은혜를 베풀고, 사람의 신하가 된 사람은 반드시 충성하고, 사람들의 부모가 된 사람은 반드시 자애롭고, 사람들의 자식이 된 사람은 반드시 효성스럽고, 사람들의 형이 된 사람은 반드시 우애롭고, 사람들의 아우가 된 사람은 반드시 공경을 한다. 그래서 은혜로운 군주, 충성스러운 신하, 자애로운 부모, 효성스러운 자식, 우애 있는 형, 공경하는 아우가 되고 싶은 군자라면 당연히 겸애를 실천하지 않으면 안 된다. 이것이 성왕의 도이며 만민의 큰 이익이다.[3]

묵자는 '자신만을 사랑[自愛]'하고 타인을 사랑하지 않으며, 타인에게 손해를 입히는 행동과 사상을 비판한다. 사람마다 타인을 모두 자기처럼 사랑한다면 서로 안전하고 무사할 것임에 틀림없다. 그러나 현실은 사람들에게 서로를 사랑할 만한 객관적 조건을 제공해 주지 못하는 경우가 많다. 묵자의 '겸상애(兼相愛), 교상리(交相利)'는 실천에서는 통할 수 없는 것이었지만 이론상으로는 큰 공헌을 하였다. 가장 가치 있는 부분은 인간의 평등성, 즉 사람과 사람 사이는 평등하게 대해야 한다는 것을 강조한 점이다. 그가 제창하는 '겸(兼)'은 '별(別)'을 대신하기 위함이었다. '별'은 차별과 등급을 가리키고, '겸'은 차별 없음을 가리킨다. 묵자는 '별'과 '자애(自愛)'·'자리(自利)'가 서로 통한다고 생각했다. '자애'·'자리'는 사람을 대하는 데, 처세하는 데, 일을 하는 데 있어 반드시 '교별(交別)' 즉 서로 차별하게 만든다. '교별'은 너와 나 피차를 나눌 뿐만 아니라, 위아래도 나누어 다른 사람의 손해를 통해 자기 이익을 보려고 한다. '겸'은 이와 다르다. '겸'은 평등한 대우를 중시한다. 묵자의 '겸'은 사상과 태도에 한정될 뿐만 아니라 당시로서는 또 다른 의의가 있었다. 즉 춘추 이전 등급 제도를 무너뜨리는 촉진 작용을 하였던 것이다.

겸상애라는 정신이 현실에 반영된 것이 교상리이다. 묵자는 '겸상애, 교상리'가 실행될 수 있다고 주장한다. 그 근거는 세 가지이다. 첫째, 고대에 실행한 적이 있다. "선대 성인 6왕" 때 천하는 겸상애하고 교상리하여 모두가 평안하고 시기 질투가 없었다. 고대에 할 수 있었으니 오늘날도 할 수 있다. 둘째, "군주가 그것을 기뻐하므로 백성들이 그렇게 할 것이다."[4] 초나라 영왕(靈王)이 가는 허리를 좋아하니 수많은 사람들이 하루에 한 끼만 먹었다. 구천(勾踐)이 용감한 병사를 좋아하니 병사들이 죽음을 두려워하지 않았다. 군주가 좋아하는 대로 신하는 실행하니 군주가 '겸상애, 교상리'를 제창하기만 하면 천하 사람들이 반드시 바람에 구름 가듯 따를 것이다. 셋째, 「겸애 하」편엔 "'말을 하고도 선악의 가치가 정해지지 않는 경우는 없다. 덕을 베풀고도 보답을 받지 않는 경우는 없다. 내게 복숭아를 던져 주면 더 좋은 오얏으로 보답한다.' 이렇게 사람을 사랑하는 자는 반드시 사랑을 받을 것이며, 사람을 미워하는 자는 반드시 미움을 받게 될 것이다."[5]라고 한다. 이에 따르면 '겸상애, 교상리'하는 사람은 꼭 응보를 받는다. 모두들 실행에 옮기니 천하가 화기애애할 것이다. 현실은 아니더라도 이상적인 꿈으로서 묵자의 생각은 의미가 있지 않은가.

묵자는 세상 사람들이 자기 뜻만 옳다고 생각하면서 온갖 혼란과 정치적 분규가 이어진다고 주장한다. 이렇게 모든 사람이 자기만의 '의(義)'를 갖고 있는데, 1인 1의의 다툼은 사상적 다툼일 뿐만 아니라 물질적 내용도 들어 있다. "엄중하면 주먹다짐이 생기고, 가벼우면 말다툼이 생겨"(「상동 하」 편) 투쟁의 결과 천하는 온통 혼란해질 것이다. 그렇게 되면 모두에게 큰 손해가 된다는 것이 묵자의 생각이다. 「상동 상」 편을 보자.

그리하여 안으로 부자형제가 원한을 짓고, 이산 가족이 되어 서로 화합하지 못한다. 천하의 백성들이 모두 물불처럼 독약으로 서로에게 손해를 입힌다. 여력이 있어도 서로를 위해 힘쓰지 않고, 썩어 가는 재화가 있어도 서로 나눠 갖지 않는다. 좋은 길을 은닉하여 서로에게 가르쳐 주지 않는다. 천하대란이 일어나 마치 금수와 같아진다.[6]

「상동 하」 편은 이 문제를 상당히 명료하게 처리하고 있다. "그래서 하늘이 천하의 의를 동일하게 하고자 현자를 선택해 천자로 삼았다." 묵자는 귀신을 숭상했으며, 천신이 일체를 주재한다고 생각했다. 그리고 천자는 천의 지휘를 받아야 한다고 거듭 외치기도 하였다. 그러므로 묵자 사상 체계로 볼 때 천자는 인민에 의한 선거가 아니라 천, 즉 하늘에 의해 선택된 존재이다. 천자의 기본 직무는 천하의 의를 하나로 통일하는 것이다. 하지만 천자 한 사람만으로는 이 임무를 완성할 수가 없다. 그래서 천자는 3공을 두고 땅을 나누어 제후를 세우며, 제후 아래에 또 대부를 두고 다시 그 아래에 향장(鄕長)과 이장(里長)을 설치한다. 이것이 바로 '정장'의 체계이다. '정장' 체계와 상호 배합하는 것으로 '형정', 즉 마치 오늘날의 국가 기구와 같은 제도가 있다. '정장'과 '형정'의 지도 및 강제 아래서 천하는 크게 다스려지고 태평 시대에 들게 된다. 묵자가 보기에 '형정'·'정장'은 사람과 사람 사이의 모순

투쟁을 조화시키고 통제하기 위해 탄생한 것이다. 그리고 이는 또 사회가 그런 말없는 투쟁장이 되어 스스로를 멸망시켜 감을 방지하기 위한 것이기도 하다.

묵자는 형정과 정장 즉 정치 지도자들을 일종의 형이상학적 절대체로 파악하는데, '정장'은 현인과 불초자의 구분이 있으므로 역사는 여전히 두 가지 가능성, 두 가지 앞길에 직면하게 된다. 「상동 중」편에서 묵자는 "옛날 성왕은 5형(五刑)을 제정하여 천하를 잘 다스렸다. 그런데 유묘씨 대에 이르러선 5형을 제정함으로써 천하가 혼란스럽게 되었다."라고 말한다. 묵자는 형법이 소극적 대비책이 아니라 두 방면의 작용이 있다고 생각했다. 이른바 '선에 대한 상'과 '악에 대한 벌'이 그것이다. '의'에 합치하면 선이 되고, 위반하면 '악'이 된다. '선에 대한 상'은 선을 행한 사람에게 상을 주는 것일 뿐만 아니라 선을 찬양하는 자도 상을 준다. 「상동 하」편엔 "집안을 이롭게 하는 방법을 알려 온 사람이 보이면 나라를 이롭게 하는 것과 똑같이 해 준다."라고 한다. '악에 대한 벌' 또한 '악'을 저지른 자에게만 한정하지 않는다. 같이 모사를 꾸미고, 비호해 주거나 악을 보고 알리지 않는 사람도 같이 벌한다. 같은 「상동 하」편에서 묵자는 "나라를 해치는 도적을 보고도 알리지 않는 사람은 나라를 해치는 도적과 똑같이 처리한다."라고 한다. 겸애와 배치되는 듯이 보이는 이 주장은 묵자 성왕론이 갖는 모순을 드러내는 부분이기도 하다.

묵자가 보기에 태평성대는 하, 은, 주 삼대였다. 우·탕·문·무·주공은 태양처럼 빛나는 성왕이었다. 그러나 그 광명 속에서도 걸·주의 시대와 같은 암흑 통치가 나타난다. 걸·주가 일어나니 대란이 일고, 탕·무가 흥하니 대치가 된 것이다. 그래서 묵자는 치와 난의 원인은 "위에서 어떻게 위정을 하느냐에 달려 있다."라고 말한다. 위정의 '정(政)'은 정책을 가리킨다. '정' 문제에서 가장 중요한 것은 지도 사상과 태도에 관한 문제이다. 묵자는 이 일에 두 길이 있다고 생각했다.

묵자 사상의 핵심 가운데 하나는 사회 가치의 일원화와 관련이 있는 상동 (尙同)이다. 묵자는 여기에 성왕을 끌어들인다. 「상동 상」 편을 보자.

옛날 성왕은 5형을 지어 그로써 백성을 다스렸으니, 이는 마치 비단 실에 실마리(紀)가 있고 그물에 벼리(綱)가 있는 것과 같다. 그리하여 천하의 백성이면서 윗사람에게 상동하지 않는 자들을 수습하였다.[7]

성왕은 선악의 표준을 마련할 만큼 현인이어야 한다. 현인을 숭상하는 상현(尙賢) 또한 묵가 사상의 중요한 부분이다. 묵자는 3대의 성왕이 바로 "부귀한 사람으로 현명한" 경우라고 열거한 적이 있다. 다만 그는 "부귀한 사람에게 치우치지 않았을" 뿐이다. 묵자가 말한 "농사짓거나 수공업 하는 사람" 중에는 현자도 있을 수 있지만 대체로 백성은 '미련하고'도 '천'한 "하급의 어리석은 사람"이라고도 생각하였다. 「비명 중」 편에는 "백성들은 어리석고 불초하다."라고 말한다. 「상현 중」 편에는 "존귀하고 지혜로운 사람이 어리석고 천한 사람들에 대해 정책을 편다."라고도 말한다. 성왕은 사회에서 가장 높은 신분을 소유한 사람으로서 현인이라는 이야기다.

당시 공자는 천하의 현인으로 알려져 있었으며 묵가 학파들과 경쟁하고 있었는데, 묵자는 공자가 현인이므로 성왕이 되었어야 한다는 논리에 반대하였다. 『묵자』 「공맹(公孟)」 편에서 공맹자(公孟子)가 공자는 『시경』과 『서경』을 전수하고 예의와 만물에 밝았으므로 당연히 성왕이 되었어야 하는 것 아니냐고 묻는다. 이 질문에 대해 묵자는 "지자라면 반드시 하늘을 존중하고 귀신을 섬겨야 하며, 타인을 사랑하고 물건을 아껴야 한다."라고 대답한다. 공자는 그렇지 못한 사람이라고 반대한 것이다. 공자는 묵자 마음속의 성왕과 다른 사람이었다. 묵자가 보는 성왕은 주로 "하늘의 뜻에 순응하고 귀신을 밝게 드러내 주며, 두루 서로를 사랑하여 서로 이익을 나누는"[8] 그런 사람을 지칭한다. 공자가 추구했던 세계와는 확실히 달라 보인다.

요 · 순과 3대 성왕의 시대야말로 묵자의 이상국이다. 이 시대는 비록 걸 · 주의 폭정이 있었지만 총체적 형세로 볼 때 크게 다스려지고 조금 혼란한 정도였다. 그런데 묵자가 살던 시대에 이르러서는 완전히 달라졌다. 천하는 물불의 형세였다. 「겸애 중」 편에 말한다. "오늘날은 나라(國)와 나라가 서로를 공격하고, 집안(家)과 집안이 서로를 찬탈하며, 사람과 사람이 서로를 해친다. 군주는 은혜롭지 못하고 신하는 충성하지 않는다. 부모는 자애롭지 못하고 자식은 효도하지 않는다. 형제간에 조화롭지 못하다. 이것이 천하의 해로움이다."[9]

어떤 관점에서 보면 걸왕과 주왕은 당시 엄청난 재화를 낭비했고, 그로 인해 멸망의 길에 들어섰을 것이다. 그 반대의 입장에서 본다면 묵자가 성왕이라고 칭송하는 사람들은 그런 낭비와 사치에 대한 반대로 쿠데타 혹은 혁명에 종사했을 것이다. 이 점에서 묵자가 지극히 물자를 아끼는 사람을 성왕으로 본 것은 당연한 일이다. 천하의 이익과 군신민의 조화로운 나눔을 강조한 그의 사상과도 일치한다. 물론 재화를 한정된 것으로 보는 묵자의 관점은 현대 경제학자들에게는 맞지 않을 것이다. 세상의 재화는 늘 부족한데 낭비하면 모든 사람들이 나눠 가질 수 없게 된다는 묵자의 생각은 그래서 반자본주의적인 견해를 지녔다고 할 수 있다. 묵자가 이런 주장을 내건 궁극적인 목적은 조화에 있었으며, 통치자의 착취와 낭비를 막으려는 의도가 깔려 있다.

묵자는 통치하는 착취 계급이 재화 낭비의 부끄러움을 모른 채 갖가지 부당한 행위를 하고 있다고 질타한다. 그래서 절용과 검약을 제창한다. 이는 「절용」, 「비명」, 「절장」, 「비악」 편 등에서 상세히 논술하고 있다. 묵자는 낭비를 반대했을 뿐만 아니라 한 걸음 더 나아가 재화 사용의 원칙에 대해서도 언급하였다. 「절용 중」편엔 "재물을 사용함에 있어 백성의 이익을 배가할 수 없으면 성왕은 하지 않았다."라고 한다.

묵자는 또 궁실 주택·교통 공구·군대 기물 등에 대해서도 구체적으로 규정한다. 그리고 그런 데 들어간 소비는 재생산에 유리해야 한다고 주장한다. 「절용 상」편은 말한다. "성왕이 정치를 하면서 명령을 발포하고 사업을 일으키고 백성을 부리고 재물을 쓰는데, 실용 가치를 더하지 않는 경우가 없다."[10] 「절용 중」편은 말한다. "비용을 들이고도 백성의 이익에 보탬이 안 되는 일을 성왕은 하지 않는다." 더욱 의미 깊은 것은 묵자가 절용을 재화축적의 길이라 주장한 점이다. 「절용 상」편은 말한다.

성인이 한 나라의 정치를 하면 그 나라에서 얻어지는 재화가 두 배로 는다. 이를 확대하여 천하의 정치를 하면 천하에서 얻는 재화가 두 배로 는다. 두 배로 느는 것은 밖에서 땅을 탈취하였기 때문이 아니다. 그 국가에서 쓸데없는 낭비를 없앰으로써 충분히 두 배로 만들 수 있다.[11]

그렇다면 제아무리 성왕이라도 정치만 하고 있을 것이 아니라 생산에 종사하고 재화를 축적하는 일에 열중해야 하는 것 아닌가. 이 점에서 묵자는 '분업'을 강조하고 맹자와 유사한 생각을 피력한다. 그는 왕공대인·사군자의 농민에 대한 통치와 착취가 필요한 것일 뿐 아니라 합리적이라고 인정한다. 그는 통치자가 피통치자보다 훨씬 중요하다고 생각했다. 따라서 통치자는 노동 생산에 참가하지 않아도 된다. 「천지 상」편에서 묵자는 말한다. "의가 정치이다. 아랫사람이 윗사람을 상대로 정치를 하는 일은 있을 수 없다. 반드시 윗사람이 아랫사람을 상대로 정치한다."[12] 이어서 사는 서인들을 관할하고, 장군·대부는 사들을 관장하며, 3공·제후는 장군·대부들을 관할하고, 천자는 최고의 통치자이다. 맹자와 순자가 묵자의 주장을 "차등이 없다"거나

"등급을 어지럽혔다"고 비판한 것을 두고 묵자가 모든 불평등에 반대한 사람이라고 치부하는 견해가 많은데, 「천지 상」편 등의 주장만으로 보면 묵자 또한 유가 사상가들과 별 차이가 없어 보인다.

묵자의 기본 주장은 「절장 하」편에서 주장하듯이 상하의 조화였다. 그 조화는 성왕의 적당한 양보에 기초하고 있다. 하지만 성왕이 진정으로 하늘의 뜻을 구현하는 사람이라면 그의 '상동'의 원리에 의해 모든 백성들이 복종해야 하고, 심지어 사유 세계까지 그 성왕을 따라야 하는 문제가 생긴다. 이 점에서 묵자의 성왕은 자칫하면 절대 권위를 지닌 전제적 절대 군주가 되어 버릴 위험성도 있다.

2 그 밖의 제자의 성왕론

명가 사상가들은 성인이나 성왕을 따로 언급하지 않았다. 하지만 그들 또한 군주에 대해 지극히 존중하였다. 군주와 도는 서로 대응하는 것으로써 둘 다 최고의 지존이기도 하고, 상호간 최고의 필연성을 지닌 존재라고 생각하였다. 그래서 만물이 필연성의 지배에 복종하듯이 뭇 신하들은 군주 통치에 복종해야 한다고 주장한다. 『등석자』「무후(無厚)」편에는 "명군이 일을 살피면 만물은 스스로 구분을 정한다."라고 말한다. 군주는 충분히 체인하고 필연성을 파악하여 모든 사물이 제 분수에 맞도록 규정을 부여해 주는 지혜를 갖고 있다. "명(名)이 마땅하면 성인이라 일컫는다." '이름이 마땅함'이란 바로 사물의 본질을 붙들어 정확한 규정을 부여한다는 말이다. 명 또는 명분의 확정(定名)은 군주의 특권이다. 군주가 명과 명분을 결정짓지 못하면 정치권력이 여러 경로에서 나오게 될 것이며 국가는 심각한 어지러움에 직면할 것이다. 그래서 『등석자』의 저자는 「무후」편을 통해 군주는 반드시 '명'을 자신에게서 나오도록 해야 한다고 반복해서 강조한다. "명이 밖에서 이뤄지도록 해서는 안 된다. 지혜가 다른 사람을 따르도록 해서는 안 된다. 자신의 말에서 구해지도록 해야 한다."[13]

법가로도 명가로도 다루어지는 『윤문자』의 경우 사물과 인간의 객관적 형질을 일컬어 '명(名)'이라 하고, 인간의 주관적 경향을 일컬어 '분(分)'이라 정의한다. 『윤문자』 「대도 상(大道上)」 편은 이렇게 말한다. "명은 마땅히 저쪽에 있어야 하고, 분은 마땅히 내 쪽에 있어야 한다." 명의 신뢰성은 형질에 의해 보장되므로 객관성을 지닌다. 그런데 '분'은 완전히 개인의 좋고 싫음에 달려 있다. 여기서 '내 쪽'이란 수많은 개체를 지칭하는 것이 아니라 성인을 가리킨다. 윤문은 사실 성인을 대신하여 말하고 있다. 성인이 그의 자유의지로 세계를 '분'하였으며 중생들은 그저 성인이 조종하는 대상이거나 재료일 뿐이다. 윤문은 명분을 따르지 않는 사람들을 '사(私)'라고 경멸한다. 성인이 명을 바로잡고 분을 정한〔正名定分〕 것은 사를 없애는 데 있다. 윤문은 「대도 상」 편에서 이렇게 말한다.

'명'이 정해지면 사물끼리 경쟁하지 않는다. '분'이 밝혀지면 사가 행해지지 않는다. 사물끼리 경쟁하지 않음은 그럴 마음이 없어서가 아니라 명이 정해졌기 때문에 그 다투려는 마음을 둘 데가 없어서이다. 사가 행해지지 않음은 그럴 욕망이 없어서가 아니라 분이 명확하기 때문에 그 욕망을 둘 데가 없어서이다. 즉 마음과 욕망은 사람마다 있는 것이나 한결같이 무심하고 무욕할 수 있는 것은 그것을 잘 통제하는 도가 있기 때문이다.[14]

사람들이 '무심무욕'할 수 있음은 명분이 이미 정해졌기 때문이다. 성인이 명분을 정하고, 법제를 세울 수 있는 것은 그에게 권세가 있기 때문이다. 성인은 불어오는 바람이며 중생은 그 바람에 쓰러지는 풀잎에 불과하다. 성인의 개성은 명분(名分)을 통해 드러나며 사람들로 하여금 배후에서 그 명분을 신성한 것으로 받들도록 만든다는 말이다. 윤문의 이 주장은 제왕중심주의이며 현실 군주를 성인화하고 있다. 이 주장은 후대 제왕들의 사례에서 보듯이 성인이라 자칭한 제왕들의 비열한 욕망의 준동을 초래하거나 정당화할 위험성이 있다.

그 위험성을 고려해서인지 윤문은 법치가 인치보다 낫다고 생각했다. 그는 성인에 의한 다스림과 성법(聖法)에 의한 다스림의 우열을 비교하면서 이렇게 말한다. 『윤문자』「대도 하」편에 나오는 내용이다.

성인의 다스림은 '사적 개인(己)'으로부터 나온다. 성법(의 다스림)은 '공적 이치(理)'로부터 나온다. 리(理)는 기(己)에서 나오지만 기가 곧 리는 아니다. 기는 리를 낼 수 있지만 리가 곧 기는 아니다. 그러므로 성인의 다스림은 홀로 단독 사건을 다스리는 것이지만, 성법으로 다스리면 다스려지지 않음이 없다.[15]

인치는 정치 운명을 군주 한 사람의 품성에 연결시키기 때문에 현인을 만나면 다스려지고 어리석은 사람을 만나면 어지러워진다. 운명에 맡기는 정치이거나 모험을 하는 정치이다. 반면 법치는 정치 운명을 보편적 법리(法理)에 연결시키기 때문에 「대도 상」편에 이야기하듯 "미련한 소경 봉사라도 지혜롭고 총명한 사람과 똑같이 다스릴 수 있으니" "현인을 만나든 어리석은 사람을 만나든 일정하다." 인치와 법치의 근본적 차이는 바로 인치는 우연성의 정치이고 법치는 필연성의 정치이며, 인치는 개성의 정치이고 법치는 보편성의 정치라는 데 있다. 성왕의 정치는 인치로 보이지만 윤문자에 따르면 법치의 완성으로 볼 수도 있다. 그렇지만 그 법이 이(理)에서 발출되는 장치를 갖지 못하고 성인으로 포장된 군주에 의해 만들어지는 것이라면 아무리 법치로 포장해도 제멋대로인 군주의 정치를 벗어나기 어려울 것이다.

한편 『관자』 내의 일부 편들은 법가와 유가를 겸하고 있다. 특히 법과 예의 관계에 대해 「임법(任法)」 편은 예의가 법에서 나왔다고 주장한다. "인의예악은 모두 법에서 나왔다. 이는 옛날 성왕이 백성을 통일하려는 까닭에서였다." 유가와 법가가 융합하고 있음을 드러내는 대목이다. 또 어떤 편에는 예를 법과 마찬가지로 성인이 난을 다스리기 위해 만든 것이라고 생각한다. 맨 처음 군신상하의 구별이 없었을 때는 혼란스럽고 질서가 바르지 못하였다. 그래서 지혜로운 자가 출현하여 법을 설립함과 동시에 예를 제정한 것이다. 「군신 하」 편은 말한다. "상하 관계가 만들어지니 백성들 사이에는 예의가 생기고 나라에 도성도 건립되었다." 「형세해」 편은 법도와 예의를 병렬하며 백성을 다스리는 표준으로 여긴다. "법도는 만민의 의표(儀表)이며, 예의는 존비의 의표이다." 『관자』라는 책의 일반적 성격처럼 유가와 법가가 융합하고 있음이 여기서 또 한 차례 드러난다.

이렇게 『관자』 내의 일부 편들은 성왕에 대한 폭넓은 동의를 끌어내는 데 성공하고 있다. 경제·정치·도덕의 관계를 하나하나 밝혀 주어 사람들로 하여금 확 트이게 해 준다. 또 『관자』 「오보(五輔)」 편에 "정치가 잘 행해짐은 민심의 순응에 있으며, 정치가 무너짐은 민심의 거역에 있다."〔政之所行, 在順民心; 政之所廢, 在逆民心〕라는 말은 단 열여섯 글자로 정치적 흥망성쇠의 오묘한 비밀을 설파하고 있다. 「오보」 편은 성왕이 되려면 "사람을 얻는 데" 요체가 있다고 말한다.

『관자』 가운데 음양가 학파의 저작에 보이는 성왕관은 이와 다르다. 군주의 작용은 바로 천도(天道), 지도(地道), 인도(人道) 3자를 통일시켜 결국 일체를 만드는 일이다. 여기에 다다를 수만 있으면 신명의 보우를 갈구할 필요가 없이 최고의 정치를 시행할 수가 있게 된다. 「사시」 편에도 "하늘은 신명을 믿음을 말하고, 땅은 성인을 믿음을 말하며, 사시는 올바름을 말한다."라고 한다. 군주가 하늘을 본받고, 땅을 본받고, 사시를 본받으면 바로 신명의 성인이 되어 천하를 잘 다스릴 수 있다는 것이다. 「경중 기(輕重己)」 편에서는 세계의 본원을 정신으로 보고 있으면서도 정신을 단순한 개인적 의지로 볼 수는 없다고 한다. 군주에 대해서 말하자면 군주는 어떤 정신으로 존재하긴 하지만 자신의 의지대로 해서는 안 되며 행동은 일정한 제약이 따라야 한다는 것이다. 그래서 "성인은 그에 따라서 다스리며, 그래야 군주의 도가 완비된다."라고 말한다. 여기서 성왕의 정치는 도에 따르는 정치이며, 자연의 순행에 맞는 정책과 조치를 취하는 일을 말한다. 이러한 시정(時政)의 원칙이 바뀌어서는 안 되며 군주는 반드시 이것을 따라야 한다고 주장한다. 위반하면 실패하여 나라를 잃게 될 것이다. 이렇게 "사람과 하늘이 조화한 뒤에야 천지의 아름다움이 생겨난다."[16]라고 말한다.

치수와 성왕의 정치를 연결시키는 생각 또한 『관자』 가운데 일부 편들에서 시작된다. 예컨대 물은 자연과 사회를 주재하고, 인민 정서의 본원이며, 도덕의 화신이므로 저자는 정치의 근본은 물의 성질을 따르고, 물을 향해 학습하고, 일체를 물로 모범을 삼아야 한다고 주장한다. 「수지(水地)」 편은 이렇게 말한다.

성인이 세상을 교화하는데 해답은 물에 있다. 물이 하나이면 인심이 바르게 되고, 물이 맑으면 민심이 간결하다. 하나이면 더럽히지 않고자 하며, 민심이 간결하면 행동에 사악함이 없다. 그래서 성인이 세상을 다스림에 사람으로 알리지 않았고, 출입구 따위로 말하지 않았다. 그 중추는 물에 있었다.[17]

이와 같은 『관자』 내의 여러 가지 주장은 선진 시대 다른 학파와 비교할 때 정교한 논리보다는 투박한 사유에 기초하고 있는 경우가 많다. 복잡한 정치를 아주 간단히 만들어 버리거나, 때로는 오행설 등 신비주의적 극단으로 치닫는 경우도 있다. 하지만 동시에 다른 한편으로 『관자』가 보는 여러 가지 성왕은 당시 인민들의 통치자에 대한 다양한 소망을 담고 있다고 볼 수도 있다.

『여씨춘추』의 「선기(先己)」 편은 "성왕에 앞서 제 몸을 성취하면 천하가 성취되고, 제 몸을 다스리면 천하가 다스려진다."[18]라고 말한다. 반대로 자기 몸을 닦지 못하면 국가는 반드시 패망한다고 한다. 수많은 편에서 어리석고 범용한 군주, 포학한 군주, 교만 방자한 군주, 현인을 시기하는 군주, 의심이 많은 군주, 사치스러운 군주 등에 대하여 맹렬한 비판을 가하고 있다. 몸을 낮추고 물처럼 흘러가는 삶을 살아가는 군주여야 한다는 점은 도가적 사유와 연결될 수 있을 것이다. 자연과 인간 세계를 보는 눈도 도가적이다. 예컨대 『여씨춘추』 「환도(圜道)」 편은 "하늘의 도는 둥글고, 땅의 도는 네모나다. 성왕은 이를 본받아 군신 상하를 세웠다."[19]라고 말한다. 『여씨춘추』에 이와 유사한 논의는 매우 많은데, 모두 사람마다 천지의 원리에 따라야 함을 반복하여 설명하고 있다.

그런데도 도가처럼 정치에서 멀리 떨어져 정치는 보려 하지 않고, 『여씨춘추』는 현실 정치를 항상 염두에 두고 있다. 특히 공(公)적인 가치를 매우 중시하였다. 공사(公私) 관계에서 천자는 반드시 공을 중시하고 사를 억제해야 한다. 「귀공(貴公)」 편은 말한다. "옛날 앞선 성왕들이 천하를 다스릴 때 반드시 공을 우선시하였다. 공정하면 천하가 평정되었다. 평정은 공에서 얻어진다."[20] '공'은 역사적 범주이며 각 학파 사상가들의 이해 또한 다 일치하지 않는다. 어떤 사상가는 명문 규정이 있는 것이면 일률적으로 규정에 따라 처리하는 것이 공이라고 한다. 예제(禮制) 등과 같이 당시 사람들의 보편적 의식이 형성한 습관과 전통을 준수하는 것이 공이라는 사람도 있었다. 춘추 시대 이래 국가 관념은 비약적인 발전을 하였는데, 『여씨춘추』는 군주와 국가를 완전히 일치하는 것으로 보지 않는다. 국가와 개인의 관계를 잘 처리하여야 하며, 국가의 일이 공이고 그 외의 모든 것은 사라고 한다. 군주 개인의 일도 그 안에 포함된다. 여기서 군주에게 공을 숭상하고 사를 억제하라고 요구한다.

『여씨춘추』는 심지어 전쟁에 대해서도 해선 안 된다는 입장이 아니었다. 당시 유행하던 전쟁중단설〔偃兵說〕에 대하여 『여씨춘추』는 의병설(義兵說)을 견지한다. 「탕병」편은 "성왕에게는 의로운 전쟁이 있을 뿐 전쟁을 중단한다는 말은 없다." 「소류(召類)」편에서는 일체의 전쟁에 반대하면 안정을 가져올 수 없을 뿐만 아니라 오히려 난을 초래할 수 있다고 지적한다.

요임금, 순임금, 우임금 등 성왕의 시대에는 본래 모두가 군대를 사용하였다. 혼란한 국가에는 군대를 사용하고, 잘 다스려지는 국가에는 군대를 사용하지 않았다. 다스려지는 데 공격을 하는 것보다 불길한 것은 없다. 혼란함에도 토벌하지 않는 것보다 백성들에게 해가 되는 것은 없다. 이는 치와 난에 따른 정책 변화이다. 문을 쓸 것인가 무를 쓸 것인가는 이로써 생겨난다.[21]

그 '정책 변화'에서 무(武)의 경쟁 시대가 전국 시대였고, 힘에 의해 전국을 통일해 최초의 제국을 만든 사람은 지금까지 묘사된 그 어떤 '성왕'보다 위대하다고 자임한 진시황이었다. 진시황의 양아버지이자 재상이기도 했던 여불위(呂不韋)는 『여씨춘추』 편찬의 후원자였다. 이 책의 저술에 참여한 다양한 사상가들이 삼황오제를 능가한다고 자랑하는 진시황의 정치를 객관적으로 평가하기에는 아직 시기가 일렀다.

3 한 대 초기의 성왕 사상

전국을 통일한 진시황은 권력을 극대화하였다. 그 스스로 그때까지의 역사상 가장 위대한 군주라고 생각하였다. "그 자신의 공적은 오제를 뛰어넘는다고 생각했다."[22] 「진시황 본기」에는 진시황이 직접 만든 석각의 내용을 싣고 있다. 그는 성인을 자부했다. "진나라 성인이 나라를 다스리며 처음으로 형명(刑名)을 정하니 낡고 오랜 규정상 문제들이 드러나게 되었다. 처음으로 법식을 바로잡고 직책과 임무를 살펴 나눔으로써 항구적인 규범이 수립되었다."[23] 성인이라는 칭호와 정치적 명분의 생성 모두를 유일자로서 황제가 장악한다는 사유 구조이다. 주나라 초기에 사용되던 왕 관념과 비슷한 느낌이 드는데, 진시황은 거기서 한 걸음 더 나아갔다.

전국 시대엔 중앙 집권적 군주 전제의 경향을 보이면서 군주는 현실 정치에서 권력을 장악하고 부국강병을 도모해 국가 간 경쟁에서 승리해야 하는 주역으로 인식되었다. 이에 대응하여 현실주의자 법가를 제외하고 거의 모든 사상 학파에선 이상적 군주로 성인을 제기하며 현실 군주와 사뭇 다른 모습으로 그림을 그리곤 했다. 그런데 진시황 시대에 이르러 새로운 상황 변화가 생겼다. 황제와 성인이 하나로 합쳐진 것이다. 석각이나 대신들의 상소문 가운데 '聖'이란 모자가 황제의 머리 위에 씌워졌다. 황제는 성인이므로 가장 지혜롭고 가장 고명한 사람이다. 이는 자연스레 황제가 일체를 독단한다는 데 대한 유력한 이론적 근거가 되었다. 진시황의 황제지상 관념은 그가 시호 법을 취소한 데서도 드러난다. 『사기』「진시황 본기」엔 진시황의 당당한 논의를 싣고 있다.

짐이 듣기에 태고엔 호만 있고 시호가 없었다. 그런데 중고 시대에 이르러 호가 있었고, 죽은 뒤 그 행적으로 시호를 삼았다. 이렇다면 아들이 아버지를 의론한 것이고, 신하가 군주를 논의한 것이다. 심히 말이 안 되니 짐은 취하지 않겠다. 지금부터 시호 법을 없애라. 짐은 시황제이다. 후세는 숫자로 세도록 하여 2세·3세에서 만세에 이르도록 그침 없이 전하도록 하라.[24]

진시황의 관념 속에서 황제는 생전에 신하들이 비판해서도 안 되며, 사후에도 의론을 하거나 득실을 평가할 수 없다. 황제야말로 신성한 존재, 성인이며 성왕이며 신이다. 제자백가들이 고취했던 '왕천하' 논의를 그는 다 실천에 옮겼다. 그의 신하 이사(李斯)는 이를 더욱 부추겼고 독단적, 독선적, 전제적 황제의 모든 행동이 성왕답다는 황당한 논리를 만들기도 했다. 『사기』「이사 열전」에 따르면 이사는 "현명한 군주인 성왕이 오래도록 지존의 지위에 있고 중요한 세력을 오래 잡고 있으면서 홀로 천하의 이익을 독점할 수 있는 까닭은 다른 길이 있어서가 아니다. 능히 독단하여 엄하게 살펴 책망하고 반드시 심한 벌을 내림으로써 천하로 하여금 감히 범접하지 못하게 하기 때문이다."[25]라고 말한다. 강력한 형벌 통치야말로 성왕의 길이라는 냉혹한 선언이다. 문제는 그것을 권력의 원천인 백성들이 전혀 수긍하지 못했다는 사실이다. 여러 가지 이유가 있지만 혹형이야말로 진나라가 급속히 멸망한 원인 가운데 하나인 것은 틀림없다.

한나라의 안정은 진시황에 대한 반성에서 출발한다. 한나라 통치의 안정성 확보에 크게 기여한 육가는 다시 전 시대 사상가들이 주장했던 '성인' 카드를 빼어 들고서 폭력으로 정치적 지배를 달성할 수 있다고 주장하는 주군 유방을 설득하였다. 그는 성인이 일반 사람과 다른 가장 중요한 점은 바로 '통물통변(統物通變)'할 수 있는 것이라고 주장한다. 『신어』「도기(道基)」 편에 따르면 '통물'이란 천문·지리·인사를 모두 통괄하여 '천인합책(天人合策)'을 이룸을 말하고, '통변'이란 상황에 따라 때맞추어 조치를 취하고 기존 규정을 고

수하지 않음을 뜻한다.

육가는 『신어』 첫 편인 「도기」 편 첫머리에 "하늘이 만물을 낳고 땅으로써 이를 기르며 성인이 그것을 완성시킨다."[26]라는 말을 인용한다. 이것은 순자의 말이다. 순자의 말에다 도가의 말을 적절히 더해 인간사는 천도가 결정한다고 주장하여 다시 성인과 도를 형이상학적으로 만드는 데 힘을 기울인다. "그리하여 선대의 성인은 우러러 천문을 보고 내려다보아 지리를 헤아려 건곤(乾坤)을 그림으로 그림으로써 사람의 도를 결정하였고", "행동은 천지와 합치하고 덕은 음양에 짝한다."라고 결론지었다. 「명계(明誡)」 편에는 더욱 구체적으로 『주역』 중의 이야기를 인용하여 인사가 천도에 기초하고 있음을 설명한다. "『역』에 하늘이 상(象)을 늘어뜨려 길흉을 보여 주니 성인이 그것을 준칙으로 삼았다고 말한다." 성인이 성인인 까닭은 바로 "하늘의 조화를 보고 만사의 유추를 미루어 통할" 수 있기 때문이라고 한다. 이 정도 성인이라면 인간 세계의 최고 권력자가 '내가 성인이라'고 외치기엔 참으로 멋쩍은 수준으로 높아졌다. 이러한 천인 감응적 인식론은 이 책의 마지막 논의 대상인 동중서의 천인합일론 및 '천견론(天譴論)'의 원류 중 하나로 볼 수 있다.

육가는 순자의 계승자답게 논의의 구체적 연결 지점이나 정책적 대안을 유가의 논의로 귀결시켰다. 재미있는 것은 혹독한 진나라의 법치를 대신하여 한나라가 등장하였으니 다시 돌아가 예의로 다스려야 한다고 주장한 점이다. 육가는 이 논리를 세우기 위해 순자와 다른 새로운 인식론을 제기했다. 즉 예의가 형벌보다 늦게 생겨났다는 것이다. 형벌로 다스리는 데 부족하였으므로 "중기의 성인[中聖]"이 학교를 일으키고 교화를 창도하여 군신의 예를 분명히 하였고, "후대의 성인[後聖]"은 이를 계승하여 '오경(五經)'을 정하고 '육예(六藝)'를 밝혔다는 것이다. 「도기」 편엔 "하늘을 잇고 땅을 통섭하며, 만사를 궁구하고 미세함까지 관찰하며, 사정의 근원을 따져 근본을 세움으로써 인륜의 단서를 마련하였다. 천지에 으뜸가는 것으로 편장(篇章)을 모으고 수습하여 후세에 전하고 새나 짐승조차 그 은혜를 입어 혼란을 바로잡으니 천인의 합책(合策)으로 원도(原道)가 모두 갖춰지게 되었다."[27]라고 한다. '오경'과 '육예'는 그 이전의 모든 문명이 집대성된 것이다.

육가는 성인을 그렇게 높은 경지로 올려놓으면서도 선진의 유학자 선배들이 했던 것과 같이 오경, 육예에 통달하면 누구나 성인이 될 수 있다고 한다. 「사무(思務)」편의 다음 두 구절을 보자.

옛날 순임금, 우임금은 성대한 시대를 맞아 치세를 이뤘으며, 공자는 쇠퇴한 시대를 이어받아 공을 세웠다. 성인은 허공에서 나오지 않으며 현자는 텅 빈 데서 생기지 않는다.[28]

만 가지 단서는 각기 길이 다르며, 천 가지 법은 각기 형태가 다르다. 성인은 시세에 따라 그것들을 조화시킨다.[29]

결국 변화하는 상황과 그 시대의 도에 근거하여 다른 방법을 취하면 옛날이든 지금이든 치세든 난세든 모두 성인이 될 수 있다는 이야기다.

역시 사상적으로 순자의 계승자이며 나중 동중서 사상의 형성에도 일정한 영향을 미쳤던 가의(賈誼) 또한 성왕 즉 성인 군주에 대해 깊은 기대를 걸고 있었다. 문경지치(文景之治) 시절 젊은 천재 가의의 명문장을 모은 『신서(新書)』의 「수정어 상(修政語上)」편과 「수정어 하」편은 역대로 성왕으로 추존되어 온 황제(黃帝), 전욱(顓頊), 제곡(帝嚳), 요, 순, 우, 탕, 문왕, 무왕의 말씀을 빌려 그가 주장하고 싶은 정치적 견해를 거의 망라해 놓고 있다. 「수정어 상」편에선 지고무상한 도의 실천자를 성인이라고 말한다.

천하에 널리 퍼져 있으나 한 번도 잊히지 않는 것은 오직 도뿐이다. 그러므로 도의 높음은 하늘에 견주고, 도의 밝음은 태양에 견주고, 도의 안온함은 산에 견준다. 그래서 도를 말하는 사람은 지(智)라고 불리며, 도를 배우는 사람은 현(賢)이라고 불리며, 도를 지키는 사람은 신(信)이라고 불리며, 도를 즐기는 사람은 인(仁)이라고 불리며, 도를 실천한 사람은 성인(聖人)이라고 불린다. 그래서 오직 도만은 훔칠 수도 없으며 허위로 조작할 수도 없다.[30]

가의는 진나라 이래 정치의 흥망성쇠를 면밀히 관찰해 보고 유가적 통치 방식만이 시대의 문제를 해결하는 데 도움이 된다고 생각하였다. 그는 정치의 안정과 권력이 하나의 중심으로 모아져야 한다는 데 관심을 가지고 있었으며, 훌륭한 군주는 현명한 신하를 통해 드러난다고 주장하였다. 오랜 정치 안정을 유지하려면 반드시 현명한 신하를 지팡이로 삼아야 한다고 말하고, 그 뛰어난 현인은 어느 세상이든 있는데, 오직 성왕만이 그들을 발견하여 중임을 맡길 수 있다고 말한다. 『신서』「대정 상(大政上)」편에는 "현인을 알아보는 군주가 명군이 된다."라고 한다.

『대대예기』 또한 한 대 초기의 문헌인데, 천자는 성인과 서로 통한다고 말한다. 국가 최고의 유일 권력자를 성인으로 볼 수 있다는 점에서 고대 성왕론의 부활이라고 할 수 있다. 「애공문오의(哀公問五義)」편은 이렇게 말한다.

이른바 성인은 대도를 알아서 통달하며, 변화에 응하여 궁함이 없으며, 만물의 성정을 능히 헤아리는 사람이다. 대도란 그것으로 변화하여서 만물이 엉겨 이루어지게 하는 것이다. 성정이란 그것으로 그렇고 그렇지 않은 것을 취사선택하여 다스리는 것이다.[31]

성인은 천지만물에 통달하므로 마땅히 천하의 왕 즉 성왕이 된다는 논리이다.『대대예기』「증자천원(曾子天圓)」편엔 "성인은 천지의 주인이며, 산천의 주인이며, 귀신의 주인이며, 종묘의 주인이다."라고 하고 "성인은 오례를 세워 백성들이 그것을 바라고 살도록 했다."라고도 한다. 성인은 마땅히 천자가 된다. 몸은 천자인데도 성인임을 허여하지 않는 경우는 있겠지만, 성인의 지위는 여전히 군주에게 남겨진 것이었다. 천자는 하늘로부터 명을 받았고 성인과도 통하니 천자가 합법적이고 합리적인 존재임은 이치상 당연하게 된다는 논리이다. 한대 황제가 실질적 권력과 정신적 권위를 동시에 장악해 갔다는 시대적 현실을 반영한 담론일 것이다.

물론 현실적으로 한나라 초기 황제들이 스스로를 유일자로서 성왕이라 칭하지는 않았다. 한나라 초기 정치 현실이 유가 사상만을 추종한 것도 아니다. 오히려 황노(黃老) 사상이 크게 유행하면서 정치적으로 유가적 성왕보다 도가적 성왕 논의가 더 많았다. 잡가 서적이면서도 도가 사상을 기본으로 하고 있는『회남자』에서 '성왕'은 이상적 정치 지도자이다. 성인에 대해 다양한 언급을 하고 있는데, 제국의 등장 이후 잠잠하던 '성인'과 현실 제왕을 다시 연결시키는 논의를 하고 있다. 「태족훈(泰族訓)」에서는 이렇게 말하고 있다.

그래서 대인은 천지와 같이 덕이 있으며, 일월과 같이 밝으며, 귀신과 같이 영험하며, 사시와 같이 믿음이 있다. 그래서 성인은 천기를 품고 천심을 안아 중화를 붙잡고 있으니 묘당을 내려가지 않아도 사해에 넘쳐흘러 습속을 변화시키고 백성을 선으로 나아가도록 하여 자기의 성품과 같도록 하니 능히 신으로 화할 수 있다.[32]

「정신훈(精神訓)」에선 "그러므로 성인은 하늘을 본받고 정감에 순응하며 속세에 구속받지 않고 다른 사람에게 유혹 당하지 않는다. 하늘을 아버지

삼고 땅을 어머니 삼으며 음양을 벼리로 삼고 사시를 실마리로 삼는다. 하늘은 고요하여 맑고 땅은 안정되어 편안하다. 만물이 이것을 잃으면 죽고, 그것을 본받으면 산다."[33]라고도 말한다. 하늘의 도를 따라야 하고, 인간사는 자연의 제약을 받는다는 의미이다. 이 점에서 도가적이지만 성인을 예악을 제정하는 주체로 본 점은 유가의 논의와도 닿아 있다. 「범론훈」엔 이렇게 말한다.

오제는 도를 달리했음에도 그 덕이 천하를 뒤덮었고, 삼왕은 하는 일이 달랐음에도 명성이 후세에 널리 전해진다. 이 모두는 시대 변화에 연유하여 예악을 제정한 사람들이다. …… 그러므로 예악은 애초부터 항상성을 가진 것이 아니다. 성인은 예악을 제정하지 예악에 의해 재단되지 않는다.[34]

다시 말해 성인은 예악을 제정하는 주인이지 예악의 노예가 아니라는 것이다. 어떤 편에선 인의가 치국의 근본이라고 주장하기도 한다. 『회남자』에는 성인의 작용을 과대하게 포장한 곳이 적지 않다. 하지만 여러 군데에서 성인이 시세를 결정지은 것이 아니라 시세가 성인을 만든다고 말하고 있다. 「전언훈」에는 "현명한 왕이라도 반드시 우연을 기다린다. 우연이란 시대에 조응하여 거기에 맞는 것을 얻을 수 있음이지 지능으로 구하여 이루어지는 것이 아니다."[35]라고 한다. 「본경훈」에는 "성현이란 이름을 얻은 자는 반드시 난세의 우환을 만났던 사람이다."라고도 말한다. 정치의 현실성을 잘 이해하고 있었다는 이야기다. 이런 생각은 『회남자』 특유의 것은 아니라 『여씨춘추』나 『신어』 등에도 보이는 사유이다.

이런 한나라 초의 여러 가지 성왕 관련 논의를 집대성한 사람은 동중서(董仲舒)였다. 한 무제라는 강력한 사명감과 권력욕에 불타는 사람을 주군으로 모시고 천하의 사상을 하나로 일원화하고자 했던 동중서는 정치적으로 순자를 닮은 존군론자(尊君論者)였다. 그는 중앙 집권적 군주 정치의 질서 안정을 수호하고 한 왕실 천하의 장구한 안녕을 공고히 하는 것을 입론의 목적으로 삼았다. 『공양전』의 '대일통' 사상을 계승 발전시키면서 체계적인 군권지상 이론을 제기하였다. 동중서가 보기에 정치 생활에서 실제로 '대일통'을 구현하는 자가 바로 성인이었다. 『춘추번로』「중정(重政)」편엔 "오직 성인만이 만물을 일(一)에 속하도록 하여 원(元)에 이어지도록 할 수 있다."[36]라고 말한다.

선진 이래 성인을 도덕의 본보기, 지혜의 화신, 제왕의 전범으로 여긴 유가 사상의 논의를 바탕에 깔고 동중서는 성인에 대한 새로운 형상화를 시도하였다. 『춘추번로』「천지음양(天地陰陽)」편에서 동중서는 "성인이 어찌하여 고귀한가? 천에서 시작하여 사람에 이르러 끝마치기 때문이다."[37]라고 말한다. 원래 그가 수립한 천인 관계에서는 어떤 사람이든 모두 천과 연계할 자격이 있는 것이 아니라 오직 성인만이 이 특수한 임무를 받을 수 있었다. 동중서는 성인을 천도와 인사를 소통시킬 중재자로 여겼다. 성인은 숱한 속세 중생들의 전체 대표일 뿐만 아니라 인간 세계에서 하늘의 대리인이기도 하다. 이러한 성인은 위대한 지혜가 있을 뿐만 아니라 천명의 성패를 미리 알 수 있고, "보통 사람에게 보이지 않는 것을 볼 수 있다."[38] 동중서가 보는 성왕은 신성(神性)을 매우 많이 갖고 있는 동시에 천인 일체화의 상징이기도 하다.

동중서의 성인은 결국 왕권의 상징으로 전환된다. 1부 왕(王) 자의 용례에서 출발한 우리의 논의로 돌아가 보자. 『춘추번로』「왕도통삼」편의 말이다.

옛날에 문자를 만들었던 사람은 세 획을 긋고 그 가운데를 연결시켜 왕이라 불렀다. 셋은 하늘, 땅, 사람이며 셋에 두루 통하는 사람이 왕이다. ……
천·지·인의 가운데를 취하여 꿰뚫어 두루 통하게 함을 왕자가 아니라면

누가 능히 그렇게 할 수 있겠는가.[39]

이러한 왕이야말로 실제로 재위하고 있는 성인이다. 성 · 왕 일체는 왕권의 일원화와 유일성으로 하여금 '성인'이란 매개를 통하여 '대일통'과 서로 호응하도록 만들었다. 동중서가 빚은 성인은 바로 '대일통'이란 영원한 법칙의 인격화이며, 성인과 '일통'의 논리적 동일성은 '대일통'이란 이상의 실현을 성인에게 기대하고 있는 것이다. 동중서의 성왕론은 중앙 집권 정치 체제와 군주 전제 통치를 위한 인식론적 근거를 마련했다. 성인에 대한 학자들의 논의는 군권지상과 군권 신성을 추진하는 데 이론적인 바탕이 되었다. 지상의 모든 권력을 장악하고 있는 최고 정치 지도자로서 유일자 황제는 이제 철학적 논리적 근거를 갖는 '성왕'으로 거듭난 것이다. 동중서와 한 무제의 합작은 큰 성공을 거두었다. 유가 사상의 국가 이데올로기화 정책과 성왕과 황제의 동일시는 단순한 그 시대의 의미 이상이었다. 시대를 넘어 역사를 넘어 성왕 논의의 틀을 완전히 바꾸어 버렸다. 동중서 이후의 성왕 논의는 극히 일부를 제외하고는 권력과 결부시켜 새롭게 접근할 필요가 있다.

이상의 논의를 통해 우리는 제자백가가 설계한 성인이 신비화, 이성화, 현실화의 특징을 갖고 있음을 살펴보았다. 전통적인 신비화 경향을 여전히 갖고 있으면서도 인간의 사유 속으로 끌어들여 이성적으로 이해하려는 추세를 보였으며, 한편으로는 현세의 정치적 상황과 결부하여 현실 군주에 대한 기대를 표현하는 현세화의 특징을 보여 주었다. 제자백가의 사유 속에서 이러한 특징들은 어떤 사상가에겐 사상의 기본 바탕이 되어 주기도 했으며, 어떤 점은 각 사상가들에게 공통적이기도 했다. 성인은 천지의 변화 발육에 참여하는 중개자이고, 인류를 구원할 별이며, 사회적 정치적 이상의 설계자이자 실현자이기도 하다. 이런 제자백가의 노력을 통해 성인은 숭배해야 할 대상이 아니라 열심히 노력하여 도달해야 할 대상으로 바뀌어 간 것이다.[40] 중국 인문주의는 여기서 또 하나의 큰 걸음을 내딛게 되었다. 이로써 동양에서 성인은 서양의 신과 다르게 인격화되고, 이 세상에서 도달할 이상이 되고, 누구나 될 수 있는 희망의 대상이 되었다. 그리고 사적인 개인을 초월한 존재로서 공동체의 질서와 안녕을 궁극적으로 담보해 주는 위대한 정치 지도자의 이미지로 현현되었다. 성왕을 한마디로 종합하면 동양적 정치 문화의 혼이라 하겠다. 2부에선 제자백가가 개별적으로 생각하는 성인 혹은 성왕이 어떤 것인지 그들의 철학적 사유를 살펴보는 데 초점을 맞추었다. 3부에서는 이러한 전통 정치 문화의 꽃이 정치사상사에서 어떤 의미를 지니며, 어떤 구체성과 현실성을 지니는 것인지 개별적이 아닌 각 사상 학파를 종합하는 방식으로 살펴보도록 한다.

3부
성왕과 정치권력

중국인들은 중국 문화의 기본 형태들이 한나라에 이르러 완성을 보았다고 생각한다. 그래서 중국의 정체성과 관련된 개념들에 '한(漢)'이라는 글자가 많이 들어간다. 특히 서한 200년의 정치적 안정은 사회, 경제, 문화 각 방면에서 훌륭한 성과를 거두어 오늘날 중국인들이 자부하는 '오랜 경륜'의 토대를 쌓았다. 그렇다면 그러한 정치적 안정은 어떻게 이루어진 것인가? 1부와 2부에서 잠깐씩 언급하였듯이 그것은 진시황의 법가적 통치에 대한 반성과 유가적 가치의 정치적 내면화에서 비롯되었다고 할 수 있다.[1] 예를 들면 한 대에 성립된 『효경』「성치(聖治)」편의 다음 내용을 보자.

성인의 덕 가운데 효에 무엇을 더할 것이 있겠는가? 그래서 부모가 슬하에 자식을 두어 잘 기름으로써 나중에 부모를 봉양하게 하는 구조를 엄(嚴)이라 한다. 성인은 엄의 이치에 따라서 공경을 다하도록 교육하고, 친(親)의 이치에 따라서 사랑을 하도록 가르친다. 성인의 교화는 법적 엄숙주의를 취하지 않아도 성공하며, 그 정치는 엄의 논리를 따르지 않아도 질서가 잡히는데, 그렇게 되는 까닭은 효가 근본이기 때문이다. 부자간의 도는 천성이면서 군신간의 의이기도 하다.[2]

이것이야말로 진정으로 '성치(聖治)' 즉 성스러운 통치라고 단정할 수는 없지만, 적어도 구성원들의 자발적 복종과 그로 인한 정치 안정에 절대적 공헌을 한 것은 사실이다. 한나라 황제들은 처음부터 시호에 '효(孝)' 자를 넣어 효의 정치적 중요성을 십분 활용하였다. 효를 매개로 한 가족 내에서의 자발적 질서의 확립은 가족 공동체를 국가 정책의 기본 단위로 운영해 온 중국 사회의 안정에 크게 이바지하였다. 오늘날까지도 유교적 전통을 가진 동아시아 국가들에서 효, 조금 넓게 확장하면 예의도덕은 사회 안정의 주춧돌 역할을 하고 있다. 효와 예의도덕을 내용으로 하는 유가 사상은 성인의 정치, 즉 성왕론의 가장 중요한 바탕이다.

한 왕조의 초기부터 유가를 표방한 일군의 학자들이 이념과 제도의 기초를 마련하였고, 한 무제 때 '유술독존' 정책으로 유가 사상은 국가의 통치 이데올로기가 되었다. 물론 2부 마지막에 언급했듯이 이 정책을 입안한 동중서는 고매한 인격과 위대한 통치를 겸한 '성왕'의 칭호를 현실의 권력자에게 헌상하여 초기 유가 사상가들의 고뇌를 '변질'시킨 혐의가 짙다. 하지만 한나라 초 유행했던 도가 계통의 황노학, 그사이 잠깐 살아났던 법가의 부활, 그리고 법가, 음양가 등 학설을 유가 학설 내로 통섭한 유술독존이 정치적 안정을 가져오는 데 큰 역할을 했음은 부정할 수 없다. 물론 그러한 정치적 안정이 중국 문화의 진정한 발전에 공헌한 것인지, 보편적인 정치사상의 발전에 적절한 궤적이었는지 평가를 내리기는 어렵다. 하지만 적어도 인류 문화의 다양한 전개상을 살펴서 보다 나은 세상과 보다 좋은 이념을 만들어 가야 하는 정치적 과제를 안고 있는 우리는 중국 고대의 성왕과 정치권력에 관한 논의를 통해 의미 있는 아이디어를 얻을 수 있을 것이다.

3부에서는 동중서의 그 '변질' 이전의 유가 사상이 표방했던 진정한 정치적 이상은 무엇이었는지 종합적으로 검토하고자 한다.

1장 삼대(三代) 성왕

　1부에서 聖과 王의 문자적 기원과 문헌의 용례를 살펴보았다. 그 결과 성인의 이미지와 정치가의 이미지를 결합한 聖 또는 聖王의 모델은 춘추 전국 시대의 산물임을 알 수 있었다. 특히 춘추 말의 공자는 전통의 현대화에 모든 정열을 다 바친 인물로 전통 시대의 중요한 개념들에 도덕 또는 바른 정치의 이미지를 추가하여 학문 세계의 새로운 빛이 되었다. 예악형정(禮樂刑政), 군자소인(君子小人), 경덕보민(敬德保民) 등은 단독으로도 중층적으로도 사용 가능한 그 주요 예들이다. 깊고 오랜 공부를 통해 서주 이래의 모든 학문적 전승을 집대성해 낸 공자에 의해 발전된 이런 관념들의 핵심 가운데 하나가 聖이다.

　어느 한 방면에 뛰어난 사람으로서 성인은 공자를 지나며 고매한 인격과 탁월한 통치 능력의 이미지가 더해졌다. 전국 시대에 크게 유행한 '성왕' 개념은 바로 이러한 이미지에 형이상학적 탐구가 더해지고, 다양한 측면의 주장들이 덧붙여진 것으로 마침내 제자백가 사상의 중심이 되었다. 성왕 유행의 배경은 춘추 전국 시대 심각한 정치적 사회적 변동이 주된 원인이었던 것이다. 하나라의 우, 은나라의 탕, 주나라의 문과 무로 상징되는 삼대 성왕의 시대를 중국인들이 가장 이상적인 정치로 여기기 시작한 것도 이 시기의 산물이다.

1 요 · 순 · 우(堯舜禹)의 재탄생과 성인화

갑골문에 요(堯) 자가 있다. 갑골문 1기에 등장한다. 나진옥의 『은허서계후편』 하 32.16에 그 용례가 있다. '요입(堯入)' 즉 '요가 들어오다'이다. 서중서 주편의 『갑골문자전』엔 『설문해자』에 인용된 고문과 비슷한 의미를 지니며, '높다'는 뜻이라고 한다. 그리고 사람 이름 혹은 국족(國族)의 이름이라고 주석하고 있다.(1463쪽) 그런데 아직까지 발견된 요(堯) 자의 갑골문 용례는 바로 이 한 글자뿐이다.((그림 13))

後下32

〔그림 13〕 갑골문 요(堯) 자

사람처럼 보이기는 하지만 이것이 중국 역사의 가장 위대한 성왕으로 추앙해 마지않는 요임금인지 현재로선 알 방법이 없다. 『상형자전』(http://vividict.com/WordInfo.aspx?id=1451)엔 도기를 굽는 사람을 뜻한 글자였다고 한다. 순(舜)임금의 경우는 더욱 난해하다. 갑골문과 금문엔 아직 밝혀지지 않았으며, 『설문해자』에 보이는 대전과 소전의 글자체를 보면 다음 〔그림 14〕와 같다.

설문해자(대전)   설문해자(소전)

〔그림 14〕 순(舜)의 자형

대전의 글자는 고기를 굽는다는 적(炙)이 위에 있고, 아래에 흙 토(土) 자가 있다. 고기에 진흙을 발라 구워 내는 모양을 뜻하는 회의 문자이다. 그런데 소전의 글자는 좀 다르다. 위는 테두리를 치고 그 안에 불꽃을 그리고 아래에 두 발로 춤추는 사람의 모양이다. 두 글자의 공통점은 불꽃을 담아 들고 춤을 춤으로써 신을 경배하는 모습이라고 할 수 있다.[1] 순(舜)은 억지로 해석하면 성왕과 연결할 수도 있겠으나, 같은 급수인 우(禹) 자는 더욱 그렇다. 갑골문엔 없으나 〔그림 15〕의 금문을 보면 뱀을 손으로 잡는 형태이다. 그럴 정도의 용사라는 말인가?

叔向簋(초기 금문)　秦公簋(후기 금문)　설문 해자

〔그림 15〕 우(禹) 자의 변천

금문은 서주 중기에도 존재했던 것이므로 요, 순, 우가 초기부터 신적인 존재로 알려지지는 않았다는 이야기다. 따라서 이들의 위대성은 후대에 창조된 혹은 부가된 것이라고 할 수 있다.

『서경』은 요임금, 순임금, 하나라 우임금, 은나라 탕왕, 주나라 문왕과 무왕 등 위대한 창업자들의 정치와 역사를 기술하고 있는 문서이다. 『서경』의 우서(虞書)에는 요임금의 이야기를 다룬 「요전(堯典)」과 순임금의 이야기를 다룬 「순전(舜典)」이 있다. 여기엔 '제요(帝堯)'라고 쓰며 귀가 밝으신 요임금의 '총명(聰明)'에 대해 이야기하고, 순임금 또한 '총명'하다고 칭송한다. 聖 자가 성(聲)이나 귀 밝을 총(聰) 자나 같은 뜻이었다는 점에서 고대 성인의 모습을 요임금에 투영한 것으로 볼 수 있다. 『서경』의 우서가 후대에 성립되었다는 논의에도 불구하고 이로부터 위대한 군주에 대한 그리움이 표현되었다고 할 수 있다. 『서경』의 「대우모(大禹謨)」 편엔 순(舜)임금의 신하였던 익(益)이 요임금의 정치를 칭송하는 대목에서 聖 자가 등장한다.

아! 요임금님의 덕이 널리 운행되니 이에 성(聖)하고 이에 신(神)하며, 이에 무(武)하고 이에 문(文)하였다. 위대한 하늘이 돌아보고 명을 내리어 문득 사해를 갖게 하고 천하의 군주로 삼았다.[2]

신(神)이 안으로부터 빛이 나는 내면적 덕성을 지칭한 말이라면, 聖은 겉으로 드러나는 의지가 굳센 모습을 말한다.(1부 어원 참조) 요임금과 순임금이 위대한 군주이고 훌륭한 덕성을 소유한 사람이라는 『서경』의 칭송은 곧 당시엔 성왕이란 말로 표현하진 않았지만, 후대에 성왕으로 그려진 이미지의 최초의 전형일 것이다.

주자하다시피 『서경』이 주나라에 의한 은나라 정복(혹은 쿠데타)을 정당화하는 논리를 많이 담고 있다는 사실을 감안하면 요임금, 순임금이 왜 등장하게 되었는지 짐작해 볼 수 있다. 『시경』에는 요임금이나 순임금이 등장하지 않는 반면,[3] 하나라의 우(禹)임금이나 은나라의 탕(湯)왕이 자주 언급되는 것과 비교하면 어떤 면에선 생뚱맞기까지 하다. 『서경』에 은나라를 다룬 상서(商書)가 있고, 『시경』에 은나라를 다룬 상송(商頌)이 있음은 이해가 되지만, 왜 요임금과 순임금이 성왕이 이미지로 등장하는 것일까. 초기 문헌인 『주역』의 경 부분엔 위대한 군주로서 요, 순, 우, 탕은 없다.

『춘추좌전』중 공자가 주요 텍스트로 삼았을 『춘추』'경' 부분엔 요임금, 순임금, 우임금, 탕왕이 없다. 『주례』에도 네 사람 모두 보이지 않는다. 이 두 책은 주나라부터의 역사와 관제를 기록한 것이므로 없을 수 있지만, 비교적 큰 분량의 숱한 이야기 속에 전혀 등장하지 않는다는 것은 이 책들의 성립 시기에 쓰이던 중요한 개념이 아니었기 때문일 것이다. 그런데 공자와 동시대에 형성되었을 것으로 추정되는 『춘추좌전』의 '전' 부분엔 이들이 등장한다. 전국 시대 문헌들처럼 성인의 모습으로 자주 등장하는 것이 아니라 '요'는 총 8회 가운데 「문공 18년」에 7번 나오고, '순'은 총 10회 가운데 「문공 18년」에 요임금의 신하로서 6번 나온다. 내용 또한 후대의 신화화된 성인처럼 위대한 군주로 묘사된 것은 아니다. 예컨대 예부터 흘러온 계보를 그리면서 "요임금에 이르렀고, 요임금이 발탁해 쓸 수 없었는데, 순이 요임금의 신하가 되면서 팔개(八愷)를 천거하였다."라는 등 단순한 사실 기록처럼 인용되고 있다. '우'의 경우도 비슷하다. 이러한 사실은 요·순·우·탕의 성인화가 공자 이전엔 없었으며, 공자 시대에 나타나기 시작하였음을 반증한다. 그리고 그건 공자와 관계가 있다는 말이다.

유가 사상은 위대한 사상가 공자에 이르러 첫 번째 꽃을 피웠다. 그의 술이부작(述而不作)의 '술(述)'은 '종주(從周)'이고, 구체적으로는 주공(周公)의 덕과 예라는 정치 이데올로기를 받아들인다는 의미다. 그는 전통 시대의 여러 가지 덕목을 체계적 이론으로 정립했다는 점에서 유학의 개산조사이기도 하다. 그는 신하가 임금을 시해하는 시대를 보고, 자식이 부모를 죽이는 사회를 보고, 신의가 땅에 떨어진 세상의 난맥상을 보고 평화로운 인간관계에 대해 고민한 진정한 정치가였다.

주공의 통치 이데올로기인 덕과 예에 인문학적 생명력을 부여해 '인(仁)'을 끌어낸 공자의 사유야말로 정치 세계에서 인간의 발견이었다. 하늘과 땅 사이에 우뚝 서서 세상의 일에 대해 끊임없이 고민하는 '정치하는 인간', 그것이 바로 공자가 그리는 인자(仁者)이며 군자이다. 정치는 인간관계의 미학이다. 공자 사상의 핵심은 예와 인이다. 예는 외부 행위의 규범이며 인은 내부 성정의 발로이다. 인은 예를 떠날 수 없으니 "자신의 욕망을 극복하고 예로 되돌아가는 것이 인이다."[4] 또 예는 인을 떠날 수 없으니 "사람으로서 인하지 않으면 어찌 예일 수 있으리."[5] 위에 언급했듯이 예는 주공 이래 정치 이데올로기의 핵심이었으며, 인(仁) 개념을 철학적으로 명제화한 사람은 공자이다. 그 시대에 존재하던 가장 많은 텍스트를 소화해 내고 학문을 집대성한 공자는 자신이 중시하는 사회적 가치와 이념들을 뒷받침해 줄 전통적이면서 권위를 갖춘, 그리고 누구나 받아들일 수 있는 고전적 근거를 찾았을 것이고, 聖이 거기 있었다.

이러한 공자를 거치면서 학문의 보편화가 이루어지고, 인문주의가 성숙하고, 경전에 대한 해설서들이 나오면서 '성인'은 새로운 의미를 띠고 재탄생한 것으로 보인다. 『주역』의 전(傳)들이 그렇고, 『춘추』의 전들이 그렇고, 나머지들도 공자 이후에 형성되어 덧붙여진 부분들이 그렇다. 그러한 전들은 대다수가 공자의 말을 빗댄 것들이다. 따라서 위대한 인격적 완성자이며 인간 사회 최고의 정치가를 상징하는 聖은 공자와 그의 시대에 의미가 부여되었다고 할 수 있다.

공자는 은나라 유민이었다. 그가 은나라의 문자인 갑골문이나 금문을 보았는지, 그것을 연구했는지는 알 수가 없다. 다만 『논어』「팔일」편에 은나라 자료가 부족하여 알 수 없다고 한 점을 보면, 오늘날처럼 풍부한 은나라의 자료를 보지 못했던 듯하다. 그렇다면 그는 『서경』에 여섯 차례 '총명'하다고 표현된 사례를 보고 요임금, 순임금을 그렇게 존경했단 말인가. 『논어』에서 공자가 가장 위대한 정치가로 성인이라고 극찬한 사람은 요임금과 순임금이다. 이 사이의 괴리를 어떻게 설명할 수 있는가. 「태백」편에서 공자는 요임금을 위대한 정치인으로 묘사한다.

크도다, 요의 임금됨이여! 위대하도다! 오직 하늘을 크다고 하겠으며, 오직 요임금만을 본받을 만하다. 아득하구나! 백성들이 어떻게 이름조차 부를 수가 없다. 영원하도다! 그의 성공함이여. 빛나구나 그의 문장(文章)이여.[6]

성공이란 정치적 성공을 일컫는 것으로 보인다. 문장은 정치 제도의 완비를 뜻한다. 공자처럼 철저한 공부에 기초한 사람이 『서경』의 몇 마디를 가지고 요임금을 이토록 극찬할 수 있는가? 「옹야」편은 이렇다.

자공이 말했다. "만약 백성들에게 널리 베풀고 가난한 무리를 구제할 수 있는 사람이 있다면 어떻습니까? 인(仁)하다고 해도 되겠습니까?" 공자가 말했다. "어찌 인이다 뿐이랴, 반드시 성인일 터이다! 요임금과 순임금도 그러지 못할까 걱정했었는데! 무릇 인(仁)한 사람은 자기가 서고자 한 곳에 다른 사람을 서게 하고, 자기가 다다르고자 하는 곳에 다른 사람을 다다르게 한다. 가까운 곳에서부터 취하여 깨쳐 나가는 것이야말로 인을 행하는 방법이라 할 수 있겠다."[7]

『논어』 가운데 인(仁)에 대해 가장 잘 설명하고 있는 대목이다. 공자에게서 인은 세부적 실천 덕목이기도 하면서 전체 덕목을 아우르는 총 강령이기도 해서 공자의 학문은 한마디로 인학(仁學)이라고 할 수 있다. 여기서 인은 어진 사람이고 聖은 성인인데, "자기가 서고자 한 곳에 다른 사람을 서게 하고, 자기가 다다르고자 하는 곳에 다른 사람을 다다르게 하는" 인인보다 더 높은 경지의 사람을 지칭하고 있다. 요임금이 그런 경우라는 것이다. 공자 자신의 사상적 정점인 인을 강조하기 위한 역설로 볼 수도 있겠다. 「헌문」편에서는 순임금을 요임금과 같은 반열에 놓고 있다.

자로가 군자에 대해 물었다. 공자가 말했다. "경건하게 자기를 수양한다." "그렇게만 하면 됩니까?"라고 묻자, 공자가 말했다. "자기를 수양하여 사람들을 편안하게 만든다." "그렇게만 하면 됩니까?"라고 묻자, 공자가 말했다. "자기를 수양하며 백성들을 편안하게 만든다. 자기를 수양하여 백성들을 편안하게 만드는 것은 요임금과 순임금도 그러지 못할까 걱정했었느니라!"[8]

이번엔 군자의 수양에 대한 이야기인데, 이 책의 1부 2장 및 4장 등에서 언급하였듯이 군자는 王과 다른 차원의 정치가에 대한 기대이며, 특히 성왕보다는 낮은 차원의 정치가를 뜻한다. 그 군자의 자기 수양 정도를 위에 언급한 그 위대한 요임금과 순임금도 거기에 이르지 못할까 걱정했다는 것은 무슨 뜻인가. 이 구절에서 우리는 공자가 왜 요임금과 순임금을 그렇게 위대하게 칭송하는지에 대한 해답의 하나를 얻을 수 있다. 그건 정치가가 되기 위한 자기 수양의 필요성을 강조하기 위함이었고, 그 정점에 요임금과 순임금을 모범 사례로 만들기 위함이 아니었을까.

「태백」편엔 "순임금과 우임금이 천하를 얻게 된 것은 (물리적 폭력과) 더불어 한 것이 아니었다."라고 순임금과 우임금을 동시에 이야기한다.[9] 많은 논란이 있는 대목이지만 공자가 덕을 강조했다는 점에서 '더불어 하지 않았다'는 것은 폭력에 의지하지 않았다는 말로 해석할 수 있다. 덕에 의지해서 천하를 얻음을 강조한 것으로 보인다. 순임금과 우임금을 이야기하는 공자의 강조점이 어디에 있는지 짐작해 볼 수 있다. 그건 덕이라는 인격적 관점이다.

우임금에 대한 칭송은 『논어』에 두 군데 더 보인다. 위의 「태백」편을 다시 보자.

> 공자가 말했다. "우임금을 나는 트집 잡을 곳이 없다. 그는 스스로 거친 음식을 먹었으나 귀신에게는 지극히 효도하였다. 자기 옷은 추하였지만 제례복은 지극히 아름답게 하였다. 자기가 사는 집은 낮고 허름했지만 도랑을 파고 물길을 내는 일엔 온 힘을 다하였다. 우임금을 나는 트집 잡을 곳이 없다."[10]

'귀신에게 극진하게 효도하였다.'는 것은 제사를 풍성하게 지냈다는 뜻이다. 조상에 대한 제사를 성실히 잘 지내고, 모든 제례에 지극정성을 다한 사람으로서 우임금은 훌륭한 군주라는 말이다. 또한 공자는 그가 수리 공정에 온 힘을 기울였다는 점을 칭송하고 있다. 그러니까 군주로서 치수 정책을 성공시켰고, 그 때문에 백성들이 편해졌으니 트집 잡을 수가 없다는 이야기다.

이상의 기록으로 볼 때 요임금, 순임금, 우임금에 대한 공자의 칭송은 어디에 근거를 둔 것인지 역사적 사실은 알 수 없지만, 적어도 두 가지는 명백해졌다. 하나는 세 명의 위대한 군주 즉 후대에 성왕으로 칭송받는 요임금, 순임금, 우임금이 공자에 의하여 처음 위대한 군주로 칭송되었다는 것이다. 둘은 그 칭송의 내용을 고찰해 볼 때 자기 수양을 강조한 것이고 특히 군자다운 정치가가 되어야 한다는 뜻이다. 다시 말해 세 사람에 대한 공자의 극찬은 그 자신의 정치사상의 핵심인 인을 강조하기 위해 창조한 것으로 생각된다. 요임금의 위대함을 이야기한 부분 외에는 현실 정치가로서 백성들의 안위를 걱정하고 백성들을 위해 온 힘을 다하는 참으로 인간적인 정치 지도자에 대한 희구이다. 이는 「헌문」 편의 다음 구절에 더 분명하게 드러난다.

남궁괄이 공자에게 물었다. "예(羿)는 활을 잘 쏘았고, 오(奡)는 배를 잘 저었습니다. 그런데도 둘 다 좋게 죽지 못했습니다. 우(禹)와 직(稷)은 직접 농사일에 종사했는데도 천하를 얻었습니다." 공자는 아무 대답도 하지 않다가 남궁괄이 나가자 이렇게 말했다. "군자라면 이 사람과 같아야지! 덕을 숭상한다면 이 사람과 같아야지!"[11]

여기선 우와 그의 신하였던 직을 동격으로 취급하고 있다. 공자다운 화법과 비유가 적절한 이 구절을 통해 우리는 요임금, 순임금, 우임금이 그가 만들려는 군자가 덕을 통해 지배하는 정치 즉 '덕치'를 강조하려는 것이었다.

1부 2부의 내용과 이상의 내용을 종합해 볼 때 요임금, 순임금, 우임금의 역사적 등장은 춘추 시대 말기 훌륭한 정치가에 대한 희망으로 이야기되어 오던 여러 가지 사례들을 종합하여 공자 또는 그 시대 사람들이 과거의 전설을 종합해 재구성해 낸 것으로 추정된다.[12] 군자의 덕치의 전형으로서 상정된 가장 위대한 과거 군주의 사례로서 언급된 것이었다. 요임금이 순임금에게, 순임금이 우임금에게 지극히 성스러운 방법으로 권력을 이양했다는 '선양(禪讓)'설도 같은 맥락에서 접근해 볼 수 있다.

2 탕·무(湯武) 성왕: '성왕 – 폭군 구조'의 형성

공자에 의해 새로운 인물로 재탄생된 요임금, 순임금, 우임금 이후 그들을 계승한 성왕으로 추앙받는 역사적 인물은 은나라의 창업자 성탕(成湯)과 주나라의 창업자 문왕(文王), 무왕(武王)이다. 실재했던 이들은 어떻게 요·순처럼 성왕으로 대접받게 되었을까? 삼대 즉 하·은·주 왕조의 개창자들은 오랜 역사 동안 중국 사상사에서 성왕의 대표적 인물로 추앙 받은 인물들이다. 하나라 우임금, 은나라 탕왕, 주나라 문왕과 무왕은 성왕의 전형이었으며, 실존했던 이들의 행적과 정치는 중국 도덕 정치의 최고 이상으로써 항상 지식인들 사이에 근거가 되었다. 그들은 정치적으로 선악을 판단하는 표준 근거였으며, 현실 군주의 잘잘못을 따지는 중요한 자원이었다. 세계 역사상 이들처럼 전형적으로 정치적 선악의 표준이 된 인물은 드물 것이다.

제자백가 가운데 요·순을 찬양하지 않는 학파는 거의 없었다. 다만 『한비자』「현학」편에 "공자와 묵자는 모두 요임금, 순임금을 칭송하지만 취하고 버리는 바가 각기 달랐다. 모두 자신의 말이 진짜 요임금, 순임금의 것이라고 주장하지만 요임금, 순임금이 다시 태어나지 않는 한 장차 누가 유가, 묵가 가운데 누구의 말이 참된 것이라고 확정할 수 있겠는가?"[13]라고 한 점이 다를 뿐이다. 그렇다고 한비자가 요·순의 존재까지 부정한 것은 아니다. 앞서 언급했듯이 요·순 이전에 대한 기록은 거의 없다. 단편적인 찬양이나 회고뿐이며, 구체적인 행적이나 정치적 의미를 지닐 만한 사건 기록도 거의 없다. 하지만 요임금, 순임금, 우임금의 만들어진 색채가 농후한 부분이 있는데도 제자백가들은 이들을 실질 존재로 인식하였고, 인간으로서 인간 사회를 지배한 존재로 묘사하였다. 요, 순, 우는 제자백가들이 하나같이 칭송한 고대 성왕들이다. 그리고 제자백가는 마찬가지로 탕왕, 문왕, 무왕 심지어는 주공까지를 성왕으로 받든다.

『주역』「혁(革)」 괘의 단(彖)전엔 중국 역사상 가장 오랫동안 극명하게 논쟁해 온 엄청난 사건을 기록하고 있다.

> 하늘과 땅이 혁(革)하니 사계절이 이루어졌다. 탕왕과 무왕은 천명을 혁하여 하늘에 따르고 사람에 응하였다. 혁(革)의 시대적 의의가 얼마나 위대한가![14]

혁명(革命)이란 말의 시원인 이 구절을 공자가 쓴 것이라면 그의 평가는 혁명의 정당화이다. 탕과 무는 각각 폭군으로 알려진 하나라 걸왕(桀王)과 은나라 주왕(紂王)의 신하였으므로 서양 정치학의 용어로 하자면 쿠데타를 일으킨 것이다. 딱 한 줄 이 구절이 역사상 얼마나 많은 혁명가를 탄생시켰으며, 얼마나 많은 사람을 역적으로 몰아 3족 혹은 9족을 몰살시켰는가! 그런데 이들 탕왕과 무왕은 또한 역사상 성왕의 전형적인 모범이었다.

앞서 언급했듯이『서경』은 주나라 성립에 대한 예찬이며, 천명이 주나라에 왔음을 강조하는 쿠데타의 정당화이며, 좋게 말하면 좋은 정치가 무엇인지 수천 년 간 동양인에게 깨우침을 가져다준 상서로운 책이다. 이 책의 상서(商書)엔「탕서(湯誓)」라는 편이 있는데 "이윤이 탕왕의 재상이 되어 걸(桀)을 벌(伐)하였다."라는 기록이 있다. '벌(伐)'이란 정치적 정당성을 가진 최고 권력자가 부당하게 권력에 도전하는 사람을 공격하여 없애는 행위를 말한다. 신하였던 '탕'이 왕이었던 '걸'을 벌하였다는 것은 상당히 모순이다. 그런데 이렇게 한 것은 바로 주나라 무왕이 왕이었던 은나라 주(紂)를 벌하였다고 하려는 심산에서이다. 모순이 아니라는 논리를 『서경』은 그렇게 오래 많은 양을 할애해서 이야기하고 있는데, 그 핵심 내용은 천명이다. 천명을 받았다면 하늘이 인간보다 높으니 하늘의 이름으로 벌(伐)이 가능한 것이다. 물론 '천명이 어디 있느냐? 당신이 봤어?'라고 오늘날처럼 물어본다면 성립이 안 되는 말이지만 수천 년을 믿게 만든 주공(周公)의 능력은 대단하다. 여기서 성왕에 대한 한 가지 힌트를 얻을 수 있는데 바로 '탕'과 '무'는 천명을 받았기 때문에 성왕이 되었다는 것이며, 거꾸로 폭군을 정벌하여 혁명에 성공하면 성왕이 될 수 있다는 것이다. 앞에 창조된 요, 순, 우와는 판이하게 다른 성왕이다. 다시 말해 폭군의 반대편에 성왕이 존재한다는 것이다.

『서경』에는 은나라 창업주 탕왕의 훈계를 담은 「탕고」 편이 있다. 여기에는 하나라 마지막 왕 걸(桀)이 폭정을 하자 탕이 하늘에 제사를 올리고 그들에게 죄를 줄 것을 요청하니 "마침내 원성(元聖)을 구하여 그와 더불어 온 힘을 기울여서 너희 군사 무리와 함께 하늘이 내려 준 명령을 실행하였느라."라고 한다. 여기서 원성(元聖)은 하늘의 명령을 수행할 '훌륭한 사람'을 찾았다는 내용으로 탕왕의 신하인 이윤(伊尹)을 지칭한다. 제사장 본인이 아니라 탁월한 능력을 지닌 현명한 신하에 聖 자를 쓴 것이다.

성왕(聖王) – 현신(賢臣), 폭군(暴君) – 영신(佞臣)의 구조화된 틀이 만들어짐으로써 성왕은 더욱 성스러운 인물이 되고, 폭군은 성왕을 더욱 그렇게 만들어 주는 역할을 하게 되었다. 그 구조화는 진한 통일 제국을 거쳐 유가 사상이 정치 이데올로기로 기능한 수천 년 중국 정치사상사 틀 내에서 이치(理)가 되었다. 이치화한 성왕 모델과 폭군 모델은 역사적 사실과는 다를 수 있다. 삼대의 성왕을 이런 모델 속에 가두게 된 배경과 예시들은 무엇인가? 이상이야말로 현실을 비판할 수 있는 중요한 근거이다. 이상이 없으면 현실 정치의 폐단을 적시하기 어렵다. 당시 현실 정치를 비판하기 위하여 '성왕 만들기'를 한 것인가? '폭군 만들기'를 한 것인가?

　다음 몇 가지 예시를 통해 성왕 – 폭군이 어떻게 구조화되어 갔는지 이해할 수 있다. 유가는 아니지만 『묵자』에서도 '성왕 – 폭군 구조'는 만들어지고 있다. 하, 은, 주 3대는 묵자 안중의 태평성대였다. 우·탕·문·무·주공(周公)은 태양처럼 빛나는 성왕이었다. 그러나 그 광명 속에서도 걸·주의 통치와 같은 암흑 시대가 나타난다. 걸·주가 일어나니 대란이 일고, 탕·무가 흥하니 대치가 되었다. 그래서 묵자는 치와 난의 원인은 "위에서 어떻게 위정을 하느냐에 달려 있다."라고 말한다. 『묵자』「비명 하(非命下)」편에도 천하의 백성은 하나같은데, "걸·주에게 있으면 천하가 혼란하고, 탕·무에게 있으면 천하가 다스려진다."라고 말한다. 천하가 다스려지는 까닭은 "탕·무의 힘씀 때문이다." 성왕이 창조한 태평성대는 결코 때마침 찾아온 우연이나 하늘의 혜택 때문이 아니다. 성왕도 때로는 하늘의 재앙을 만나지만 "그 힘을 다하여 시급한 생산에 진력하고, 스스로 쓰임새를 절약하기"[15] 때문에 곤란이 하나하나 극복되어 마침내 위험에서 벗어난다.

　치세와 난세를 '성왕 – 폭군 구조'로 이해한 것은 이렇게 하여 정형화된 형태가 되었다. 맹자는 역사의 진행 과정을 한 번은 잘 다스려지는 치세이고 한 번은 어지러운 난세(一治一亂)라고 주장한다. 치(治)는 '성인'·'성왕'의 공이고, 난(亂)은 '폭군'의 잘못이다. 성왕과 폭군이 역사의 면모를 결정짓는다. 군주가 포악하면 백성이 떠나고, 군주가 인정을 행하면 백성이 순종한다. 『맹자』「등문공 상」편에 보이는 "군자의 덕은 바람과 같고 소인의 덕은 풀과 같다. 풀 위에 바람이 스치면 풀은 자연스레 바람이 부는 대로 쓰러진다."라는 말은 『논어』「안연」편에도 보인다. 『맹자』에는 은나라 주(紂)를 14번이나 폭군으로 비정하고, 상대적으로 주나라 문왕(文王)을 35차례나 성왕으로 드높인다. 「공손추 상」편에서 문왕의 성인됨에 대한 제자 공손추의 물음에 맹자는 이렇게 대답한다.

은나라 탕으로부터 무정에 이르기까지 어질고 성스러운 임금이 예닐곱 분이 나오셨으니 천하가 은나라로 귀속된 지 오래되었고, 오래되면 바뀌기가 어려운 법이네. 무정은 제후들의 조회를 받으며 천하를 장악하길 손바닥 뒤집듯 하였네. 주왕은 무정으로부터 그다지 멀지 않은 때라 옛 집의 습속이 남아 있고, 흐르는 풍도와 좋은 정책 또한 상당히 존재하고 있었다네. 게다가 미자와 미중, 왕자 비간, 기자, 교격 등 수많은 현인들이 서로 보좌하고 조정을 도왔다네. 그래서 오랜 세월이 지난 뒤에야 정권을 잃게 된 것이네. 한 자의 땅이라도 은나라의 것이 아닌 것이 없었고, 한 사람의 백성이라도 은나라의 신하가 아닌 사람이 없었네. 그런데도 문왕이 겨우 사방 100리의 땅에서 일어났으니, 그래서 어려웠던 것이네.[16]

맹자는 주왕을 필부로 여겨 아예 王이라는 호칭도 붙여 주지 않았으며, 문왕과 무왕은 주왕의 신하 신분이었음에도 왕자를 붙여 드높은 성왕으로 받들었다. 심지어 폭군은 하나의 필부에 불과하니 죽여도 된다는 유명한 '주일부(誅一夫)'설을 창조해 냈다. 거꾸로 생각하면 공자와 유가 정치사상의 절대적 바탕인 '종주(從周)' 이론의 연속으로서 문왕, 무왕의 성왕화를 위해 걸·주의 폭군화를 심화시켰다는 이야기다. '성왕－폭군 구조'는 맹자에 이르러 혁명, 방벌 등 확연한 이론 기반을 갖추게 된 것으로 보인다.

'성왕－폭군 구조'는 『순자』에 이르러 걸·주를 나란히 쓰며 폭군의 대명사로 지칭하는 사례가 33차례 등장한다. 이 폭군들의 반대편에 성왕이 존재한다. 순자는 예와 법의 기원을 따지면서 예·법은 성인·군자가 만들어 낸 것이라고 하였다. 그리고 근본적으로 사람이 예·법보다 중요하다고 말한다. 역사적 경험으로 볼 때 순자는 국가의 흥망성쇠가 성왕·폭군에 의해 조성된 것이라 생각했다. 그러므로 결정적 작용을 하는 것은 사람이지 예·법이 아니라는 것이다. 그 사람이 바로 창업자들, 성왕이었다. 순자는 나라를 다스리는 경영 방침은 앞 성인들이 벌써 잘 준비해 두었다고 한다. 그것은 역사의 창고 속에 저장되어 있으며, 쓰고 안 쓰고는 후대 사람의 손에 달려 있다고 한다.『순자』「군도(君道)」편엔 "명사수 예(羿)의 활 쏘는 법이 사라진 것이 아니라, 예가 세상에 자주 나타나지 않는 것이다. 우의 하나라를 다스리는 법은 여전히 존재하였지만 하나라가 영원히 세상의 왕이 되지는 못하였다."[17]고 말한다. 우선 성왕에 대해『순자』「비십이자」편에는 구체적인 이름까지 들먹이며 역사적으로 정리를 하고 있다.

치국의 방침과 책략을 총괄하고, 사람들의 말과 행동을 가지런히 하고, 통류를 하나로 관통하여 천하의 영걸들을 모아 옛 성왕(聖王)의 업적을 알리고, 지극한 이치에 따라 그들을 가르치며, 조그만 방 안이나 깔개 위에서도 성왕의 문물 제도가 완전하게 갖추어져 있고, 세상의 풍속을 바로잡으려는 기운이 왕성하게 일어난다면 앞의 여섯 가지 주장이 끼어들 수 없고 열두 사상가 따위가 사람들과 가까워질 수 없을 것이다. 송곳 꽂을 땅도 없었으나 왕공대인이라도 감히 그와 더불어 이름을 다툴 수 없었으며, 일개 대부의 자리에 있었으나 한 군주만으로는 그를 봉양할 수가 없었고 한 국가만으로는 그를 담아낼 수가 없었으며, 성대한 명성만으로도 제후들에게 도움이 되어 그를 신하로 삼고 싶어 하지 않는 군주가 없었을 정도의, 이렇게 성인이면서 권세를 얻지 못했던 자가 바로 중니와 자궁이다. 천하를 통일하고 만물을 안배하여 오래도록 인민을 길러 천하가 두루 이롭도록 하였고, 인적이 닿는 곳이면 어디든 복종하지 않는 자가 없었으며, 앞의 여섯 가지 주장 따위가 즉각 그치고 열두 사상가도 이를 본받아 바꾸게 될 정도의, 이렇게 성인으로서 권세를 얻었던 자가 바로 순임금과 우임금이다. 오늘날 예의를 익힌 어진 사람들은 장차 어디에 힘써야 하는가? 위로 순임금, 우임금의 예법 제도를 본받고 아래로 중니, 자궁의 인의를 본받아 열두 사상가의 주장을 멈추게 하는

데 힘써야 한다. 이와 같이 천하의 해로움을 제거하고 어진 사람의 일을 마치면 성왕(聖王)의 자취가 뚜렷해질 것이다.[18]

성인으로서 권력을 얻지 못한 사람은 공자와 그의 제자인 중궁이고, 성인으로서 권력을 얻어 천하의 해로움을 제거한 사람은 순임금과 우임금이라는 이야기다. 그 반대편에 걸왕, 주왕이 있다. 「권학」 편에는 "공부란 원래 하나에 전력을 기울이는 것이다. 한 번 나갔다 한 번 들어왔다 하면 길거리의 보통 사람일 뿐이다. 잘하는 것은 적고 잘못한 것이 많은 자는 걸과 주, 그리고 도둑 척(跖)과 같은 사람이다."[19]라며 걸왕, 주왕을 도척에 비유하고 있다. 이는 맹자가 필부로 주왕을 본 것과 같은 맥락으로 보인다.

성왕-폭군의 대비 구조에 대해서는 『순자』 「영욕」 편에 명료하게 보여 준다. "하늘의 운행엔 일정한 규율이 있다. 성왕인 요임금 때문에 존재하는 것도 아니고, 폭군인 걸왕 때문에 없어지는 것도 아니다. 운행 질서에 응하여 잘 다스리면 길하고, 그것에 응하여 혼란스러우면 흉하다." 「정론」 편엔 "세속의 말 만들기 좋아하는 사람들은 '걸왕, 주왕이 천하를 소유하고 있었는데, 탕왕, 무왕이 그것을 빼앗아 버렸다.'고 한다."라며 걸·주와 탕·무를 대비하고 있다. 「영욕」 편에는 더 확연하게 대비하고 있다.

이것이 만약 행해지지 않는다면 탕왕과 무왕이 위에 있은들 무엇이 이롭겠는가? 걸왕과 주왕이 위에 있은들 무엇이 손해겠는가? 탕왕과 무왕이 자리에 있다면 천하가 그에 따라 다스려질 것이고, 걸왕과 주왕이 자리에 있다면 천하가 그에 따라 혼란스러워질 것이다.[20]

그 이후 중국 역사에 가장 보편적으로 등장하는 탕·무-걸·주의 '성왕-폭군 구조'는 이렇게 형성되었다. 탕·무는 치(治)의 상징이요, 걸·주는

난(亂)의 상징으로 중국 사상사는 엮이게 되었다. 심지어는 치란의 궁극적 원인으로 '성왕 – 폭군 구조'를 선악의 문제로 취급한 한 대『회남자』의「무칭훈(繆稱訓)」엔 삼대 성왕과 폭군이 양극단으로 정형화된 원인을 이렇게 분석한다. "삼대의 선은 천 년 동안 쌓여 온 영예이며, 걸·주의 악은 천 년 동안 쌓여 온 상처이다."

이렇게 성왕과 극단적인 대비를 이루어 성왕을 더욱 성왕답게 해 주는 폭군 모델은 정당한 것인가? 성왕과 폭군의 전형(典型)화는 후대의 산물이다. 춘추 전국 시대 제자백가들만 하더라도 이런 논리에 상당 부분 이의를 제기하고 있다. 공자의 다음 말은 그의 聖 자의 용례, 그의 요임금에 대한 찬양과 더불어 매우 흥미로운 생각을 갖게 한다.『논어』「자장」편에 나오는 말이다.

은나라 주왕(紂王)이 착하지 못했다는데 그렇게까지 심각한 것 같지는 않다. 그래서 군자는 자기 행위에 오점을 남기는 것을 싫어하는데 천하의 죄악이 모두 자기에게 귀결될 것이기 때문이다.[21]

역시 공자의 일관된 주장은 군자의 정치에 대한 자신의 사상적 성취를 강화하기 위한 것이었다. 이 군자는 정치가이다. 주왕은 천하에서 가장 포악한 군주였다고 평가되지만 따지고 보면 그런 것이 아니라 몇 가지 오점 때문에 사람들이 다른 잘못까지 뒤집어씌웠기 때문이라는 평가이다. 그렇다면 공자도 '성왕 – 폭군 구조'의 형성과 그것이 정치적으로 이용되어 주나라의 정권 전복을 정당화시키는 언술로써 유행하고 있는 당시의 실상을 정확히 알고 있었다는 말인가.

순자는 탕·무 – 걸·주의 '성왕 – 폭군 구조'를 특별히 강조했으면서도,『순자』「비상」편에 보면 다음과 같은 비유를 들어 폭군 걸, 주의 등장을 애매하게 표현하고 있다.

옛날에 걸왕, 주왕은 몸집이 거대하고 아름다워 천하의 호걸이었다. 근력이 월등히 뛰어나 100사람을 대적할 정도였다. 그럼에도 몸은 죽임을 당하고 나라는 망하여 천하의 죽일 놈이 되었다. 후세 사람들이 나쁜 놈을 이야기할 때면 반드시 이들을 들먹인다.[22]

그러니까 탁월한 용모와 힘을 가진 사람이 걸왕, 주왕이었는데, 죽임을 당하고 나라가 망했기 때문에 천하의 나쁜 놈으로 '만들어졌다'는 이야기이다. 현실 정치에서 실패의 크기에 비해 후세의 평가가 훨씬 가혹했다는 이야기다. 『사기』「은본기」에도 "제왕 주는 그 바탕이 변별력이 뛰어나고 민첩하였으며, 듣고 보는 데도 매우 예민하였으며, 재주와 힘은 다른 사람들보다 훨씬 뛰어나서 손으로 맹수와 상대할 정도였다."라고 한 것으로 보아 폭군으로 알려진 주왕이 처음부터 나쁜 사람은 아니었음을 알리고 있다.

주왕이 폭군이었는지에 대해선 이론이 있을 수 있다. 주왕 즉 제신(帝辛)은 즉위 후 농상(農桑)을 중시하고 생산력 발전에 힘을 기울여 국력이 강성해졌다. 군사를 일으켜 동이(東夷)를 물리치고 중원의 강역을 확장하여 상 왕조의 세력이 강수(江水)·회수(淮水) 일대까지 늘었다. 오늘날의 산동, 안휘, 강소, 절강, 복건성의 연해는 주왕 때 개척된 곳으로 본다. 이런 주왕이 왜 폭군의 대명사가 되었는가? 새로운 권력자의 권력 정당화 모델의 희생양은 아니었을까?

'성왕-폭군 구조'의 전형이 만들어진 것은 춘추 전국 말기와 진나라의 통일 직전 선진 유가들의 역할이 컸다. 특히 학문적으로 가장 왕성한 작품 활동과 연구 활동을 한 사람들이 유가였으며, 그들은 제자백가 학설을 종합 집대성하였다. 특히 진나라 통일 전후 순자의 역할은 압도적이었다. 제자백가 모두를 깊이 연구하고 어려서부터 널리 공부한 순자는 장수하면서 오경과 제자에 관한 많은 학문을 집대성하며 숱한 제자들을 키워 냈다.

이러한 평가에 대해서 일찍부터 의문을 제기한 사람이 있긴 있었다. 한나라 때의 왕충(王充, 27~100년?)은 삼대 성왕의 훌륭한 정치라는 모델은 유학자들의 과장으로 만들어진 것이라고 진단한다.[23] 그러나 왕충처럼 이의를 제기한 사람은 극소수였고, 중국 역사상 대부분은 이를 사실로 받아들이며 전형화하는 데 동의하였다.[24]

탕왕과 무왕이 성왕이 된 것은 결국 주나라 초기 '혁명'의 정당화와 관련이 있으며, 공자의 '종주'와 그를 추종한 유가 사상가들이 주나라 정권을 정당화해 주기 위하여 탕무 - 걸주의 '성왕 - 폭군 구조'를 만들어 낸 것으로 생각된다. 결과적으로 이것은 폭군의 방벌을 성공시키면 성왕이 될 수 있다는 생각을 심어 주어, 후대 중국 정치의 전개에 큰 영향을 미치게 되었다.

(이 장 내용 가운데 많은 부분은 「성인의 재탄생과 성왕 대 폭군 구조의 형성」이라는 제목으로 한국정치사상학회 《정치사상연구》 17집 2호, 2011년 11월호에 게재되었다.)

2장 방벌과 선양

1 방벌과 성왕: 탕왕과 무왕

방(放)은 쫓아낸다는 뜻이고 벌(伐)은 벤다는 의미다. 중국 사상사에서 방벌은 악덕한 군주를 쫓아내 죽인다는 의미로 받아들였다. 주로 정의의 군대를 동원하여 포악한 군주를 '정벌'함으로서 천명을 구현했다는 논리를 세울 때 사용되었으며, 혁명 또는 쿠데타를 정당화하기 위하여 이용하였다. 누가 방벌의 주체가 되느냐에 따라 공(攻), 정(征), 토(討), 벌(伐) 등의 구별이 생긴다. 이에 대해선 김용걸(2002)과 최홍열(2005)의 연구를 참고할 만한데,[1] 결국 천자에 의한 정(征)이냐 제후들 간의 벌(伐)이냐의 문제이다. 『서경』엔 「윤정」(胤征)이란 편이 있어 특별히 정(征)을 언급하는데 주로 탕왕이 죄를 지은 제후를 정(征)한다는 기록이다. 『논어』 「계씨」 편엔 "계씨가 장차 전유를 벌(伐)하려 하자"라는 구절이 있지만, 같은 편에 "천하에 도가 있으면 예, 악, 정, 벌이 천자로부터 나오고, 천하에 도가 없으면 예, 악, 정, 벌이 제후로부터 나온다."[2]라는 구절로 보아 정과 벌을 특별히 구분하지는 않았다. 이를 구체적으로 구분하여 사용한 사람은 맹자였다. 『맹자』 「고자 하」 편엔 "천자는 토(討)하지 벌(伐)하지 않으며, 제후는 벌(伐)하지 토(討)하지 않는다."라고 하여 토(討)는 천자의 행위이고, 벌(伐)은 제후들 간의 행위라고 규정짓고 있으며, 「진심 하」 편에선 "정(征)은 위에서 아래를 벌(伐)하는 것이니, 적대하는 나라들끼리는 서로 정(征)하지 않는다."라고 말한다. 하지만 전국 시대를 지나면서 천자의 명령으로 군대가 움직이는 일이 없었으므로 군사적 공격을 가하는 행위를 모두 '정벌(征伐)'로 섞어서 부르게 되었다. 『한비자』「오두」편의 "탕무정벌(湯武征伐)" 용례처럼 제자백가의 책들에는 정벌을 보통 명사로 사용하고 있다.

성왕의 계보 가운데 탕왕, 무왕은 분명 방벌과 관련이 있다. 따라서 요-순, 순-우가 선양의 범주에 드는 성왕이라면, 같은 성왕으로 칭송받는 탕과 문-무-주공은 방벌론으로 접근할 수 있다. 선양은 현재 재임하고 있는 성왕이 현자를 선택해 그에게 왕위를 넘겨 주는 것을 말하고, 방벌은 현재의 폭군에 대하여 민심을 얻은 사람이 정벌과 혁명의 방법으로 군주를 몰아내고 성왕의 정책을 펴는 경우를 말한다. 하나는 왕위를 주는 것이고 하나는 왕위를 빼앗는 것이다. 천하를 얻는 두 극단적인 방법을 말한다. 학자들마다 이에 대한 견해에 차이가 있다.

하나라 걸왕에 대한 탕의 정벌과 은나라 주왕에 대한 무의 정벌은 전국 시대에 요, 순, 우의 선양설보다 더 인구에 회자되었다. 특히 춘추 전국 시대의 공식적인 왕조는 주였는데, 주 무왕은 정벌로 천자가 된 사람이다. 여기에 각종 정치적 정당화와 정치 선전이 맞물려 정벌을 미화한 측면도 많았다. 이런 미화에 대하여 주 왕실이 완전히 무력해진 전국 시대 중후반에 이르러서야 이의를 제기하고 반대하는 사람이 출현하였다.

『논어』에는 성왕의 방벌을 직접 언급한 곳이 없다. 다만「팔일」편에 "공자가 악곡 소(韶)에 대해 '아름다움을 다한 데다 선을 다하기도 한 것이다.'라고 평가하였다. 악곡 무(武)에 대해선 '아름다움을 다하였지만 아직 선을 다하지는 못하였다.'라고 평가하였다."라는 기사를 싣고 있다. 소(韶)는 순임금이 지었다는 음악이고, 무(武)는 주 무왕이 지었다는 음악인데 이 둘을 평가하고 있다. 하나는 선양이고 하나는 방벌이다. 둘 다 아름답다는 표현이지만 음악에 있어서 순임금을 더 찬양하는 듯하다. 어떻게 보면 공자가 분명히 선양을 방벌보다 높게 평가하고 있으며, 순임금을 무왕보다 높은 경지로 보고 있는 듯하다.[3] 그렇지만 공자의 사유 체계는 주나라를 추종하였고, 주 무왕을 성인으로 받든 일관된 입장을 견지하고 있었기 때문에 성왕인 순임금의 선양과 같은 성왕인 주 무왕의 방벌에 대해 경지의 높낮이를 분명히 하지는 않았을 것이란 것이 유학자들의 공통된 생각이었다. 공자의 이 생각은 중국 사상사에서 은연중에 큰 영향을 발휘했다.

순임금과 무왕을 평가한 공자의 말에 대해 주희는 『논어집주』에서 층차의 높낮이가 있지만 본질은 같다고 주석하였는데, 이것은 맹자의 해석에 준한 것이다. 따라서 맹자나 주자학의 입장에서 보면 선양과 방벌 가운데 무엇이 더 높은 가치를 지니는지 공자가 평가를 내렸다고 보기 어렵다. 『맹자』는 탕·무 정벌의 일을 여러 차례 이야기한다. 가장 중요한 제 선왕과의 대화를 보자. 「양혜왕 하」편에 실려 있다.

제선왕이 물었다. "은나라 왕 탕이 하나라 왕 걸을 축출하였으며, 주나라 무왕이 은나라 주왕을 토벌했다는데 그런 일이 있었습니까?" 맹자가 대답했다. "전해오는 문헌에 그런 기록이 있습니다." 왕이 말했다. "신하가 자신의 군주를 시해해도 괜찮은 겁니까?" 맹자가 말했다. "인을 해치는 자를 도적이라 부르고, 도의를 해치는 자를 잔악하다고 말합니다. 잔악하고 도적질하는 이런 사람을 한낱 필부라고 부릅니다. 저는 한낱 필부인 주를 죽였다는 말을 들었을 뿐 군주를 시해했다는 말은 들은 적이 없사옵니다."[4]

일반적 군신 관계를 타파하고 있는 이 구절은 파천황적이다. 군주가 군주답지 않으면 일개 필부에 불과하니 죽여도 좋다는 이야기다. 맹자는 '잔적인의(殘賊仁義)'의 경우 뒤집을 수 있다고 하는데, 후대의 역사에서 보듯 정권을 뒤집은 모든 혁명가는 이것을 명분으로 삼았다. 유가 정치학에서 가장 근본적으로 부딪히는 문제가 군신지분(君臣之分) 문제이며, 명분 문제이다. 맹자는 그 구실 중 하나를 마련해 주고 있다. 맹자는 정벌을 찬양한다. 「양혜왕하」편을 보자.

맹자가 말했다. "신은 70리 땅을 가지고 천하에 왕정을 펼친 사람이 있는데 바로 탕왕이라는 말은 들었지만, 천 리의 영토를 가지고도 다른 나라를 두려워했다는 말은 들어 보지 못했습니다. 『서경』에 이런 내용이 있습니다. '탕왕이 한 번 정벌에 나서 갈나라로부터 시작하였는데' 천하가 모두 탕왕을 믿었습니다. '동쪽을 향하여서 정벌하면 서의 이(夷) 족이 원망하고, 남쪽을 향하여 정벌하면 북의 적(狄) 족이 원망하며 왜 우리는 나중에 치느냐'고 말하였다고 합니다. 백성들은 큰 가뭄에 비구름을 만난 듯이 무지개를 보듯이 그를 소망했습니다. 시장으로 가던 사람은 그대로 갔고, 밭갈이하던 사람은 그대로 밭을 갈았습니다. 포악한 군주를 죽이고 백성들을 위문하니 가뭄 끝에 때맞추어 내린 비를 맞듯이 그 나라 백성들이 크게 기뻐하였습니다. 『서경』엔 '우리 임금님을 기다리는데, 임금님이 오시면 부활하리라'라고 말합니다."[5]

정벌에 찬성하는 맹자는 왜 선양이 아니고 정벌을 할 수밖에 없는가에 대해서도 말한다. 요·순 이후에 성인이 더 이상 나오지 않아 선양을 말할 환경이 되지 않았다는 것이다. 「등문공 하」편엔 "요임금과 순임금이 벌써 돌아가시고 성인의 도가 쇠미해져 가니 폭군이 대신 등장하여 궁실을 파괴"했다고 말한다. 그러니까 맹자는 요·순의 선양을 중요하고 위대한 가치로 여기지만, 이미 그러한 사람이 없고 시대가 아니므로 방벌이 필요하다는 논리다. 위에서 언급한 성왕-폭군의 극명한 대비를 통해 시대의 구원자로서 방벌자를 성왕으로 끌어올리는 논리다.

맹자식의 탕·무 방벌이 성공하느냐 여부는 민심에 달려 있다. 민심을 얻어 방벌하느냐, 방벌하여 민심을 얻느냐는 동전의 양면이 된다. 「이루 상」편 엔 "걸과 주가 천하를 잃은 것은 민심을 잃었기 때문이다. 통치할 백성을 잃 었다는 것은 그 마음을 잃었다는 것이다."라고 한다. 선양을 할 때는 하늘이 사람을 선정해 천하를 돌려주는 형태였다. 물론 모두 백성을 중시한 처사였 다. 하지만 방벌은 다른 측면을 보여 준다. 그 사람에게 돌려주는 기본 조건을 마음〔心〕에서 구한 것이다. 백성을 정권 전이의 주체로 본 것이다. 물론 백성 들에게 권력을 바꿀 수 있는 힘을 부여하지는 못했지만, 인간의 주체로서 심 을 설정하고, 백성들의 심에 권력의 향배가 결정된다는 논리를 세운 것은 당 시로선 매우 파격적인 일이었다.

맹자가 그리는 탕 · 무 정벌의 실제 상황은 전쟁이 아니다. 민심의 귀환으 로 순식간에 결판이 나 버린다. 사실상 탕 · 무의 정벌은 들판을 온통 피로 물 들이며 성공한 것이었지만 맹자는 그런 역사적 '사실'을 애써 무시하고, '이 치'를 가지고 지인(至仁)한 사람에게 권력이 돌아간다는 논리를 펴고 있다. 「진심 하」편에서 맹자는 이렇게 말한다. "『서경』의 구절을 모두 믿는다면 차 라리 『서경』이 없느니만 못하다. 『서경』 「무성」편에서 내가 믿고 따를 만한 것은 불과 두세 쪽뿐이었다. 어진 사람은 천하에 적수가 없다. 무왕처럼 지극 히 어진 사람이 은나라 주왕처럼 극도로 어질지 못한 사람을 토벌했는데, 어 떻게 『서경』의 기록처럼 디딜방아 공이가 떠내려 갈 정도로 많은 피를 흘렸 을 수 있단 말인가?"[6] 그리고 같은 편에서 방벌을 더욱 이상화하고 있다.

맹자가 말했다. "'나는 진을 잘 치고, 전투도 잘한다.'라고 말하는 사람이 있다면 이는 큰 죄악이다. 군주가 어진 행동을 좋아하면 천하에 적수가 없다. 남쪽을 향해 정벌하면 북의 적(狄) 족이 원망하고, 동쪽을 향하여 정벌하면 서쪽 이(夷) 족이 원망하며 '왜 우리는 나중에 치느냐'고 말한다. 주 무왕이 은나라를 토벌할 때 전차가 300대에 날랜 용사가 3000명이었다. 무왕은 놀란 백성들에게 '두려워하지 마라! 내 너희를 편안히 해 주려는 것이지 너희 백성들을 적으로 삼으려는 것이 아니다.'라고 말하였다. 그러자 은나라 백성들이 산이 무너지듯 땅바닥에 머리를 찧으며 조아렸다. 정벌의 정(征) 자는 바로잡을 정(正)의 의미이다. 각자가 모두 자기 나라를 바로잡으려 하는데 무슨 전쟁 수단을 이용할 필요가 있겠는가?"⁷

맹자는 방벌의 사실을 '이상화'하고 있다. 맹자의 정치관이 전쟁을 싫어하기 때문이기도 했지만, 도덕의 성취를 통해 현실을 개조할 수 있다는 도덕권력의 정치권력에 대한 우위를 찾으려는 노력의 결과이기도 했다.

순자도 이 문제에 대하여 깊이 고민하였다. 『순자』「정론」편엔 탕·무의 정권 찬탈에 대해 논박하는 장면이 있다.

세속의 말을 만들어 내는 자들이 "걸과 주가 천하를 소유하고 있었는데, 탕과 무가 그것을 빼앗아 가졌다."라고 말한다. 이것은 그렇지 않다. 걸과 주가 천자⁸의 자리에 있었던 적이 있다고 한다면 그럴 수 있고 친히 천자를 지낸 적이 있다고 한다면 그럴 수 있다. 하지만 천하가 걸과 주의 손아귀에 있었다고 말하는 것은 그렇지가 않다. 옛날 천자는 천 명의 관료를, 제후는 백명의 관료를 두었다. …… 천하를 유능하게 운용하는 것을 王이라 일컫는다. 탕과 무는 천하를 얻은 것이 아니라 도를 닦고 의를 행하여 온 천하에서 다같이 누릴 수 있는 이익을 일으켰고, 온 천하에서 다 같이 없애야 할 해로움을 제거하였다. 그래서 천하가 그에게 귀순하였다. 걸과 주가 천하를 떠난 것이 아니다. 우와 탕의 덕에 반하고, 예의의 구분을 어지럽히고, 금수와 같은 행동을 하고, 흉악함이 쌓일 대로 쌓여 악이란 악은 다 저질러 대니 천하가 그를 떠난 것이다. 천하가 그에게 귀순하면 그를 王이라 일컬으며, 천하가 그를 떠나면 그것을 망했다고 말한다. 따라서 걸과 주에게 천하가 없었던 것이므로 탕과 무가 군주를 시해한 것이 아니다. 이로써 그 사실은 증명된다. 탕과 무는 백성의 부모와 같았고, 걸과 주는 백성의 원수 도적과 같았다. 지금 세속에서 말을 만드는 사람들이 걸과 주가 군주였는데 탕과 무가 시해했다고 말하는데, 그렇다면 백성의 부모를 죽이고 백성의 원수 도적을 스승으로 삼았다는 이야기가 되니 이처럼 상서롭지 못한 말은 없을 것이다. 천하의 뜻이 합해져 군주가 되는 것인데, 천하에서 걸·주와 뜻을 합친 적이 한 번도 없었다. 그렇다면 탕과 무가 시해를 했다고 하는 것도 천하에 일찍이 한 번도 없었던 말이다. 오직 깎아내리는 것일 따름이다.[9]

이 구절은 탕·무와 그 반대편에 있는 걸·주를 비교해 '성왕-폭군 구조'를 완성시키고 있다. 천자라는 정치적 권위를 갖고 있다고 해서 천하를 소유한 것이 아니고, 천하를 구성하는 핵심은 백성들의 마음이므로 민심이 귀의하는 곳에 진정한 王이 존재한다는 논리이다. 따라서 민심을 잃은 폭군을 몰아내거나 죽이는 것은 정의로운 행위가 된다. 탕·무는 천하의 마음을 얻어 성왕의 정치를 한 사람이고, 걸·주는 천하의 마음을 잃은 도적이자 원수에 불과하다는 것이다. 실제로 순자도 맹자의 일부(一夫)와 비슷하게 여기서 독부(獨夫)란 말을 쓴다. 유가 사상에 내재하는 '성왕-폭군 구조' 아래서 혁명이나 쿠데타는 이렇게 정당화될 수 있다.

탕·무 정벌이라는 역사적 사실에 대하여 선진 제자백가는 대부분 이의를 달지 않았다. 다만 군신지분(君臣之分) 때문에 질의를 했고, 맹자는 시군(弑君)이 아니라고 주장했다. 순자의 위 주장도 '이치(理)'를 두고 변론을 한 것이다. 논리가 맹자와 다를 뿐이다. 천하가 귀의하면 왕이 되고, 천하가 떠나면 망한다는 왕(王)과 망(亡) 두 개념을 설정한다. 왕자라 되려면 천하 사람들(海內之人)의 인가를 받아야 하는데, 천하 사람들이 떠난다면 곧 망한다. 탕·무는 천하를 취한 것이 아니라 천하가 그에게 돌아간 것이다. 걸·주는 천하를 잃은 것이 아니라 천하가 그를 떠난 것이다. 그래서 탕 · 무는 왕(王)의 조건에 맞고, 걸 · 주는 망(亡)의 조건에 맞다.

한편 천하는 지중(至重)한 것이므로 성인이 아니면 맡을 수 없다. 따라서 민심이 성인을 향하느냐의 향배가 천하가 돌아가느냐를 결정짓는다. 그렇게 왕이 되고 성왕이 된다. 그래서 순자의 결론은 "걸 · 주에겐 천하가 없어진 것이고, 탕 · 무는 시군을 한 것이 아니다."이다. 결론은 맹자와 다르지 않다. 다만 순자는 군신지분에 대하여 더 높은 표준을 설정하고 있을 뿐이다. "천하가 그에게 돌아간다."는 표준은 민심의 귀속이라는 맹자와 비슷한 말이지만, 훨씬 추상적이지 않고 현실의 정책 승부에 대한 민심의 동의라는 높은 수준의 표준을 요구하고 있는 것이다.

『순자』「신도」편에서는 이렇게 말한다.

> 빼앗은 뒤에 의롭게 되고, 죽인 후에 어질게 되며, 위아래가 자리를 바꾼 뒤에 곧아진다면 그 공로는 천지의 경영에 참여하는 것이고 그 은택은 만백성에게 영향을 미치는 것이다. 무릇 이를 가리켜 권험지평(權險之平)이라 일컫는데 탕왕과 무왕이 그러했다.[10]

탕 · 무의 정벌은 권력 행위였다는 것이다. '권험지평'이란 권의(權宜)의 계책, 즉 마땅히 행사해야 할 권력 행위로 정치적 변수에 따라 적절히 밀고 당길 수 있는 일종의 융통성을 이야기한다. 이를 유가 사상에선 '경권(經權)'이라 부르는데, 『맹자』「이루 상」편에 유명한 예가 하나 있다.

> 순우곤이 물었다. "남자와 여자는 직접 손으로 무엇을 주고받지 않는 것이 예이지요?" 맹자가 말했다. "예입니다." 순우곤이 물었다. "형수가 물에 빠져 있으면 손으로 그녀를 당겨 주어야 하겠지요?" 맹자가 대답했다. "형수

가 물에 빠졌는데 손으로 끌어당겨 주지 않는다면 그는 승냥이나 이리일 것이오. 남자와 여자가 직접 손으로 무엇을 주고받고 하지 않음은 예(禮)이지만, 형수가 물에 빠져 있으면 손으로 그녀를 당겨 주는 것은 권(權)입니다." 순우곤이 물었다. "지금 천하가 물에 빠져 있는데 선생께서 손을 뻗쳐 구원하지 않는 것은 무엇 때문입니까?" 맹자가 말했다. "천하 사람들이 물에 빠져 있으면 도로써 그들을 구원해야 하고, 형수가 물에 빠져 있으면 손으로 그녀를 당겨 주어야 하는 것이오. 그대는 손으로 천하 사람들을 구원하려고 하는 것이오?"[11]

원칙을 지키지만 상황의 급박함에 따라 적절한 대응이 필요하다는 논리이다. 위 순자의 이야기 또한 탕·무에 의한 걸·주의 정벌은 상도(常道)가 아니라 변도(變道)라는 말이다. 물론 이는 매우 위험한 상상을 가져올 수 있다. 모든 쿠데타 행위를 '경권'을 내세워 정당화할 수 있기 때문이다. 모든 부도덕한 행위를 급박함을 이유로 정당화할 수 있기 때문이다. 맹자나 순자가 이야기하는 것은 그 정도가 심한 폭군의 사례에 대한 것이다. 처절한 압박을 받아 모든 인민의 생명과 재산이 위협을 받게 된 지극히 위험한 현실 권력자에 대한 이야기다.

이렇게 현실 정치권력의 소유자인 군주에 대하여 인민의 마음에 기대는 성인의 존재를 일종의 대결 구도로 상정한 것은 당시로서도 논란이 있을 수밖에 없었을 것이다. 사상 학파에 따라 그 주장도 달리하였을 것이다. 예를 들면 현실 권력에 대한 비판에서 출발한 유가의 이상은 맹자를 거치며 "나쁜 임금은 칠 수 있다."라는 폭군방벌(暴君放伐), "임금 같지 않은 한 필부를 주살할 뿐"이라는 주일부(誅一夫)를 주장한다. 조금 부드러워진 순자도 "도에 따를 뿐 군주를 따르지 않는다."라는 종도불종군(從道不從君)을 주장함으로써 현실 정치권력이 인민의 마음을 떠나면, 즉 도에서 멀어지면 선대 성인의 이름을 빌려 필부에 불과한 군주를 축출할 수도 있다는 논리를 전개한다.

탕·무의 방벌에 대해서는 유가 사상가들 외에 『묵자』도 언급하고 있다. 『묵자』는 삼대 성왕에 대해 이야기한 곳이 많다. 유가와 같은 이야기를 예로 들고 있는 것이다. 「비공 하」 편을 보자.

> 옛날에 하나라 우(禹)는 묘(苗) 족을 정벌한 일이 있었고, 은나라 탕(湯)은 걸을 정벌하였고, 주나라 무왕(武王)은 주를 정벌하였다. 이들 모두를 세워 성왕으로 삼은 것은 무엇 때문인가?[12]

그리고 기나긴 설명을 덧붙이고 있는데 우, 탕, 무의 정벌을 구실 삼아 공격 전쟁을 감행하려는 군주들의 사심을 질타하는 내용이다. 물론 묵자의 논리는 유가와 상당히 다르다. 우선 그가 탕·무 성왕을 걸·주 폭군과 대비하는 이유가 다르다. 그는 공격 전쟁에 반대했기 때문에 과거 성왕의 사례를 들어 전쟁을 해도 된다고 생각하는 전쟁주의자들에게 그게 아니라고 말하고 있다. 공(攻)과 주(誅)는 개념이 다르다는 주장이다. 주벌(誅伐)은 하늘의 명을 받아 죄 있는 사람을 토벌하는 것이지만, 공격은 아무 이유가 없는 것이다. 삼왕의 주벌에는 찬성하지만 아무 이유 없는 공격 전쟁에는 반대한다. 또 유가와 다르게 묵자는 걸, 주의 잘못을 종교적 언사로 지적하지 민간의 고통 때문이라고 말하지 않는다. 어떤 정치적 행위나 주장에 대해서도 민심 혹은 인민의 고통 운운하는 유가와 다르다. 탕·무 – 걸·주 대비도 천지(天志)와 상동(尙同)을 강조하는 묵자의 일관된 맥락에서 파악하는 것이 옳다. 굳이 유가와 같은 점을 찾는다면 묵자 또한 탕·무 정벌의 성공을 하늘의 명령을 받았기 때문으로 본다는 점이다. 하늘이 최고의 주재자로 정벌 후 모든 제후들이 승복했다는 것이다.

탕왕과 무왕의 쿠데타를 정당화하는 유가와 묵가의 논리는 일견 승리를 거둔 듯하다. 하지만 당시에도 이들의 성왕론이 갖는 여러 가지 문제점을 지적한 사상가가 있었다. 장자는 그 대표자이다. 『장자』「양왕」 편에는 탕왕이 변수와 무광(瞀光)에게 양위하려던 일을 기록하고 있는데, 모두 탕왕에 대해 비판적이다. 무위자연을 추구하는 도가 사상가들이 인위의 극단인 전쟁 수단을 통해 권력을 장악하고 그것을 정당화하려는 성왕론을 긍정할 리가 만무하다.

장자에게 탕·무의 형상은 더 이상 맹자나 순자가 말하는 성왕이 아니다. 「도척」 편엔 탕·무가 이해관계에 집착한 사람이었다고 말하는가 하면, "요임금은 인자하지 못했고, 순임금은 효성스럽지 못했으며, 우임금은 삐딱하게 기울었고, 탕왕은 자기 주인을 쫓아냈고, 무왕은 주를 정벌하였고, 문왕은 유리에 구속되었다."[13]라고 한다. 이 여섯 사람은 모두 유가 사상가들이 말하는 성왕인데, 장자는 이들을 이익에 유혹 당해 강제로 자신의 성정에 반한 행위를 했다고 질타한다. 성명의 온전함을 중시한 장자의 견해에서 볼 때 이들의 행위는 아무리 정당화하려 해도 맞지가 않았다. 『장자』「추수」 편은 이렇게 말하고 있다.

옛날에 요와 순은 양위를 해서 제(帝)가 되었으나, 지쾌(之噲)[14]는 양위를 했음에도 절단이 났다. 탕과 무는 전쟁을 해서 왕(王)이 되었으나, 백공은 전쟁을 했음에도 멸망당하였다. 이렇게 볼 때 전쟁과 양위의 예는 요나 걸의 행위이며 귀하고 천한 것은 시대 차이가 있어 항상 그렇게 되는 것이라 할 수 없다.[15]

도의 입장에서 볼 때 만물에 귀천이 없다는 취지가 이 글의 명제이다. 여기에 지쾌와 요·순을 대질시키고, 백공(白公)과 탕·무를 대질시키고 있는 것이 흥미롭다. 백공 사건은 『좌전』「애공 16년」에 잘 나와 있다.[16] 그런 무모한 인간과 탕·무를 비견한 것은 「추수」 편의 저자가 큰 도둑을 제후라고 여기는 정치적 영웅에 대한 혐오와 관련이 있다. 어찌 되었든 유가적인 '탕 · 무 성왕 - 걸 · 주 폭군'의 구조와는 상당히 다른 인식이다.

『한비자』「설림 하」편엔 더욱 끔찍한 사건을 다루고 있다. 여기서 은나라 탕왕은 성왕이 아닐 뿐 아니라 일종의 협잡꾼이다.

> 탕이 걸을 정벌하고는 천하가 자기를 탐욕스럽다고 말할까 봐 두려웠다. 그리하여 천하를 무광에게 양보하려 하였으나, 또 무광이 진짜로 받아들이면 어쩌나 걱정스러웠다. 이에 사람을 시켜 무광에게 '탕이 군주를 시해하고는 나쁜 소문을 당신에게 전가시키려고 한다. 그래서 당신에게 천하를 양보하는 것이다.'라고 말하게 했다. 무광은 이를 듣고 황하에 빠져 자살하였다.[17]

탕왕을 권모술수의 화신으로 그린 것은 유가적 의미의 성왕 탕과 큰 차이를 보인다. 『한비자』「난 4」편에도 "혹자는 천자가 도를 잃으면 제후가 그를 정벌하는데 그래서 탕과 무의 사례가 있다고 말하고, 제후가 도를 잃으면 대부가 그를 정벌하는데 그래서 제나라와 진나라 사례가 있다고 말한다. 신하이면서 제 군주를 정벌할 경우 반드시 망한다면 탕과 무는 왕이 못되었을 것이고, 진나라와 제나라는 수립될 수 없었을 것이다."[18]라고 말한다. 탕 · 무에 대한 칭송이 아니라, 군주가 잘못하면 신하에 의해 정벌을 당할 수도 있다는 경고의 문장이다.

선양과 정벌에 대한 『한비자』의 견해는 「충효」편에도 잘 나타나 있다. 충효 따위를 따지면 천하가 혼란스러워진다는 논지에서 출발하는데 이렇게 이야기한다.

> 모두 요와 순의 도를 옳게 여기고 그것을 본받으려고 하는데 그래서 군주를 시해하고 아버지를 왜곡하는 일이 생기는 것이다. 요, 순, 탕, 무는 혹은

군신의 의에 반한 사람으로 후세의 가르침을 혼란에 빠뜨린 사람이다. 요는 군주가 된 사람으로 제 신하를 군주로 삼았고, 순은 신하 된 사람으로 제 군주를 신하로 삼았으며, 탕과 무는 신하 된 사람으로 제 주군을 죽이고 그 시체에 형벌을 가했는데 천하가 그것을 칭찬하였다. 이것이야말로 천하가 오늘날까지 다스려지지 않은 이유이다.[19]

천하의 민심이 군신의 의보다 높은 곳에 있다는 맹자나 순자의 주장과 상반된다. 원칙과 법이 있는데 기존 질서를 흐트러뜨리는 어떤 행위도 문제가 있다는 지적이다. 이는 유가들이 만들어 낸 성왕이나 현인 따위는 그렇게 상도를 어긋난 것에 대한 정당화라는 질책이기도 하다. 정치 질서의 안정이 가장 중요하며, 그것은 확고한 군권의 확립이 우선인데 민심 운운하며 군주의 권력을 뒤집는 행위는 있을 수 없다는 것이 한비자의 생각이었다. 따라서 선양이든 방벌이든 정치 질서의 안정을 해치는 행위로 본 것이다.

『여씨춘추』「장공(長攻)」편은 더욱 재미있는 분석을 내놓고 있다. 탕·무–걸·주 구조는 기존의 시각을 인용하고 있지만, 성왕–폭군으로 이미지화한 인위적 구조가 아니라 우연과 만남의 시각에서 바라보는 분석이다.

무릇 치란과 존망, 안위와 강약은 반드시 그 우연의 만남이 있게 된 뒤에 이루어질 수 있다. 각각 상대 없이 하나만 있었다면 성립이 안 된다. 그래서 걸과 주가 비록 불초하지만 그들이 망한 것은 탕과 무를 만났기 때문이다. 탕과 무를 만난 것은 하늘이 정한 것이지 걸과 주가 불초했기 때문이 아니다. 탕과 무가 비록 현명했지만 그들이 왕이 된 것은 걸과 주를 만났기 때문이다. 걸과 주를 만난 것은 하늘이 정해 준 것이지 탕과 무가 현명했기 때문이 아니다. 만약 걸과 주가 탕과 무를 만나지 않았다면 반드시 망하지 않았을지도 모른다. 걸과 주가 망하지 않았다면 비록 불초했지만 욕됨이 이 지

경까지 이르지는 않았을 것이다. 만약 탕과 무가 걸과 주를 만나지 않았다면 반드시 왕이 되지 않았을지도 모른다. 탕과 무가 왕이 되지 않았다면 비록 현명하더라도 이렇게까지 높게 현달하지는 않았을 것이다.[20]

객관적이고 역사적인 각도에서 탕·무 정벌의 일을 기록하고 있다. 걸과 주가 망한 것이나 탕과 무가 제왕이 된 것이나 불초함이나 현명함과 무관하다는 의미를 담고 있다. 또 걸·주가 심하게 욕을 먹고 있는 것이나 탕·무가 극단적인 성왕 대접을 받는 것은 객관적인 사실과 일치하지는 않는다는 이야기다. 삼대 성왕이나 걸·주 폭군의 대비 등이 양극단의 미화거나 그 반대이지, 역사적 진상과는 무관한 일임을 말하고 있다. 정치적 논리가 개입되어 탕·무 — 걸·주의 '성왕 — 폭군 구조'가 된 것에 대한 전국 시대 말기의 이의 제기가 아닌가 생각된다.

장자와 한비는 전국 시대 중기와 후기의 학자이지만, 그 이전에도 이러한 이야기는 흔했을 것이다. 『여씨춘추』의 이야기처럼 탕·무 방벌의 이야기는 여러 가지로 이야기되었으며, 실제로 제자백가의 책 가운데 온전히 남아 있는 책에는 거의 모두 어떤 형태로든지 다루고 있다. 이런저런 논란으로 주나라 무왕의 쿠데타를 정당화하기 위한 방편으로 끌어들인 탕왕 쿠데타라는 유가의 논리는 여러 가지 난점에 부딪혔을 것이다. 유가들은 '성왕 — 폭군 구조'의 완성을 통한 주나라 성립의 정당화라는 자신들의 논리를 강화하기 위해 더욱 기발한 생각을 하였다. 유가들은 더 위로 올라가기 시작하였다. 정벌보다 더 높은 가치를 지닌 선양(禪讓)이란 놀라운 관념을 만들어 낸 것이다.

2 선양과 성왕: 요·순·우

선양설의 등장

몇몇 의혹이 제기되긴 했지만 탕·무의 방벌론이 당시에 전혀 먹혀 들어가지 않았던 것은 아니다. 오히려 거의 모든 사상가들이 탕·무 방벌을 기정사실로 받아들이고 있었다. 다만 방벌을 정당화하기 위한 '성왕－폭군 구조'의 창출과 그것의 확대는 많은 난관에 부딪혔고, 더 오래되고 더 정교하고 더 불가지의 논리를 만들어야 했다. 여기서 생겨난 것이 선양(禪讓)일 것이라고 나는 생각한다. 역사의 시기는 선양 이후 방벌이었지만, 정치적 정당화 논리의 개발은 방벌 이후 선양이라고 생각된다.

'선양'의 양(讓)은 양위 즉 제왕이란 현실적 지위를 양보한다는 뜻이며, 선(禪)은 그렇게 해야 하는 이유로써 하늘의 명령을 수행한다는 의미이다. 『설문해자』에 '선(禪)'의 의미는 제천(祭天) 즉 하늘에 대한 제사를 뜻한다. 봉선(封禪)이라고도 불리는 이 의미는 제왕이 하늘에 올리는 신고식이다. 흙을 수북이 쌓아 거기에 나무를 심고 그것으로 경계를 삼은 고대의 관습에서 봉(封) 자가 형성되었고, 땅을 평평하게 고르고 제단을 쌓았다는 데서 선(禪) 자가 유래되었는데, 단옥재(段玉裁)의 『설문해자주(說文解字注)』에 따르면 땅을 북돋음을 단(壇)이라 하고 땅을 고르게 손질하는 것을 선(墠)이라 하는데, 이 글자가 바뀌어 선(禪)이 되었다고 한다.[21]

'선양'이란 가장 도덕적인 군주가 가장 양심적인 방법으로 가장 현명한 사람에게 권력을 양위하는 행위이다. 문헌에 등장하는 기록으로는 두 가지 사례, 즉 요임금이 순임금에게, 그리고 순임금이 우임금에게 준 것이 전부이다. 물론 삼황오제의 전설에 따르면 오제는 모두 선양을 했다고도 하지만 풍부한 상상을 가미한 일종의 정치 신화일 것이다. 마찬가지로 요－순 선양, 순－우 선양도 신화는 아닐까? 신화는 아니더라도 조작된 것은 아닌가? 그런데도 유가들은 철석같이 이 사실을 믿고 정당화해 왔으며 근거를 찾으려는 노력은 하지 않았다. 아니 못했는지도 모른다. 탕·무 방벌론을 정당화하기 위한 논리 개발의 일환이었기 때문에 불신은 곧 유가 성왕론에 대한 전체적 부정이기 때문이다.

성왕의 등장은 여러 가지 경로를 거치겠지만, 내성외왕을 달성한 완벽한 인간의 완전한 통치를 위한 모델은 '선양'이라는 매우 신비로운 권력 이양 방식을 통해서였다. 성왕은 성왕에게 권력을 양보한다는 것이다. 하지만 선양은 사실 여부를 파악하기 어렵다. 방벌의 정당화는 이론적 논쟁이라도 가능하지만 선양은 근거를 찾을 수 없기 때문이다. 선(禪)이라는 말은 춘추 시대까지 쓰인 적이 없다.『시경』에도 없고,『주역』에도 없고,『춘추』의 경에도 없다. 선(墠), 단(壇) 등 땅 및 제단과 관련된 글자가 있을 뿐이다.

성왕 이론의 중요한 틀인 선양에 대하여 고힐강은「선양 전설의 묵자 기원설에 관한 고찰〔禪讓傳說起於墨子〕」이라는 창조적인 논문을 발표한 적이 있다. 선양설은 전국 제자백가의 탁고개제이며 그 근원은 묵가라고 주장하였다. 라근택(羅根澤)은「주나라 말기 제자들의 반고 풍조에 대한 고찰〔晚周諸子反古考〕」을 저술하였는데, 강유위와 비슷한 입장을 취해 탁고개제하였다. 선양에 대한 논의는 이들로부터 비롯하여 활성화되었다.

최근 역사학 입장에서 근거를 가지고 성왕 전설에 대한 글을 쓴 사람으로는 두정승(杜正勝)의「선진 시대의 성탕 전설에 관한 시론〔試論先秦時代的成湯傳說〕」과 왕중부(王仲孚)의「요·순 전설에 대한 한 가지 해석〔堯舜傳說試釋〕」, 양희매(楊希枚)의「요·순 선양 전설에 대한 재론〔再論堯舜禪讓傳說〕」등이 있다. 그 외에도 고대사의 진상을 밝히려는 부단한 노력들이 있어 왔다.

위 여러 학자들의 논의들을 종합하면 요·순과 삼대 성왕은 대부분 두 가지 주제를 맴돈다. 하나는 선양설이고 하나는 방벌설이다. 선양은 세습이 확립된 뒤 한 번도 실시된 적이 없다.[22] 실현이 불가능한 것이었다. 그런데도 왜 끝없이 선양설을 성왕 정치의 핵심에 두어 온 것일까? 그 이유에 대한 탐색과 자료 고증이 필요하다. 오덕종시설이 유행한 한 대에 학자들은 대담하게 황제에게 선위(禪位)를 요구하는 이론적인 이야기를 하곤 했다. 하지만 이 또한 권력의 압박을 받아 동한 이후엔 숨어 들어가 버리고 드러나지 못하였다. 다만 황권을 찬탈하고 그것을 정당화하는 수단으로 선양을 이용하였을 뿐이다.[23] 『맹자』「만장 상」편엔 "필부임에도 천하를 소유하려면 그 덕이 반드시 순이나 우와 같아야 하고 거기다 천자의 추천이 있어야 한다. 그래서 공자는 추천이 없었기에 천하를 소유하지 못하였느니라. 세습으로 계승하여 천하를 소유하였음에도 하늘이 무너뜨린 것은 그가 필경 폭군 걸이나 주였기 때문이다. 그래서 익·이윤·주공은 그 주군들이 폭군이 아니었기에 천하를 소유할 수 없었던 것이다."[24]라고 하는데, 통일 제국 아래서는 겨우 이 정도의 이론 제기만 가능했지 감히 선양을 이야기할 수 없었다.

공자와 맹자의 요-순-우 선양설

선양설은 요-순-우에 집중되어 있다. 『한비자』「간겁시신(姦劫弒臣)」편에 무왕(武王)이 백이숙제(伯夷叔齊)에게 선양할 의도가 있었으나 행해지지 못했다는 기록이 있는데, 제자백가 서적들 가운데 이와 같은 내용은 오직 여기뿐이다. 다른 문헌 기록은 없다. 그 외 제자백가의 논의를 종합하면 선양이 정말로 찬양할 만한 일인지 의심스럽다. 오히려 선양이라는 사실에 회의적인 시각을 가진 사람도 많았다. 유가 사상에서도 성인의 계보는 중시하며, 요-순-우를 성인이자 성왕으로 존중은 하지만 그들이 선양을 했다는 사실에 대해서는 그다지 선전하고 싶어 하지 않았다.

예를 들면, 『논어』「요왈」편은 진위 문제가 있긴 하지만 선진 시대의 한 학설로 인정할 만은 한데, 이렇게 쓰여 있다.

요임금이 말했다. "자! 순이여! 하늘의 역수(曆數)가 그대의 몸에 내려 중앙의 권력[25]을 장악하게 되었다. 사해가 곤궁하다면 하늘이 내려 준 녹은 영원히 그쳐 버릴 것이니라." 순임금 또한 천명으로 우임금에게 알리었다.[26]

그 뒤 구절은 은나라 탕왕이 하늘의 제(帝)에게 기도를 올려 백성들을 보우하고 죄는 자신에게 내리라는 이야기를 하고 있고, 또 주나라 무왕이 백성들의 죄는 자신이 안고 가겠다는 이야기를 하고 있다. 이 점으로 보아 위 인용의 의미는 선양에 뜻이 있는 것이 아니라 성왕심법(聖王心法)의 전수에 중점을 두고 있다고 생각된다.

『논어』「태백」 편도 마찬가지다. "공자가 말했다. '태백께선 덕이 최고의 경지에 이르렀다고 할 만하구나! 세 번 천하를 들어 양보했으니 백성들이 어떻게 칭송할지를 몰랐다." 주 태왕의 장자인 태백의 지극한 덕을 칭송하고, 무도한 상나라가 문제가 있어서 백성들이 힘들었다는 기록이다. 그래도 그들에게 세 번 나라를 양보한 위대한 행위를 강조하고 있지, 선양에 대해 칭송하고 있는 것은 아니다. 이렇게 논어에서는 양보의 미덕을 칭송하고는 있지만 선양이라는 정치 제도가 있었는지를 기록으로는 알기 어렵다. 춘추 시대까지의 어떤 문헌에서도 마찬가지이다.

선양의 등장이 구체적으로 누가 왜 했는지는 알 수 없지만 묵자도 언급을 했고, 유가에서 더욱 구조화시키면서 실제로 있었던 일로 간주되기 시작했다는 것이다. 특히 맹자는 선양에 대해 비교적 자세히 말하고 있는데, 『맹자』「만장 상」 편을 보면 당시의 상황을 짐작할 수 있다. 제자들이 맹자에게 물었던 것은 권력 이양에 대한 구체적인 정황이다. 요의 궁전에 살며 요의 아들을 핍박한 것은 찬탈이지 하늘이 준 것이 아니라는 주장은 당시 존재했던 듯하다. 요-순-우 권력 승계가 선양이냐 찬탈이냐의 논란에 대해 위진 시대 유교-불교 논쟁의 핵심을 담고 있는 『광홍명집(廣弘明集)』과 『괄지지(括地

志)』등이 찬탈을 이야기한 것으로 보아 그때까지도 논란이 이어졌다고 할 수 있다.[27]

맹자의 기록들에도 요·순 선양설이 주류가 아니라 당시 이설들이 존재했음을 증명해 준다. 맹자는 현실을 반영하며 선양과 당시 왕위의 부자계승제 등을 같은 이치로 파악하고 있다. 『맹자』에는 요-순-우 선양에 대한 중요한 정보가 많은데, 특히 제자 만장과의 다음 문답이 대표적이다. 「만장 상」편을 보자.

만장이 물었다. "요임금이 천하를 순에게 주었다는데, 그런 일이 있었습니까?"

맹자가 대답했다. "아니다. 천자가 천하를 다른 사람에게 줄 수는 없느니라."

"그렇다면 순임금이 천하를 소유한 것은 누가 그에게 준 것입니까?"

맹자가 말했다. "하늘이 그에게 준 것이다."

"하늘이 그에게 주었다 하심은 세세히 타이르듯 그에게 명을 내렸다는 것입니까?"

맹자가 말했다. "아니다. 하늘은 말을 하지 않고 행동과 일을 통해 그것을 보여 줄 따름이니라."

만장이 물었다. "행동과 말로써 그것을 보여 준다 하심은 어떻게 했다는 것입니까?"

맹자가 말했다. "천자는 하늘에 어떤 사람을 추천할 수는 있지만, 하늘로 하여금 그에게 천하를 주도록 할 수는 없느니라. 제후는 천자에게 어떤 사람을 추천할 수는 있지만, 천자로 하여금 그에게 제후 자리를 주도록 할 수는 없느니라. 대부는 제후에게 어떤 사람을 추천할 수는 있지만, 제후로 하여금 그에게 대부 지위를 주도록 할 수는 없느니라. 옛날 요임금께서 순을 하늘에 추천하자 하늘이 그를 받아들였고, 순을 백성들에게 드러내 보여 주자 백성들이 그를 받아들였느니라. 그래서 하늘은 말을 하지 않고, 행동과 일로써 보여 줄 따름이라고 말한 것이다."

만장이 물었다. "감히 묻사온데, 하늘에 그를 추천하자 하늘이 그를 받아들였고, 백성들에게 드러내 보여 주자 백성들이 그를 받아들였다 하심은 어떻게 했다는 것입니까?"

맹자가 대답했다. "그로 하여금 제사를 주관하게 하자 온갖 신들이 그것을 흠향하였으니 이는 하늘이 그를 받아들인 것이고, 그로 하여금 일을 주재하게 하자 모든 일이 잘 다스려져 백성들이 그를 편안해 하였으니 이는 백성들이 그를 받아들인 것이다. 하늘이 그에게 주었고, 백성들이 그에게 준 것이니라. 그래서 천자가 천하를 다른 사람에게 줄 수는 없다고 말한 것이다. 순이 요임금을 보좌한 지 28년인데, 사람으로서는 그렇게 할 수가 없으며 하늘의 뜻이었느니라. 요임금이 붕어하시자 삼년상을 마치고 순은 요임금의 아들을 피해 남하(南河)²⁸의 남쪽으로 갔다. 그런데 천하의 제후들이 조회와 정무 보고를 하러 요임금의 아들에게 가지 않고 순에게로 갔다. 소송과 옥사를 문의하러 요임금의 아들에게 가지 않고 순에게로 갔다. 찬양의 노래를 부르는 사람들이 요임금의 아들을 찬양하는 노래를 부르지 않고 순을 찬양하는 노래를 불렀더니라. 그래서 하늘의 뜻이라고 말한 것이다. 그런 뒤에야 중국(中國)²⁹으로 가 천자의 자리에 올랐느니라. 그렇지 않고 요임금의 궁에 살면서 요임금의 아들을 핍박했더라면 이는 찬탈이지 하늘이 준 것이 아니다. 『서경』「태서」의 '하늘은 우리 백성의 시각으로 보고, 하늘은 우리 백성의 청각으로 듣는다.'라는 말은 바로 이를 가리킨 것이다."³⁰

선양은 천자의 선택이 아니라 하늘의 선택이라는 이야기다. 하늘의 선택은 또 백성의 선택이라는 이야기다. 그러니까 정치권력 자체를 하늘의 것, 즉 모든 사람에게 공평한 공적인 것으로 본 것이며, 그래서 권력 이양 또한 천자의 사적인 판단이 아니라 하늘이 '행동과 일로 보여 준' 백성들의 지지에 기초한 다는 주장을 한 것이다. 대부 – 제후 – 천자로 이어지는 권력의 위계 구조를 설명하고 그 맨 위에 하늘을 두었으며, 또 그 '하늘이 준 것'을 '백성이 준 것' 과 동일시하고 있다. 이는 선양, 즉 평화적 정권 이양이 백성들의 지지에 기초 했다는 논리로 이해할 수 있다. 물론 백성들이 원해서 어떤 뛰어난 사람을 자신들의 통치자로 주체적으로 선택했다는 의미가 아니라 어떤 훌륭한 사람이 뛰어난 정치적 업적을 남김으로써 마침내 백성들의 지지를 얻어 내게 되었다 는 점에서 오늘날의 민주주의와는 다르지만, 최고 통치자와 민심을 연결시킨 것은 그의 천명론을 풍성하게 해 주는 정치적 사유임에 틀림없다. 천은 훌륭 한 정치를 하고, 도가 있는 사람에게 정치권력을 넘겨준다. 그래서 천명은 정 치 상황에 따라 달라지는 것이지 고정된 틀이 있는 것이 아니다.

맹자는 선양에 대해 긍정적으로 생각하였지만 이 또한 천자의 선택이 아니 라 하늘의 선택으로 생각하였다. 다음의 긴 대화를 보자. 「만장 상」 편의 내용 이다.

만장이 물었다. "사람들은 '우임금 대에 이르러 덕이 쇠퇴하는 바람에 현 인에게 왕위를 물려주지 못하고 아들에게 물려주었다.'라고 말하는데 그런 일이 있었습니까?"

맹자가 말했다. "아니다. 그렇지 않느니라. 하늘이 현인에게 왕위를 주려 고 하면 현인에게 주는 것이고, 하늘이 아들에게 주려고 하면 아들에게 주는 것이다. 옛날에 순임금이 하늘에 우를 추천하고 17년이 지나 순임금이 붕어 하셨느니라. 삼년상을 마치고 우임금은 순임금의 아들을 피해 양성으로 갔 느니라. 그런데 천하의 백성들이 그를 따르기를 마치 요임금이 붕어한 뒤 요 임금의 아들을 따르지 않고 순을 따르듯이 하였더니라. 우임금이 신하 익

(益)을 하늘에 추천하고 7년이 지난 뒤 붕어하셨다. 삼년상을 마치고 익은 우임금의 아들을 피해 기산의 북쪽으로 갔더니라. 그런데 조정의 조회에 참여하려는 신하들과 법률 소송을 하는 사람들이 익에게 가지 않고 우임금의 아들인 계(啓)에게로 갔다. 그러면서 '우리 임금님의 아들이시다.'라고 말하였더니라. 또 공덕을 찬양하는 노래를 부르는 자들은 익을 찬양하는 노래를 부르지 않고 계를 찬양하는 노래를 부르면서 '우리 임금님의 아들이시다.'라고 말하였더니라. 요임금의 아들 단주(丹朱)는 불초하였고, 순임금의 아들 또한 불초하였다. 순이 요임금을 보필하고 우가 순임금을 보필한 경력 햇수가 길었고, 이 때문에 백성들에게 혜택을 베푼 세월이 매우 오래였다. 계는 현명하여 우임금의 도를 공경하고 잘 계승할 수 있었는데, 익은 우임금을 보필한 경력 햇수가 짧아 백성들에게 혜택을 베푼 세월이 오래지 못하였니라.

순 · 우 · 익이 주군을 보필한 세월의 길고 짧음[31]과 그 아들의 현명함과 불초함은 모두 하늘의 뜻이다. 아무도 그렇게 하라고 시키지 않았는데도 그렇게 되는 것이 하늘의 뜻이고, 아무도 오라고 하지 않았는데도 그렇게 오는 것이 운명이다. 필부임에도 천하를 소유하려면 그 덕이 반드시 순이나 우와 같아야 하고 거기다 천자의 추천이 있어야 한다. 그래서 중니(仲尼, 공자)는 (추천이 없었기에) 천하를 소유하지 못하였느니라. 세습으로 계승하여 천하를 소유하였음에도 하늘이 무너뜨린 것은 그가 필경 폭군 걸이나 주였기 때문이다. 그래서 익 · 이윤 · 주공은 (그 주군들이 폭군이 아니었기에) 천하를 소유할 수 없었던 것이다. 이윤이 탕임금을 보필하여 천하에 왕도를 구현하였는데, 탕왕이 붕어하고 태자 태정은 등극을 못하고 죽고 외병이 2년, 중임이 4년간 정권을 담당하였다. 그 후 등극한 태정의 아들 태갑은 탕임금이 확립한 규정과 법률을 모두 전복시켜 버렸다. 이에 이윤은 태갑을 동 지역으로 추방하였는데, 3년 동안 태갑은 잘못을 뉘우치고 스스로를 원망하고 다스리며 동에서 인의를 실천하며 살았다. 3년 뒤 자신에 대한 이윤의 가르침을 모두 받아들이고 수도인 박으로 다시 돌아왔느니라. 주공이 천하를 소유하지 못한 것은 익이 하나라에서 그랬던 것과 이윤이 은나라에서 그랬던 것과 같다. 공자께선 이렇게 말씀하셨다. '요임금과 순임금이 선양(禪讓)을 하고, 하나라와 은·주가 세습으로 계승한 것은 그 뜻이 모두 한 가지이다.'"[32]

인간 사회의 구제라는 분명한 의지를 갖춘 '하늘'이 주로 정치적으로 그 의지를 구현한다고 본 것이다. "하늘이 현인에게 왕위를 주려고 하면 현인에게 주는 것이고, 하늘이 아들에게 주려고 하면 아들에게 주는 것"이라든가, "현명함과 불초함은 모두 하늘의 뜻이다. 아무도 그렇게 하라고 시키지 않았는데도 그렇게 되는 것이 하늘의 뜻이고, 아무도 오라고 하지 않았는데도 그렇게 오는 것이 운명"이란 말은 하늘의 의지를 인간은 운명으로 받아들여야 한다는 의미다. 하늘은 또 "천하를 소유하였음에도 무너뜨릴" 수 있고, 징벌도 내릴 수 있는 정치적 인격의 소유자이기도 하다. 공자가 말한 "그 뜻이 모두 한 가지다."란 천명의 소재와 천의 의지를 일컫는 말이다.

성왕에 대한 찬양과 더불어 선양설과 방벌설 등이 주나라 말엽 제자백가의 시대에 매우 성행하였다. 모든 주장이 난무한 이 시기에 당연히 찬탈설도 있었을 것이다. 찬탈과 선양이라는 양극단에 대하여 맹자는 일정한 표준을 정하고 있다. 요·순과 같은 덕, 걸·주와 같은 폭군을 상정하고 있으며, 그리고 천자의 추천이 있어야 한다는 주장을 덧붙이고 있다. 이는 맹자의 현실적 고려 때문으로 보인다. 또한 자식에게 승계하는 구조가 맹자 시대에는 정착되었음을 뜻한다. 맹자는 우임금의 자식 승계를 합리화한 해석이 있고, 공자의 말을 인용하며 요·순의 선양이나 하·은·주의 승계나 모두 한가지 뜻이라고 한다.

같은 유가 사상가이지만 선양에 대한 견해는 사상가마다 차이가 있는데, 맹자는 천명을 받아서 등극하고 천명을 수행해야 하는 존재로 국왕을 이해하여, 천명을 득하지 못한 선양에 대해 반대한다. 『맹자』 「만장 상」 편엔 "천자는 천하를 들어 다른 사람에게 줄 수는 없다."라고 한다. 연나라 왕 쾌(噲)가 왕위를 자지(子之)에게 물려주었는데, 「공손추 하」 편에서 맹자는 신의 허락을 거치지 않았으므로 "다른 사람에게 연나라를 줄 수는 없다."라고 주장했다.

순자의 선양 논쟁

반면, 순자는 군주를 사회 구성원 가운데 가장 중요한 존재로 생각하여 『순자』 「왕제」 편에선 "군자는 천지의 운영에 참여하며, 만물을 지배하며, 백성의 부모가 된다. 군자가 없으면 천지는 다스려지지 않는다."라고 한다. 여기서 군자는 참된 정치를 행하는 최고 지도자 즉 군주를 뜻한다. 순자는 또 「예론」 편에서 심지어 군주는 먹여 주고 깨우쳐 주는 부모와 스승의 기능을 둘 다 수행하는 사람이므로 삼년상을 치러야 마땅하다고 말하기도 한다. 군주의 지위는 그 무엇도 필적할 수 없는데 양보한다는 것은 말이 안 된다는 현실적 입장에서 왕위는 전해질 뿐 선양이란 있을 수 없다고 주장한다. 「정론」 편에서 분명히 "요임금과 순임금은 선양을 한 것이 아니다."(堯舜不禪讓)라고 선언하고 있다.[33]

순자는 선양에 대하여 두 가지 다른 견해를 제기한다. 『순자』 「성상(成相)」 편은 상(相) 가락을 노래하는 일종의 부(賦)로 전국 시대 가사 문학의 백미로 꼽힌다. 여기에 요→순→우 선양에 대한 다음의 노래가 있다.

상 가락을 이루어 보세/ 성왕을 말하세/ 요임금 순임금은 현인을 숭상하여 스스로 사양하였나니/ 허유와 선권은 의(義)를 중시하고 이(利)를 가벼이 여기는 행동이 드러나 빛났으니/ 요임금이 현인에게 양위했으니/ 그로써 백성들을 위한 것이었다네/ 널리 이롭게 하고 두루두루 사랑하여 덕이 골고루 베풀어졌네/ 위아래를 잘 구분하여 다스렸으니/ 귀천에 등급이 정해지고 군주와 신하가 할 일이 분명해졌다네/ 요임금은 능력 있는 사람에게 주려고 하였고/ 순임금은 때를 만났으니/ 현인을 숭상하고 덕을 받들어 천하의 질서가 잡혔네/ 비록 성현이 있다 하더라도/ 적절히 세상을 만나지 못한다면/ 누가 성현인 줄 알리오?/ 요임금은 덕을 내세우지 않았고/ 순은 사양하지 않았으니/ 두 딸을 아내로 주어 일을 맡기셨다네/ 대인이로다 순임금/ 남면하여 군주로 올라서니 만물이 다 갖추어졌네/ 순임금은 우임금에게 주었으니/ 천하를 내어주고/ 여전히 현명한 사람을 받듦이 질서를 잃지 않았다네[34]

'겸애(兼愛)'란 말이 등장하는 이 구절에서 순자는 요-순, 순-우의 선양을 제기하는 한편 요임금이 허유와 선권에게 양위했다는 일, 탕임금이 변수에게 양위할 의사를 타진한 일을 모두 숭고한 행위로 추앙하고 있다. 일견 순자가 요-순-우로 이어지는 선양설을 깊이 지지하고 있는 듯하다. 하지만 양위의 사실을 논하고 있는 것일 뿐 선양 자체를 높은 도덕적 행위로 추앙한 것은 아니다. 「정론」편의 다음 구절을 보면 조금 더 명백해진다.

세속의 말 만드는 자들이 '요임금과 순임금이 선양을 했다.'라고 한다. 이는 그렇지 않다. 천자는 위세와 지위가 지극히 존엄하여 천하에 적이 있을 수 없는데 누가 누구에게 양위한단 말인가? 도와 덕을 순정하게 갖추고 지혜가 매우 밝아 남면하여 천하를 다스림에 살아 있는 백성의 무리라면 두려움에 떨며 복종함으로써 교화되어 순종하지 않는 사람이 없다. 천하엔 은사도 없고, 선한 사람을 빠뜨리는 경우도 없으며, 같은 생각을 가진 사람이 옳은 것이고 다른 생각을 가진 사람은 잘못된 것이다. 어떻게 천하를 마음대로 넘겨준단 말인가?[35]

「정론」편은 선양에 대한 긴 논박을 전개하고 있다. 이 구절에 이어서 죽은 뒤에 선양했다는 주장을 반박한다.

성왕이 위에 있으면 덕을 헤아려 순서를 정해 주고, 능력을 헤아려 관직을 수여하고, 백성들로 하여금 모두 자기 일을 맡아 각자 제 역할을 적절히 하도록 한다. …… 성왕이 이미 죽고 천하에 성인이 없다면 본래 천하를 선양할 만한 사람도 없는 것 아닌가. 반대로 천하에 성인이 있고 그가 뒤를 이을 자식들 가운데 있다면, 천하는 떨어져 나가지 않고 조정에서의 지위도 바뀌지 않으며 나라도 제도가 변경되지 않는 상태로 천하가 마찬가지로 복종하여 이전과 다를 바가 없을 것이다. …… 성인이 뒤를 이을 자식들 가운데 있지 않고 삼공 가운데 있다면 천하가 마찬가지로 그에게 귀순하여 또다시 마찬가지 모습으로 떨치고 일어날 것이다. 천하가 마찬가지로 복종하여 이전과 다를 바가 없을 것이다. 요임금으로서 요임금에게 계승되는 셈인데 또 무슨 변화가 있겠는가! …… 천자가 죽으면 천하를 맡을 수 있는 사람이 반드시 있게 마련이다. 예의의 분별이 여기에 다 갖추어져 있는데 어떻게 선양의 방법을 운용하겠는가![36]

이어서 "천자가 노쇠해져서 선양하였다."라는 주장에 대해서도 판단력은 늦지 않으며 천자의 삶과 위세가 지극히 높은 수준이어서 "천자는 가만히 있을 때는 위대한 신과 같고, 움직이면 천제(天帝)와 같다."라고 한다. 순자가 강조하려는 것은 최고 정치 지도자 한 사람의 영원성에 대한 문제인 듯하다. 소멸과 생성을 반복할 수 있는 제후 국(國) 수준의 문제가 아니라 천하를 장악하고 있는 천자의 문제가 '선양'이란 말에 걸려 있기 때문에 그것을 반박하는 것이다. 그의 시대엔 요·순 선양설이 매우 횡행했던 듯하며, 구체적으로 '죽어서 선양했다든지', '노쇠해서 선양했다든지' 하는 말이 중요한 논쟁거리로 등장했었던 듯하다. 순자의 결론은 「정론」 편의 다음 내용이다.

그래서 제후에겐 늙음이 존재하지만, 천자에겐 늙음이 없다고 말한다. 국(國)을 선양하는 경우는 있어도 천하를 선양하는 경우는 없다는 것이 고금에 관통하는 한 가지 이치이다. 무릇 요임금과 순임금이 선양을 하였다고 말하는 것은 허언이다. 소견이 얕은 사람이 전하는 말이요 견문이 좁은 사람이 만들어 낸 말이다.[37]

천하의 지극한 이치를 꿰뚫어 보지 못한 사람들이 '선양'을 운운한다는 것이다. 순자는 선양이란 사실이 있음은 긍정한다. 하지만 문제를 실제로 그럴 수 있다는 실연(實然)의 문제와 응당 그래야 한다는 응연(應然)의 문제로 끌고 가고 있다. 순자는 응연의 문제를 더 중시한 듯 보인다. 요-순 성왕의 양위는 가장 합리적인 선택이었음을 표시하기 위함이며, 요·순이 선양을 했었느냐의 여부보다 선양이 합당했느냐의 여부가 중요하다는 말이다. 순자의 논박엔 깊은 고민이 배어 있다.

순자는 정치의 최종 목적을 위민(爲民)이라고 생각했다. 중의경리(重義輕利)의 도덕 원칙에 바탕을 둔 사양의 높은 미덕을 칭송한다. 「정론」편을 세밀하게 분석하면 사상적 측면의 정치 원리뿐만 아니라 제도적 측면까지 언급하고 있다. 도덕 문제는 오히려 뒷전이다. 순자는 성왕이 위에 있으면 모든 백성들이 마땅한 일을 하게 된다고 생각했다. 좋은 정치의 전형을 그렇게 보았다.

성왕이 몰하면 두 가지 상황이 발생한다. 하나는 자식이 성인의 행위를 하면 당연히 아무 일이 없고 제도 변경도 없다. 또 하나는 성스러운 지위가 자식이 아니라 신하인 삼공에게 있게 되는 경우이다. 자식이 전혀 성인의 기미가 없고 현명한 신하에게 민심이 쏠린다면 천하는 당연히 그리로 기울게 된다. 현인 요가 현인 요를 계승한 형국이니 선양이란 말이 쓰이기 곤란하다. 문제는 다른 경우이다. 성인다움이 자식에게도 있지 않고, 삼공에게도 있지 않는 경우와 둘 다 성스러운 경우이다. 두 번째는 쉽다. 순자는 당연히 성왕의 자식에게 가는 것이 옳다는 입장이다. 그런데 둘 다 성인이 아닐 경우는 문제다. 역사는 항상 이 때문에 문제가 있어 왔다. 순자는 단호한 입장이다. 예의(禮義)에 입각한 제도적 틀을 만들고 그에 입각해 다스리면 된다는 것이다. 성왕이 대대로 이어지고, 성왕이 재위하면서 예의지분(禮義之分)을 충분히 다한다면 성왕이 몰하여도 후성이 계승하게 된다는 것이다. 객관적인 제도에 성왕의 조건을 부여한 셈이다. 그러면 규율이 없는 성왕의 선양 따위는 없게 된다.

위에서 언급했듯이 제후의 양위에 대한 순자의 입장은 긍정적이다. 고힐강의 분석대로[38] 전국 시대 제후들의 선양은 간혹 벌어졌던 일이다. 순자는 "천자의 위세는 무거우나 몸은 편안하다."는 '천자세중형일(天子勢重形佚)'이라는 입장과 "국(國)을 선양하는 경우는 있어도 천하를 선양하는 경우는 없다."는 '유천국무천천하(有擅國無擅天下)'라는 입장 두 가지를 견지하고 있다. 그의 논의는 전체를 책임지고 있는 최고 정치 지도자의 중요성을 강조하고 그 권위를 드높임으로써 정치적 안정을 이루어 낼 수 있다는 것이다. 최고 정치 지도자 내부의 정권 변동은 있을 수 없다는 상당히 보수적인 시각의 정권 안정론을 주장한 것이라고 할 수 있다. 「정론」 편엔 당시 제후국들에 존재하던 '선양'을 긍정하면서, 작은 '국'들의 선양은 그럴 수 있지만 천하는 빼앗을 수도 누구에게 줄 수도 없는 것임을 강조한다. 순자 선양론의 결론이라고 할 수 있다.

그러므로 다른 사람의 국(國)을 빼앗는 경우는 있을 수 있으나 다른 사람의 천하를 빼앗는 경우는 있을 수 없다. 국을 훔치는 경우는 있을 수 있으나 천하를 훔치는 경우는 있을 수 없다. 그것을 빼앗을 수 있는 사람은 국을 소유할 수 있으나 천하를 소유할 수는 없다. 훔쳐서 국을 얻을 수는 있으나 천하를 얻을 수는 없다. 이는 어째서인가? 국은 작은 기구라서 작은 사람〔小人〕

이 소유할 수 있고, 작은 도로 얻을 수 있고, 작은 힘으로 유지할 수 있다. 천하는 큰 기구여서 작은 사람이 소유할 수 없고, 작은 도로 얻을 수 없고, 작은 힘으로 유지할 수 없다. 국은 소인이 그것을 소유할 수 있는 것인데 반드시 망하지 않는다고 할 수 없다. 천하는 지극히 큰 것이어서 성인이 아니고는 아무도 소유할 수가 없는 것이다.[39]

즉 순자 선양관은 그의 성왕론의 연속이라고 할 수 있다. 소인이 아니라 성인만이 천하를 차지할 수 있으며, 성인이 소유하고서 위대한 정사를 펼치므로 '선양' 따위 정치권력의 변동이란 있을 수 없고, 그 '성왕'의 상태가 영원히 유지된다는 논리이다.

『묵자』의 선양설

유가들 외에 『묵자』에도 성왕의 선양에 대한 이야기가 많이 나온다. 그런데 묵자는 요-순 선양설을 이야기할 뿐, 순-우 선양설은 이야기하지 않는다. 그리고 유가보다 상세하고 시기적으로도 맹자보다 앞선 것으로 보인다. 『묵자』「상현 중」편을 보자.

옛날에 순이 역산에서 땅을 갈고, 하빈에서 도기를 만들고, 뇌택에서 고기를 잡고 있었을 때 요임금은 복택의 남쪽에서 그를 찾아내 선발하여 천자로 삼고 그로 하여금 천하의 정무를 관장하고 천하의 백성을 다스리게 했다.[40]

묵자의 의도는 현자에 대한 숭상 즉 상현(尙賢)을 강조하기 위함이다. 이 구절의 앞뒤는 상현의 중요성을 설파하고 상현이야말로 정치의 근본임을 밝히고 있다. 「상현 상」편에도 "옛날의 성왕은 정치를 하면서 덕을 나열하고 현인을 숭상하였다. 비록 농사나 노동에 종사하고 있는 사람이라 해도 능력이 있으면 선발하여 높은 관작을 수여하였다. …… 옛날 요임금이 순임금을 복택의 남쪽에서 선발하여 정권을 내주자 천하가 태평해졌고, 우임금이 음방 가운데서 익(益)을 선발하여 정권을 주자 구주가 성취하였다."[41]고 한다. 앞에서 언급한 순자처럼 정교한 언어 구사가 아니라서 같은 '정'(政) 즉 정권을 천자인 순에게 주었다고도 하고, 익(益)은 신하였는데 정권을 주었다고 하고, 뒷부분에도 그런 이야기가 있다. 묵자는 현자에게 정치를 맡겨야 천하가 태평해진다는 논리를 세웠던 것 같다. 하지만 그것이 순자가 말하는 정치권력, 즉 대권을 의미한다기보다는 국정을 처리하는 행정권을 준 것으로 이해된다.

선양과 상현의 기본 원칙은 상통한다. 선양은 상현의 최고 단계에 이르면 자연스레 이루어지는 중요한 표현 방법이다. 그래서 고힐강은 선양설이 묵가에서 나왔다고 주장한다. 그 증거로는 1) 묵가의 상현 주장은 선양과 의합(義合)한다. 2) 고대 계급이 분명한 세습관료제에서 서인은 천자가 될 수 없었다. 3) 묵가 거자(鉅子)의 전위(傳位) 방식이 선양제이다. 4) 선양설은 묵가에 최초로 보인다. 다만 요 – 순의 전위뿐 순 – 우의 전위 사실은 없다.[42]

하지만 묵가 상현 사상을 주의 깊게 관찰해 보면,[43] 고힐강의 주장이 확실한 것은 아니다. 1) 상현 사상은 선진 시대 묵가에만 있는 것이 아니었다. 묵가가 처음 상현을 주장한 것도 아니다.[44] 2) 순임금이 서인이었다는 증거는 불충분하다. 3) 묵가 거자들이 선양을 했는지 확인할 길이 없다. 『여씨춘추』「이속」편 등에 보면 묵가 거자 맹승(孟勝)은 자식에게 전했다. 『장자』「천하」편에 등장하는 거자의 성인 주장은 이와 다르다. 4) 『묵자』에 선양설이 처음 등장했다는 것은 믿기 어렵다. 『논어』「요왈」편은 늦었다 하더라도 「태백」편은 묵자보다 앞선다. 『좌전』「문공 18년」(서기전 609년) 태사 극(太師克)의 말을 보자.

순이 요의 신하가 되어 사대문에서 빈객을 맞았고, 흉악한 네 종족인 혼돈, 궁기, 도올, 도철을 추방하였고, 사방의 후예들에게 증서를 보내 도깨비 이매(魍魅)를 제압하였다. 그리하여 요임금이 붕어해도 천하는 여전히 한결같았으며, 한마음으로 순을 옹립하여 천자로 삼았다. 열여섯 재상을 선발하고 사흉을 제거하였다.[45]

여기만 해도 천하가 협심하여 순을 받든 것이 선양과 관련 있는지 알 수 없다.「희공 33년」에도 구계(臼季)가 말한 "순임금이 죄를 내리심에 곤(鯀)을 죽였고, 선발을 하심에 우를 일으켜 세웠다."에도 선양이 있었는지 정확히 언명하지 않는다. 하지만『논어』나『좌전』에 명확하진 않지만 분명히 선양이란 사실을 암시하고 있는 가능성은 높다고 하겠다. 묵자가 처음 선양을 이야기했는지는 더 많은 자료가 필요하고 전 시대 문헌들의 발굴 성과가 정리되길 기다려 볼 필요가 있다.

기타 제자백가의 선양관

『장자』내편 7편 가운데는 요 – 순 – 우의 선양을 다룬 내용은 없다. 다만 요임금이 허유(許由)에게 양위하려 했으나 허유가 받지 않았다는 이야기가「소요유」편에 나온다. 허유는 다음과 같은 유명한 구절로 사양을 한다. "뱁새가 깊은 숲 속에 둥지를 틀지만 겨우 나뭇가지 하나에 불과하며, 두더지가 황하의 물을 마신다지만 겨우 제 배를 불리는 데 불과하다." 허유가 선양을 받지 않은 이유는 허유가 요임금처럼 인치(人治)를 통해 천하의 통일과 화해를 기대하는 것에 반대하였기 때문이다. 요임금이 인의(仁義)를 수단으로 천하를 다스리는 구체적인 조치에도 반대했다. 인치에 반대하여 법치를 한다는 의미가 아니라 천화(天和) 즉 무위(無爲)를 말한다. 또 한 가지 이유는「양왕」편에 보인다. 특별히 '왕위의 양보'에 대해 다루고 있는 이 편의 주지는 도가 있는 사람은 생명을 제일로 여기고 명리(名利)는 별로 중시하지 않는다는 것이다.

장자는 속세의 왕위보다 훨씬 중요한 더 많은 이야기에 관심이 있었다. 「양왕」 편엔 "요임금은 천하를 잘 다스리고 국내 정치를 완전히 안정시킨 뒤 네 신인을 만나러 막고야(藐姑射) 산으로 떠났다."고 한다. 현실 정치의 이상을 잘 실천하였으나, 신인인 네 사람 즉 허유, 설결(齧缺), 왕예(王倪), 피의(被衣) 등을 보고 요임금이 왕위에 관심이 없어졌다는 이야기다. 인간세를 초월한 사람들에 대한 이야기가 주지이다. "막고야 산에는 신인이 살고 있는데 오곡을 먹지 않고 바람과 이슬을 마신다. 구름을 타고 비룡을 몰며 사해의 밖에서 노닌다."[46] 등이 그렇다.

내편에는 없지만 『장자』의 외편에는 요 – 순 선양을 다른 내용이 있다. 앞 절에서 잠깐 언급하였지만 「추수(秋水)」 편에 요임금이 순에게 주고, 순이 우에게 전한 일을 기록하고 있다. 재미있는 묘사가 일품이다.

옛날에 요와 순은 양위를 해서 제(帝)가 되었으나, 지쾌(之噲)는 양위를 했음에도 절단이 났다. 탕과 무는 전쟁을 해서 왕이 되었으나, 백공(白公)은 전쟁을 했음에도 멸망당하였다. …… 제왕은 선양 방식이 다르고, 삼대는 계승 방식이 달랐다. 시대에 어긋나고 풍속을 어기는 자를 찬부(簒夫) 즉 찬탈의 사나이라고 부르고, 시대에 마땅하고 풍속에 순응한 자를 의도(義徒) 즉 의로운 무리라고 부른다.[47]

요 – 순 선양설을 언급하고 있는데, 선양이든 계승이든 항상성이란 없으며 시공의 차이에 따라 달라진다고 한다. 가치도 마찬가지다. 다툼이냐 양보냐 귀하냐 천하냐의 문제도 항상성이 없다. 선양과 계승을 다룬 내용은 아니지만, 요·순과 지쾌, 탕·무와 백공의 비교는 전국 시대 사람들이 처음으로 그리고 자주 인용한 사람들이었다.

『장자』의 잡편 「도척」편이나 「양왕」편 등에는 요, 순, 탕이 허유, 자주지부(子州支父), 자주지백(子州支伯), 선권(善卷), 석호지농(石戶之農), 북인무택(北人無擇), 변수(卞隨), 무광(瞀光) 등에게 양위하려던 사례를 많이 언급하고 있다. 모두 거절하거나 도망하거나 자살하여 거부한 일화들이다. 약간 회화적으로 그려진 정치권력에 대한 그들의 거부 사유가 의외로 유가 사상에서 말하는 덕목들 때문이었다. 장자 사상의 맥락을 떠나 현실 정치라는 측면에서 보자면, 의(義)나 인(仁) 또는 청렴 등 덕성은 장자가 중시한 것이 아니었다. 그런데도 이를 언급하여 신비화하고 있는 것은 정치를 보는 장자의 시각이 반영되었기 때문이리라.

법가 저작 가운데 선양에 대한 언급은 다른 학파의 시각과 상당한 차이가 있다. 일종의 권력투쟁과 권모술수와 깊은 관련을 맺고 있다. 먼저 『상군서』에도 요·순 선양을 이야기한 부분이 있다. 「수권(修權)」편을 보자.

따라서 요임금 순임금이 천하를 다스리는 지위에 있게 된 것은 그들의 사적인 천하의 이익 때문이 아니다. 천하를 위해 천하를 다스리는 지위에 있게 된 것이다. 현명하고 유능한 사람을 잘 골라서 제위를 전해 주는 것은 부자 지간의 친함이 다른 사람보다 못해 소원해졌기 때문이 아니라 치란의 도에 분명하게 대처한 때문이다.[48]

요·순 선양을 찬양하고 있으며 그것이 천하를 위해 이롭기 때문이라는 해석이다. 「수권」편의 주지는 공사(公私)의 문제를 잘 처리하는 것이 국가 존망의 핵심이라는 것이다. 여기서도 상앙은 '공'의 가치를 강조하며, 사천하(私天下)를 벗어나 오직 공적인 처리를 해야 하는데 제위의 이전은 그 때문에 이루어진 것이라는 설명이다. 『상군서』의 사상 맥락에서 볼 때 공은 절대적으로 사의 위에 있으므로 사사로이 공을 폐하여선 안 된다. 요·순 선양은 지공(至

公)의 표현이다.

『한비자』에도 선양에 대한 이야기가 있다. 「설림 하(說林下)」편에 "요임금이 천하를 허유에게 양보하려 하였는데 허유는 도망을 가 버렸다. 어떤 민가 사람의 집에서 머무르는데, 집안의 사람이 그의 가죽 모자를 감추어 버렸다. 그가 허유인지를 몰랐기 때문이다."라는 이야기인데 한비자가 이 고사를 인용한 것은 요가 허유에게 양위했으나 허유가 받지 않았다는 이야기의 유행을 입증하는 것이다. 양위, 즉 선양의 이야기와 풍토는 당시 매우 유행하였고 한비자도 이를 이용하였던 것이다.

한비자도 선양에 대해서 긍정적인 태도를 취한다. 그렇지만 기존의 유가, 묵가, 도가 등과는 전혀 생각이 다른 것이었다. 예컨대 『한비자』 「오두」편을 보면 요임금이 천하의 제왕이 되었음에도 거친 음식을 먹는 등 관문지기만도 못한 힘든 삶을 살았고, 우임금도 천하의 제왕이 되었으나 직접 경작을 하는 등 포로만도 못한 힘든 고생을 하였다면서 '선양'에 대해 이야기한다.

옛날 천자의 지위를 양보한 사람은 문지기만도 못한 삶에서 벗어나는 것이고 포로만도 못한 힘듦에서 떠나는 것이다. 옛날 천하를 건네주었다고 하여 뭐 대단한 것을 주었다고 할 수 없다. 그런데 오늘날의 일개 현령은 하룻날 그가 죽어도 자손대대로 잘 먹고 산다. 그래서 사람들이 그것을 중시한다. 그러므로 사람들의 양보함에 있어 옛날의 천자 자리는 가벼이 고사하지만 오늘의 현령 자리는 버리기 어려우니 이해의 박하고 두터운 실질이 다르기 때문이다.[49]

한비가 하고 싶은 말은 이 부분의 뒤에 서술하고 있는 "모든 일은 시대 상황에 따라 발생하고 준비는 그 일에 맞추어 해야 한다."는 것이다. 옛 천자의 고단한 일상을 이야기하고 있는 부분은 묵자의 주장과 비슷해 보이지만 의미하는 바는 완전히 다르다. 한비자 주장의 핵심은 현실이고 인간의 이해관계에 대한 정치적 반영 문제이다. 어쨌든 한비자는 「오두」 편의 앞부분에 언급한 요, 순, 우, 탕, 무의 순서를 말하고 있으며, 그 와중에 선양이 존재했다고 말하고 있다.

『한비자』「외저설 우하(外儲說右下)」 편엔 선양을 권력 투쟁과 비교하는 대목이 나온다. "요임금이 천하를 순에게 넘기고자 하니 곤이 간언하였다." 운운하는 대목이다. 곤(鯀)과 공공(共工)은 귀족이다. 평민의 집권에 반대하는 세력을 요임금은 설득이 아니라 군대를 일으켜 정벌하고 주살해 버렸다. 그리고 순에게 양위했다는 것이다. 물론 한비자의 주장은 군주는 의심 없이 자기주장을 잘 헤아려 관철시켜야 한다는 것이지만, 선양에 대한 입장도 들어 있다. 선양을 승인하지만 다른 각도에서 선양이 뭐 그다지 이상적인 제도도 아니고 필요하면 그렇게 한다는 식이다. 앞 절에서 『한비자』「설림 상」 편의 내용을 소개한 적이 있다. 은나라 탕왕이 쿠데타를 일으키고는 비난이 두려워 무광에게 둘러씌워 자살하게 만들었다는 이야기다. 이는 선양을 권모술수와 비교하는 대목이다. 전국 시대 말기였음에도 한비자는 우리가 생각하는 요 – 순 – 우의 도덕적 권력 이양과는 다른 모습으로 선양을 생각하였다.

같은 전국 시대 말기 저작인 『여씨춘추』는 성왕의 선양설에 대해서 위의 견해들을 종합하면서 풍부한 사례와 의견을 제시하고 있다. 「거사」 편엔 요임금 순임금의 선양을 이렇게 이야기한다. "요임금에게는 18명의 자식이 있었으나 그 자식에게 정권을 넘겨주지 않고 순에게 주었다. 순임금은 자식이 9명 있었는데 자기 자식에게 정권을 넘겨주지 않고 우에게 주었으니 지극한 공(公)이다." 공(公)은 공정하다는 뜻이 아니라 권력을 공적인 것으로 파악하여 사적 감정이 개입되지 않았다는 이야기다. 자식이 많았지만 현인에게 왕위를 물려준 것을 지극한 공 즉 '지공(至公)'으로 파악한다. 현대적 의미로 파악하면 정치적 정의 또는 민주주의적 가치와 함께 고민해 볼 수 있겠다. 『여씨춘추』의 이 시각은 법가 특히 상앙의 생각과 유사하다.

『여씨춘추』는 각종 제자백가 서적에서 이런저런 사유들을 모아 놓은 잡가 저작이어서 다른 제자백가에 보이는 성왕론을 끌어다 놓은 것이 많다. 위에서 예를 들었듯이 「귀생(貴生)」편이나 「이속(離俗)」편 등에 요임금이 자주지보에게, 순임금이 북인무택에게, 탕임금이 무광에게 양위하려던 일을 기록하고 있는데 장자의 내용과 같다. 「행론(行論)」편에는 요가 순에게 양위하고, 곤이 분노했다는 고사는 한비자의 내용과 비슷하다. 「귀인(貴因)」편에는 순임금이 읍(邑)에서 도(都)로, 다시 국(國)으로 이사하여 마침내 요임금의 선위를 받았다는 이야기를 하며 '인인지심(因人之心)'을 강조하고 있다. 맹자의 인심의 귀복과 비슷한 생각이다.

『여씨춘추』 「신인(愼人)」편은 선양에 관한 독특한 내용을 싣고 있다. 다른 곳의 내용이 대부분 『상군서』, 『장자』, 『한비자』, 『맹자』 등의 주장과 인용을 반복하고 있거나 상세히 정리한 데 비해 여기서는 다음과 같은 기이한 이야기를 하고 있다.

> 요임금이 순을 만난 것은 하늘이 정한 일이었다. 순이 역산에서 밭을 갈고, 하빈에서 도기를 굽고, 뇌택에서 물고기를 잡고 있으니 천하 사람들이 그것을 기뻐하고 우수한 선비들이 그를 따랐으니 이것은 사람의 일이다. 우가 순을 만난 것은 하늘이 정한 일이었다. 우가 천하를 주유하면서 현인을 구하고 검은 머리 백성들을 이롭게 하는 일을 하고 물길이나 웅덩이 연못 등이 막힌 곳을 소통시켜 통하게 하는 데 우가 온 힘을 다 기울인 것은 사람의 일이다. 탕이 걸을 만나고, 무가 주를 만난 것은 하늘이 정한 일이었다. 탕·무가 몸을 수양하고 선을 쌓아 의를 실천하면서 백성들을 위해 걱정하고 고생한 것은 사람의 일이다.[50]

수신하고 적선하여 의를 행한다거나, 백성들을 위해 열심히 공무에 종사한다거나, 따르는 사람이 많아진다거나 하는 내용은 독특하다. 다른 학파에서 볼 수 없는 내용으로 때를 기다렸다는 것인데, 이 '때'는 또 하늘이 부여한다고 한다. 제위를 천작(天爵)으로 보며, 선양을 긍정하지만 현실 체제 아래에서는 어쩔 수 없다는 내용을 담고 있다.[51] 유가들의 용어로서는 '방벌(放伐)'이고, 구체적 사실로는 쿠데타를 정당화, 이론화하려는 더욱 정교한 시도의 결과물인 '선양(禪讓)'이 역사의 흐름에 따라 매우 다양한 정치 담론으로 변해 갔음을 알 수 있다.

(이 장 내용 가운데 많은 부분은 「방벌과 선양의 이중주 — 초기 유가 사상의 정권에 대한 정당화」라는 제목으로 한국정치학회《한국정치학회보》46집 1호, 2012년 4월호에 게재되었다.)

3장 성왕의 정치적 상징

1 덕: 도덕적 모범으로서 성왕

끝없는 자기 수양을 통해 내성에 이르고 통치자가 되어 훌륭한 민본 정치를 실현해 내는 사람이 성왕이다. 이들의 공통된 특징은 도덕적 모범이다. 성인이 되는 것과 신이 되는 길은 수양 과정에 공통점이 있는 것처럼 도저히 서로 용납할 수 없는 것은 아니다. 하지만 그 귀결점은 원칙적으로 구별된다. 신이 되는 것은 자아의 초월을 추구하여 마침내 피안 세계의 일원으로 바뀌는 것이다. 성인이 되는 것은 최대한도의 자아실현을 힘써 추구하고, 자신의 주관적 능동성과 집념을 충분히 발휘하는 추구 과정에서 사회의 모든 아름다움을 일신에 집중시켜 하나의 초인으로 상승하는 것을 말한다. 전통 중의 성왕은 모두 시국을 걱정하면서 세상의 구원을 자신의 도덕적 임무로 여긴다. 그래서 성왕은 덕의 상징이다.

주나라 때 인문 질서의 대표적 개념 가운데 하나가 덕(德) 자였다. 초기 갑골문 德은 사방으로 통한 큰 길을 뜻하는 行(行) 자와 애매하지 않고 똑바로 펼쳐졌다는 의미의 直(直) 자가 결합된 글자였다. 본래의 의미는 도로 방향을 명확히 파악하고 헷갈리거나 길을 잃어버리지 않음을 뜻하는 것이라고 한다.[1] 후기 갑골문과 금문에 行이 彳으로 간략화되었으며, 후기 금문에선 심장을 뜻하는 '心'이 붙어서 사람의 마음과 연관을 지었고 후대엔 그렇게 의미가 고정되었다. '德' 자는 위를 올려다보며 조금씩 걷는 모양의 단순한 뜻이었는데, 거기에 마음 심(心)을 덧붙임으로써 높은 뜻을 지향하는 고도의 인격적 행위 혹은 마음을 의미하게 되지 않았을까 추측된다.

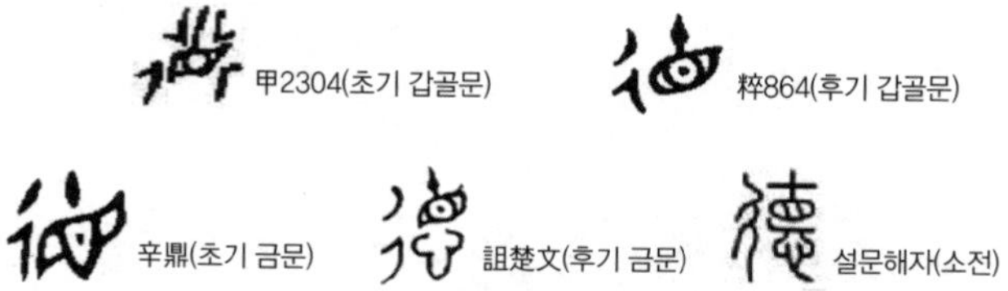

〔그림 16〕 덕(德) 자의 변천

그러나 덕(德) 자에 포함되어 있는 눈의 모양에 주의하여 시라카와는 조금 다른 특별한 주장을 하기도 한다. 즉 "덕(德)은 눈에 있는 주술 능력을 사용해 다른 사람을 지배한다는 뜻"이라는 것이다.[2] 그는 도(道) 자도 길의 재앙을 떨쳐내는 의식이라고 하여 모든 것을 주술과 연결시키고 있다. 인간의 복잡한 관계망에서 정치가 출발하고 정치는 지배와 복종을 속성으로 한다는 점에서 눈에 힘을 주어 복종을 유도하는 정치적 작용은 갑골문의 시대에도 있었을 것이다. 시라카와의 상상은 도덕이 갖는 정치철학적 의미를 잘 표현하고 있다.

유가의 경우 성인은 높은 덕(德)의 소유자로서 '위대하다'고 한다. 『논어』 「태백」 편에서는 "높고 높도다! 오직 하늘만이 위대하며 요(堯)임금만이 그것을 본받았다."라고 말했다. 순자는 말한다. "성왕의 쓰임은 위로 하늘을 통찰하고 아래로 땅과 섞이며, 하늘과 땅 사이를 가득 채워 모든 만물 위에 베풀어진다."[3] 『주역』의 「계사 상」 전은 "본받을 모양은 하늘·땅보다 큰 것이 없다."라고 말한다. 「문언(文言)」 전에선 "대인은 천지와 그 덕을 합치하고, 일월과 그 밝음을 합치하며, 사시와 그 질서를 합치한다."라고 말한다.

성인의 품성으로서 덕에 대해서는 도덕을 정치와 연결시킨 유가 사상에서 아주 많이 다루고 있다. 성왕은 도덕의 모범이 되어야 하며, 천하를 다스리려면 반드시 학습해야 한다. 맹자는 요·순 모두 열심히 학습하여 성왕이 되었다고 말한다. 순임금은 "다른 사람과 잘 어울렸으며, 자기 고집을 버리고 다른 사람의 의견을 좇았고, 사람들이 좋다고 여기는 것을 즐겨 취하였다. 밭 갈고 그릇 굽고 고기 잡던 때부터 제위에 오르기까지 그는 다른 사람의 의견을 취하지 않음이 없었다."[4] 우임금도 이런 품성을 지녔다. "우는 좋은 말을 들으면 절을 했다."

덕에 대해서는 『관자』가 가장 다양한 논의를 담고 있다. 위 유가의 주장과 유사한 곳도 있고 법가적인 곳도 있으며, 독창적인 곳도 있다. 『관자』에선 하늘의 도 또는 덕을 이야기할 때마다 그것을 정치적 효용성과 연결하는데, 덕을 군주가 주요하게 갖추어야 할 사항으로 보았기 때문이다. 『관자』「군신상」편은 말한다. "군주 되는 사람은 만물의 본원에 앉아 뭇 생명의 직무를 관장하는 자이다." 「목민(牧民)」편에선 "달과 같고 해와 같음은 오직 군주만의 절도이다."라고 말하고, 「판법(版法)」편에선 "하늘을 본받고 덕에 합치하며, 땅을 본받아 사사로이 친함이 없으며, 해와 달에 참여하고 사시를 보좌한다."라고 한다. 『관자』「형세해」편은 "현명한 군주는 천도를 본받는다."라고 말한다. 『관자』「사시」편은 이렇게 말한다.

성왕은 시절에 힘쓰고 거기에 정치를 덧붙이며, 교육을 하고서 무예를 덧붙이고, 제사를 지내고서 덕을 덧붙인다. 이 세 가지는 성왕이 천지의 운행에 합치하는 바이다.[5]

정책의 시행은 때에 맞아야 하고, 교화를 베풀고, 무예를 익히게 하며, 제사를 지내는 일 등에 모두 덕을 보이는 존재가 성왕이라는 이야기다. 저자는 이와 같은 시정(時政)의 원칙이 바뀌어서는 안 되며 군주는 이것을 따라야 하며 위반해서는 안 된다고 주장한다. 위반하면 반드시 실패한다고 한다. 그래서 말한다. "성인만이 사시를 안다. 사시를 모름은 나라를 잃을 터전을 마련하는 셈이고, 오곡이 (중요한) 까닭을 모른다면 그 국가는 실패한다.”「오행」편에는 “성왕은 일식이 일어나면 덕을 닦고, 월식이 일어나면 형(벌 제도)을 고치며, 혜성이 나타나면 화합을 도모하고, 바람과 해가 빛을 다투면 생명을 수습한다. 이 네 가지로서 성왕은 천지의 주벌(誅罰)을 면하게 된다.”[6]라고 말한다. 「오행」편의 언급은 유가의 덕에 법가의 형벌이 적절히 결합된 형태로 성왕의 조건을 말하고 있다.

도가 학파의 『노자』가 가장 먼저 “법자연(法自然)” 즉 ‘자연을 본받자’고 주창하였는데, 그 후 이 원칙을 따르지 않는 도가 사상가는 하나도 없었다. 『경법(經法)』「사도(四度)」편에는 성인은 “하늘과 도를 같이한다.”고 주장한다. 2부에서 다루었지만 여기서 이야기하는 도는 인간 사회 내에서의 실천 덕목들을 포함하고 있다. 『노자』와 『장자』 수양론의 상당 부분은 바로 이러한 ‘덕’에 대한 논의이다. 『여씨춘추』「정욕(情欲)」편은 “제 몸을 다스려 천하와 같이하려는 자는 반드시 하늘과 땅을 본받는다.”고 말한다.

음양가들도 하늘을 본받고 덕에 합치하기를 주장한다. 음양가 저작에 속하는 『관자』「사시」편의 “하늘은 밝다고 하고, 땅은 성스럽다고 하며, 사시는 바르다고 한다. 왕이 밝음과 성스러움을 믿으면 신하들은 바르게 된다.” 등이 그렇다. 한편, 묵자는 “성인의 덕은 천지의 모든 것을 덮는다.”[7]라고 말하여 덕의 위대성을 언급하고 있다.

이와 같이 법가를 제외한 거의 모든 제자백가는 하늘을 본받고 덕에 합치하자는 주장을 하고 있다. 덕은 중국의 초기 사상가들에게 가장 보편적인 의미를 지니는 명제였다. 제왕과 모든 인민에게 자연과 어울려 살라고 가르치고 자연으로부터 인간의 행위 규범과 도덕 원칙을 찾아낸다. 인간의 창조 능력이 제아무리 뛰어나더라도 자신이 자연의 자식임을 잊어서는 안 되는 까닭은 자연환경 속에서 살아가며 자연 규율에 항거해서는 안 되기 때문이다. 이 사실에 기초하여 선진 사상들은 매우 주체적으로 자연 규율을 인간의 행위

규범과 준칙으로 전환시켜 갔으며, 동시에 자연의 성질로부터 도덕의 근거를 찾아내고자 깊이 고민하였다. 그들은 거의 공통적으로 하늘을 아주 공정하고 사사로움이 없는 존재로 생각하였다. "하늘은 사사로이 뒤덮지 않으며, 땅은 사사로이 싣지 않으며, 해와 달은 사사로이 비추지 않는다."[8] 사람도 하늘과 땅의 이와 같은 대공무사(大公無私)의 품격을 본받아야 한다. 인위적이고 사회적인 관념일 수밖에 없는 도덕이 자연에 근원을 두고 있다는 이들의 주장은 과학적인 근거를 대기가 퍽 어려운 말일 수 있다. 그러나 내면적인 근거를 찾아야만 정당화될 수 있는 '도덕'이 적어도 자연이라는 인식의 기초 한 가지를 찾았다는 점에서 당시로서는 대단히 의미심장한 성취였다. 성왕은 그 성취의 기둥 역할을 했다.

유가의 경우 도덕의 모범은 군자(君子)이다. 군자라는 개념을 도덕적 정치가의 모범으로 등장시킨 사람은 공자이다. 공자는 군자를 성인의 아래에다 두고 개념 정의를 시도하였다. 그런데 그의 후계자들은 결국 성왕으로서 군주가 갖추어야 할 모범적 인간형으로 군자를 격상시켰다. 성왕의 정치와 군자의 정치를 잘 구분하지 않는다.

군자(君子)는 임금 군(君)과 아들 자(子)로 구성된 한자의 뜻대로 원래 군주의 자제를 뜻하는 말이었다. 서주 이래 그들은 형님 또는 아버지를 도와 정치와 행정에 종사하는 사람들이었다. 예를 들면 『서경』 「소고(召誥)」 편에서 "왕을 원수로 여겼던 사람들, 그리고 수많은 군자(君子)가 마침내 우애로운 백성으로 되었나이다."라는 구절의 군자는 특별한 신분의 구체적인 사람을 뜻한다. 이런 군자가 추상적으로 완성된 인격자의 의미를 지니게 된 것은 공자와 관련이 깊다. 공자는 신분 계급적 의미를 갖는 기존의 군자 개념을 쓰면서도 한편으로 인의(仁義)를 갖춘 품성적 의미의 개념을 확립시켰다. 그리하여 군자는 특별한 의미를 지니게 되었다. 공자는 거칠어 야만스럽지도 않고 학식에 치우쳐 문약하지도 않는, 그래서 인간 본연의 모습을 진솔하게 드러내면

서 학문과 수양을 통해 의식과 행동이 적절히 통제된 균형적 삶을 사는 사람을 군자로 정의하였다.[9]

이렇게 원래 왕실 자제라는 의미로 실제 정치를 하던 최고 귀족의 의미를 지녔던 군자는 공자를 거치면서 도덕적 성취를 이루었으나 성인의 경지에는 오르지 못한 사람이라는 새로운 의미가 부여되었다. 성인은 만나 볼 수 없으나 군자를 만나는 것은 가능하다는 『논어』「술이」편의 기사나, 요순도 성인의 정치를 하지 못할까 걱정하고 살았다는 「옹야」편의 기록은 군자와 성인을 구분하고 있는 공자의 주장을 잘 반영하고 있다. 공자 스스로도 군자라고는 명명하였으나 감히 성인으로 자처하지는 않았다. "널리 베풀고 능히 민중을 구제할" 수 없음을 스스로 알고 있었기 때문이다. 그러나 성인이 될 만하다는 그의 잦은 언급은 누구나 성인이 될 수 있음을 간접적으로 표현한 것으로 보인다.

맹자는 선한 본성의 인격화로서, 인간의 도덕적 품성을 중심으로 군자를 정의하였다. "군자가 사람들과 다른 점은 마음을 보존한다는 것이다. 군자는 인으로 마음을 보존하고 예로 마음을 보존한다."[10] 공자와 맹자는 정치권력의 소유자인 군주에게 군자로서의 덕성을 함양하라는 '도덕적' 요구를 한다. "군자의 덕은 바람과 같고 소인의 덕은 풀과 같다. 풀 위에 바람이 스치면 풀은 자연스레 바람이 부는 대로 쓰러진다."[11] 순자는 군자를 대유(大儒)라고도 표현하는데, 대유는 도의의 수호자로서 성인을 향해 나아가는 위치에 있는 사람이라고 한다. 대유인 "군자(君子)는 가난 때문에 도에 소홀하지 않는다."[12]

공자, 맹자, 순자는 군자를 통해 도덕과 정치 사이에 왕래 가능한 소통 공간을 마련하고 있다. 신하든 군주든 군자가 되어야 한다는 논리고, "군자가 없으면 천지가 다스려지지 않고, 예의에 가닥이 없고, 위로 임금·스승의 구분이 없고, 아래로 부모·자식이 없게 된다. 이를 가리켜 지극한 혼란이라 한다."[13] 어느덧 성인은 신 쪽으로 보다 멀리 올라가 버렸다. 군자는 아예 성인을 두려워해야 한다. "군자에겐 세 가지 두려워함이 있다. 천명을 두려워하고, 대인을 두려워하며, 성인의 말씀을 두려워한다."[14] 현실에서는 군주·신하를 포함해 모든 사람이 군자가 되기 위한 도덕적 노력을 기울여야 한다. 여기서 벌써 성인이란 도덕적 이상 상태가 군주의 정치권력을 넘어서고 있다.

현실 정치에서 도덕은 꼭 필요하다. 초기 유가 사상가들은 인간의 내면에 대한 탐색으로부터 그 이유를 찾으려 노력했다. 그들은 우리에게 도덕권력의 소유자로써 지식 계급의 수양이 사회적 영향력을 가져야 할 필요성을 느끼게 해 준다. 이제 정치권력과 도덕 이상의 이원화, 정치와 윤리의 분리를 근대 정치학의 핵심으로 본 사고에서 자유로워질 때가 된 듯하다. 한 걸음 더 나아가 내성외왕(內聖外王) 즉 정치에 대한 도덕의 우선을 강조한다고 하여 그것이 현실 정치의 권위 약화를 불러온다고 생각되지는 않는다.

2 왕제(王制): 권위와 제도의 상징으로서 성왕

제자백가 가운데 정치에서 가장 멀리 떨어진 사람은 장자일 것이다. 그는 정치적 의미를 애써 배제하면서 자연으로 돌아갈 것을 주장한다. 그렇다면 무엇으로부터 돌아간다는 말인가? 가장 중요한 것은 정치를 내던져 버려야 비로소 회귀를 이야기할 수 있다는 것이다. 이를 위해선 어떻게 정치와 거리를 유지할 것인가에 대하여 끊임없이 토론해야 한다. 다시 말해 반드시 정치에 대해 논의하고 정치에 대응해야 한다는 것이다. 장자의 천고의 걸작 「응제왕(應帝王)」 편이야말로 정치에서 떨어지고 싶어도 떨어지지 못하는 뛰어난 문장이 아닌가. 둘째, 정치의 중심은 무엇이었는가? 오직 한 가지 국왕으로서의 권위와 제도뿐이다. 왕권과 왕제(王制)야말로 그 중심일 수밖에 없다. 왕권과 왕제를 옹호한다는 점에서 그들 모두는 공통적이며, 그들의 정치적 이상은 거의 모두가 왕도와 성왕의 정치이다. 결국 장자도 여기서 크게 벗어나지 못한 것이다.

공리주의에 입각한 묵자의 경우도 마찬가지다. 『묵자』「비악 상」편은 말한다.

옛 성왕 또한 만백성에게 많이 거둬들여 배와 수레를 만든 적이 있다. 그 것이 다 만들어진 다음 "내 장차 이것을 어디에 사용할까?"라 물으니 백성들 이 "배는 물에서 사용하고, 수레는 뭍에서 사용합니다. 군자는 두 다리를 쉬 게 될 것이며, 소인은 두 어깨를 쉬게 될 것입니다."라고 대답하였다. 이와 같이 만백성이 재물을 내어 성왕에게 주고도 감히 원한을 맺거나 걱정을 하 지 않는 것은 무엇 때문인가? 그것이 오히려 백성들의 이익에 맞게 되돌아가 기 때문이다.[15]

묵자가 제기한 "백성들의 이익에 맞게 되돌아가게" 한다는 말은 중국 고대 정치사상사에서 하나의 진척이라 할 수 있다. 확실히 무수한 사례가 증명하 듯이 귀족 정치나 군주 정치의 시대에 기술적 성취들은 실용 가치보다는 권 력을 치장하는 데 주로 쓰였고, 인민의 이익과는 상관없는 경우가 많았다. 권 력자들이 추구하는 기술적 성취는 대부분 사치와 안일한 생활을 위한 것이었 다. 생산에 큰 보탬이 안 되었을 뿐만 아니라 인민들에게는 오히려 해로운 경 우도 많았다. 이런 상황에서 묵자가 백성들의 이로움을 말하고, 실용적인 기 술을 강조한 점은 하나의 진전임에 틀림없다.

묵자는 백성들의 낭비를 반대했을 뿐만 아니라 한 걸음 더 나아가 재화 사 용의 원칙에 대해서도 언급하였다. 「절용 상」편은 말한다. "성왕이 정치를 하 면서 명령을 발포하고 사업을 일으키고 백성을 부리고 재물을 쓰는데, 실용 가치를 더하지 않는 경우가 없다." 「절용 중」편은 말한다. "충분히 백성들의 쓰임새대로 공급했으면 되는 것이다. 비용이 더 들고도 백성의 이익에 보탬이 안 되는 일을 성왕은 하지 않는다." 소비는 재생산에 유리해야 한다. 묵자는 왕권과 왕제를 통해 이익을 담보해 내는 정치를 원하였으며 그 역할을 성왕이 한다고 보았다.

명가의 창시자로 알려진 등석자는 '법을 살펴 권위를 세우는 것(察法立威)'을 성왕의 조건으로 제시한다. 명가들은 순명책실(循名責實)이라는 그들 나름의 왕제를 실제 정치 과정에 관철시켜야 한다고 주장한 사람들이다. "명에 따라 실제 내용을 따지고, 법을 살펴 권위를 세우면 훌륭한 왕이다."[16] 법과 권위는 왕권의 근본이다. 이름과 실제를 일치시키는 근본을 시종 풀어놓지 않고 잡고 있는 사람이 성왕이고 명군이라는 이야기다.

관자 등 법가의 경우는 공(公)에 대한 강조를 성왕의 덕과 연결시킨다. 그것은 제도이며, 권위이다. 관자는 형·덕의 두 수단이 사계절의 순환처럼 교대로 사용되어야 한다고 주장한다. "그래서 성왕이 천하를 다스림에 궁하면 되돌아가고, 끝나면 다시 시작한다. 덕은 봄에 시작하고 여름에 자라며, 형은 가을에 시작하여 겨울에 유행한다. 형·덕이 실패하지 않음은 사시가 하나같아야 한다."[17] '공'은 역사적 범주이며 다른 법가 사상가들의 경우도 마찬가지이다.

성왕이 갖추어야 할 덕에는 선천적으로 내재된 것도 중요하지만 후천적 학습도 중요하다. 『여씨춘추』는 군주는 당연히 현자들에게 자발적이고 능동적으로 배워야 한다고 주장한다. 학생이 되겠다는 정신이 필요하다는 것이다. 「권학」편은 말한다. "옛날의 성왕으로 스승을 높이지 않는 사람이 없었다. 스승을 높임에 있어 귀천과 빈부를 따지지 않았다." 또는 자신의 욕구와 성정에 순종하여 학습하는 것조차도 성왕의 조건이라고 말하고 있다. 「위욕(爲欲)」편에서 "성왕이 하나를 붙잡고 사방 오랑캐들이 모두 모여든다 함은 이를 두고 한 말이다. 하나를 붙잡는 자는 지극히 존귀하며, 지극히 존귀한 자는 무적이다."라고 하는데 여기서 말하는 '하나를 붙잡음'은 바로 욕구와 성정을 거스르지 않고 배우는 것을 말한다.

이런 후천적 학습과 덕의 실천을 '왕제(王制)'라는 개념 아래 통섭하여 구체적으로 정책적 아이디어까지 나아간 사람은 순자이고, 그 연장선에 있는 『예기』의 「왕제」 편도 똑같은 내용을 담고 있다. 『순자』 「왕제」 편은 왕도 즉 성왕의 도가 실현되는 정치는 예법과 인의에 입각해 어진 정치임을 강조하면서 출발한다. 그가 구상한 성왕의 제도는 이렇다.

왕자의 제도는 이렇다. 치국의 도는 하·은·주 3대를 넘지 않고, 법은 후왕(後王)과 다르지 않다. 도가 3대를 넘으면 막연하다고 하고, 법이 후왕과 다르면 바르지 않다고 말한다. 의복에는 규격을 정하고, 건축에는 한도를 두며, 수행원의 숫자를 정하고, 상례와 제례에 쓰는 기구는 모두 등급에 맞는 제한을 둔다. 음악은 단정한 아악이 아니면 모두 없애고, 색깔은 예로부터의 채색이 아니면 모두 금지하고, 기구는 예로부터의 기물이 아니면 모두 태워버린다. 이를 복고(復古)라고 부른다. 이것이 왕자의 제도이다.

순자는 「왕제」 편에서 성왕의 나라는 어떤 나라이고 성왕은 어떤 덕을 갖추어야 하는지 주장한다. 무조건 선왕(先王)을 본받아야 한다는 맹자의 주장에 비해 순자는 후왕(後王)을 본받아야 한다고 주장한다. 통류(統類, 역사상 일관하는 기본 원칙의 유추)에 입각하여 보면, 당시(周나라)의 예법은 성왕이 제정한 일관된 원칙이 흐르고 있으므로 성왕의 제도는 그것을 기준으로 삼아도 된다는 주장이다. 뿐만 아니라 재화의 유통을 포함한 모든 분야에 통하는 예의 중요성을 설파하며, 집단생활과 예의 관계를 통해 정치의 본질적 의미를 설명하고 있다. 그리고 정치의 본질을 잘 이해하고 있는 성왕은 다음과 같은 제도를 구체화시킨다고 말한다.

왕자의 법[18]은 이렇다. 등급에 따라 세금을 매기고, 민사를 바르게 처리하며, 만물을 잘 관리함으로써 만민을 양육한다. 전답의 세금은 10분의 1을 거두고, 관문과 저자거리에선 조사를 벌이되 세금은 거두지 않는다. 산림·호수·(고기잡이용) 어량은 때를 보아 금지·개방하되 세금은 거두지 않는다. 땅의 좋고 나쁨을 잘 헤아려 세금을 매기고, 길이 멀고 가까운지를 구별하여 공물을 달리 보내도록 한다. 재물과 곡식을 잘 유통시켜 적체가 없도록 하고, 서로 교환하도록 하여 사해의 안이 모두 한 집안처럼 되어야 한다. 따라서 가까운 사람은 제 능력을 감추지 않으며 먼 데 사람은 힘든 일을 꺼려하지 않으니 아무리 멀고 편벽한 곳에 있는 나라라 하더라도 왕자의 부름에 따르고 그것을 즐기지 않는 자가 없다. 이를 인사(人師, 사람들의 본받을 만한 어른)라 부른다. 이것이 왕자의 법이다.[19]

왕자는 성왕을 뜻하고, 법은 형벌의 의미도 있지만 제도의 의미가 강하다. 이 점에서 순자는 다분히 개인들이 이미 사회화된 상태를 상정하고 정치적 공동체를 통해 성왕의 정치에 다다를 수 있다고 접근한다. 어느 경우든 선왕의 도에 의해 다스려지는 나라는 군신과 귀천의 구분이 명확하면서 상하가 화목하게 서로 잘 살아간다. 구체적인 방법으로서 군주는 백성을 사랑하고 백성은 군주를 존경하며, 인정이 베풀어지고 세금은 적으며, 교화가 행해지고 형벌이 가벼우며, 고아와 가난한 사람들이 구제되고, 늙은이는 편안하고 어린이들은 보호받는다는 등의 주장은 유가의 공통된 주장이다. 그리고 도덕이 그들 세계의 영혼이었다. 그런데도 현실 권력을 소유한 군주가 왕도를 행하지 못하고 자의적 행사를 할 때는 어떻게 문제를 해결할 것인가? 유가들은 적어도 관념의 세계에서 현실 권력보다 더 높은 도덕적 권위로서 성인을 군주보다 더 높은 곳에 설정하고, 군주뿐만 아니라 모든 사람들이 이를 삶의 목표로 삼도록 이끎으로써 해결하려 하였다.

3 예(禮): 가치 판단의 준거로서 성왕

공자의 여러 주장들 가운데 대체로 정심하고 미묘한 언사인 미언(微言)의 학풍은 맹자에게 전승되었고, 오경의 핵심 의의인 대의(大義)의 학풍은 순자에게 전승되었다. 맹자가 성선설을 통해 공자가 말하려는 정심한 의미를 잘 전달했다는 점에서 미언을 승계한 것이라면, 유가 경전을 체계적으로 전술하여 후대에 계승시킨 순자야말로 오경의 요의(要義)를 꿰뚫고 있을 뿐만 아니라 『춘추』의 대의를 잘 계승하여 후학들에게 전하였다. '예' 또한 순자를 거쳐 그 대의가 『예기』로 연결되었다.[20] 『예기』 「예운」 편 「대동(大同)」 장과 「소강(小康)」 장을 중심으로 생각해 보자.

큰 도가 행해지면 천하는 공적인 것이 된다. 현자가 뽑히고 유능한 사람이 쓰이며 온 세상에 믿음이 가득하고 인류의 화목이 도모된다. 그리하여 사람들은 자신의 부모만을 친애하지 않고 자신의 자손만을 돌보지 않을 것이다. 노인들은 말년이 행복하고 젊은이는 각자의 소임에 충실하며 아이들은 하나같이 잘 키워질 것이다. 홀아비, 과부, 고아, 병든 자들은 모두 도움을 받게 될 것이다. 남자들은 각기 직업을 갖게 되고 여자들은 안전하게 보호될 것이다. 재물이 땅에 팽개쳐 있을 수 없으니 한 개인에게 은닉되지 않을 것이다. 권력이 개인에게서만 나올 수 없으니 자신만을 위할 수 없을 것이다. 그러므로 사적인 행위가 도모되지 않는다. 도둑, 절도, 소요, 강도 행위가 없으므로 대문을 활짝 열어 닫힌 삶을 살지 않아도 될 것이다. 이를 가리켜 대동(大同)이라 한다.[21]

오늘날 대도가 감추어지니 천하는 사적인 것이 되었다. 각자가 자기 부모만 친애하며 자기 자식만 돌본다. 재물과 권력은 자신만을 위한다. 지배층들은 세습을 정당화하는 예법 제도를 만들었으며 성곽을 높이고 도랑을 깊이 파 공고한 요새를 만들었다. 이러한 예의가 원칙이 되었다. 그로써 군신간은 올바름으로, 부자간은 돈독함으로, 형제간은 화목으로, 부부간은 화합으로 원칙을 삼았다. 그로써 제도가 만들어지고, 경작지와 마을이 세워졌다. 그로 써 힘 있는 자와 지식 있는 사람을 현명하게 여기게 되었으며 자신을 위하는 것이 공덕이 되었다. 그리하여 모두가 잘 쓰이기 위해 행위하게 되니 군대가 일어나게 되었다. 우, 탕, 문, 무, 성왕(成王), 주공은 이렇게 하여 선택되었다. 이 여섯 군자(君子)는 철두철미 예에 충실하였다는 것이다. 그들은 예(禮)를 드날리었으며 신(信)을 추구하였다. 잘못에 대하여 인(仁)의 입장에서 형벌 을 가했으며 사양이 강조되었다. 백성들에겐 그렇게 항상성을 보여 주었다. 만약 이에 따르지 않는 사람이 있으면 영향력 있는 사람이라도 축출되니 민 중들은 두려운 생각을 갖게 되었다. 이를 가리켜 소강(小康)이라 한다.[22]

대동을 주장하려면 성선론이 필수이고, 태평세(太平世)는 선한 인간들이 평등한 덕성을 사회 전체로 미루어 확충해 나감으로서 이루어진다고 말할 수 밖에 없다. 이 점에서 맹자는 다분히 사회 구성원들의 자율적 도덕이성을 통 해 선왕의 도에 다다를 수 있다고 접근한다. 반면 소강을 주장하려면 성악론 이 필수이고, 발란세(撥亂世)는 현자 또는 성왕에 의해 불초자를 다스리는 등 급 구분에 입각한 사회질서가 당연하다. 순자의 고심은 여기에 있었다.

공자가 문을 연 유가의 이념은 자기 자신을 이기고 예를 회복해[克己復禮] 인(仁)이 구현되는 사회를 만드는 일이었다. 맹자가 인간의 내부적 주체의 발 로를 통해 자신을 이기는 극기의 길을 걸었다면, 순자는 외재적 사회규범을 통해 질서 있는 사회를 복원하는 길을 걸었다. 순자는 예야말로 도덕적으로 완벽한 질서를 구가할 수 있는 매우 구체적이고도 실행 가능한 규범이며, 역 사적으로 성왕의 나라에는 전체를 관통하는 예의의 대원칙인 통류(統類)가

흐르고 있다고 생각하였다. 그래서 『시경』이나 『서경』을 통한 내성(內聖)의 길보다는 예의를 드높이는 외왕(外王)의 길을 택했던 것이다.(「유효」편 참조)

'예(禮)'라는 글자는 원래 신령의 강림을 뜻하는 시(示)와 쟁반에 옥구슬을 쌓아 경배를 드리는 풍(豊) 자의 결합에서 알 수 있듯이, 상고 사회의 종교적 제사에 쓰이는 숭배 의식 혹은 제기의 상형이었다. 이런 식의 종교 활동은 고대인 특히 은나라 사람들의 일상생활이었다. 이 생활의 중심으로서 예는 점차 사람과 사람 사이의 생활규범으로 변하였고, 마침내 동양 전통 문화나 사상의 핵심 관념으로 바뀌었다. 우리가 흔히 예의라고 말할 때 예는 의(義, 올바름 마땅함)를 그 본질로 한다. 순자에게서도 예는 비록 성인에 의해 만들어지지만 그것이 의거하는 객관적 제작 원칙은 의다.[23] 예와 의는 동전의 양면이며 똑같은 작용을 한다. 따라서 『순자』에서 의는 모두 예로 대체가 가능하다.

순자는 역사적으로 관통하는 예의 원칙이 지금의 정치권력에 반영되어 모든 인민들이 그로써 예의 구체적 행위를 유추할 수 있다면, 그것이 곧 가치관의 표준이 된다고 생각했다. 전설 속의 성왕이 아니라 현실 속의 도덕적 군주가 예를 표방하고 누구나 동의할 수 있는 치국의 강령으로 삼는다면 치세를 이룰 수 있다는 말이다. 순자는 그 도덕적 군주를 후왕(後王)이라 불렀고, 치국 강령을 예의로 삼았다. 보다 구체적으로 순자는 진정한 의미의 성왕으로 생각한 공자가 그토록 따르고자 했던 주공을 후왕의 표준으로 삼은 듯하다. 왜냐하면 「비상」편의 주장처럼 너무 오래된 이상은 상세하지 못해 쓸모가 없고, 주공의 치국 이념 속에 관통하고 있는 보편적 법칙이 선왕의 예법을 충분히 반영한 것이라고 생각하였기 때문이다.

사람의 사회성을 강조하고 집단 생활의 질서를 중시하는 순자는 그 질서를 관장하는 중추적 역할을 담당하는 군주에게 '소강'의 큰 기대를 걸었다. 선을 향해 가는 모든 인위적 행위의 표준인 예의를 만드는 동시에 주도하고 실천하는 성왕이야말로 군주가 가야 할 길이다. 천하를 다스리는 막중한 책임뿐만 아니라 도덕적 판단의 최고의 준칙이 되어야 하는 만큼 군주의 지위와 역할은 높이 존중되어야 한다.

이상 군주인 성왕은 인류의 극치이고 이상적 인격의 최고 형태이다. 성왕은 성인인데 우선 인격적으로 완전하고 지혜가 출중해야 한다. 예의와 그것의 역사적 원칙인 통류(統類)를 꿰뚫고 있어야 하며, 철저히 규범을 준수하여 왕도를 실현해야 한다. 끊임없이 인위를 통해 선을 쌓아 가니 모든 인민의 가치 판단의 준거가 된다.

이러한 성인은 예의를 힘써 배우고 실천하여 역사에 관통하는 원칙을 깨달으면 누구나 될 수 있다. "길거리의 어떤 사람도 우임금처럼 성왕이 될 수 있다."[24] 바꾸어 말하면 위대한 군주가 된 사람은 그러한 인위적 수양을 쌓아 이룬 사람들이다. 잘 다스려지는 나라는 인민들이 성왕의 인위에 복종하면서 사는 삶을 말한다. 「신도」편의 이야기처럼 군주의 권위나 권력을 따르는 것이 아니라 도 즉 인위의 결정체인 예의를 따르는 것이다. 따라서 왕위를 자의적으로 물려주는 선양(禪讓)이란 있을 수 없고 예의를 실천하는 성인이 당연히 자연스레 왕이 되는 것이다.

모든 인민이 도덕적 판단의 최고 준칙으로 삼는 자가 바로 성왕의 지위를 누리는 것이지만 그렇다고 그들이 꼭 현실 사회에서 국왕의 지위를 얻는 것은 아니다. 객관적 조건인 군주의 세(勢)가 있었기에 걸왕과 주왕은 성인의 발치에도 못 갔지만 무소불위의 권력을 휘둘렀고, 공자와 자궁(子弓)은 모든 인민의 도덕적 판단의 최고 준칙이 되었으나 세가 없어 아무런 현실적 권력도 행사하지 못했다. 이와 같은 현실적 한계 때문에 순자는 기왕에 세를 얻어 군주가 된 사람의 정치적 영향력을 인정하고, 왕도엔 못 미치지만 믿음(信)을 강조하며 법과 인민에 대한 사랑을 실천하는 패도(覇道)를 긍정하기도 한다.[25] 어떤 상태든지 인위적 노력만 기울일 수 있으면 예치 사회가 가능하다고 보았기 때문이다.

현실 사회에서 군주는 통치를 행하면서 반드시 예의통류(禮義統類)의 강령을 준수해야 한다. 구체적으로 공평무사해야 하고, 관직을 잘 배분하여 덕과 능력에 따라 어진 선비들을 골라 써야 한다. 특히 백성과 군주 사이에 교량 역할을 하는 재상의 선정을 잘 한다면 군주는 패도를 넘어 무위(無爲)의 정치를 행할 수 있는 왕도에 이를 수 있다. 신하의 도리도 마찬가지로 외재적 규범인 예에 준거하여 위로 왕을 보필하고, 아래로 백성을 사랑하여야 한다. 주공과 같은 성신(聖臣)이 되어 인민의 복지와 체제를 안정시키고, 도덕 국가를 수립하여야 한다.

성왕은 최고의 정치 지도자로 폭군과의 대비를 통해 만들어지기도 하며, 도덕 정치의 모범으로 이상화되기도 하였다. 하지만 제자백가의 성왕론은 여기에 그치지 않는다. 성왕이 위대한 존재로써 하늘로부터 오는 것이 아니라, 인간 사회에서 노력에 의해 누구나 될 수 있는 존재임을 증명하려 애쓴다. 중국 인문주의의 정화라 할 수 있는데, 이는 권력의 신성화를 추구한 후대 제국 하의 군신 관계, 군민 관계와는 판이한 것이었다. 최고 통치자를 도덕 수양과 학습에 의해 이루어지는 존재로 본 것이야말로 순자 예치(禮治)론의 핵심이다.

순자는 '성위합(性僞合)'을 이상적 인격으로 생각하였다. 인간의 자연스러운 생리 욕구와 도덕적 초월성의 합일을 성인의 조건으로 여긴 것이다. 「비상」편은 사람이 자기가 욕구하는 대로 따라가고 "이익을 좋아하고 손해를 싫어하는 것은 사람이 태어나면서부터 갖고 있는 것이다."라고 한다. 사람의 욕구대로 하고 절제하지 않는다면 금수와 같아질 것이고 마침내 사회 혼란이 조성될 것이라고 생각하였다. 성인이 이들을 교화하여 악을 없애야 하는데, 이렇게 후천적 예의 교화를 필요로 하고, 악을 선으로 바꿔 줄 수 있는 것이 그의 성악설의 기초이자 예의 치국의 출발점인 '화성기위(化性起僞)'이다. 성은 본래 질박한 자연 상태, 즉 순자의 이야기에 따르면 본시재박(本始材朴)한

데 인위적인 도덕 교화를 통해서 선으로 간다는 것이다. 이렇게 선으로 갈 수 있도록 성인이 그 역할을 수행한다는 것이 『순자』「성악」편이 주지이다.

순자는 "성인은 도의 궁극이다."라고 말한다. 성인은 완벽한 사람이다. 「유효」편에 따르면 성인은 "선을 쌓아서 온전히 모든 것을 다하는" 사람이므로 모든 사람이 학습해야 할 모범이라고 한다. 성인은 특히 예의(禮義), 사양(辭讓), 충신(忠信)을 다하는 사람이다. 하지만 요·순 성왕은 너무 오래되어 찾을 수 없으니, 성인을 본받으려면 공자를 본받을 수밖에 없다. 공자를 학습하는 것은 선대 성인을 학습하는 것이다. 「비십이자」편에는 공자와 중궁을 학습해야 한다고 주장한다. 그 학습 내용을 한마디로 하면 예의이고, 예의의 실천자는 성인이다. 이것이 역사를 관통해 온 유일한 법칙이다. "성인이란 도를 관통한 사람이다. 천하에 관통하는 도가 그것이며 역사상 모든 왕들에 공통하는 도는 그것 하나이다."[26]

또 성왕의 덕은 "모르는 것이 하나도 없고, 하지 못하는 것이 하나도 없다."라고 『순자』「애공」편은 말한다. 위대한 성왕이 바로 그 사람이다. 성인은 만물의 변화와 사물의 궁극을 모두 알고 있다. 대도를 통하고 만물의 성정을 모두 장악하고 있다. 성왕의 역할과 작용은 천지에 가득하다. 그래서 그의 실천 덕목인 예의 또한 천지에 충만해 있고, 우주 자연의 질서까지 예의가 관통되어 있다고 한다.

성왕의 최고의 덕은 '인륜의 극치'이다. 그것은 예(禮)이다. 사람들 사이의 등급 구분이며 행위 규범이다. 사람은 자신의 지위에 상응하는 도덕 규범을 갖는다. 예로 사람을 엮고 바꾼다. 순자가 보기에 국가가 다스려지느냐의 여부는 사람들이 먼저 안정되어 있느냐에 달려 있으며, 이는 곧 예의 도덕과 분리될 수 없다. 『순자』「수신」편엔 "제후국이든 대부가이든 예의가 없으면 편안할 수가 없다."라고 한다. 국가의 치란을 예의 도덕의 유무에서 찾는다. 성인을 언급하고 있는 『순자』 곳곳에는 인륜의 완성자로서 성인을 말하고,

그것을 제도적 장치로 정책에 반영하는 사람을 왕으로 표현한다. 성왕은 이 둘의 결합태이니, 사회적 안정과 정치적 안정을 모두 이루어 내는 사람이 성왕이다. 윤리 도덕에 정통하고 국가의 치리에 정통한 사람이 성왕이라는 말이다.

순자에 따르면 성왕은 선천적으로 만들어진 존재가 아니라 후천적 노력의 결과로 보았다. 모든 사람이 성왕인 우임금처럼 될 수 있다는 그의 논리는 깊은 학문적 바탕과 도덕적 수양을 전제로 한 말이다. 그리하여 예의 통류를 관통하여 가치의 궁극적 척도를 이해하고, 현실 정치에서 실천해 냄으로써 성인의 경지에 이를 수 있다는 것이다.

물론 순자는 예의에 통달하는 외부적 수양만을 강조하지는 않았다. 그의 「악론(樂論)」편을 보면 내성공부의 중요한 일면으로 심령을 도야시키는 역할을 중시한다. 즉 예의로 교육과 감화를 행하여 멋진 나라를 만들려면, 예를 통한 외부적 절제와 더불어 음악을 통한 내부적 덕성을 조화시키는 것이 중요하다고 생각하였다. 교화에 목적이 있었으므로 예악은 수단이었지만 백성들의 욕망을 적절히 만족시켜 줌과 동시에 신분에 맞는 분수를 지키도록 적절히 절제시키는 데 예악의 기능은 매우 중요한 것이었다. 절제를 통한 만족이 순자가 이야기하는 예의 '양욕(養欲)' 기능이고, 만족을 위해 절제함이 예의 '분별(分別)' 기능이다.[27]

교화를 통한 질서의 확립이라는 정치적 목적에서 가장 중요한 역할을 하는 것은 역시 사람이다. 그래서 순자 예의 치국의 핵심은 항상 다스리는 사람 즉 치인(治人)에게 모아진다. 어떤 통치 이념이나 법제(治法)가 있느냐보다 사실 어떤 사람이 그 원칙을 사용하느냐가 중요하다는 것이다. 그래서 순자 정치사상의 결론인 '유치인무치법(有治人無治法)'의 치인은 '성왕'이다.

사람을 중시하는 인문주의자라는 점에서 순자는 분명히 유가 사상가였다. 하지만 실재하는 군주들이 도덕적이지 못할 때 어떻게 할 것인가? 선왕이 제정했다는 그 '절대적'인 예의의 근원은 어디인가? 자유로운 인간 정신으로 예가 수정 또는 보완될 가능성은 없는가? 이러한 질문들에 대하여 순자의 책에서는 구체적 해답을 얻기 어렵다. 이런 상황에서 예의라는 절대적 가치 기준만을 강조하는 것은 자칫 절대 권력을 소유한 통치자들에게 통치의 편의를 위한 독재의 도구로 흐를 수 있는 권위주의적 가능성을 내포하고 있다. 그의 제자 한비와 이사가 스승의 예(禮) 자를 법(法) 자로 고쳐 법가를 대표하는 인물이 된 것은 우연이 아닐 것이다.

4장 도덕권력과 성왕

1 도의

'도'가 무엇을 가리키는지에 대해 고대의 각 학파 사상가들은 여러 가지 내용을 갖고 달리 해석하였다. 이들을 한마디로 개괄하자면 우주와 인간 사회를 관통하는 근본 원리라고 할 수 있다. 도와 정치는 어떤 관계인가? 춘추 전국 시대 제자백가들 사이에 많은 견해 차이를 보인다. 그런데 그 차이 속에 한 가지 공통된 추세는 도가 그 무엇보다도 높다는 것이다.

도가 사상은 '도' 자를 그 학파의 이름으로 부여받을 정도로 도를 논의의 중심으로 삼았다. 도가는 도를 넓히는 대 본영이다. 모든 것이 도에 근원을 두며 일체가 도를 본받으니 군주, 정치, 성왕 모두 도를 근본으로 삼아야 한다고 주장한다. 도가에게 도가 군주보다 높다는 것은 보편적 원칙이다. 도는 모든 것이 그에 합치할 수밖에 없는 생명과 인간관계의 모든 근원이다. 노자의 말대로 도는 정의하기 어려운 개념이지만 제자백가의 사상 속에 등장하는 도는 대체로 "우주 본원 · 규율 · 이론 원칙 · 도덕 준칙 등을 가리킨다."[1]고 할 수 있다.

도에 대한 여러 가지 정의 가운데 유가의 도는 이론 원칙, 도덕 준칙 즉 한마디로 도덕 이상을 뜻한다. 그리고 그 도덕 이상은 현실 정치권력보다 높은 위치에 있다. 공자는 도가 군주보다 높다는 인식의 기초를 다지고 "도로써 군주를 섬기고, 안되면 그만두라."[2]는 정치 원칙을 제기하였다. 맹자는 덕행을 높이 외치며 권세 · 지위와 서로 맞서라고 한다. "천하에 존중받는 것이 세 가지 있다. 벼슬 작위가 하나요, 나이가 하나요, 덕이 하나다."[3] 『맹자』 「등문공

하」편에서는 이렇게도 이야기한다.

　　도가 아니면 한 소쿠리 밥이라도 다른 사람에게서 받아서는 안 되며, 도에
　　입각한 것이면 순임금이 요임금의 천하를 받는다 해도 크다고 할 수 없다.[4]

『순자』에서는 더욱 명쾌하게 표현한다. 조금도 꺼리지 않고 단도직입적으
로 "도의가 중시되면 왕공은 가벼워진다."라고 말한다. 「신도(臣道)」편과 「자
도(子道)」편에는 "도를 좇지 군주를 좇지 않는다."[5]라고 말한다. 도의 체현을
통해 범인의 인식을 초월한 성인이야말로 '인류의 극치'인데, 현실에서 인민
의 실재 생활에 절대적 영향력을 행사하는 최고 권력자인 왕과 성인은 어떤
관계인가? 도덕 이상이 정치권력을 넘어서는 것이라면, 현실의 왕은 도덕과
어떻게 관계를 설정해야 하는가? 내성외왕(內聖外王)은 이렇게 '흡수'된 개념
으로 생각된다. 다시 말해 현실의 권력자에게 도의에 입각한 내면의 성취를
강력하게 주문하는 것이다.

　법가는 열렬하게 군주 독재를 주장하였다. 그러나 그들도 이론상으론 법이
왕보다 높고, 도가 왕보다 높다고 생각하였다. 『관자』 「군신 상」편은 말한다.
"명군은 도·법을 중시하고 나라는 가벼이 여긴다. 따라서 한 나라의 군주라
함은 도가 그를 군주로 만든 것이고, 천하의 왕이라 함은 도가 그를 왕으로 만
든 것이다." 법가는 군주를 위한 귀공(貴公)·상공(尙公)의 정신을 제창한다.
공(公)이 군주 개인보다 높다고 생각한 것이다. 『상군서』 「수권」편은 이렇게
말한다.

　　지금 난세의 군주와 신하들은 모두가 한 나라의 이익에만 정신을 쏟고 있
　　으며, 한 관직의 대권을 호령하여 사적인 편의를 도모한다. 이것은 나라를 위
　　태롭게 만드는 까닭이다.[6]

공의 반대는 사(私)이며, 사의 확장이 가(家)이다. 이에 대한 반대로서 공에 대해『상군서』「일언」편엔 "공적 이익을 개척하고"(開公利), "사적 경로를 막"(塞私門)으로라고 주장한다. 여기서 공은 국가와 군주를 가리키고, 사는 귀족이나 큰 집안을 가리킨다.『한비자』「팔설(八說)」편에서 사에 반대되는 것으로서 공은 국가적 차원의 '법'을 가리킨다.

　　필부들은 사적인 편리를 도모하고, 군주는 공적 이익을 도모한다. 일하지 않고 편안히 먹고살고자 하며, 벼슬길에 나가 (열심히 공무에 종사하지) 않고도 이름을 떨치려 함은 사적 편리이다. 문예나 학문을 금지시키고 법도를 분명히 밝히며, 사적 편리를 방지하여 공로를 하나로 만듦이 공적 이익이다.[7]

　　한비는 입법의 최종 목적이 사문(私門)의 편의를 막고 공문(公門)의 이익을 확장하는 것이라고 생각했다. 법가에게 공적 질서는 법의 질서였으며, 내용은 군권의 강조와 국가중심주의였다.[8]

무엇을 도의로 볼 것인가의 내용상 차이가 있을 뿐, 법가를 포함한 제자백가는 도의가 권력이나 왕공보다 중요하다는 인식에서 출발하여 분분히 도의의 기치를 높이 들고 군주에 대해 품격 구분과 비판을 행하였다. 특히 묵자는 앞에서 언급했듯이 의(義)를 권력보다 더 고상하고 중요한 것으로 간주하였다. 도가 왕공보다 중요하다는 이론은 성왕에 대한 희구라 할 수 있다. 이들 요구는 군주가 백성과 더불어 즐기고, 백성들의 이익을 변통해 주며, 민심에 순응하라는 주장으로 연결되었다. 군주가 여민동락을 실현할 수 있어야 한다. 도를 구현하지 못하는 폭군·암주에 대한 비판의 근저에는 성주·명군에 대한 희구가 깔려 있었다. 이 점은 제자백가의 공통된 사유였다. 제자백가의 폭군·암주에 대한 비판은 성왕의 조건이 도의 구현자여야 한다는 주장에 다름 아니다.

도가 군주보다 높은데, 그 도가 인간 세계에 구현되었을 때 비로소 성(聖)과 관계를 가지며, 정치 세계에 구현되었을 때 성왕의 모습을 띠게 된다. 선진 사상가들의 성인에 대한 구체적 규정은 각각 크게 다르지만 한 가지 점은 일치한다. 즉 도를 체현하기만 하면 바로 성인인 것이다. 도를 체현한 성인이 통치자인 왕의 마음의 스승이 될 때 성인은 곧 성왕이 된다. 다시 말해 성왕은 곧 성인의 도를 구현한 사람이다.

도를 구현하는 성왕은 정신세계의 지배자라는 의미이다. 내성외왕의 의미 가운데 하나는 이러한 내심의 정신세계가 외부의 물질 세계를 지배한다는 뜻이다. '내성외왕'의 의미는 내재적 지식과 도덕 수양을 통해 도를 구현하고, 이를 정치에 운용하면 왕이 될 수 있다는 뜻이다.

2 내성외왕

'내성외왕'이란 철학적 용어는 『장자』 「천하」편에 처음 보인다. 그것도 천하를 다스리는 치술에 대한 질의 응답 과정에서다.

천하가 크게 혼란스러우니 현(賢)과 성이 분명하지 않고, 도와 덕이 일치되지 않는다. 천하 사람들은 무얼 하나 더 얻는 것으로 스스로 기꺼워한다. 예를 들면 귀, 눈, 코, 입은 모두가 각기 분명한 바가 있는데 서로 통할 수 없는 것과 같다. 수많은 학파들의 여러 가지 기예는 모두가 장점을 갖고 있고 때에 맞추어 소용되는 바가 있다. …… 그러므로 내성외왕(內聖外王)의 도는 캄캄하여 분명하지 않고, 막혀서 피어나지 않고 있다. 천하 사람들은 각기 자기가 하고자 하는 바를 가지고 스스로 방책으로 삼는다. 슬프도다! 수많은 학파들은 가기만 하고 돌아올 줄 모르니 필경 도에 합치하지 못할 것이다. 후세의 학자들은 불행하게도 천지의 순정함이나 옛 사람들이 지켜 온 대체(大體)를 알아차리지 못하고 있으니 천하를 다스리는 도술은 장차 바로 그 천하 때문에 찢기게 될 것이다.[9]

『장자』에서 내(內)는 내심(內心), 즉 정신세계를 말한다. 외(外)는 내(內)와 상대적인 유형의 물질 세계 또는 사회관계를 가리킨다. 내성외왕의 의미는 내재적 지식과 도덕 수양이 성인의 경지에 도달하고, 외적 변화를 통해 이를 정치에 운용하면 王이 될 수 있다는 뜻이다. 이 말을 지금까지 논의한 유가의 맥락에서 보면 먼저 성인의 덕을 쌓고 나중 왕이 된다는 선성후왕(先聖後王)의 개념이다. 여기서 王은 '정치권력'으로 보지 않고 넓은 의미의 '정치 행위'로 볼 수도 있다.

내성(內聖)이라는 도덕적 우월성을 현실적 권력보다 우위에 둔다는 말이다. 다시 말해 내부적 덕성의 함양을 통해 초월적 도와 합치하는 도덕 이상을 강조한 이야기다. 그런데, 장자와 동시대인 맹자에게 성왕은 성인 개념과 같지만,[10] 그보다 한두 세대 늦은 순자에 오면 내성외왕론을 철저히 유가화하여 성왕으로 탄생시키는 데 성공하고 있다. 『순자』 「해폐」 편은 말한다.

성인은 인륜을 다 통달한 자이다. 王은 예법 제도를 다 갖춘 자이다. 이 둘을 다하면 천하의 지극한 법칙이 된다. 그래서 배우는 자들은 옛 성왕을 스승으로 삼으며, 성왕의 예제를 법으로 삼는다. 성왕의 예법을 본받음으로써 통류(統類)에 통달하길 바라고 그 사람됨을 본받는 데 힘 쓴다.[11]

예법 제도만 실천할 수 있으면 현실 군주도 성왕이 될 수 있다는 말이다. 내성(內聖)하여 외왕(外王)이 된 사례를 유가 사상가들은 흔히 요임금과 순임금의 신화로 증명하곤 한다. 우왕과 탕왕을 이야기하기도 한다. 그런데 문왕,

무왕에 이르면 왕이면서 성인이 된 사람인지, 성인이어서 왕이 된 사람인지 불분명하다. 주공(周公)의 경우는 섭정 7년을 했으나 실제 왕은 아니었고, 공자의 경우는 아예 권력을 잡아 본 적도 없다. 그런데도 공자는 주공을 성인으로 취급하였고, 맹자는 백이(伯夷), 이윤(伊尹) 등도 성인의 일부 특성을 가진 사람이지만 "때를 아는" 공자만이 진정한 성인이라면서 "소원이 있다면 공자를 배우는 것이다."[12]라고 말하였다. 도덕 이상을 중시한 것으로, 이 말은 공자를 성인의 반열에 올리는 데 결정적 작용을 하였다.

순자는 신분이 아니라 덕행의 고저에 따라 사람을 다섯 등급으로 나누고 만물의 변화를 꿰뚫는 지혜의 결정체를 대성(大聖)이라 하였다. 이런 성인을 그는 또 성왕(聖王), 성군(聖君), 성신(聖臣), 성사(聖師)로 구분하는데, 놀라운 것은 도덕 이상보다 일의 성과를 중시해서 성왕을 성인들 가운데서도 최고로 취급했다는 사실이다. 군자로서 도덕적 성취를 하여 일단 성인의 반열에 들었으면 세상에서 가장 위대한 일인 정치를 하는 것이 중요하다는 이야기다. 순자의 이야기에 따르면 천하의 임무가 너무 막중하고 중요하기 때문에 일단 "성인이 되는 노력을 기울이지 않고는 능히 왕자가 될 수 없는데,"[13] 성군은 통치 영역이 작으므로 성왕이 될 바로 아래 조건에 있으며, 성신은 성왕의 보좌이고, 성사는 성인 가운데 권력도 세력도 없이 "도를 전하고, 학문을 가르치고, 의혹을 풀어 줌"을 자신의 임무로 삼는 사람으로 공자와 자궁(子弓)이 이에 해당된다.[14] 그렇게 된다면 '민(民) – 신(臣) – 군(君)'과 '유자(儒者) – 군자(君子) – 성인(聖人)'의 두 계보가 성왕 아래 하나로 통합이 된다. 도덕 이상과 정치권력, 즉 윤리와 정치의 합일이다. 내성외왕은 여기서 극치에 이르게 된다.

그렇다면 도를 구현하는 사람이면 누구나 성인이 될 수 있는데, 성왕도 될 수 있는가? 단순한 논리로 추리하면 그럴 가능성이 있다. 그러나 선진 사상가들은 성과 왕의 관계를 토론하면서 모두가 이상의 논리 과정에 입각하여 역사와 현실을 논술하지는 않았다. 그래서 누구나 성인이 될 수 있다는 주장은 많지만 누구나 왕이 될 수 있다는 주장은 거의 없다. 그렇다면 먼저 성인이 된 뒤 왕이 되는가? 그래야 한다. 성인이 왕이 됨으로써 단순한 권력자 왕이 아니라 도덕을 구현하는 왕이 되는 것이다. 예를 들면 요·순이 바로 성인이기 때문에 왕이 된 사람들이다. 『관자』 「승마(乘馬)」 편은 "무위하여 다스려지게 하는 자는 제업(帝業)을 이룬다. 정치를 하되 억지로 무엇을 함이 없는 자는 왕업(王業)을 이룬다."고 말한다. 『관자』 「병법」 편은 말한다. "하나에 밝은 자가 황이며, 도를 살피는 자가 제이며, 덕에 통달한 자가 왕이다."

성왕은 도의 구현자이기 때문에 왕이라면 반드시 성인이 되어야 한다는 논리도 성립한다. 이는 현실 통치자들에게 크나큰 스트레스였다. 진정으로 천하의 왕자가 되려면 어떻게 해야 하는가? 도를 구현해야 한다. 제자백가의 말에 이런 논술은 대단히 많다. 『장자』 「천도」 편에 따르면 "천도에 밝고 성인의 도에 통하며, 제왕의 무위의 덕에 사방으로 다 통달해 있는 자"가 진정한 왕자이고, 「천하」 편에 의하면 "성인은 탄생시키며 왕은 성취시킨다. 모두 하나에 근원이 있다."고 한다.

『상군서』 「경법」 편도 같은 취지의 말을 싣고 있다. "성인이 진실로 나라를 강하게 할 수 있었으나 옛날을 본받은 것이 아니고, 진실로 백성을 이롭게 할 수 있었으나 옛 예법을 따른 것이 아니다." 「농전」 편에선 "오직 성인의 치국"이라고 한다. 여기서 성인과 왕은 통일되어 있다. 『관자』 「군신 하」 편은 "신성(神聖)한 자가 왕이다."라고 말한다. 결국 성은 왕에 대한 일종의 요구이며, 왕이면 동시에 성인이어야 한다는 요구였다.

'내성외왕'은 왕에 대해 지극히 높은 요구를 하고 있음에 틀림없다. 이 요구는 왕의 완벽성에 대한 것이지 왕에 대한 부정이 아니다. 왕에 대해 도덕적 개조를 하려는 것이지 제도적 제약을 가하려는 것이 아니다. 성왕에의 요구는 도덕적 개조라는 측면에서 권력자에게 도덕의 실천이라는 강한 스트레스를 주기도 하겠지만, 거꾸로 왕을 부정하지 않고 완벽성을 포장해 주는 측면에서 보면 멀리서 왕을 우러러보고 살아가는 억만 민중들에겐 왕의 일거수일 투족을 더욱 신성한 것으로 믿게 만드는 작용을 하기도 한다. 어떤 점에서 왕과 성을 결합시킴은 이론적으로 왕권 공고화에 유리한 것이었다. 제자백가의 성왕론은 훗날의 역사에서 군주 전제를 약화시키지 못하였으며, 오히려 강화하는 작용을 했을지도 모른다.

3 도덕권력과 정치권력의 합일

춘추 시대 이래 발전해 온 선왕의 도에 대한 이야기는 공자에 이르러 이상 정치론으로 승화되었다. 『논어』「위정」 편의 다음 구절은 도덕 정치를 위한 잠언이다.

> 정치로 이끌고 형벌로 다스리면 백성들이 요행히 벗어날 것만 생각하지 부끄러움을 모른다. 그러나 덕으로 이끌고 예로 다스리면 백성들이 부끄러움을 알 뿐만 아니라 모든 행동이 바르게 된다.[15]

공자의 말은 현실 권력에 대항하여 도덕우위론을 견지하라는 계명이었다. 어쩌면 『춘추』를 쓰면서 미언(微言)과 대의(大義)를 드러냄으로써 공자는 벌써 현실 권력에 대한 도덕 이상의 현실적 승리가 어려움을 알고 있었는지도 모른다. 앞에서 '대동'과 '소강'에 대해 언급한 바 있다.(3장 3절) 미언은 대동이며, 대동은 태평에 대한 이상이다. 대의는 소강이며, 소강은 발란, 즉 승평에 대한 이상이다. 『춘추』를 통해 공자는 '발란 → 승평 → 태평'이라는 삼세의 과정을 통해 정치에 있어서 도덕의 역사적 역할을 강조하고자 하였던 것이다. 굳이 그런 단계를 두었으나 난세든 태평세든 결국은 같은 인간 사회 내에 존재한다고 생각하였기 때문에 그는 삼세 속에 또 하나의 삼세 즉 태평의 발란, 태평의 승평, 태평의 태평을 이야기하였다. 몸과 다른 우주가 몸 밖에 존재하는 것이 아니라 우주 안에 우주가 존재하고 내 몸 안에 우주가 존재함과 같이, 이상과 현실은 전혀 별개의 세계가 아니라 이상 정치 속에 현실 정치가 존재하고 현실 정치 속에 이상 정치가 존재한다는 이야기다.

맹자와 순자가 심에 대해 인식론적 각성을 한 것은 이 맥락에서 생각해 볼 수 있다. "성스러우면서 알 수 없는 것을 신이라 부른다."[16]라는 맹자의 말은 '다른 사람의 아픔을 차마 참지 못하는 마음' 즉 불인인지심(不忍人之心)의 심을 말한 것이다. 순자는 성인의 심이 "텅 비고 오직 하나이며 고요한데 이를 가리켜 크게 청명(淸明)하다고 말한다."[17] "심의 기관은 생각함이다. 생각하면 얻고 생각하지 않으면 얻지 못한다."[18] 심은 무한한 허공과 같아 포용하지 않는 바가 없다. 인간에게 있어 심의 주재자로서 작용을 강조한 것은 정치나 권력보다 도덕과 학문의 힘이 중요하다는 것을 강조하기 위함이었고, 신비로운 초인으로서 성인을 상정한 것은 현실 정치권력에 대한 도덕 이상의 우월성을 입증하기 위함이었다. 주준성(朱駿聲)은 "전국 시대 이후의 이른바 성인이란 존경과 숭배의 허명(虛名)이었다."[19]라고 말한다. 유가들은 이로써 정권을 잡지 않아도 정치권력보다 우위에 설 수 있는 명분을 만들어 내는 데 성공하였다.

성인은 공자와 맹자를 거치면서 정신적으로 탁월한 사람, 신과 인간 사이에 존재하는 고매한 인격의 소유자가 되었다. 그리고 현실의 군주를 인정하고 신의에 바탕을 둔 패업도 긍정한 순자에 오면 예(禮)의 창조자도 성인이고, 예를 인간 사회에 실천하는 군주도 성인이라고 부르게 되었다. 나-국가-우주를 분리된 객체로 보지 않는 사유 속에서 심이 우리 몸의 중심이듯 성인은 국가의 중심, 즉 군주 됨은 위에 제기한 유가의 인식론적 배경으로부터 알 수 있다. "심이 몸에 있음은 군주의 자리이다. 몸의 아홉 구멍이 맡은 바 있음은 관직이 구분됨과 같다."[20] "심은 가운데 빈 곳에 있으면서 오관(五官)을 다 스린다. 이를 가리켜 천군(天君)이라 부른다."[21] 정치 구조를 유기체로 해석한 것이다. 이렇게 되면 현실적인 정치권력의 소유자인 王과 이상적인 도덕권력 의 소유자인 성인 두 사람이 동시에 존재하게 된다.

그러다가 정치적, 문화적으로 중국 전역이 통일된 한 대에 이르러 성인 개념에 전환이 이루어졌다. 대부분의 유생이나 지식인들은 한편으로 현실 정치 권력에 도덕적 학문적 성인의 권위를 덧붙여 주는 데 심혈을 기울이면서 제왕 가에 자신의 능력을 팔며 살게 되었으며, 다른 한편으로 유가 경전을 성스럽 게 떠받들려는 노력과 도덕의 사회 의식화를 통해 현실 정치권력에 대하여 유 가의 입지를 살리려 노력하였다. 후자의 입장에서 성인 관념은 자연스레 현실 정치권력에 대한 도덕권력으로서 권위를 가진다. 다만 선진 유가처럼 현실 권 력과 도덕권력의 대항 구조가 아니라 현실 권력이 지향해야 할 관념적 목표가 된 것이다. 따라서 관념이나 도덕이 아닌 현실 사회에서의 절대 권력을 추구 하는 황제가 출연하면 성인은 위 전자의 입장으로만 존재하게 된다.

이 경우 유가 사상가들은 더욱더 도덕이상주의로 빠져 갈 수밖에 없다. 도 덕과 현실이 분화되고, 정치와 윤리가 따로 구분되는 것이다. 한나라 유생들 은 현실 황제의 성인화와 도덕(학문) 권력의 우월성 추구라는 모순된 입장에 처해 있었던 듯하다. 가장 심하게 현실 절대 권력을 추구한 한 무제와 한나라 유생들에 의해 공자가 도덕권력의 핵심이면서 현실 권력이 없는 '소왕(素王)' 으로 불리게 된 것 또한 비슷한 시기임을 감안하면, 한나라 유생들의 고민이 무엇이었는지 읽을 수 있다. 나중에는 군주들 스스로 공자를 존중하여 권력 자에게 붙이는 王의 호칭을 공식화하였고, 공자의 후계자들에게도 정치권력 에서 황제 다음 지위인 '공(公)'을 시호로 하사했다. 이 사실은 적어도 관념적 으로는 도덕권력과 정치권력이 결합한 형태이며, 도덕권력이 현실 정치권력 에 대하여 일정한 역할을 하고 있었다는 반증이다. 여기에 이르러 공자는 자신이 심혈을 기울여 창조하고 엮어 낸 성왕의 지위에 올라서게 되었다. 그는 도덕권력과 정치권력을 동시에 장악한 성왕의 모범이 된 것이다.

후대에 변화된 성인 관념이 어떠하든 도덕 군주에 대한 초기 유가들의 사유는 현실 권력에 대한 치밀한 대항 구조에서 성립된 것이었다. 앞에서 언급했듯이 '민〔衆〕－신－군'의 현실 정치권력 구조와 마찬가지로 도덕(학문) 계보에도 '유자(學者)－군자－성인'의 구조를 상정하고 시작한 것이었다. 그리고 성인에 이르는 과정은 학문이라는 매우 구체적인 수양 방법을 통해서 가능하다고 보았다. 그들은 도덕과 학문을 일찍부터 일체화했고 거기엔 창시자 공자가 만들어 놓은 모범적 답안들이 모두 들어 있었다.

춘추 전국을 거치면서 군주 전제 제도가 정착되어 갈 무렵이라 누구나 군주가 될 수 있다는 것은 상상할 수 없는 노릇이었지만, 유가 사상가들은 누구나 군자가 될 수 있고 심지어 성인도 될 수 있다고 주장했는데 이 또한 조사인 공자의 가르침이었다. 진시황의 통일 이후처럼 유일자인 '성인 황제'가 고착된 경우라면 반역으로 치부되어 불가능했을 일이지만, 그러기 전 도덕 이상이 현실 권력을 덮어 버렸다는 점에서 초기 유가들의 노력은 역사적 문화적 승리를 예약한 것이었다.

흥미로운 것은 누구든지 도덕적 수양만 하면 군자 가운데서 분화되어 나온 가장 뛰어난 자인 성인이 될 수 있다고 하면서, 그 성인의 명칭들을 고대 실제 정치권력의 소유자, 특히 각 왕조에서 가장 존경받는 창업자들의 이름을 빌렸다는 사실이다. 요임금이 그렇고, 순임금이 그렇고, 우왕, 탕왕, 문왕, 무왕이 그렇다. 『맹자』「고자 하」편은 "성인은 나와 같은 부류의 사람이다."라고 말한다. 같은 편에서 "사람은 모두 요·순이 될 수 있다."고도 말한다. 「이루 하」편에선 "요·순은 보통의 사람들과 같다."고 자신 있게 외쳤다. 순자도 마찬가지 이야기를 한다. 『순자』「성악」편의 다음 구절을 보자.

길거리의 사람들이 모두 인의예법을 인식할 수 있는 바탕이 있고, 모두 인의 예법을 행할 수 있는 기본을 갖추고 있으면 그들이 우(禹)처럼 될 수 있음은 명백하다.[22]

인의 도덕의 길을 밟을 수만 있으면 순임금, 우임금 같은 성인이 될 수 있다는 것이다. 군자가 됨으로써 도덕성에서 황제와 동격이 될 수 있으며, 성인이 되면 왕보다 높은 권위를 누릴 수 있다는 것이 초기 유가 사상가들의 기본적 사유였던 것이다.

"참됨이 힘쓰지 않아도 적중하고, 생각지 않아도 얻어지며, 온몸이 도와 맞아떨어지는 사람이 성인이다."[23] 성인은 도의 화신인데, 군자를 거쳐 거기에 이르려면 무엇부터 해야 하는가? 유가 사상가들은 신의 경지에 오르는 방법조차도 역시 현실 정치 사회 속에서 찾는다. 오직 선왕의 도를 묻고 배우는, 학문(學問)이 그 방법이다. 『논어』 「안연」 편은 "폭넓게 학문을 익히고, 예로써 단속하니[約] 잘못되지 않을 수가 있구나!"라 하고 『맹자』 「공손추 상」 편은 "우임금은 좋은 말을 들으면 절을 했다."고 한다. 『순자』 「권학」 편은 더 구체적이다.

공부는 어디서 시작하는가? 어디서 끝나는가? 가로되 그 방법은 경전을 외우는 데서 시작하여 예를 익히는 데서 끝난다. 그 뜻은 선비가 되는 데서 시작하여 성인이 되는 것으로 끝난다.[24]

물론 공부한다고 누구나 도를 깨쳐 성인이 되는 것은 아니다. "더불어 같이 공부할 수는 있지만 더불어 도에 응할 수는 없다. 더불어 도에 응할 수는 있지만 더불어 도를 세울 수는 없다."[25] 철저한 수양 공부, 즉 내성외왕이 실천되었을 때만 가능하다.

그런데 우리는 위에서 '민 – 신 – 군'과 '유자 – 군자 – 성인'의 대비 구조에서 후자가 전자를 압도하는, 즉 도덕 이상이 현실 권력보다 우위에 설 수 있는 이념적 구도를 세웠고 성인을 거의 신으로 격상시키지 않았는가? 여기서 개념의 차이가 생긴 이유는 王으로 표현된 군(君)의 위상 제고 때문으로 생각된다. 부강을 다투던 전국 상황이 종결되어 가면서, 덕으로 천하를 복종시키는 것과는 무관하지만, 어쨌든 정치적 통일이 눈앞에 다가오니 현실의 이 지존과 성인과의 관계 설정을 '다시' 고민하지 않을 수 없었을 것이다. 대유를 자처한 순자가 성인의 지위를 끌어내려 도덕 이상과 현실 권력을 일치시키려 했다고 볼 수는 없다. 그는 정치에서 최고 권력자의 역할이 얼마나 중요한 것인가에 대해 누구보다 철저히 인식하고 있었던 사람으로 군주를 한없이 높은 존재로 끌어올리려는 융군론자(隆君論者)였다. 실제 권력 장악의 강도를 높이려는 것이 아니라 군주의 가치를 높이려는 것이었다. 정신적이고 도덕적인 가치를 높여서 복잡다단한 인간 세계 모든 가치의 가장 드높은 표준이 되도록 하고 싶었다. 그는 결국 성인이면 왕이 되고, 왕이면 성인이 되어야 한다는 결론에 이르렀다. 즉 왕을 높여 성인의 키에 맞추고 싶었던 것이다.

성인이 실제 정치를 담당하면 어떻게 되는가에 대해선 맹자도 이야기하였다. "성인이 천하를 다스림에 식량인 콩과 조가 물불처럼 풍성하게 있게 되었다. 콩과 조가 물불처럼 가득한데 백성들 중 어질지 않은 사람이 있겠는가?"[26] 도덕 이상의 극치인 성인의 나라에선 모든 인민이 도덕적이 된다는 이상 사회에 대한 이야기이다. 그런데 순자의 이야기는 현실 정치에서 국왕이 보여 주어야 할 능력과 성인의 위치를 상당히 일치시키고 있다. "성인은 도를 갖추어 완벽하게 아름다운 자이며, 천하의 시비곡직을 판가름하는 저울추 즉 권칭(權稱)이다."[27] '권형' 또는 '권칭'은 국가를 다스리는 표준이라는 의미이므로 국왕의 일이다. "성인은 본성을 변화시켜 인위를 일으킨다. 인위가 일어나서 예의를 낳고, 예의가 생겨 법도를 제정한다. 그러니 예의 법도란 성인의 소생이다."[28] 법도를 만들고 집행하는 일은 정치권력, 즉 왕의 몫이다. 도덕 이상 사회를 만들어야 할 사명을 성인의 어깨에 짐 지워 주었다는 점에선 맹자와 순자가 같지만, 맹자는 천명을 받아 '성인이 왕이 되어야 한다'는 이상적인 측면이 강한 반면, 순자는 예법 제도의 실천으로 '왕이면 성인이 되어야 한다'는 현실적인 측면이 강하다.

하지만 문제도 있다. 현실적으로 공자, 맹자, 순자가 그토록 어렵게 그려 놓은 도덕 이상으로 무장한 성인이 나타나기도 어렵거니와 출현하더라도 군주가 될 가능성이 거의 없기 때문에, 사실상 기대할 수 있는 것은 지금의 왕이 성인이 되기를 '꿈꾸거나', 고통스러운 지금의 현실을 참고 '그저 성왕이 출현하기를 기다리는' 수밖에 없다. 나아가 한번 폭군이 성군이 되기를 기대하는 것은 정말 꿈이기 때문에 백성들의 선택은 그저 참고 사는 것 한 가지밖에 남지 않는다는 사실이다. 차라리 현실 군주의 실질 권력을 인정하고 법적 수단을 통해 상하의 질서를 잡아 가는 것이 백성들에게 좋다고 생각한 그의 제자 한비와 이사가 더 현명한 것 아닐까? 그러나 순자는 분명 그의 제자들보다 훨씬 인간과 문화를 신뢰한 학자였다. 왕이면 성인이어야 한다는 주장을 굽히지 않고 당시 군주들에게 끝없이 불만을 제기하였다. "오늘날 군주란 사람들은 화급히 쾌락을 쫓을 뿐 나라를 다스리는 데는 느슨하기 이를 데 없으니 너무 심한 것 아닌가!"[29] 그리고 도덕 이상의 계보, 즉 유자 → 군자 → 성인의 길을 고집했다. 『순자』「해폐」편을 보자.

공부하는 사람은 성왕을 스승으로 삼고, 성왕이 만든 제도를 법으로 삼으며, 그 법을 본보기로 삼아 역사에 관통하는 대원칙인 통류(統類)를 구하고, 성왕을 본받는 데 힘써야 한다.[30]

'통류'란 역사를 관통하는 일관된 원리 원칙을 큰 줄기(統)로 삼아 모든 세세한 일을 유추〔類〕하여 정치적 판단을 내릴 수 있다는 순자의 독특한 개념이다.[31] 사람은 '만들어진다'는 순자의 기본 입장은 여기서도 일관되어 최고 권력자이면 마땅히 성인의 덕성과 언행을 하도록 만들어 가야 한다는 주장을 한 것이다.

그런데 이 정치권력과 도덕권력의 통합에는 문제가 있다. 즉 최고 권력자의 절대적 지배 아래 살 수밖에 없는 현실 정치 세계에서는 한대 유생들에서 보듯 현실 황제의 성인화와 도덕(학문) 권력의 우월성 추구라는 모순된 입장에 처할 수밖에 없기 때문이다. 사람들은 성인이 되기를 추구하는 동시에 반드시 저 높은 꼭대기에 있는 성왕을 향해 머리를 조아려야 한다. 순자가 죽은 지 얼마 안 돼 정말로 천하가 통일된 뒤 성인의 기본이 전혀 안 된 진시황, 한 고조 유방, 한 무제, 심지어 신(新)나라 왕망(王莽)마저 자신을 성왕이라 부른 사실은 도덕이 권력 앞에 얼마나 취약한 것인가를 보여 준다.

순자는 정치권력과 도덕 이상의 결합 형태로 성왕을 상정하였으며, 통일의 전야에 유학자로써 왕을 성인으로 만들기 위해 노력하는 일 외에 다른 일은 할 수가 없었다. 끊임없이 왕에게 도덕 이상을 견지하라고 요구함은 권력자에게 엄청난 압박을 가하는 일이다. 문제는 우리가 살면서 극복보다는 망각으로 스트레스를 넘어서는 경우가 많듯, 역사상 성왕이 되기 위해 실질적인 노력을 기울이는 왕보다 의도적으로 비껴가려는 경우가 훨씬 많았다는 것이다. 결과적으로 현실의 정치권력과 이상의 도덕권력을 통합한 성왕 개념은 한나라 때 제국의 질서가 안정되면서 초기 유가들의 원뜻에서 멀어지고 말았다.

(이 장 내용 가운데 많은 부분은 「도덕군주론 : 고대 유가의 성왕론」이란 제목으로 한국정치학회《한국정치학회보》38집 1호, 2004년 3월호에 게재된 글을 발전시킨 것이다.)

맺음말

聖 자는 처음 제사장으로서 신의 목소리를 인간 사회에 전달해 주는 역할을 한 사람을 지칭한 말이었다. 인간의 희원을 신에게 보고하고 또 신의 목소리를 인간에게 전달하는 역할을 했을 것이다. 주나라의 등장과 인문주의의 성숙으로 성인은 특정한 분야에 놀라운 능력이 지닌 사람을 지칭하는 말로 쓰였다. 공자의 시대에 이르면 성인은 도덕적 완성자이자 위대한 정치 지도자로서 의미 확장을 하게 된다. 공자의 후예들은 학문과 도덕을 수양함으로써 누구나 성인이 될 수 있다고 믿었다. 인간 사회와 삶의 표본적 지향으로 성인을 도덕화한 것이다. 그러다 순자에 와서는 현실 사회 및 인간을 개조하는 역할을 하는 사람에게 聖 자를 사용하였다. 실재했던 도덕적인 최고 정치 지도자에게도 사용했고, 그렇게 형상화할 수 있는 위대한 사람을 지칭하는 말로도 사용되었다.

중국 고대 사상에서 성인의 의미가 바뀐 것은 시대적 정치 상황과 무관하지 않다. 특히 공자 이래 유가 사상가들이 이상 정치의 모범으로 삼고 있는 주나라 초기의 상황에 주의를 기울여 볼 필요가 있다. 주 무왕 희발(姬發)의 쿠데타는 단순한 쿠데타로 끝나지 않았다. 시대와 인식의 지표를 바꾸어 버렸다는 점에서 진정한 혁명(革命)이었다. 제정일치의 은나라 정치는 신이 배제된 인간 중심적 사유와 정치의 전개로 바뀌게 되었다. 이러한 서주 문화를 배경으로 노자가 출현했고 공자가 출현했다. 그들은 도, 귀신에 대한 문제를 이론적으로 탐구하지 않는다고 선언했다. 『주역』「서괘」 전은 "하늘과 땅이 있고 난 뒤 만물이 있게 되었으며, 만물이 있고 난 뒤 남녀가 있게 되었으며, 남녀가 있고 난 뒤 부부가 있게 되었으며, 부부가 있고 난 뒤 아버지와 자식이 있게 되었다."고 말한다. 『장자』「지북유」편은 "사람의 생명은 기가 모인 것이다. 모이면 생명이 되고 흩어지면 죽게 된다."고 말한다. 사람이 자연적 존재임은 인문 사상의 기초 이론이다.

자연적 존재로서 인간을 탐구하는 노력은 인간의 사회생활 속에서 인성을 강조하고 그 인성을 기초로 사회적 인간관계의 원칙을 연역 판단한다. 중국의 고대 사상은 인성 문제를 깊이 있게 탐구하여 이를 도덕적 선악 문제로 귀결시켰다. 특히 사람의 사회성과 자연성의 관계 문제를 깊이 탐구하면서 중국 고대 정치 사상은 중요한 이론적 근거를 갖게 되었다. 이 과정에서 만들어진 것이 성인이다. 신 또는 신선이 되려는 추구가 전혀 없었던 것은 아니지만 적어도 한 무제 때까지 인문 사상의 주류는 항상 현실 인간 사회 내부에서 자신을 실천하려는 노력이 성인 바라기 즉 희성(希聖)이다. 자아 수양과 완성을 통하여 성인, 현인, 대장부, 군자가 되는 것이었다.

이들의 공통된 특징은 도덕적 모범이다. 성인이 되는 것은 최대한도의 자아실현을 힘써 추구하고, 자신의 주관적 능동성과 집념을 충분히 발휘하는 과정에서 사회의 모든 아름다움을 일신에 집중해 하나의 초인으로 상승하는 것을 말한다. 전통 중의 성현, 특히 유가에서의 성현은 모두 시국을 걱정하면서 세상의 구원을 자신의 임무로 여긴다. 성왕론은 그들의 염원이 담긴 창조물이다.

이 성왕은 물론 단순한 인간 세계의 최고 정치 지도자인 것만은 아니다. 중국 고대 정치사상은 자연의 제약 속에 살아갈 수밖에 없는 인간을 전제한다는 점에서, 권력의 무한한 확장이 거꾸로 인간 사회를 위협한다는 점에서, 자연 그 자체로서 혹은 인간 염원의 궁극적 담지체로서 '하늘'과 소통을 시도한다는 점에서 자신만의 독특한 특징을 지니고 있다. 즉 자연, 사회와 인간을 하나의 화해적 통일체로 보는 것이 중국 사상의 중요한 원형이다. 이 통일은 자연의 인간화, 사회화 및 인간과 사회의 자연화를 통해 도달한다. 인간과 자연의 일체화 관념은 오늘날 생각해도 합리적인 요소가 많이 포함되어 있다. 예컨대 순자는 「왕제」 편에서 이렇게 이야기한다.

물과 불은 기운이 있되 생명은 없다. 풀과 나무는 생명은 있되 지각은 없다. 금수는 지각은 있되 의(義)가 없다. 사람은 기운이 있고 생명이 있고 지각이 있고 의로움도 있다. 그래서 세상에서 가장 귀한 존재이다.[1]

인간과 자연 사이에는 일정한 통일성이 존재한다는 이야기이다. 즉 기운·생명·지각 방면에서 인간은 자연과 모종의 통일성을 갖고 있다는 것이다. 이런 생각은 한 초의 유생들을 거쳐 한 무제 때 동중서에 이르러 천인합일 혹은 천인 감응 사상으로 이론화되었다. 동중서는 천도를 도덕화하고 거꾸로 다시 도덕화된 천도를 이용하여 인간 세상의 도덕을 논증하고, 군주를 인간 세상에서 가장 존귀한 자로 둘도 없는 오직 하나라고 말한다. 상당한 논리 체계를 가졌지만 결국 그는 자유로운 정신들이 다양하게 추구하던 사유의 전개를 '유술독존'화하고 공자를 성인화했으며, 현실의 제왕에게 성왕의 관모를 높게 올려 씌워 버림으로써 자연과 인간관계에 대한 더 나은 사유의 전개를 막아 버리고 말았다.

춘추 전국 시대 정치사상의 전개에서 인문주의의 확장은 결국 인문의 가장 사실적인 형태로서 폭력의 지배 질서를 불렀고, 힘의 확장의 정치사가 전개되었고, 마침내 천지인 대일통의 제왕을 중심으로 한 전제 정치로 귀결되고 말았다. '성왕'은 이 과정 중에 등장하였고, 재해석되었으며, 보편적 관념으로 승화하였다. 보편적 관념이기에 전제 군주는 자신이 성왕이어야 한다는 스트레스 속에 살아야 하거나, 거꾸로 이미 성왕인 자신의 가치가 보편화되어야 한다는 전제적 제왕 의식으로 구성원들을 억압하게 되었다. 춘추 시대에 생겨나 전국 시대 제자백가의 논의를 통해 다듬어진 성인관은 인간에 관한 공통된 관념 체계로 성장했으며, 매우 이성적인 논의를 통해 숭배의 대상에서 만들어져야 하는 존재로 바뀌면서 현실 정치 지도자들을 관념적으로 통제하는 기제가 되기도 하였다.

이 책의 1부에서 우리는 성(聖) 자와 왕(王) 자의 자의, 기원 및 용례에 대하여 갑골문으로부터 한 무제 때 동중서의 저작에 이르기까지 폭넓게 분석하고 규명하였으며, 2부에서는 주나라 초기의 문헌부터 춘추 전국 시대를 거쳐 한대 초기 문헌까지 섭렵하며 백가의 성왕에 관한 사유를 소개하였다. 3부는 이러한 분석의 바탕 위에서 성왕론이 갖고 있는 정치사상적 의미를 종합적으로 고찰하고 특히 유가 사상과 순자의 성왕론을 집중적으로 분석하였다. 그 과정에서 '성왕' 요임금은 공자의 창작이며, 중국 역사상 등장하는 황제의 선양설은 쿠데타의 정치적 정당성을 획득하려는 의지에서 방벌론보다 늦게 출현하였으며, 유가 성왕론은 도덕에 대한 조건 있는 요구와 신민의 무조건적 복종이라는 모순된 명제가 함께 존재하였다는 등 몇 가지 새로운 주장을 제기하기도 하였다.

상고의 성인은 '소리를 듣고 사정을 아는' 귀 밝은 사람으로서, 그리하여 하늘을 매개해 주는 제사장으로서 최고 정치 지도자였다. 그런데 주나라를 지나면서 인문주의의 확산이 이루어지고 신의 영역이 물러가면서 무언가에 '통(通)'한 특정 분야의 최고가 성인으로 인식되었다. 그러다가 공자와 그의 시대를 지나면서 성인은 도덕 정치의 상징으로 새로운 의미를 부여받게 되었다.

공자에게 '하나로써 관통하는 것'이 '통'이며,『맹자』의 '크게 도를 행하여 천하를 교화시킴'이 '통'이며,『장자』의 '제물(齊物)'이 '통'이며,『묵자』의 '상동(尙同)'이 '통'이며,『관자』의 '위로 하늘을 통찰하고, 아래로 땅을 통찰함'

이 '통'이며, 『상군서』의 '만물의 핵심을 알고, 고금의 변화를 통찰함'이 '통'이다. 『주역』의 '회통(會通)'은 더욱 압권이다. 어쨌든 이른바 성인이란 결국 '통'에 있다. 성인은 사람들의 사상적 초점이자 문화의 주축이 되었다. 은·주 시대의 성인이 인간의 생리적 감각 기관상의 특성을 주로 강조하고 있다면, 춘추 이후의 성인은 정신의 우월성이 두드러진다.

유가의 성인 만들기는 공자에서 시작되었다. 공자의 눈에 성인은 오를 수 없이 드높으며 말을 할 수는 있으나 미칠 수는 없는 존재이다. 그는 스스로를 군자라고는 명명하였으나 감히 성인으로 자처하지는 않았다. 공자에게 성인은 군자 가운데서 분화되어 나온 존재로 군자 중에서 가장 뛰어난 자이다. 성인의 품격은 특출한 지혜의 상징으로 후세 유가들은 안으로 인격 수양을 하여 밖으로 실제 정치를 이끄는 '내성외왕(內聖外王)'의 길을 따라 발전하였다. 유가에게 성인은 지혜, 덕행, 능력이 우월한 사람으로 정의된다. 성인의 여러 정의 가운데 맹자는 "때를 아는 성인"을 가장 중요하게 취급하였고, 공자를 그러한 사람이라고 칭송하였다. 순자는 사람을 재능과 덕행의 고저에 따라 구분을 하고, 인륜을 다하는 사람 특히 역사에 관통하는 예의통류를 실천하는 위대한 정치가를 성인으로 추앙하였다. 유가의 성인에 대한 품격 구분은 형이상학화와 세속화라는 이중적 경향을 갖고 있다. 한편으로 부단히 성인을 띄워 그로 하여금 천도와 동체가 되게 만들어 놓는가 하면, 한편으로 수양을 통하면 사람마다 모두 요·순이 될 수 있다고 말하기도 한다. 그리하여 유일성과 다원성이 통일되는 특징을 보여 준다.

도가의 성인에 관한 논의는 노자에서 시작되었다. 『노자』의 "성스러움을 끊고 지혜를 버리라."라는 내용은 논란이 있지만, 노자의 성인은 '도를 얻은' 자로 보인다. 『장자』에선 성인을 두 부류로 나누는데 하나는 "훔침에 도가 있는" 자이거나 "천하를 훔친" 자이고, 또 하나는 "자연 자체로 보통 사람이 아닌" 자이다. 자연과 합치한 사람일 수도 있고, 신선이 된 사람일 수도 있다. 장자의 말에 따르면 지인(至人) 또는 진인(眞人)이 성인이다.

법가는 세상이 바뀐다는 사실을 긍정하고, 바뀐 세상에 따라 성인도 다른 모습이라고 생각했다. 그들은 성인의 신비성과 초월 의식을 인정하지 않고, 첨예한 이해관계가 대립하는 현실의 공리성 속에서 성인을 바라본다. 역사 시기마다 그에 상응하는 성인이 만들어지며 모든 시대를 관통하는 선험적인 모범으로서 성인은 존재하지 않는다. 성인은 그저 일정한 생산 방식과 권력 형식의 대표자이다. 『한비자』를 보면 상고 시대에는 유소(有巢)씨, 수인(燧人)씨가 성인이었고, 중고에는 곤(鯀)과 우(禹)가 성인이었으며, 근고에는 탕(湯)과 무(武)가 성인이었다. 당금 세상에는 장차 부국강병을 달성해 최후적 승리를 거두는 자가 성인이라고 한다. 법가의 현실 군주를 성인으로 삼는 경향은 후세에 정치의 법칙이 되었다.

성인의 최고 정치 지도자와의 결합이 성왕이다. 성인에 대해 가장 정교하고 오랜 논의를 해 온 학파가 유가였는데, 유가 사상의 여러 개념과 정치적 상징들은 순자에 이르러 성왕(聖王) 개념으로 통합되었다. 이는 매우 의미 있는 일이다. 그는 이상으로서 "도에 따르지 군주를 따르지 않는다."는 종도불종군(從道不從君)을 이야기했다. 도는 정치적 이상을 말함이요, 군은 현실 정치를 말함이다. 현실과 이상을 수기(修己)의 차원에선 한 몸에, 치인(治人)의 차원에선 한 사회에 구현하려는 치열한 노력이 엿보인다. 그렇게 도덕 이상을 포기하지 않은 것이야말로 유가 정치 사상이 기나긴 생명력을 갖게 된 원천이다. 유가 사상은 왕권주의(王權主義)가 그 핵심이고 결국 전제 군주를 위한 이론적 공헌을 한 것 외에 아무것도 한 일이 없다는 유택화(2000a) 등의 주장은 도덕이상주의가 갖는 치열한 생명력을 놓치고 있다. 도가 왕보다 중요하고, 왕이면 내성외왕을 실천해야 한다는 것은 적어도 현실 정치에 대한 강렬한 비판 정신과 군주에 대한 강한 압박을 담고 있다.

공자는 『논어』 「위령공」 편에서 "사람이 도(道)를 키울 수 있지, 도가 사람을 키우지 않는다."라고 한다. 이상은 사람이 만들어 낸다는 이야기다. 그 사람이 현실 권력의 군주이든, 도덕 이상의 성인이든 유가 사상은 피치 못할 인치(人治)의 연장선상에서 이상 국가를 꿈꾸었다. 순자는 "좋은 법이 있음에도 정치적으로 혼란스러운 경우는 있으나 군자가 있음에도 혼란스러운 경우는 옛날부터 지금까지 아직 들어 본 적이 없다."[2]라고 말한다. 그 군자는 학문을 통해 이루어지고 도덕 이상에 대한 실천력을 가지고 성인을 향해 가는 사람이다. 지적 성취와 도덕적 실천력을 겸비한 이 사람을 만드는 것이 유가 도덕 군주론의 핵심이고, 모든 사람이 군자가 되면 이상 국가가 되는 것이다. 유교가 지배한 전통 중국 정치뿐만 아니라 공산당이 지배하는 현대 중국 정치에서도 이와 같은 기본 구조는 흔들리지 않는 것으로 보인다. 그래서 중국 정치를 설명하는 데 유교적 도덕군주론 즉 성왕론은 여전히 유용한 개념이다.[3]

이 책에선 한 무제 때까지의 성왕론을 다루었다. 제자백가의 풍요로운 사유의 성과를 넘나들며 이상과 현실의 차이가 무엇인지, 정치권력과 도덕권력은 어떤 길항 관계를 갖는지 독자들이 폭넓게 느껴 볼 수 있도록 서술하는 데 집중하였다. 한 무제 이후 이상은 현실에 착종되었으며, 동양 사회의 모든 제왕은 한편으로 성왕을 자임하고 한편으로 권력의 욕망에 갈등하며 군주 중심의 기나긴 정치사를 꾸려 왔다. 한나라부터 청나라까지 수많은 제왕의 계보와 행적을 더듬어 보고, 자칭 성왕들의 이념과 정책을 종합하고 후대인들의 평가를 모아 보는 후속 작업이 필요하다. 그를 통해 성왕의 이념과 부합되는 인격적 완성과 도덕적 성취, 그리고 현신과 명신의 보좌와 민심의 동의, 정책의 성공 여부 등을 가늠할 수 있을 것이다. 중국뿐만 아니라 동아시아 각 국가 및 왕조들의 대표적인 '성왕' 사례들을 앞의 이론과 결부시켜 논의해 볼 필요도 있다. 동양의 '성왕론'은 이 연속 작업이 완수되어야 그 전모가 드러날 것이다.

참고 문헌

1 고문

『詩經』(『毛詩』)

『書經』(『尚書』)

『周易』

『周禮』

『春秋左傳』(『春秋左氏傳』)

『國語』

『孫子兵法』

『論語』

『孝經』

『墨子』

『春秋公羊傳』

『春秋穀梁傳』

『老子』(『道德經』)

『孟子』

『商君書』(『商子』)

『申不害』(『申子』)

『愼子』

『管子』

『吳子』

『莊子』

『列子』

『鶡冠子』

『文子』

『逸周書』

『楚辭』

『山海經』

『爾雅』

『荀子』

『禮記』

『公孫龍子』

『鬼谷子』

『尹文子』

『鄧析子』

『六韜』

『司馬法』

『尉繚子』

『黃帝內經』

『韓非子』

『晏子春秋』

『呂氏春秋』

《郭店楚簡》

《馬王堆帛書》

《十三經注疏》, 北京: 中華書局, 1980

《中國哲學書電子化計劃》http://chinese.dsturgeon.net/index_gb.html

(秦)李斯, 『諫逐客書』

(西漢)陸賈, 『新語』

(西漢)賈誼, 『新書』

(西漢)韓嬰, 『韓詩外傳』

(西漢)戴德, 『大戴禮記』

(西漢)戴聖, 『小戴禮記』

(西漢)劉向,『戰國策』(『戰國縱橫家書』)

(西漢)劉向,『說苑』

(西漢)劉安,『淮南子』(『淮南鴻烈』)

(西漢)司馬遷,『史記』

(西漢)董仲舒,『春秋繁露』

(東漢)班固,『白虎通義』(『白虎通德論』)

(東漢)班固,『漢書』

(東漢)許愼,『說文解字』

(南宋)朱熹,『四書集註』

(明)王陽明,『傳習錄』

(明)黃宗羲,『明夷待訪錄』

(明)顧炎武,『日知錄』

(조선)李滉,『聖學十圖』

(淸)『康熙字典』(1716)

(淸)吳大澂 撰,『字說』및『說文古籀補』

(淸)桂馥 撰,『說文解字義證』, 上海: 上海古籍出版社, 1987

(淸)段玉裁 撰,『說文解字段注』, 臺北: 臺灣中華書局, 1965

(淸)朱駿聲 撰,『說文通訓定聲』, 臺北: 藝文印書館, 1975年 3판

(淸)王先謙 撰,『荀子集解』, 北京: 中華書局, 1988(1996年 3쇄)

2 단행본

姜建設,『周秦時代理想國探索』, 鄭州: 中州古籍出版社, 1998

姜廣輝 主編,『中國經學思想史』, 北京: 中國社會科學出版社, 2003

康有爲,『孔子改制考』, 臺北: 臺灣商務印書館, 1968

郭沫若,『卜辭通纂』(『郭沫若全集』考古編 第二卷), 科學出版社, 1983

김상준,『맹자의 땀 성왕의 피: 중층 근대와 동아시아 유교 문명』, 서울: 아카넷, 2011

김용걸,『한자 자형의 세계』, 서울: 성신여대 출판부, 2002

데이비드 N. 키틀리 지음, 민후기 옮김,『갑골의 세계 — 상대(商代) 중국의 시간, 공간, 공동체』, 서울: 학연문화사, 2008

鄧國光 著,『聖王之道 — 先秦諸子的經世智慧』, 北京: 中華書局, 2010

牟宗三,『荀學大略』, 臺北: 中央文物供應社, 1953

미소구치 유조 외 편저, 김석근 외 옮김,『중국 사상 문화 사전』, 서울: 민족문화문고, 2003

미소구치 유조 외 지음, 동국대 동양사연구실 옮김,『중국의 예치 시스템』, 서울: 청계출판
　　사, 2001

方時銘 · 王修齡,『古本竹書紀年輯證』, 臺北: 華世出版社, 1983

濮茅左 · 徐谷甫 編纂,『商甲骨文選』, 上海: 上海書店出版社, 1996年 2刷

謝光輝 主編,『常用漢字圖解』, 北京: 北京大學出版社, 1997

謝光輝 主編,『漢字字源字典』, 北京: 北京大學出版社, 2000

샤를 루이 드 스콩다 몽테스키외 저, 고봉만 옮김,『법의 정신』, 서울: 책세상, 2006

徐中舒 主編,『甲骨文字典』, 成都: 四川辭書出版社, 2006

宋鎭豪 · 宮長爲 主編,『中華傳聖文化研究文集』, 北京: 文物出版社, 2010

순자 지음, 김학주 옮김,『순자』, 서울: 을유문화사, 2009년 2판 2쇄

시라카와 시즈카(白川靜) 지음, 윤철규 옮김,『한자의 기원』, 서울: 이다미디어, 2009

窪田忍之,『中國哲學思想史上的"聖"的起源』, 南京: 江蘇文藝出版社, 1991

王健文,『戰國諸子的古聖王傳說及其思想史意義』, 國立臺灣大學出版委員會, 1987

王文亮 著,『中國聖人論』, 北京: 中國社會科學出版社, 1993

王仲孚 外著 ,『中國文化史』, 臺北: 五南圖書文化公司, 1997

王仲孚,『中國上古史論文摘要』, 臺灣國立編譯館, 2002

우훙(Wu Hung) 지음, 김병준 옮김,『순간과 영원: 중국 고대의 미술과 건축(*Monumentality in
　　Early Chinese Art and Architecture*)』, 서울: 아카넷, 2003년 2쇄

劉麟生,『中國政治理想』, 臺北: 臺灣常務印書館, 1968

兪仁寶 著,『從類字透視荀子政治思想之體系』, 臺北: 國立臺灣大學法學院, 1962

劉澤華 主編,『中國政治思想史』(三卷本), 杭州: 浙江人民出版社, 1996

劉澤華 著,『中國的王權主義 — 傳統社會與思想特點考察』, 上海: 上海人民出版社, 2000a

劉澤華 著,『中國傳統政治哲學與社會整合』, 北京: 中國社會科學出版社, 2000b

劉澤華 主編, 장현근 옮김,『중국 정치사상사』(선진편 상), 서울: 동과서, 2008a(2002 초판)

劉澤華 主編, 장현근 옮김,『중국 정치사상사』(선진편 하), 서울: 동과서, 2008b(2002 초판)

이승환,『유가 철학의 사회 철학적 재조명』, 서울: 고려대 출판부, 1998

李宗侗 註譯, 『春秋左傳今註今譯(上/中/下)』, 臺北: 臺灣商務印書館, 1987年 7판

張濤 注譯, 『孔子家語注譯』, 西安: 三秦出版社, 1998

張國 著, 『中國治國思想史』, 北京: 新華出版社, 2002

장현근 편저, 『중국 정치사상 입문』, 서울: 지영사, 1997c

장현근 옮김, 『순자(荀子)』, 서울: 책세상, 2002a

장현근 편저, 『상군서: 동양의 마키아벨리즘』, 서울: 살림, 2005(2006년 재판 부제: 난세의
　　부국강병론)

장현근 역주, 『신어역해(新語譯解)』, 서울: 소명출판사, 2010b

장현근 지음, 『맹자: 바른 정치가 사람을 바로 세운다』, 서울: 한길사, 2010c

鄭良樹, 『商鞅及其學派』, 臺北: 臺灣學生書局, 1987

정태현 역주, 『역주 춘추좌씨전』(1, 2, 3, 4), 서울: 전통문화연구회, 2004(2007, 2009 중판)

趙誠 編著, 『甲骨文簡明詞典 — 卜辭分類讀本』, 北京: 中華書局, 1999年 4쇄

陳啓天 著, 『增訂韓非子校釋』, 臺北: 臺灣商務印書館, 1985年 5판

陳長琦, 『中國古代國家與政治』, 北京: 文物出版社, 2002

崔述, 『考信錄』, 臺北: 臺灣商務印書館, 1968

馮友蘭, 『中國哲學史』(上/下), 臺灣商務印書館, 1996(1934년 초판)

湯可敬 撰, 『說文解字今釋』(上/中/下), 長沙: 岳麓書社, 1998年 2쇄

하야시 다이스케(林泰輔), 『龜甲獸骨文字』, 成都: 四川大學出版社, 2001

韓德民 著, 『荀子與儒家的社會理想』, 濟南: 濟魯書社, 2001

黃俊傑, 『春秋戰國時代尙賢政治的理論與實際』, 臺北: 問學出版社, 1977

H. G. 크릴, 이성규 옮김, 『공자 — 인간과 신화』, 서울: 지식산업사, 1983(1996 10쇄)

3 논문 자료

顧頡剛, 「"聖""賢"觀念和字義的演變」, 《中國哲學》第一輯(上海三聯書店), 1979

顧頡剛, 「禪讓傳說起於墨子考」, 《古史辨》第7冊下編(臺北: 明倫出版社 影印本), 1970

郭靜云, 「夏商神龍祐王的信仰以及聖王神子觀念」, 《殷都學刊》2008年 1期, 2008

竇旭耀·胡虹霞, 「聖王崇拜探源 — 先秦諸子聖王崇拜思想與上古政治文化傳統」, 《北京
　　印刷學院學報》第13卷 第1期(北京印刷學院), 2005. 3

杜正勝, 「試論先秦時代的成湯傳說」, 《大陸雜誌》第47卷 第2期, 1973

羅根澤,「晩周諸子反古考」,《古史辨》第6冊上編(臺北: 明倫出版社 影印本), 1970

蕭延中,「中國崇"聖"文化的政治符號分析」,《文化研究》2007年 第5期, 2007

楊寬,「中國上古史導論」,《古史辨》第7冊上編(臺北: 明倫出版社 影印本), 1970

楊希枚,「再論堯舜禪讓傳說」,《食貨月刊》復刊 第7卷 第7-8期, 1978

王中江,「儒家'聖人'觀念的早期形態及其變異」,《中國哲學史》1999年 第4期, 1999

王仲孚,「堯舜傳說試釋」,《臺灣師大歷史學報》第7期(臺灣師範大學), 1979

王仲孚,「大禹與初夏傳說試釋」,《臺灣師大歷史學報》第8期(臺灣師範大學), 1980

李建華 · 謝金林,「聖王與暴君: 傳統政治人批判」,《湖南工業大學學報(社會科學版)》2008
    年 1期, 2008

李英華,「先秦諸子聖王觀探析 ── 兼與柏拉圖哲學王思想比較」,《中國哲學史》2005年 第1
    期, 2005

이승환,「한국 및 동양의 공사관과 근대적 변용」,《정치사상연구》(한국정치사상학회) 6집
    (2002년 봄), 2002

장현근,「荀子政治思想之研究」, 中國文化大學三民主義研究所 博士論文, 1991

장현근,「순자 정치사상에서 '예'의 기능」,《한국정치학회보》26집 3호(한국정치학회),
    1993

장현근,「공자는 과연 살아날 수 있는가」, 계간《전통과현대》창간호(전통과현대사), 1997a

장현근,「군자(君子)와 세계 시민」,《유럽연구》통권 5호(한국유럽학회), 1997b

장현근,「유가 사상의 養 · 敎 · 治論: 경제 · 교육 · 정치의 상관성」,《고황정치학회보》2집,
    1999

張鉉根,「從王霸之辯透視荀子的聖王論」,《現代敎育研究》2005年第7-8期(總第67-68期,
    香港新聞出版社), 2005

장현근,「민의 어원과 의미에 대한 고찰」,《정치사상연구》15집 1호(한국정치사상학회),
    2009

장현근,「公(common) · 共(common) 개념과 중국 秦 · 漢 정부의 재발견: 禮 · 法의 분화와
    결합」,《정치사상연구》16집 1호(한국정치사상학회), 2010a

장현근,「근대 한국 정치학과 '정치' 인식의 불연속성: 전통적 총체성의 상실」,《현대정치연
    구》5권 1호(서강대 현대정치연구소), 2012. 4.

崔耕虎,「孔孟荀的聖人觀」,《泰安師專學報》1997年 第2期, 1997

최성흠,「현대 중국 정치 문화의 정체성 연구: 유교 전통과 자유주의 시장 경제의 갈등과 변용」, 건국대 정치학과 박사 학위 논문, 2003

최홍열,「'틸' 동훈자의 의미 고찰」,《언어》30권 1호(한국언어학회), 2005

何柯,「'聖'的觀念與《文心雕龍》」,《伊犁師範學院學學報》2002年 4期, 2002

朱彦民,「從甲骨文'王'字看帝王觀念的起源」, (http://china5000.vocy.cn/chinese/sixiangku/xianqin/200803/t20080310_62696.htm),〔原創〕諸侯國稱王情況簡介(http://www.historykingdom.com/article-25209.html, 2007년 4월 5일 만들고, 2009년 10월 10일 재편집)

徐永生,「關於徐驅王的史實探討」, http://www.xu-shi.com/bencandy.php?fid=75_id=686 2010년 5월 27일

4 그림 자료

http://yupeihsu.at.infoseek.co.jp/syouten/kokotu.html

http://www.jjdes.com/maji/jjdes/Html/?395.html(2012년 3월 11일)

http://www.jkn21.com/contents/material/jitsu/html/column/column_jitsu_guide.html

5 사전류

《漢典》www.zdic.net

《象形字典》http://vividict.com

《百度百科》http://baike.baidu.com

《維基百科: 自由的百科全書》http://zh.wikipedia.org/zh-cn

주(註)

머리말

1) 유택화(劉澤華), 『중국의 왕권주의 ─ 전통 사회와 사상적 특질에 대한 고찰(中國的王權主義 ─ 傳統社會與思想特點考察)』, 2000a, 126~127쪽 참조. 그는 맹자나 순자뿐만 아니라 중국의 어떤 사상도 군주 전제 제도의 틀을 벗어나지 못했다고 평가하였다.

2) 장현근 편저, 『중국 정치사상 입문』(1997c), 서장.

3) '정치'의 의미와 동양 전통에서 정치에 대한 관념의 변화에 대해선 장현근, 「근대 한국 정치학과 '정치' 인식의 불연속성: 전통적 총체성의 상실」, 《현대정치연구》 5권 1호 (서강대 현대정치 연구소), 2012. 4, 155~180쪽 참조.

4) 물론 한 무제가 처음으로 '성왕'을 자임한 것은 아니다. 제국의 문을 연 진시황이 석각에다 '진성(秦聖)' 즉 '진나라의 성인'이란 호칭을 쓰면서 암묵적으로 자신이 성왕임을 자부한 적이 있다. 2부 4장 3절에서 논함.

5) 공자의 삶과 공부 및 그가 소망하는 정치적 꿈에 대해서는 H. G. 크릴, 이성규 옮김, 『공자 ─ 인간과 신화』(1983) 및 장현근, 「공자는 과연 살아날 수 있는가」(1997a) 참조.

6) 古者聖王甚尊尚賢而任使能, 不黨父兄, 不偏貴富, 不嬖顏色, 賢者擧而上之, 富而貴之, 以爲官長; 不肖者抑而廢之, 貧而賤之, 以爲徒役, 是以民皆勸其賞, 畏其罰, 相率而爲賢.(『묵자』 「尙賢中」)

7) 百王之無變, 足以爲道貫. 一廢一起, 應之以貫, 理貫不亂. 不知貫, 不知應變. 貫之大體未嘗亡也. 亂生其差, 治盡其詳. 故道之所善, 中則可從, 畸則不可爲, 匿則大惑. 水行者表深, 表不明則陷. 治民者表道, 表不明則亂. 禮者, 表也.(『순자』 「天論」)

8) 황제(黃帝), 요·순(堯舜), 성탕(成湯) 등 중국 고대 전설과 관련해 새롭게 해석을 시도한 수십 편의 논문이 『중국상고사논문적요(中國上古史論文摘要)』란 이름으로 2002년 간행되었다.

9) 예컨대 《중국지식기초설시공정(中國知識基礎設施工程: *China National Knowledge*

Infrastructure, CNKI》으로 1994년부터 2010년까지 학술 논문, 기간 논문, 중요 학술회의 논문집 등을 검색하면 '聖王'으로 57건, '聖人'으로 484건의 논문이 있고, '聖'이 포함된 논문은 1만 건을 넘는다.

10) 특히 유인환(俞仁寰)의『류(類) 자를 통한 순자 정치사상 체계의 투시(從類字透視荀子政治思想之體系)』(1962)는 투박하지만 이 책의 주지에 대해 상당한 암시를 제공해 주고 있다.

1부 성왕의 어원

1) 이에 대해선 등국광(鄧國光),『聖王之道 —— 先秦諸子的經世智慧』(2010), 152~153쪽 참조.

2) 묵자의 생몰 연대를 서기전 478?~서기전 392?로 보는 견해도 있음.

3) 순자의 탄생 연대를 서기전 313년으로 보는 견해도 있음.

1장 聖의 어원

1) 현대 중국에서 聖 자의 간체자로 쓰고 있는 '圣' 자는 원래 힘쓰다는 의미의 '골'(현대 중국어 발음으로는 1성 ku)이다. 갑골문에도 보이는 이 글자는 원래 여(汝)와 영(潁)이라는 두 강 사이 땅에서 열심히 손으로 노동을 하고 있다는 의미였다. 요즈음 쓰이지 않는 글자라 빌려 와서 聖의 간체로 사용하게 되었다.

2) 謝光輝 주편,『常用漢字圖解』(1997), 95쪽.

3) 경학자인 후한(後漢) 허신(許愼, 30~124)의 한자 초기 해설서인『설문해자(說文解字)』권2「口部」의 口 자 내용. 이 책에 인용된『설문해자』의 권수 인용은 모두 중국 전자 사전『漢典』(www.zdic.net)에 쓰인 청대 진창치(陳昌治) 판각본의 권수이다. 告 자나 口 자가 권3에 배치된 책도 있다.(예를 들면 湯可敬의『說文解字今釋』上中下, 1997 등) "人所以言食也. 象形. 凡口之屬皆从口. 苦后切."(사람이 그것으로써 말하고 먹는 곳이다. 상형 문자이다. 口 자가 포함되어 있는 글자들은 모두 口의 의미를 따른다. ku와 hou의 반절, 즉 구(kou)라고 읽는다.)

4) 이하 갑골문 출처의 약자는 서중서의『갑골문자전』에 의거한 것인데, 甲은 곽말약의『甲骨文合集』에서, 粹는 곽말약의『殷契粹編』, 後下는 나진옥의『은허서계후편』, 簠文은 王襄의『簠室殷契徵文』, 佚은 문물출판사의『殷墟甲骨輯佚』등의 글자를 옮긴 것

이다. 한편, 금문의 출처는 발견된 청동기의 이름을 그대로 붙였다.

5) 이와나미출판사, 1970; 한글 번역본은 윤철규 옮김, 『한자의 기원』(2009).

6) 예를 들면 아뢸 고(告) 자의 경우, 『설문해자』 권2 〔告部〕엔 '𠱠'(갑골문, 금문, 소전 모두 유사함)은 "牛觸人, 角箸橫木, 所以告人也. 从口从牛.《易》曰: '僮牛之告.' 凡告之屬皆从告. 古奧切"이라고 되어 있다. 해석하면 "소가 사람을 들이받으니 뿔 위에 횡목을 덧댐으로써 사람들에게 알리려는 것이다. 입 口의 뜻과 소 牛의 뜻을 따른 회의 문자이다. 『주역』에 '어린 소의 뿔(에 횡목을 덧대 알린다.)'라고 한다. 무릇 告 자 부수에 속한 글자는 모두 告의 의미에 따른다. 고(gu)와 오(ao)의 반절인 고로 읽는다." 이런 괴이한 해석에 대해 『설문해자』 30권의 주석을 달아 설문학(說文學)의 태두로 추앙받는 단옥재(段玉裁, 1735~1815)는 소 우(牛)와 입 구(口)로 해석해서는 告 자의 원뜻이 드러나지 않는다면서 이의를 제기하였다. 이렇게 정론이 없는 것을 시라카와는 牛 자는 기도할 때 올리는 산가지의 상형이며, 口는 축고기이므로 告는 하늘에 무언가를 아뢴다는 종교적, 주술적 의미를 지닌 글자로 풀이하였다.(시라카와 시즈카, 윤철규 옮김, 2009. 특히 292쪽)

7) 대표적으로는 謝光輝 주편 1997, 102쪽. 또한 『주역』 「이(頤)」 괘의 "자구구실"(自求口實, 스스로 구실을 구한다)은 입에 차는 것 즉 먹을거리를 찾게 될 것이라는 길한 조짐으로 해석해야 마땅하다.

8) 聲入心通, 入於耳, 出於口.(顧詰剛 1979)

9) 聞而知之, 聖也.

10) 같은 명문의 내용을 소개하는 같은 책 63쪽에는 녹자이(彔子耴)라고 하는데 이는 현대 중국어 咡 등의 독음에 기초한 듯하다. 금문 대보기의 명문을 그림과 함께 보여주는 193쪽에선 녹자성(彔子聖)이라고 읽는다. 시라카와 시즈카 지음, 윤철규 옮김, 2009, 67, 193쪽 참조.

11) 謝光輝 주편 1997, 96쪽.

12) 趙誠, 『甲骨文簡明词典—卜辞分类读本』(1988), 361쪽.

13) 謝光輝 주편 1997, 95쪽.

14) 聖: 通也. 从耳呈聲. 式正切.

15) 『易』之爲術, 幽明遠矣, 非通人達才孰能注意焉.

16) 通書千篇以上, 萬卷已下, 弘暢雅閑, 審定文讀, 而以敎授爲人師者, 通人也.

17) 서중서 2006, 1287쪽.

18) 春秋以前所謂聖人者, 通人也.(朱駿聲, 『說文通訓定聲』)

19) 戰國以後所謂聖人, 則尊崇之虛名也.(朱駿聲, 『說文通訓定聲』)

20) 聖, 無所不通.(『서경』「大禹謨」孔注)

21) 於事無不通謂之聖.(『서경』「洪範」孔注)

2장 성인 관념의 변천

1) 서중서 2006, 1287쪽.

2) 이상 조성, 『갑골문간명사전』, 361쪽.

3) 시라카와 시즈카, 윤철규 옮김, 2009, 193쪽 금문 대보기 사진 및 설명 재인용.

4) 위의 책, 67, 69쪽.

5) 顧頡剛,「"聖""賢"觀念和字義的演變(1979) 참조.

6) 팔괘를 복희(伏羲)씨가 만들고, 그것이 발전하여 64괘가 되었는데, 문왕이 유리에 갇혀 있으면서 거기에 괘사와 효사를 붙였다고 한다.(사마천의 주장) 후한의 마융(馬融, 79~166)은 괘사는 문왕이 썼지만 효사는 주공이 썼다고 한다. 한편, 『역』에 대한 해설서인 십익(十翼)은 공자(일부는 그의 제자도 참여)의 작품이라는 주장이 일반적이다.

7) 蒙以養正, 聖功也.

8) 同聲相應, 同氣相求, 水流濕, 火就燥, 雲從龍, 風從虎, 聖人作而萬物覩, 本乎天者親上, 本乎地者親下, 則各從其類也.

9) 원래 3000여 편이었다고 한다. 공자가 중복된 것 등을 빼고 311편으로 정리했다고 하는데, 현존하는 『시경』은 305편이다. 많은 해설 가운데 모(毛)씨의 전(傳)만이 남아 전하므로 『모시(毛詩)』라고도 한다.

10) 秩秩大猷, 聖人莫之.

11) 維此聖人, 瞻言百里.

12) 母氏聖善, 我無令人.

13) 國雖靡止/ 或聖或否/ 民雖靡膴/ 或哲或謀/ 或肅或艾/ 如彼泉流/ 無淪胥以敗.

14) 國雖靡止, 或聖或否.

15) 都, 帝德廣運, 乃聖乃神, 乃武乃文.

16) 二, 五事, 一曰貌, 二曰言, 三曰視, 四曰聽, 五曰思. 貌曰恭, 言曰從, 視曰明, 聽曰聰, 思曰睿. 恭作肅, 從作乂, 明作晢, 聰作謀, 睿作聖.

17) 『일주서』는 공자가 『서경』을 다시 편찬한 뒤 나머지 것들을 모은 책이라고 알려져 왔다. 따라서 편제 또한 『서경』과 비슷하지만 문장이나 다루고 있는 내용 등은 유가의 틀에서 벗어난 부분이 많아 오래전부터 진위를 의심받아 온 서물이다. 현존하는 10권 70편(11편은 제목만 있고 내용은 없음)은 주 문왕(文王)부터 경왕(景王)까지의 역사 기록을 시대에 따라 언급하고 있는데, 그 가운데는 서주 시대의 문장도 들어 있고 나중 한 대에 첨가된 것도 들어 있다. 전국 시대에 종합하여 편집된 책으로 보인다.

18) '시법'은 죽은 뒤 시호를 어떻게 정하느냐에 대한 규정이다. 「시법」 편에 따르면 시(諡)는 행위의 자취 즉 살아 있을 때의 행적에 따라 내리는 것이고, 호(號)는 공로에 대한 표창 즉 생전의 공로를 드러내 주는 것이다.(諡者, 行之跡也. 號者, 功之表也.)

19) 춘추 시대 노(魯)나라 역사 편찬을 담당한 좌사(左史)로 성은 구(丘), 이름은 명(明)이다. 생몰 연대는 미상이지만 『논어』에서 공자가 교언영색을 좌구명도 부끄러워하고 자신도 부끄러워한다며 좌구명을 칭찬한 것 때문에 공자(서기전 551년생)보다 연장자로 보는 주장도 있으며, 그가 말년에 은퇴해 실명한 뒤 고향에 돌아가 남긴 책이 중국 최초의 국가별 역사인 『국어(國語)』라고 전해지는데 『국어』가 서기전 453년 사건까지 끝난다는 점에서 그를 서기전 452년 전후에 죽은 것으로 추정한다.

20) 같은 『춘추』 해설서인 『춘추공양전(春秋公羊傳)』과 『춘추곡량전(春秋穀梁傳)』은 공자보다 후대인 전국 시대부터 구전된 것으로 전해지는데 『춘추곡량전』에는 聖人이란 말이 단 한 차례 나올 뿐이고, 『춘추공양전』에는 3차례 나오지만 「문공 17년」에 2회는 문공의 어머니 이름 성강(聖姜)을 표시한 것이다. 따라서 『춘추』 해설서로는 『춘추좌전』이 가장 풍부한 聖 자의 용례를 갖고 있다고 하겠다.

21) 夫民, 神之主也, 是以聖王先成民, 而後致力於神.

22) 衆隸賴之, 而後即命, 聖王同之.

23) 是以聖王務行禮, 不求恥人.

24) 懲惡而勸善, 非聖人誰能脩之.(『춘추좌전』 「成公 14년」)

25) 唯聖人能外內無患. 自非聖人, 外寧必有內憂.

26) 且唯聖人能無外患, 又無內憂, 詎非聖人, 必偏而後可. 偏而在外, 猶可救也, 疾自中起, 是難.

27) 祖述堯舜, 憲章文武.(『中庸』 30장)

28) 논어「子罕」편 6장과「子張」편 12장 등에 보인다.

29) 孔子曰: "君子有三畏: 畏天命, 畏大人, 畏聖人之言. 小人不知天命而不畏也, 狎大人, 侮聖人之言."

30) 大宰問於子貢曰: "夫子聖者與? 何其多能也?"子貢曰: "固天縱之將聖, 又多能也."子聞之, 曰: "大宰知我乎! 吾少也賤, 故多能鄙事. 君子多乎哉? 不多也."

31) 그 외에도『주례』「동관고공기 제6(冬官考工記第六)」에도 "수많은 장인들의 일은 모두 聖人의 작품이다."라고 언급한 聖 자의 용례가 두 군데 있다. 역시 聖人에게 무슨 특별한 덕성을 부여하지는 않았다. 그리고 잘 알려져 있다시피「고공기」는 한 대에 와서야『주례』에 보충된 것이다. 그 외에도 진한 대에 편찬된 책이지만, 주로 공자 이전의 언어들을 엮은 사전(詞典)으로 인정되는『이아(爾雅, 비근한 바르고 우아한 관방의 규범 언어라는 뜻)』의「석언(釋言)」에도 "헌(獻), 성야(聖也)"라고 딱 한 차례 등장한다. 獻이 어진 사람이란 뜻도 있지만, 여기서는 기존 주술적 종교적 혹은 많은 능력 가운데 하나로써 聖 자 용례와 크게 다르지 않아 보인다.

32) 공자에 의해 재창조된 '聖'의 의미와 聖 자의 다양한 용례를 잘 담고 있는 책이『공자가어(孔子家語)』(그냥『가어』라고도 불림)이다. 현존『공자가어』10권 44편에는 65차례 聖 자가 등장하고, 4차례 '성왕'의 용례가 있다.(「예운(禮運)」편: 聖王脩義之柄, 禮之序, 以治人情. 人情者, 聖王之田也.「본성해(本姓解)」편: 陬大夫雖父祖爲士, 然其先聖王之裔.「정론해(正論解)」편: 秋而戎事, 烝而獻功, 男女紡績, 愆則有辟. 聖王之制也.) 그동안 위(魏)나라 왕숙(王肅)이 지은 위서로 낙인이 찍혀 학자들 사이에서 인정을 못 받던 이 책은 1973년 발굴된 한나라 무덤에서 왕숙의 책과 거의 일치하는 죽간『공자가어』가 발굴되면서 다시 위서 논쟁이 진행 중이다. 주희(朱熹)가『가어』의 진실성을 믿을 수 있다고 했음에도 그동안『한서』「예문지」에 있는『공자가어』27권과 왕숙의『공자가어』가 다른 책임을 강조하던 학계 분위기는 이제 바뀌고 있다. 장도(張濤) 注譯,『孔子家語注譯』(西安: 三秦出版社, 1998) 참조.『가어』가 '공자와 그 제자들의 문답으로『논어』에 빠진 부분을 모아 놓은 책'이라는 공안국(孔安國)의 논의가 진실이라고 판명된다면, 현존 '聖' 자와 '성왕'이 갖고 있는 의미의 대부분을 공자가 창조했다는 필자의 주장은 더 설득력을 지니게 될 것이다.

33) 공자는 평생 3000명의 제자를 길러 내었고 그중 한 분야에 탁월한 능력을 보여 준 사람만도 70여 명에 이르렀다. 공부가 어느 정도 이루어지면 벼슬길에 나가라는 스승의

충고에도 불구하고, 정치적으로 성공한 몇몇을 제외하고 나머지 대부분은 교사 생활로 생업을 유지하였다.

34) 聖人者, 事無辭也, 物無違也, 故能爲天下器.

35) 昔之聖王禹湯文武, 兼愛天下之百姓, 率以尊天事鬼, 其利人多.

36) 昔也三代之聖王堯舜禹湯文武之兼愛天下也, 從而利之, 移其百姓之意焉, 率以敬上帝山川鬼神. 天以爲從其所愛而愛之, 從其所利而利之, 於是加其賞焉, 使之處上位, 立爲天子以法也, 名之曰'聖人'.

37) 古之民未知爲舟車時, 重任不移, 遠道不至, 故聖王作爲舟車, 以便民之事.

38) 此言聖人之德, 章明博大, 埴固, 以脩久也. 故聖人之德蓋總乎天地者也.

39) 君子之道也, 貧則見廉, 富則見義, 生則見愛, 死則見哀. 四行者不可虛假, 反之身者也. 藏於心者, 無以竭愛; 動於心者, 無以竭恭; 出於口者, 無以竭馴. 暢之四支, 接之肌膚, 華髮隳顚而猶弗舍者, 其唯聖人乎!

40) 巫馬子謂子墨子曰: "鬼神孰與聖人明智?" 子墨子曰: "鬼神之明智於聖人, 猶聰耳明目之與聾瞽也. …… 使聖人聚其良臣與其桀相而謀, 豈能智數百歲之後哉! 而鬼神智之. 是故曰, 鬼神之明智於聖人也, 猶聰耳明目之與聾瞽也.

41) 天之愛人也, 薄於聖人之愛人也; 其利人也, 厚於聖人之利人也.

42) 聖人爲腹不爲目.

43) 聖人常善救人, 故無棄人.

44) 絶聖棄智, 民利百倍; 絶仁棄義, 民復孝慈.

45) 이 문제의 일부는 아직도 논란 중이다. 『노자』는 대구와 운율을 매우 적절히 배치한 놀라운 시구 혹은 경구들의 집합이다. 19장의 "絶聖棄智, 民利百倍; 絶仁棄義, 民復孝慈; 絶巧棄利, 盜賊無有." 구절은 노자를 반유교적 사상으로 이해하는 데 결정적 역할을 해 준 구절이다. 현존본 『노자』의 이 구절은 1973년 말 중국 호남성(湖南省)의 성도 장사(長沙)의 한나라 때 고분인 마왕퇴(馬王堆) 3호분에서 발굴된 12만여 자에 이르는 대량의 백서(帛書) 가운데 『노자 을 도경(老子乙道經)』에도 똑같은 구절이 있고, 백서 『덕도경(德道經)』도 현존본 『노자』와 마찬가지로 31차례 가운데 그 나머지 30차례는 모두 '聖人'으로 쓰고 있어 증거가 되었다. 그런데 1993년 중국 호북성(湖北省) 형문시(荊門市) 곽점촌(郭店村)의 1호 묘지는 맹자와 논쟁했던 진량(陳良)의 무덤으로 추정되는데, 여기서 대량 출토된 『곽점초묘죽간(郭店楚墓竹簡)』 가운데 『노자』 갑

(甲)에 7차례, 『노자』 병(丙)에 1차례 등장하는 聖人은 예의 『노자』와 다르지 않다. 용례도 유사하다. 하지만 앞의 19장에 해당하는 내용이 달랐다. "絶智棄辯, 民利百倍. 絶巧棄利, 盜賊亡有. 絶僞棄詐, 民復季子"로 되어 있다. 앞뒤가 조금 바뀌고 내용도 유사하지만 서두에 '聖'과 '인의'가 아니라 '아는 체'란 의미의 지(智)와 '말 잘함'을 뜻하는 변(辯), '거짓(僞)과 속임수(詐)'를 끊으라고 쓰여 있다. 『국어』 「오어(吳語)」에 이런 구절이 있다. "대부 설용(舌庸)이 나아가 '상을 잘 살펴서 운용한다면 전쟁을 치러도 되겠습니까?'라고 말하자, 왕(구천)이 '성(聖)'이라고 대답하였다. 대부 고성(苦成)이 나아가 '벌을 잘 살펴서 운용한다면 전쟁을 치러도 되겠습니까?'라고 말하자, 왕이 '맹(猛)'하다고 대답하였다. 대부 종(種)이 나아가 '사물의 이치나 다른 사람의 의견을 잘 살펴서 운용한다면 전쟁을 치러도 되겠습니까?'라고 말하자, 왕이 '변(辯)'하다고 대답하였다. 대부 려(蠡)가 나아가 '예산과 군비를 잘 살펴서 운용한다면 전투를 치러도 되겠습니까?'라고 말하자, 왕이 '교(巧)'하다고 대답하였다."(句踐愿諸大夫言之, 皆以情告, 無阿孤, 孤將以擧大事. 大夫舌庸乃進對曰: "審賞則可以戰乎?" 王曰: "聖." 大夫苦成進對曰: "審罰則可以戰?" 王曰: "猛." 大夫種進對曰: "審物則可以戰乎?" 王曰: "辯." 大夫蠡進對曰: "審備則可以戰乎?" 王曰: "巧." 大夫皋如進對曰: "審聲則可以戰乎?" 王曰: "可矣.") 『국어』가 공자 시대의 좌구명의 작품임을 감안한다면 聖 자의 용례가 당시 최고의 상태를 형용하는 언어로도 사용되었음을 알 수 있으며, 『노자』의 저자 또한 여기에 천착했을 수도 있다. 『곽점초간』의 시대까지 『노자』에는 유가의 성인이나 인의에 대한 비판이 없었는데, 그 후 유가 또는 묵가와 경쟁하던 도가의 계승자들에 의해 현존본 『노자』 19장의 '절성(絶聖)'이 끼어 들어간 것으로 의심된다. 이는 의도적으로 유가의 개념들을 공격한 것으로 보인다. 특히 『장자』에 '절성'이 여러 차례 등장하는 것으로 보아 장자를 추종하는 도가 일파의 행위일 수도 있다. 곽점초간과 관련 논쟁에 대해서는 장현근, 「중국 전국 시대의 책 '곽점초간(郭店楚簡)'의 발굴: 『곽점초간 연구』를 중심으로」(1999. 12), 330~343쪽 참조.

46) 毀道德以爲仁義, 聖人之過也.

47) 由是觀之, 善人不得聖人之道不立, 跖不得聖人之道不行; 天下之善人少而不善人多, 則聖人之利天下也少而害天下也多.

48) 聖人者, 原天地之美而達萬物之理. 是故至人無爲, 大聖不作, 觀於天地之謂也.

49) 문자(文子)가 노자의 제자로서 공자의 제자인 자하(子夏)와 같은 시대를 살았던 사

람이라면 그의 책『문자』는『장자』보다 앞선 서물일 수 있다. 하지만 도교에서『통현진경(通玄眞經)』으로 추앙하는 이 책의 성립 연대 또한 춘추 시대 말이라는 주장으로부터 한 대에 성립된 위서라는 주장까지 아주 다양하다.

50) 老子曰: 聖人忘乎治人, 而在乎自理.

51) 文子問聖智. 老子曰: 聞而知之, 聖也, 見而知之, 智也.

52) 聖人無所不知, 無所不通.

53) 전문은 다음과 같다: 상나라 태재가 공자를 접견하고 물었다. "구, 당신은 聖스러운 사람입니까?" 공자가 대답했다. "聖이라면 구가 어찌 감당하겠습니까. 하지만 구는 넓게 배우고 많이 아는 박학다식한 사람입니다." 상 태재가 물었다. "옛 삼왕은 聖자입니까?" 공자가 대답했다. "삼왕은 지혜와 용기를 훌륭하게 자임한 사람이었으나 聖자인지는 구가 잘 모르겠습니다." "오제는 聖자입니까?"라고 묻자 공자가 말했다. "오제는 인의를 훌륭하게 자임한 사람이었으나 聖자인지는 구도 잘 모르겠습니다." "삼황은 聖자입니까?"라고 묻자 공자가 말했다. "삼황은 때에 맞추었다고 훌륭하게 자임한 사람들이었으나 聖자인지는 구도 잘 모르겠습니다." 상 태재는 크게 놀라며 물었다. "그렇다면 누가 聖인이 됩니까?" 공자가 낯빛을 움직이며 사이를 두었다가 대답하였다. "서방의 사람으로 (본문 인용문) 알지 못합니다." 상 태재는 어리둥절하여 마음속으로 생각하며 "공구가 나를 속이고 있는 것인가!"라고 중얼거렸다.(商太宰見孔子曰: "丘聖者歟?" 孔子曰: "聖則丘何敢, 然則丘博學多識者也." 商太宰曰: "三王聖者歟?" 孔子曰: "三王善任智勇者, 聖則丘不知." 曰: "五帝聖者歟?" 孔子曰: "五帝善任仁義者, 聖則丘弗知." 曰: "三皇聖者歟?" 孔子曰: "三皇善任因時者, 聖則丘弗知." 商太宰大駭, 曰: "然則孰者爲聖?" 孔子動容有間, 曰: "西方之人, 有聖者焉, 不臺而不亂, 不言而自信, 不化而自行, 蕩蕩乎民無能名焉. 丘疑其爲聖. 弗知眞爲聖歟? 眞不聖歟?" 商太宰嘿然心計曰: "孔丘欺我哉!")『열자』의 이 구절을 운운하며 부처라든가 천주의 도래라든가 운위하는 사람도 있는데 시대로 볼 때 어불성설이다.

54) 至人无己, 神人无功, 聖人无名.

55) 百姓之於聖人也, 養之也; 非使聖人養己也.(『愼子』「威德」)

56) 聖人之有天下也, 受之也, 非取之也.

57) 堯之治也, 蓋明法察令而已. 聖君任法而不任智.(『太平御覽』권638 인용)

58) 是以聖人貴名之正也.

59) 爲人君者, 操契以責其名. 名者, 天地之綱, 聖人之符. 張天地之綱, 用聖人之符, 則萬物之情無所逃之矣.(『申子』「大體」)

60) 能壹民于戰者, 民勇; 不能壹民于戰者, 民不勇. 聖王之見王之致于兵也, 故擧國而責之于兵.

61) 聖人之治也, 多禁以止能, 任力以窮詐.

62) 聖人知必然之理 必爲必之時勢, 故爲必治之政.

63) 然則今有美堯舜湯武禹之道於當今之世者, 必爲新聖笑矣. 是以聖人不期脩古, 不法常可, 論世之事, 因爲之備. 宋人有耕田者, 田中有株, 免走, 觸株折頸而死, 因釋其耒而守株, 冀復得免, 免不可復得, 而身爲宋國笑. 今欲以先王之政, 治當世之民, 皆守株之類也.

64) 上古有湯至聖也, 伊尹至智也.

65) 書約而弟子辯, 法省而民訟簡. 是以聖人之書必著論, 明主之法必詳事.

66) 事在四方, 要在中央. 聖人執要, 四方來效.

67) 『손자병법(孫子兵法)』, 『오자(吳子)』, 『사마법(司馬法)』, 『육도(六韜)』, 『위료자(尉繚子)』(울료자로도 읽음), 『삼략(三略)』, 『이위공문대(李衛公問對)』를 말한다.

68) 오(吳)나라 왕 합려(闔閭, 재위 서기전 514~서기전 496년)와 그의 아들 부차(夫差, 재위 서기전 495~서기전 473년)를 섬겨 패업을 달성했던 명장 손무(孫武, 서기전 535?~?)의 작품으로 현존 손자병법은 조조(曹操, 155~220년)가 재편집한 것이다. 오랫동안 손무의 후손인 전국 시대 제나라의 명장 손빈(孫臏, ?~서기전 316년)의 『손빈병법』을 『손자병법』으로 취급하였으나, 1972년 중국 산동성(山東省) 은작산(銀雀山)에서 『손자』와 『손빈병법』이 동시에 출토됨으로써 다른 책임이 증명되었다.

69) 非聖智不能用間, 非仁義不能使間.

70) 이 책 또한 위서로 알려져 왔으나 산동성 은작산의 출토로 전국 시대 작품으로 인정받고 있다. 하지만 송나라 때 이름 붙여진 『무경칠서』에 포함되었듯이 병가의 전략을 담은 책이라기보다 형명잡술이 많이 들어 있는 잡가적 저술로 보는 것이 옳을 듯하다.

71) 생몰 연대를 알 수 없는 귀곡 선생은 『사기』「소진열전(蘇秦列傳)」에 소진의 스승이라 하고, 『전국책(戰國策)』에선 소진의 동문이자 숙적인 장의(張儀)를 가르쳤다고 한다. 소설적 상상이 더해진 책이지만 『손방연의(孫龐演義)』에는 전국 시대 최고의 병법 전문가인 손빈과 방연(龐涓, ?~서기전 342년) 또한 그의 제자라고 한다. 『귀곡자』는 그의 친필 저작이 아니라 전국 시대 후기에 어떤 사람이 귀곡 선생의 이름을 빌려

다 쓴 책일 수 있으나 종횡의 외교술과 병법 등은 귀곡 선생의 행적과 잘 어울린다.

72) 聖人居天地之間, 立身御世施教揚聲明名也.

73) 內修練而知之, 謂之聖人.

74) 전체 원문은 다음과 같다. 田子讀書, 曰:"堯時太平." 宋子曰:"聖人之治以致此乎?" 彭蒙在側, 越次答曰:"聖法之治以至此, 非聖人之治也." 宋子曰:"聖人與聖法, 何以異?" 彭蒙曰:"子之亂名, 甚矣! 聖人者, 自己出也. 聖法者, 自理出也. 理出於己, 己非理也; 己能出理, 理非己也. 故聖人之治, 獨治者也; 聖法之治, 則無不治矣! 此萬物之利, 唯聖人能該之." 宋子猶惑, 質於田子, 田子曰:"蒙之言然."

75) 其次有聖人者, 處天地之和, 從八風之理.

76) 聖人不治已病, 治未病, 不治已亂, 治未亂.

77) 내용이 특이하여 인도인, 이란인이 썼다는 주장에서 심지어는 바빌로니아인이 썼다는 주장도 있고, 현재 미국의 콜로라도 대협곡을 너무도 상세하게 묘사하고 있어서 서양인이 썼을 것이라고 추측하는 사람도 있을 정도이다.

78) 即有神聖乘此以行九野.

79) 관중은 제환공(齊桓公)을 패자로 만들고 제후들을 회맹(會盟)시켜 이민족으로부터 중원을 지켜 낸 인물로 공자로부터 "환공이 아홉 차례나 제후들을 회합시키면서 군대와 전차를 동원하지 않은 것은 관중의 힘이었다. 그처럼 어질었느니! 그처럼 어질었느니!"(桓公九合諸侯, 不以兵車, 管仲之力也. 如其仁! 如其仁!)라는 극찬을 받은 인물인데, 그의 이름을 가탁한 『관자』라는 책은 관중의 정책 아이디어를 담고 있기도 하고, 책 속의 법가 부분은 전국 중기의 법가 사상가들이 관중의 이름에 가탁해 쓴 것으로 보이며, 도가 철학을 담은 편도 여럿이고, 「경중」(輕重) 편 등은 경제 이론을 집약한 특이하고 잡박한 내용의 서물이다. 『한비자』「오두」편에 "집집마다 관중(管仲)과 상앙(商鞅)의 법 관련 책을 갖춰 두고 있다."라고 말한 것으로 보아 당시 어떤 형태로든 『관자』 관련 책이 존재하고 유행했음이 분명하다. 전국 시대 제나라 직하학궁(稷下學宮)의 산물이라고 보는 견해도 있다.(유택화 편, 장현근 옮김, 2008, 『중국정치사상사』 선진편(하), 281~282쪽 참조)

80) 聖人善用非其有.

81) 昔聖王論功而賞賢, 賢者得之, 不肖者失之.

82) 鄰國有聖人, 敵國之憂也. …… 彼魯君, 弱主也; 孔子, 聖相也.

83) 여불위(呂不韋, ?~서기전 235년)는 완성된 『여씨춘추』를 함양(咸陽)의 저잣거리에 붙여 놓고 "이 위에 천금을 걸겠으니 제후, 유사(遊士), 빈객 가운데 여기에 한 글자라도 더하고 뺄 수 있는 자가 있으면 천금을 주겠노라."(懸千金其上, 延諸侯遊士賓客遊能增損一字者予千金. 『사기』 「여불위열전」)라고 공언할 정도였다.

84) 『여씨춘추』 판본에 따라 약간의 차이가 있으나 故聖人의 故는 古와 같은 뜻이다. 故 자를 쓰는 경우가 대부분이지만 고성인 또는 고성왕을 古로 쓴 부분도 3차례 있다.

85) 聖人深見此患也, 故爲天下長慮, 莫如置天子也; 爲一國長慮, 莫如置君也.

86) 聖學이란 단어는 중국의 사전들에 거의 공통적으로 '공자의 학'이라고 주석되어 있다. 그 이전의 서적들에 '성학'의 용례가 있는지는 확인이 안 되지만, 이 책의 시대적 범주 안인 한 무제 이전엔 적어도 그 사례를 발견할 수 없다. 학자들의 일반 문집은 더 검토해 봐야 알겠지만, 경전에 대한 현존 주석서들 가운데 가장 먼저 이 용례를 사용한 사람은 송(宋)나라의 주희(朱熹)일 것이다. 그는 『논어집주(論語集註)』 「요왈(堯曰)」 편의 주석에서 이 말을 사용하고 있다. 또 주자의 이론에 이의를 제기했던 명(明)나라의 왕수인(王守仁)도 이 말을 사용했다. 양명의 제자들이 밤새 스승의 말을 베껴 완성한 『전습록(傳習錄)』 상권에 "후대 유생들이 '聖學'에 분명하지 못하여"(後儒不明聖學) 양지양능(良知良能)을 모른다고 말한 부분에 있다. 그 후 많은 성리학자들은 성학이란 말을 보편적으로 사용했다. 잘 알려져 있다시피 1568년 68세의 퇴계 선생은 『성학십도(聖學十圖)』를 선조대왕에게 상주하였는데, 성인을 위한 수양과 군주의 성인화라는 두 가지 주제를 압축적으로 표현하고 있다.

87) 『논어』는 공자의 가장 어린 제자였던 증자와 그의 제자들이 스승과의 옛 기억을 되살려 최종 정리한 것으로 보인다. 『논어』 내에 증자왈(曾子曰)이 열세 개의 장을 구성하고 있으며, 공자와의 문답에 증자가 가장 많이 등장하고, 또 스승을 존칭하는 자(子)를 뒤에 써서 스승과 동격으로 칭한 것 등으로 보아 증삼과 그의 제자들의 작품일 가능성이 높다.

88) 『대학』은 원래 『예기(禮記)』의 한 편으로 전해지다가 송나라 때 『자치통감(資治通鑑)』을 지은 사마광(司馬光, 1019~1086년)이 『대학광의(大學廣義)』라는 책으로 독립시켰다. 그리하여 독립된 책으로 읽히다 주희(朱熹, 1130~1200년)에 이르러 사서(四書)에 편입되었고, 성리학이 지배한 향후 1000년 동안 동아시아의 지식계를 지배한 위대한 책 가운데 하나가 되었다.

89) 『효경』은 한 대에 완성된 것이라는 것이 대부분 학자들의 견해이지만, 언제 최초로 시작되었는지에 대해선 의견이 분분하다. 여기서는 다수설을 따라 증자가 시작했다고 본다.

90) 그의 조카 대성(戴聖)이 재편찬한 49편본을 『소대예기(小戴禮記)』라고 부르는데, 현존 『예기』 40편은 대덕의 85편본이 아니라 대성의 49편본일 가능성이 많다.

91) 誠者不勉而中, 不思而得, 從容中道, 聖人也.

92) 『맹자』엔 자사를 16번이나 언급하고 있으며, 특히 「이루 하(離婁下)」편엔 증자와 자사를 같은 길을 걸은 사람으로 언급하고 있다.

93) 『순자』의 「비십이자(非十二子)」편엔 다른 제자백가 사상가들에 대한 평가와 비판인데, 자사와 맹자를 묶어서 오행(五行)이나 떠들어대는 사람들이라고 비판한 바 있다.

94) "夫子旣聖矣乎?" 曰: "惡! 是何言也? 昔者子貢問於孔子曰: '夫子聖矣乎?' 孔子曰: '聖則吾不能, 我學不厭而敎不倦也.' 子貢曰: '學不厭, 智也; 敎不倦, 仁也. 仁且智, 夫子旣聖矣!' 夫 聖, 孔子不居, 是何言也?"(중략) 曰: "不同道. 非其君不事, 非其民不使; 治則進, 亂則退, 伯夷也. 何事非君, 何使非民; 治亦進, 亂亦進, 伊尹也. 可以仕則仕, 可以止則止, 可以久則久, 可以速則速, 孔子也. 皆古聖人也, 吾未能有行焉; 乃所願, 則學孔子也."

95) 故聖人化性而起僞, 僞起而生禮義, 禮義生而制法度; 然則禮義法度者, 是聖人之所生也. 故聖人之所以同於衆, 其不異於衆者, 性也; 所以異而過衆者, 僞也.

96) 전문은 이렇다. 人臣之論: 有態臣者, 有簒臣者, 有功臣者, 有聖臣者. - 內不足使一民, 外不足使距難, 百姓不親, 諸侯不信; 然而巧敏佞說, 善取寵乎上, 是態臣者也. 上不忠乎君, 下善取譽乎民, 不卹公道通義, 朋黨比周, 以環主圖私爲務, 是簒臣者也. 內足使以一民, 外足使以距難, 民親之, 士信之, 上忠乎君, 下愛百姓而不倦, 是功臣者也. 上則能尊君, 下則能愛民, 政令敎化, 刑下如影, 應卒遇變, 齊給如響, 推類接譽, 以待無方, 曲成制象, 是聖臣者也. 故用聖臣者王, 用功臣者彊, 用簒臣者危, 用態臣者亡. 態臣用則必死, 簒臣用則必危, 功臣用則必榮, 聖臣用則必尊. 故齊之蘇秦, 楚之州侯, 秦之張儀, 可謂態臣者也. 韓之張去疾, 趙之奉陽, 齊之孟嘗, 可謂簒臣也. 齊之管仲, 晉之咎犯, 楚之孫叔敖, 可謂功臣矣. 殷之伊尹, 周之太公, 可謂聖臣矣. - 是人臣之論也, 吉凶賢不肖之極也. 必謹志之! 而愼自爲擇取焉, 足以稽矣.

97) 순자 이후 한 무제 때 동중서에 의해 유가 사상만이 독점적 지위를 차지하며 국가 통

치 이데올로기로 작용할 때까지 학문과 사상은 순자의 영향이 절대적이었다. 특히 예(禮)에 관한한 전무후무한 최고의 전문가였던 순자는 기존의 『예(禮)』 경을 계승 발전시켜 맹경(孟卿), 후창(后蒼)에게 전하였다. 제자백가의 시대가 끝나고 한당 시대는 경학의 시대라고 부르는데, 거의 모든 경학에서 순자는 한 대 유생들에게 절대적인 전달자 역할을 한 스승이었다. 예컨대 『시경』은 순자가 계승하여 대모공(大毛公)과 소모공(小毛公)에게 전해졌고, 『좌전』은 순자가 계승하여 문하생 장창(張蒼)에게 전하고 이것은 다시 한 초 유가 정치 사상의 대가인 가의(賈誼)에게 전해졌다. 『곡량춘추(穀梁春秋)』는 순자를 거쳐 부구백(浮邱伯), 신공(申公) 등에게 전해지고 한 초 육가(陸賈) 사상을 형성하였다. 『공양춘추(公羊春秋)』는 순자를 거쳐 동중서(董仲舒)까지 전해졌다. 장현근, 「순자 정치 사상에 관한 연구」(1991), 21~22쪽 및 순황 지음, 장현근 옮김, 『순자』(2002a), 147~150쪽 참조.

98) 『관자』 「환공문(桓公問)」 편에도 보이지만, 이 편이 『예기』보다 먼저 형성되었는지에 대해선 부정적인 견해가 훨씬 많다.

99) 仁人者正其道不謀其利, 修其理不急其功, 致無爲而習俗大化, 可謂仁聖矣. 三王是也.

100) 『회남자(淮南子)』는 잡가 서적으로 도가 사상을 바탕에 깔고 여러 학설의 장점을 수용하고 있는 책이다. 동중서와 같은 시기에 쓰인 이 책에는 265차례나 聖 자가 등장하는데, 현실 군주를 이야기하는 성왕은 10차례 나온다. 비율상 『춘추번로』와 비슷한데, 아마도 이 백 년 사이 구체적이고 현실적인 황제와의 연계성 속에서 '성왕'을 인식할 수밖에 없었을 것이고, 그 때문에 학자들도 쉽게 사용하지 못하게 되었을 것이다.

101) 由此觀之, 得在時, 不在爭; 治在道, 不在聖.

102) 聖人懷天氣, 抱天心, …… 能以神化也.

103) 聖人察其所以往, 則知其所以來者.

104) 同明相照, 同類相求, 雲從龍, 風從虎, 聖人作而萬物覩. 伯夷叔齊雖賢, 得夫子而名益彰; 顔淵雖篤學, 附驥尾而行益顯.

3장 王 자의 어원

1) 王者, 往也, 天下所歸往.

2) 王者, 民之所歸往也.

3) 古之造文者, 三畫而連其中謂之王. 三者, 天地人也, 而參通之者王也.(『춘추번로』 「王道

通三」)

4) 朱駿聲,『說文通訓定聲』(臺北, 藝文印書館, 1975) 917쪽. 李陽冰曰: "中畫近上. 王者, 則天之義."

5) 凡王之屬皆从王. 玉, 古文王. 李陽冰曰: "中畫近上. 王者, 則天之義." 雨方切.

6) 1990년 초판. 이하 인용 페이지는 1996년 인쇄본에 의거함.

7) 중국사회과학원(中國社會科學院) 홈페이지 2008-03-10 등록된 글. http://china5000. vocy.cn/chinese/sixiangku/xianqin/200803/t20080310_62696.htm 참조.

8) 중국 청동기 시대에 대한 미국 내 연구를 대표하는 버클리 대학교의 키틀리(David N. Keightley)의 책에 대한 국내 번역본으로는 민후기 옮김,『갑골의 세계 ─ 상대(商代) 중국의 시간, 공간, 공동체』(2008)가 있다.

9) 시라카와 시즈카 지음, 윤철규 옮김, 2009, 46쪽. 시라카와의 기본 주장은 은나라가 제정일치 사회였음에 천착하여 사람들의 생활이 거의 제례와 연관되었다는 점에서 한자의 출현을 모두 제례와 연결 짓는다. 대표적인 사례가 앞 장에서 언급한 입 口 자를 입이 아니라 축고기로 본 경우이다.

10) 위의 책, 47쪽.

11) 예를 들면 간지 신(辛)의 날에 왕해(王亥)에 대한 제사를 올렸는데, 왕해라는 묘호를 받은 왕은 고조신(高祖辛)으로 불렸을 것이라 한다.(데이비드 N. 키틀리 지음, 민후기 옮김, 2008, 79~80쪽 참조)

12) 시라카와 시즈카 지음, 윤철규 옮김, 2009, 47~48쪽.

13) 위의 책, 112쪽.

14) 祝也. 女能事無形, 以舞降神者也. 象人兩褎舞形. 與工同意. 古者巫咸初作巫. 凡巫之屬皆从巫. 覡, 古文巫. 武扶切.

15) (東漢)許愼 原著, 湯可敬 撰,『說文解字今釋』上中下(1998)

16) 데이비드 N. 키틀리 저, 민후기 옮김, 2008, 127~130쪽.

17) 祖 자에 대해선 크게 세 가지 해석이 존재한다. 첫째,『설문해자』에선 "첫 신주를 모신 사당을 뜻한다. 시(示)의 뜻에 따르며 조(且, zu)로 소리 낸다. 발음은 則(ze)와 古(gu)의 반절이다."(始廟也. 从示且聲. 則古切.)라고 한다. 둘째, 서중서의「갑골문자전」에는 갑골문 1기에서 4기까지 글자를 덧붙이며 매우 상세하게 고증을 하고 있는데, 글자에 가운데 줄이 있는 것과 없는 것, 두 줄이 있는 것 등의 차이이다. 그는 나

무를 잘라 만든 고기 자르는 도마로 본다. 원형이던 것이 글자로 새기기 편하게 선으로 되었으며, 도마에서 변화하여 차츰 제사에 사용하는 예기로 의미가 달라졌다고 한다.(21~22쪽) 셋째, 갑골문 해석에 새 장을 연 곽말약(1892~1978년)은 『복사통찬(卜辭通纂)』(『郭沫若全集』 考古編 第二卷, 1983)에서 이 글자를 남자 생식기의 상형으로 본다. 당나라 때 현응(玄應)의 『일체경음의(一切經音義)』란 책에 그 용례가 있다고 하면서, 남성의 생식기인 且(공경할 저, 도마 조)는 인류의 조상을 상징하기 때문에 제사로 받들기 시작하였으며, 且 왼쪽에 示가 첨가되면서 신성한 의미가 더해진 것인데 이것은 나중에 소전체에 이르러서야 祖로 안정되었다고 한다. 실제로 금문에 보이는 祖자는 示가 안 붙어 있는 글자가 훨씬 많다. 최근엔 곽말약의 설을 따르는 경향이 많은데 그렇다면 祖를 숭배하고 제사를 올리고 심지어 그것을 왕의 이름에 채용하기 시작한(13대 祖乙) 은나라는 부계 사회의 권력 구조였음을 보여 준다고 할 수 있다.

18) 諦也. 王天下之號也. 从丄朿聲. 帝, 古文帝.

19) 특히 http://vividict.com/WordInfo.aspx?id=3626.

20) 갑골문이 발견되고 규명되기 전까지 한자의 기원에 대해서 많은 논란이 있었는데, 일부는 오리엔트 설형 문자가 동쪽으로 중국으로 건너와 한자를 탄생시켰다는 설도 있었다. 은허(殷墟)의 발굴로 이 설이 근거를 잃었음에도 여전히 설형 문자와 한자의 관계성을 주장하는 사람도 있다. 고문자학의 대가인 곽말약이 대표적이다. 그는 帝자가 신을 뜻하는 설형 문자 '＊'에서 유래했다고 주장하였다.(시라카와 시즈카 지음, 윤철규 옮김. 2009, 51~52쪽 참조)

21) 尊也. 从尹, 發號, 䇂, 古文象君坐形. 故从口. 舉云切.

22) 大也. 从自. 自, 始也. 始皇者, 三皇, 大君也. 自, 讀若鼻, 今俗以始生子爲鼻子. 胡光切.

23) 특히 http://vividict.com/WordInfo.aspx?id=3628

4장 왕 관념의 변천

1) '초나라 왕이 정(鼎)에 대해 묻다.'는 이 사자성어의 유래는 『사기』 「초세가(楚世家)」이다. 초나라는 무왕(武王, ?~서기전 690년) 때부터 강력한 군사력으로 스스로 '王'을 칭하였다. 장왕(莊王) 대에 이르러 다시 강성해진 초나라는 중원과 세력을 다투더니 제후들을 회맹시키고 패업을 달성하였다. 서기전 606년 초장왕은 육혼(陸渾)을

정벌하더니 그 기세로 주나라 천자가 있는 낙양(洛陽) 근처에서 군사적 시위를 하였다. 주정왕(周定王)은 왕손만(王孫滿)을 내보내 위무하였는데, 초장왕은 '감히' 구정(九鼎)이 얼마나 크고 무거운지 물었다. '구정'은 천명의 상징으로 정치적 지배를 정당화하는 물건으로 간주되어 왔다. 이를 물은 것은 천자에 대한 무시이며 지배에 대한 도전이라 볼 수 있다. 태고로부터 전해져 와 누구도 본 적이 없는 '구정'에 대한 논란과 그것의 '기념비성'에 대해서는 Wu Hung, *Monumentality in Early Chinese Art and Architecture*, 우리말 번역으로는 김병준 옮김, 『순간과 영원: 중국 고대의 미술과 건축』(2003), 특히 36~53쪽 및 193~201쪽 참조.

2) 등장하는 사례로만 본다면 왕해의 동생인 왕항(王恒)과 다른 사람인 '王夨' 등에도 王자를 앞에 붙여 사용한 갑골문 용례가 있다.

3) 오늘날 중국인들도 이를 굳게 믿고 있으며, 상업을 시작한 인물도 왕해라고 주장한다. 그래서 '화상(華商)'이란 말의 원조로 삼기도 한다.

4) 貞于王亥年?(나진옥, 『은허서계전편(殷虛書契前編)』 상上 1 · 1)

5) 『갑골문자전』, 227쪽.

6) 王其田于宮.(동작빈, 『소둔 · 은허문자갑편』 573)

7) 缶其來見王.(곽약우 등, 『은허문자철합』 301)

8) 辛酉卜, 貞, 季(崇, 崇의 오기)王?(나진옥, 『은허서계전편』 5 · 405)

9) 王令多尹聖田于西.(貝塚茂樹, 『京都大學人文科學研究所藏甲骨文字』 2363)

10) 父之考爲王父, 父之妣爲王母.

11) 王父之考爲曾祖王父, 王父之妣爲曾祖王母.

12) 我乃劓殄滅之.

13) 『서경』 「반경」 편에 '여일인'이라는 용례가 있음. 유택화 편, 장현근 옮김. 2008a, 49~50쪽 참조.

14) 古者包犧氏之王天下也, 仰則觀象於天, 俯則觀法於地, ……

15) 호칭으로 쓰인 경우 王의 아들이란 의미의 '왕자(王子)'와 왕의 딸이란 의미의 '왕희(王姬)'가 여러 차례 보인다. 특히 「국풍 소남(國風 召南)」의 「하피농의(何彼襛矣)」 장엔 아름다운 묘사로 '왕희(王姬)의 수레'라는 용례가 등장한다. 이는 『춘추』 경의 「장공(莊公) 원년」에 "여름, 단백이 왕희를 호송해 왔다. 가을, 왕희를 위해 성 밖에 여관을 지었다. …… 왕희가 제나라에 시집을 갔다."(夏, 單伯送王姬. 秋, 築王姬之館

于外. …… 王姬歸于齊.)와「장공 2년」"가을 7월에 제나라에 시집간 왕희가 죽었다."
(秋, 七月, 齊王姬卒.),「장공 11년」"겨울에 왕희가 제나라에 시집을 갔다."(冬, 王姬
歸于齊.)는 기사들에 의해 뒷받침되는 사실이다. 왕희(王姬)는 주 장왕(周莊王)의 딸
로 제나라의 환공(桓公)과 양공(襄公)에게 시집을 간 것이다.『시경』과『춘추』의 이
'왕희' 구절에 착안하여 송(宋)나라 휘종(徽宗)은 간신 채경(蔡京)의 건의를 받아들여
위아래 공주(公主)들의 명칭을 모두 '제희(帝姬)'로 바꾸는 사건을 연출한 적이 있다.

16) 溥天之下莫非王土. 率土之濱莫非王臣.

17) 明王奉若天道, 建邦設都, 樹後王君公.

18) 無偏無陂, 遵王之義; 無有作好, 遵王之道; 無有作惡, 遵王之路. 無偏無黨, 王道蕩蕩;
無黨無偏, 王道平平; 無反無側, 王道正直.

19) 古者明王奉法以明幽, 幽王奉幽以廢法.

20) 宋公不王, 鄭伯爲王左卿士, 以王命討之, 伐宋.

21) 齊侯之夫人三, 王姬, 徐嬴, 蔡姬, 皆無子.

22) 춘추 전국 시대 초나라의 행위를 보면 이들이 전통적으로 중원의 나라들과 같은 문
화를 소지한 일원이 아니었을지도 모른다는 생각이 많이 든다. 중국사에서는 이들을
전욱(顓頊)의 후손으로 육웅(鬻熊)은 주나라 문왕과 무왕의 스승이었으며, 그래서 주
성왕(成王) 때 주공에 의해 자작으로 형만(荊蠻)의 땅에 봉해져 주나라 봉건 제후국
의 일원이 되었다고 한다.(정태현 역주, 2004, 120쪽)

23) 초 무왕이 3차례, 초 문왕(楚文王)이 3차례, 춘추오패의 하나였던 초 장왕(楚莊王)이
3차례, 초 공왕(楚共王)이 4차례, 초 강왕(楚康王)과 초 영왕(楚靈王)이 각 2차례, 초
평왕(楚平王)과 초 소왕(楚昭王)이 각 1차례씩 등장한다. 초나라 왕의 세계(世系)를
보면 초무왕 이래 도오(堵敖), 겹오(郟敖), 자비(子比)와 서기전 223년 진나라에 멸망
당한 마지막 왕 부추(負芻)를 제외하곤 모두 王을 칭하였다.

24) 이렇게 정사의 기록을 통해 확인되지는 않지만, 여러 가지 사료를 종합해 보면 王을
칭한 사례는 일찍부터 있어 왔다. 대표적인 것은 서(徐)나라인데, 서씨 종친회에선 서
자(徐子) 구왕(駒王)이 주나라 초 성왕 원년(서기전 1042년) 무경(武庚)의 반란 진압
에 참여하였으며, 나중 주공이 동정(東征)을 하자 강력히 반발해 서쪽으로 황하 유
역까지 치고 들어갔으며, 제수(濟水) 유역에서 자립해 王을 칭했다고 주장한다. 오
늘날 중국 강소성(江蘇省) 서주(徐州)보다 훨씬 동북쪽에 위치했을 것으로 추측되

며, 동이족의 중요한 정치 세력의 하나였을 것으로 추정되는 서나라에 대해선 자료가 매우 미흡한 실정이다. 하지만 1961년 중국 산서성(山西省) 후마(侯馬)에서 출토한 청동기 등에서 주나라 초 서나라의 존재가 확인되고, 『예기』 「단궁」 편 등에 거듭 언급되고 있는 서 언왕(徐偃王) 등의 사례를 종합하면, 중국에서 王을 칭한 것은 주나라 초기부터 그 반대 세력들에 의해 이루어졌을 것으로 추정된다. 서영생(徐永生), 「서구왕에 관한 역사적 사실의 검토(關於徐驅王的史實探討, 2010년 5월 27일 http://www.xu-shi.com/bencandy.php?fid=75&id=686 참조) 주나라 서남쪽의 촉(蜀)나라 잠(蠶)도 평왕의 동천 무렵 스스로 王을 칭했다고 하고, 초나라도 무왕 이전에 서기전 879년 거(渠)가 '楚王'을 자칭했다가 주 여왕의 남만 토벌 때 다시 초자(楚子)로 환원했다고 한다. 제후국들의 칭왕 사례에 대해서는 2007년 4월 5일 처음 만들어지고 2009년 10월 10일 재편집된 (http://www.historykingdom.com/article-25209.html을 참고할 만하다.

25) 反至五湖, 范蠡辭于王曰：“君王勉之, 臣不復入越國矣.” 王曰：“不穀疑子之所謂者何也?” 對曰：“臣聞之, 爲人臣者, 君憂臣勞, 君辱臣死. 昔者君王辱于會稽, 臣所以不死者, 爲此事也. 今事已濟矣, 蠡請從會稽之罰.”

26) 그의 자세한 생몰 연대는 알려져 있지 않다. 『사기』에 따르면 월나라 왕 구천이 토사구팽(兎死狗烹)할 인물임을 간파하고, 이름을 지이자피(鴟夷子皮)로 바꾸고 미인 서시(西施)를 데리고 자녀와 제자들을 거느리고 해변에 숨었다가 나중에 상업에 종사하여 거부가 되었다고 한다.

27) 정치적 피지배자들뿐만 아니라 정치에 참여하는 사람들을 포함한 개념이다. 중국 정치사상사상의 민(民), 백성(百姓) 등 개념에 대해서는 장현근, 『민의 어원과 의미에 대한 고찰』(2009)을 참조할 것.

28) 무도한 주의 천자 여왕(厲王)을 백성(百姓, 정치에 참여하는 계급의 총칭)들이 체(彘, 오늘날 山西省 霍縣) 지방으로 쫓아낸 서기전 841년부터 14년 동안의 시기를 말한다. 연호라고 부르기엔 좀 애매하지만 중국 역사상 연대 표기가 처음 등장한 해이기도 한데, 이 명칭에 대해선 두 가지 학설이 대립한다. 사마천의 『사기』 「주본기(周本紀)」엔 당시 집정대신이었던 소공(召公, 召穆公虎)과 주공(周公, 周定公)이 화의하여 국정을 이끌었으므로 '공화(共和)'라고 부른다고 공(共) 자의 부사적 용법에 착안하여 주장한다. 반면 『사기』를 거의 그대로 답습했으면서도 일부 다른 주장을 펼친 『한

서(漢書)』는 「고금인표(古今人表)」에서 사마천의 말이 근거가 없다면서 공(共)이라는 나라의 백작 화(和)라는 제후가 국정을 대리했기에 '공백화(共伯和)'이고 이를 약칭하여 '공화'라고 한다는 것이다. 사마천의 주장을 추종하는 사람이 훨씬 많다. 서기전 828년 소공의 집에서 크던 태자가 왕위를 계승하여 선왕(宣王)이 되었고, 선정을 펼쳤다. 귀족 대신(들)이 국왕을 대리하여 통치했다는 점에서 서양 정치학에서 이야기하는 res publica 즉 국가 또는 공화국의 의미와 비교해 볼 수 있는 개념이다.

29) 유택화 편, 장현근 옮김 2008a, 112~113쪽 참조.

30) 夫王人者, 將導利而布之上下者也, 使神人百物無不得其極, 猶日怵惕, 懼怨之來也.

31) 명말 청초의 대학자 고염무(顧炎武, 1613~1682년)가『일지록(日知錄)』권13 「주말풍속(周末風俗)」 조에서 춘추 시대와 전국 시대의 차이를 설명하면서 한 말이다. "춘추 시대는 아직 예의와 신의를 존중했으나 전국 시대는 절대로 이를 말하지 않았다. 춘추 시대엔 주나라 王을 으뜸으로 생각했으나 전국 시대엔 절대로 王을 언급하지 않았다. 춘추 시대에는 제사를 엄격히 하고 손님을 초대하고 대접함을 중시하였는데 전국 시대엔 그런 일이 없었다. 춘추 시대엔 종법을 따지고 같은 성씨를 중요시했는데 전국 시대엔 이에 대해 한마디도 언급하지 않았다. 춘추 시대엔 연회를 베풀고 시부를 읊조렸는데 전국 시대엔 이를 들을 수 없었다. 춘추 시대엔 임무를 보고하고 천자가 사령장을 주는 일이 있었는데 전국 시대엔 그런 일이 없었다. 나라 간엔 고정적인 교류가 없었고 선비들은 특정 주인만을 섬기지 않았다. 이것은 춘추 시대와 전국 시대 사이 130년간에 일어난 변화인데 역사책에 이 부분의 기록을 결하고 있어 후인들은 추측으로 알 뿐이다. 진시황의 천하 병합을 기다릴 필요도 없이 문왕과 무왕의 도는 전국 시대에 이미 끝장난 것이다."(春秋時, 猶尊禮重信, 而七國則絶不言禮與信矣. 春秋時, 猶宗周王, 而七國則絶不言王矣. 春秋時, 猶嚴祭祀, 重聘亨, 而七國則無其事矣. 春秋時, 猶論宗姓氏族, 而七國則無一言及之矣. 春秋時, 猶宴會賦詩, 而七國則不聞矣. 春秋時, 猶有赴告策書, 而七國則無有矣. 邦無定交, 士無定主, 此皆變於一百三十三年之間, 史之闕文, 而後人可以意推者也. 不待始皇一幷天下而文武之道盡矣.)

32) 越王句踐遇吳王之醜, 而尚攝中國之賢君.

33) 昔之聖王禹湯文武, 兼愛天下之百姓.

34) 今王公大人欲王天下, 正諸侯, 夫無德義將何以哉? 其說將必挾震威彊. 今王公大人將焉取挾震威彊哉? 傾者民之死也. …… 自古及今未嘗能有以此王天下正諸侯者也. 今大人欲王天下, 正諸侯, 將欲使意得乎天下, 名成乎後世, 故不察尚賢爲政之本也. 此聖人之厚行也.

35) 古者明王聖人, 所以王天下, 正諸侯者, 彼其愛民謹忠, 利民謹厚.

36) 특히 『노자』(『도덕경』)는 정치적 권모술수로 해석할 수 있으며, 일찍이 한비자는 노자를 말하고 노자를 해석한다는 「유노(喩老)」, 「해노(解老)」편을 써서 철저한 군주남면(君主南面) 즉 통치술로 파악하였다.

37) 道大, 天大, 地大, 王亦大. 域中有四大, 而王居其一焉.

38) 受國不祥, 是謂天下王.

39) 以此處上, 帝王天子之德也; 以此處下, 玄聖素王之道也.

40) 夫施及三王而天下大駭矣. 下有桀跖, 上有曾史, 而儒墨畢起.

41) 明王之治. 功蓋天下而似不自己, 化貸萬物而民不恃; 有莫擧名, 使物自喜; 立乎不測, 而遊於無有者也.

42) 天有六極五常, 帝王順之則治, 逆之則凶.

43) 聖有所生 王有所成 皆原於一.

44) 一心定而王天下.

45) 至南面而王, 則令行禁止.

46) 聖王者, 不貴義而貴法.

47) 三代不同禮而王, 五霸不同法而霸.

48) 國作壹一歲, 十歲彊; 作壹十歲, 百歲彊; 作壹百歲, 千歲彊, 千歲彊者王.

49) 以五里斷者王, 以十里斷者彊, 宿治者削.

50) 선왕은 「유도(有度)」편, 「식사(飾邪)」편 등에, 명왕은 「비내(備內)」편, 「오두(五蠹)」편 등에 보인다.

51) 治强者王, 古之道也.

52) 王者不卻眾庶.

53) 世不絶聖, 國不乏賢, 能得其師者王, 得其友者霸.

54) 然而不王者, 未之有也.

55) 古有以道王者, 有以兵王者, 何其一也? 曰: 以道王者德也, 以兵王者亦德也.

56) 同氣者帝, 同義者王, 同功者霸, 無一焉者亡.

57) 孔子明帝王之道, 應時君之聘.

58) 身仁行義, 服忠用信, 則王.

59) 無爲者帝, 爲而無以爲者王, 爲而不貴者霸.

60) 地大國富, 人眾兵彊, 此霸王之本也.

61) 使國悉賢, 孰處王下?

62) 三代之興王, 以罪爲在己, 故日功而不衰, 以至於王.

63) 強大未必王也, 而王必強大.

64) 예를 들면 『맹자』 「공손추 상」에서 王은 큰 나라일 필요가 없다고 하고, 『상군서』 「개
색」 편에서 강한 사람이 王이라고 한다.

65) 子曰: "如有王者, 必世而後仁."

66) 昔者明王之孝治天下也, 不敢遺小國之臣, 而況於公侯伯子男乎?

67) 그 외의 내용을 보면, 『순자』의 강력한 영향을 받았으며 한 대에 성립된 것으로 알려
진 『예기』였으므로 王 자의 용례는 거의 『순자』를 닮고 있으며, 따라서 선진의 용례와
같다고 할 수 있다. 『한시외전』도 비슷하다.

68) 一人衡行於天下, 武王恥之. 此武王之勇也. 而武王亦一怒而安天下之民. 今王亦一怒而
安天下之民, 民惟恐王之不好勇也.

69) 養生喪死無憾, 王道之始也.

70) 以力假仁者霸, 霸必有大國, 以德行仁者王, 王不待大. 湯以七十里, 文王以百里.

71) 君子有三樂, 而王天下不與存焉.

72) 百王之道, 後王是也. 君子審後王之道, 而論百王之前, 若端拜而議.

73) 王者之制: 道不過三代, 法不二後王; 道過三代謂之蕩, 法二後王謂之不雅.

74) 義立而王, 信立而霸.

75) 君人者, 隆禮尊賢而王, 重法愛民而霸, 好利多詐而危, 權謀傾覆幽險而亡矣.

76) 古者天子千官, 諸侯百官. 以是千官也, 令行於諸夏之國, 謂之王.

77) 杖聖者帝, 杖賢者王, 杖仁者霸, 杖義者強, 杖讒者滅, 杖賊者亡.

78) 今秦南面而王天下, 是上有天子也.

79) 其君賢君也, 而又有師者, 王; 其君中君也, 而有師者, 伯; 其君下君也, 而群臣又莫若
者, 亡.

80) 臣聞彊國戰智, 王者戰義, 帝者戰德.

81) 於是周武王爲天子. 其後世貶帝號, 號爲王. 而封殷后爲諸侯, 屬周.

82) 受命於天, 易姓更王, 非繼前王而王也.

83) 道, 王道也. 王者, 人之始也. 王正則元氣和順'風雨時'景星見'黃龍下. 王不正則上變天, 賊氣並見.

84) 『순자』「천론」편은 하늘은 탄생을 시켜 주지만 그 완성은 인간이 하므로〔天生人成〕, 모든 사람은 끝없는 도덕 수양을 통해 정치적 완성을 지향해야 한다는 주관 능동적인 휴머니즘을 보여 주고 있다.

85) 유택화는 이렇게 말한다. "선진의 사상가들이 王이라 말하는 사람은 강자였다. 그런데 동중서는 이를 하늘, 땅, 사람〔天地人〕을 관통하는 것으로 해석하여 명백히 신비적인 색채를 띠고 있다. 선진 제자들의 해석이 비교적 타당하다 하겠다."(유택화 편저, 장현근 옮김, 2008a. 49쪽 참조)

86) 帝者, 體太一; 王者, 法陰陽; 霸者, 則四時, 君者, 用六律.

87) 民無能名曰神, 稱善賦簡曰聖, 敬賓厚禮曰聖, 德象天地曰帝, 靜民則法曰皇, 仁義所在曰王, 賞慶刑威曰君, 從之成群曰君, 立制及眾曰公, 執應八方曰侯, 壹德不解曰簡, 平易不疵曰簡, 經緯天地曰文, 道德博厚曰文, 勤學好問曰文, 慈惠愛民曰文, 愍民惠禮曰文, 錫民爵位曰文, 剛彊理直曰武, 威彊叡德曰武, 克定禍亂曰武, 刑民克服曰武, 夸志多窮曰武,

2부 제자백가의 성왕 사상

1장 유가의 성왕 사상

1) 周監於二代, 郁郁乎文哉! 吾從周.

2) 원래 오품관(五品官) 이상 문무 관리의 임용, 토지 및 작위 수여 등에 발하는 왕의 인사 명령.『서경』에서 주공이 성왕 및 신료들에게 정치적 주문을 하는 방식이기도 함.

3) 湯武革命, 順乎天而應乎人, 革之時, 大矣哉!

4) 劉澤華 주편, 장현근 옮김, 2008a, 65~87쪽 참조.

5) 若網在綱, 有條而不紊; 若農服田力穡, 乃亦有秋. 汝克黜乃心, 施實德於民, 至於婚友, 丕乃敢大言, 汝有積德.

6) 視民如仇, 而用之日新.(『좌전』「애공 원년」)

7) 『좌전』「성공 2년」 참조. "晉侯使鞏朔獻齊捷于周, 王弗見, 使單襄公辭焉, 曰, 蠻夷戎狄, 不式王命."

8) 先王違世, 猶詒之法, 而況奪之善人乎!(『좌전』「문공 6년」)

9) 先王之樂, 所以節百事也.(『좌전』「소공 원년」)

10) 子貢問政. 子曰: "足食, 足兵, 民信之矣." 子貢曰: "必不得已而去, 於斯三者何先?" 曰:
    "去兵." 子貢曰: "必不得已而去, 於斯二者何先?" 曰: "去食. 自古皆有死, 民無信不立."

11) 未能事人, 焉能事鬼?(『논어』「선진」)

12) 無偏無黨, 王道蕩蕩; 無黨無偏, 王道平平; 無反無側, 王道正直.

13) 夫民, 神之主也. 是以聖王先成民而後致力於神. …… 今民各有心, 而鬼神乏主.(『좌전』
    「환공 6년」)

14) 祖述堯舜, 憲章文武.(『예기』「중용」)

15) 『순자』「유효(儒效)」편에선 법후왕과 제도의 통일을 주장하였지만, 같은 편에서 분
    명히 "儒者法先王" 즉 "진정한 유학자라면 선왕을 본받는다."라고 말하고 있다.

16) 養生喪死無憾, 王道之始也.(『맹자』「양혜왕 상」)

17) 先王惡其亂也, 故制禮義以分之.(『순자』「왕제」)

18) 聖而不可知之之謂神.(『맹자』「진심 하」)

19) 心, 纖也, 所識纖微, 無物不貫也.

20) 心之官則思. 思則得之, 不思則不得也.

21) 이상 劉澤華 주편, 장현근 옮김 2008b, 472쪽 참조.

22) 盡其心者, 知其性也, 知其性, 則知天矣.(『맹자』「진심 상」)

23) 일종의 『서경』 해설서인 이 책은 『사기』나 『한서』에 복승(伏勝)이 지었다고 하는데,
    순자의 제자로 추정되는 복생(伏生)이라는 설도 있음.

24) 이 책은 『한서』를 쓴 후한 반고(班固)의 작품으로 알려져 있으며, 『백호통』 또는 『백
    호통덕론』으로도 불린다. 「성인」편은 성인이 누구냐는 데서 출발하여 성인의 기이한
    외표까지 다루고 있다. "聖은 通이요, 道요, 聲이다."(聖人者何? 聖者, 通也, 道也, 聲
    也)는 출발은 이 책과 비슷하지만, 공자 성인화 작업이 완성된 이후여서 이 책의 성왕
    론과는 차이가 있다. "천 명 가운데 뛰어난 사람을 영(英)이라 하고, 영의 두 배인 사
    람을 현(賢)이라 하고, 만 명 가운데 뛰어난 사람을 걸(傑)이라 하고, 만 명의 걸 가운
    데 뛰어난 사람을 聖이라 한다."(千人曰英, 倍英曰賢, 萬人曰傑, 萬傑曰聖)는 등 재미
    있는 표현이 많다.

25) 心之在體, 君之位也; 九竅之有職, 官之分也.

26) 心居中虛, 以治五官, 夫是之謂天君.

27) 潔其宮, 開其門. 宮者, 謂心也. 心也者, 智之舍也.門者, 謂耳目也. 耳目者, 所以聞見也.

28) 從其大體爲大人, 從其小體爲小人.(『맹자』「고자 상」)

29) 劉澤華 주편, 장현근 옮김, 2008b, 475쪽 참조.

30) 聖人者, 備道全美者也.(『순자』「정론」)

31) 博施於民而能濟衆 …… 必也聖乎!

32) 聖人, 吾不得而見之矣; 得見君子者, 斯可矣.(『논어』「술이」)

33) 若聖與仁, 則吾豈敢? 抑爲之不厭, 誨人不倦, 則可謂云爾已矣.

34) 善人, 吾不得而見之矣, 得見有恒者, 斯可矣.(『논어』「술이」)

35) 君子有三畏. 畏天命, 畏大人, 畏聖人之言.(『논어』「季氏」)

36) 子夏子游子張皆有聖人之一體, 冉牛閔子顔淵則具體而微.

37) 伯夷, 聖之淸者也. 伊尹, 聖之任者也, 柳下惠, 聖之和者也, 孔子, 聖之時者也.(『맹자』「만장 상」)

38) 我亦欲正人心, 息邪說, 距詖行, 放淫辭, 以承三聖者. 豈好辯哉? 予不得已也. 能言距楊墨者, 聖人之徒也.

39) 國者, 小人可以有之, 然而未必不亡也; 天下者, 至大也, 非聖人莫之能有也.

40) 志意脩, 德行厚, 智慮明.(『순자』「정론」/「천론」)

41) 人有五儀. 有庸人有士有君子有賢人有大聖.(『순자』「애공」)

42) 所謂大聖者, 知通乎大道, 應變而無窮, 辨乎萬物之情性者也.(『순자』「애공」)

43) 此三至者, 非聖人莫之能盡.

44) 相則能尊君, 下則能愛民; 政令敎化, 刑下如影; 應卒遇變, 齊給如響, 推類接譽, 以待無方, 曲成制象, 是聖臣者也. 故用聖者王.

45) 上則法堯禹之制, 下則法仲尼子弓之義, 以務息十二子之說, 如是則天下之害除, 仁人之事畢, 聖王之迹著矣.

46) 事聖君者, 有聽從無諫爭.(『순자』「신도」)

47) 장자의 내성외왕에 대해선 3부에서 더 상세하게 다룬다.

48) 聖也者, 盡倫者也; 王也者, 盡制者也.

49) 원문의 불여(不與)의 해석을 두고 논란이 있다. 중국과 한국의 대부분의 주석서 및 번역서는 '관여하지 않았다'로 해석한다. 정치 지도자가 천하 경영에 집착하지 않았다

는 의미인데, 사실과 맞지도 않고 논리적으로도 모순이다. 「태백」편의 18장과 19장을 함께 보면 공자가 위대하다고 칭송한 주지는 '문명의 성취'이다. 따라서 '불여'를 천하를 소유함에 '문명의 성취'에 반하는 세력과 함께하지 않았다고 해석할 수도 있다. 《중국철학서전자화계획》이 채택하고 있는 김영년(金良年)의 『논어역주(論語譯注)』(2004)에선 '폭력에 의존하지 않았다'고 해석한다.

50) 子曰, 巍巍乎! 舜禹之有天下也, 而不與焉. 子曰, 大哉堯之爲君也! 巍巍乎! 唯天爲大, 唯堯則之. 蕩蕩乎! 民無能名焉. 巍巍乎! 其有成功也; 煥乎, 其有文章!(『논어』「태백」)

51) 無爲而治者, 其舜也與? 夫何爲哉, 恭己正南面而已矣.(『논어』「위령공」)

52) 聖王不作, 諸侯放恣, 處士橫議, 楊朱墨翟之言盈天下.(『맹자』「등문공 하」)

53) 規矩, 方員之至也; 聖人, 人倫之至也. 欲爲君盡君道, 欲爲臣盡臣道, 二者皆法堯舜而已矣.(『맹자』「이루 상」)

54) 爲政不因先王之道, 可謂智乎? 是以惟仁者宜在高位. 不仁而在高位, 是播其惡於眾也. 上無道揆也, 下無法守也, 朝不信道, 工不信度, 君子犯義, 小人犯刑, 國之所存者幸也.(『맹자』「이루 상」)

55) 天下者, 至重也, 非至强莫之能任; 至大也, 非至辨莫之能分; 至眾也, 非至明莫之能和. 此三至者, 非聖人莫之能盡. 故非聖人莫之能王. 聖人備道全美者也, 是縣天下之權稱也.

56) 夫貴爲天子, 富有天下, 名爲聖王, 兼制人, 人莫得而制也, 是人情之所同欲也. …… 名聲若日月, 功績如天地, 天下之人應之如景嚮, 是又人情之所同欲也.

57) 聖王之制也, 草木榮華滋碩之時則斧斤不入山林, 不夭其生, 不絶其辰也; 黿鼉·魚鱉·鰍鱣孕別之時, 罔罟毒藥不入澤, 不夭其生, 不絶其辰也; 春耕·夏耘·秋收·冬藏, 四者不失時, 故五穀不絶而百姓有餘食也. 聖王之用也, 上察於天, 下錯於地, 塞備天地之間, 加施萬物之上, 微而明, 短而長, 狹而廣, 神明博大以至約. 故曰: 一與一是爲人者謂之聖人.

58) 辨莫大於分, 分莫大於禮, 禮莫大於聖王.

59) 今孟子曰: '人之性善.' 無辨合符驗, 坐而言之, 起而不可設, 張而不可施行, 豈不過甚矣哉! 性善則去聖王, 息禮義矣; 性惡則與聖王, 貴禮義矣.

60) 今人之性惡, 必將待聖王之治·禮義之化, 然後皆出於治, 合於善也. 用此觀之, 然則人之性惡明矣, 其善者僞也.

61) 古者聖王以人之性惡, 以爲險而不正, 悖亂而不治, 是以爲之起禮義, 制法度, 以矯飾人之情性而正之, 以優化人之情性而導之也. 始皆出於治・合於道者也.

62) 今誠以人之性固正理平治邪? 則有惡用聖王, 惡用禮義矣哉? 雖有聖王禮義, 將曷加於 正理平治也哉? 今不然, 人之性惡. 故古者聖人以人之性惡, 以為偏險而不正, 悖亂而不 治, 故爲之立君上之埶以臨之, 明禮義以化之, 起法正以治之, 重刑罰以禁之, 使天下皆出 於治, 合於善也. 是聖王之治, 而禮義之化也.

2장 도가의 성왕 사상

1) 도가의 성왕 사상에 대해서는 유택화 편, 장현근 옮김, 2008, 『중국 정치사상사』(선진 편 하), 특히 461쪽 이하 「제13장 제자백가 정치 문화 총론」의 1절 부분에 크게 의지 하였다. 劉澤華, 葛荃, 張分田 등 중국 천진(天津) 남개(南開)대학교의 정치사상사 연 구 그룹은 삼권본(三卷本) 『중국 정치사상사(中國政治思想史)』에서 방대한 사료 인 용과, 그동안 방기되어 왔던 인물들까지 망라하여 중국 정치사상사의 고전적 텍스트 를 완성하였다. 2부의 법가 사상 등 다른 학파의 사상 또한 이들의 책에서 큰 도움을 받았음을 밝혀 둔다. 다만 이 책이 필자가 직접 역주를 달며 상세한 의역을 더하여 번 역한 책인 데다, 전체 내용을 축약하거나 필자의 글쓰기 방식에 따라 재구성하는 방식 으로 참고를 했기 때문에 일일이 출전을 달지는 못했다.

2) 絶聖棄智, 民利百倍; 絶仁棄義, 民復孝慈.

3) 天之道損有餘而補不足, 人之道則不然, 損不足而奉有餘. 孰能有餘以奉天下? 唯有道者. 是以聖人爲而不恃, 功成而不處, 其不欲見賢.

4) 朝甚除, 田甚蕪, 倉甚虛, 服文采, 帶利劍, 厭飲食, 財貨有餘, 是謂盜夸. 非道也哉.

5) 明道若昧, 進道若退, 夷道若纇.

6) 故失道而後德. 失德而後仁. 失仁而後義. 失義而後禮. 夫禮者, 忠信之薄, 而亂之首.

7) 天之道不爭而善勝, 不言而善應, 不召而自來, 繟然而善謀.

8) 生而不有, 爲而不恃, 長而不宰.

9) 天地所以能長且久者, 以其不自生, 故能長生.

10) 執左契而不責於人.

11) 聖人之治, 虛其心, 實其腹, 弱其志, 强其骨, 常使民無知無欲, 使夫智者不敢爲也, 爲無 爲, 則無不治.

12) 樸散則爲器. 聖人用之則爲官長.

13) 知常容, 容乃公, 公乃王, 王乃天, 天乃道, 道乃久.

14) 聖人後其身而身先, 外其身而身存, 以其無私, 故能成其私.

15) 聖人在天下, 歙歙爲天下渾其心.

16) 侯王若能守之, 萬物將自化.(『노자』37장)

17) 도둑 척(跖)에 대해선 이설이 분분하다. 『장자』「도척(盜跖)」편엔 "유하계(柳下季)의 아우를 도척이라 부른다."고 하고, 『회남자』「주술훈(主術訓)」엔 도척을 공자 시대 사람이라 한다. 그러나 『사기』「백이열전(伯夷列傳)」에서는 도척을 황제(黃帝) 시대 사람이라 하고, 『한서』「가의전(賈誼傳)」에서는 도척을 진(秦)나라의 대도라 한다. 어느 시대 사람인지 불분명하다.

18) 跖曰: '夫妄意室中之藏, 聖也'.

19) 彼竊鉤者誅, 竊國者爲諸侯.

20) 屈折禮樂以匡天下之形, 懸跂仁義以慰天下之心.

21) 蹄跂好知, 爭歸於利, 不可止也.

22) 至人神矣, 大澤焚而不能熱, 河漢沍而不能寒, 疾雷破山飄風振海而不能驚. 若然者, 乘雲氣, 騎日月, 而游乎四海之外.

23) 箕踞鼓盆而歌.(『장자』「至樂」)

24) 『장자』에는 「양생주(養生主)」편이 있고 「달생(達生)」, 「양왕(讓王)」편 등에도 '양생'이란 단어가 등장한다.

25) 『장자』「대종사(大宗師)」편엔 "옛날의 진인은 삶을 기뻐할 줄도 몰랐고, 죽음을 미워할 줄도 몰랐다."(古之眞人, 不知說生, 不知惡死)고 한다. 한편 「양생주」편에서 곽상(郭象)은 "옛 주석에 가로되 장자는 죽음을 즐거워하고〔樂死〕 삶을 미워했다〔惡生〕고 한다."는 해설을 달고 있다.

26) 『열자』「천서(天瑞)」편에 "사람은 태어나서 죽을 때까지 큰 변화〔大化〕를 네 번 겪는데 어린아이 시기, 젊고 건장한 시기, 늙어 혼몽한 시기, 죽어 없어질 때에 겪는다."(人自生至終, 大化有四: 嬰孩也, 少壯也, 老耄也, 死亡也)고 한다.

27) 吾猶守而告之, 三日而後能外天下; 已外天下矣, 吾又守之, 七日而後能外物; 已外物矣, 吾又守之, 九日而後能外生; 已外生矣, 而後能朝徹; 朝徹, 而後能見獨; 見獨, 而後能無古今; 無古今, 而後能入於不死不生.

28) 今一犯人之形, 而曰: '人耳人耳', 夫造化者必認爲不祥之人.

29) 또는 縣解.『장자』의 「양생주」편과 「대종사」편에 보임.

30) 『장자』「추수(秋水)」편에는 공자와 자로의 대화를 인용하며 '통인(通人)'이란 말을 등장시키고 있다.

31) 吾師乎! 吾師乎! 齏萬物而不爲義, 澤及萬世而不爲仁.

32) 順物自然而無容私焉, 而天下治矣.

33) 至人無己, 神人無功, 聖人無名.

34) 昔者黃帝始以仁義攖人之心, 堯舜於是乎股無胈, 脛無毛, 以養天下之形, 愁其五藏以爲仁義, 矜其血氣以規法度. 然猶有不勝也, 堯於是放讙兜於崇山, 投三苗於三峗, 流共工於幽都, 此不勝天下也. 夫施及三王而天下大駭矣. 下有桀跖, 上有曾史, 而儒墨畢起. 於是乎喜怒相疑, 愚知相欺, 善否相非, 誕信相譏, 而天下衰矣.

35) 夫不忍一世之傷而驁(務)萬世之患.

36) 其存人之國也, 無萬分之一; 而喪人之國也, 一不成而萬有餘喪矣. 悲夫! 有土者之不知也.

37) 劉澤華 주편, 장현근 옮김, 2008b, 105~106쪽 참조.

38) 不知乎, 人謂我朱愚. 知乎, 反愁我軀. 不仁則害人, 仁則反愁我身; 不義則傷彼, 義則反愁我己.

39) 특히 『장자』「徐無鬼」편에 들어 있는 이야기이다.

40) 君原於德而成於天. 故曰. 玄古之君天下, 無爲也. 天德而已矣.

41) 人有脩者, 乃今有恒; 有恒者, 人舍之, 天助之. 人之所舍, 謂之天民; 天之所助, 謂之天子.

42) 明王之治. 功蓋天下而似不自己, 化貸萬物而民弗恃; 有莫擧名, 使物自喜; 立乎不測, 而遊於無有者也.

43) 楊朱見梁王言: '治天下如運諸掌然.' 梁王曰: '先生有一妻一妾而不能治, 三畝之園而不能芸, 言治天下如運諸掌, 何以?' 楊朱曰: '誠有之. 君不見夫牧羊乎? 百羊而群, 使五尺之童子荷杖而隨之, 欲東而東, 欲西而西. 君且使堯率一羊, 舜荷杖而隨之, 則亂之始也. 臣聞之, 夫吞舟之魚不游淵, 鴻鵠高飛不就汚池, 何則? 其志極遠也. 黃鐘大呂不可從繁奏之舞, 何則? 其音疏也. 將治大者不治小, 成大功者不小苟, 此之謂也'.

44) 聖[人]擧事也, 闔(合)於天地, 順於民, 羊(樣)於鬼神, 使民同利, 萬夫賴之, 小胃(謂)義也.

45) 人之本在地, 地之本在宜, 宜之生在時, 時之用在民, 民之用在力, 力之用在節. 知地宜, 須時而樹, 節民力以使, 則財生. 賦斂有度則民富, 民富則有佴(恥), 有佴則號令成俗而刑伐(罰)不犯., 號令成俗而刑伐(罰)不犯則守固單(戰)朕(勝)之道也.

46) 특히 『경법』 「군정」 편과 『십육경』 「성쟁(姓爭)」 편에 보이는 내용이다.

47) 參之於天地, 而兼復(覆)載而無私也, 故王天(下).

48) 公者明, 至明者有功. 至正者靜, 至靜者聖. 無私者知(智), 至知(智)者爲天下稽.

49) 其功順天者, 天助之; 其功逆天者, 天違之. 天之所助, 雖小必大; 天之所違, 雖成必敗.

50) 聖人亦行其所行, 而百姓被其利. 이상 劉澤華 주편, 장현근 옮김 2008b, 357쪽 참조.

51) 愛之利之益之安之, 四者道之出. 帝王者用之, 而天下治矣. 帝王者, 審所先所後, 先民與地, 則得矣. 先貴與驕, 則失矣.

52) 賞不足以勸善, 刑不足以懲過. 氣意得而天下服, 心意定而天下聽.(『관자』 「내업」)

53) 人能正靜, 皮膚裕寬, 耳目聰明, 筋信(伸)而骨强; 乃能戴大圜而履大方, 鑑於大淸, 視於大明.

3장 법가의 성왕 사상

1) 한편 「화책」 편에는 인물을 대표 삼아 역사를 삼세로 구분하기도 한다. 최초의 시기는 호영(昊英)의 시대로 "나무를 베어 쓰고 짐승을 죽여 먹었는데, 인민은 적고 나무와 짐승은 많은" 이른바 수렵 시대이고, 다음은 신농(神農)의 시대로 오늘날 이야기하는 농경 시대로 "남자는 경작하여 음식을 마련하고, 여자는 직조하여 옷을 마련했다." 그 뒤를 이은 것이 황제(黃帝)의 시대로 "강자가 약자를 누르고, 다수가 소수를 억눌렀다."고 한다. 경제적 특징과 국가 권력의 탄생을 이용하여 시대 구분의 지표로 삼은 것이다.

2) 이에 대해선 장현근, 『상군서: 난세의 부국강병론』(2006) 1부 4장, 특히 120~125쪽을 참조할 것.

3) 聖王者, 不貴義而貴法. 法必明, 令必行, 則已矣.

4) 百姓之於聖人也, 養之也; 非使聖人養己也.

5) 賢而屈於不肖者, 權輕也; 不肖而服於賢者, 位尊也. 堯爲匹夫, 不能使其隣家; 至南面而王, 則令行禁止. 由此觀之, 賢不足以服不肖, 而勢位足以屈賢矣.

6) 臣有兩位者國必亂. 臣兩位而國不亂者, 君在也. 恃君而不亂矣.(『신자』 「덕립」)

7) 昔者堯之治天下也以名, 其名正則天下治; 桀之治天下也亦以名, 其名倚而天下亂. 是以聖人貴名之正也. 主處其大, 臣處其細, 以其名聽之, 以其名視之, 以其名命之.

8) 爲人君者, 操契以責其名. 名者, 天地之綱, 聖人之符. 張天地之綱, 用聖人之符, 則萬物之情無所逃之矣.

9) 神聖者王, 仁智者君, 武勇者長, 此天之道, 人之情也.

10) 明主不用其智, 而任聖人之智; 不用其力, 而任衆人之力.

11) 巧者能生規矩, 不能廢規矩而正方圜. 雖聖人能生法, 不能廢法而治國. 故雖有明智高行, 倍法而治, 是廢規矩而正方圜也.

12) 先王之治國也, 不淫意於法之外, 不爲惠於法之內也. 動無非法者, 所以禁過而外私也.

13) 聖人不法古, 不修今. 法古則後於時, 修今則塞於勢. 周不法商, 夏不法虞, 三代異勢, 而皆可以王. 故興王有道, 而持之異理.

14) 前世不同敎, 何古之法? 帝王不相複, 何禮之循?

15) 法者, 所以愛民也; 禮者, 所以便事也. 是以聖人苟可以彊國, 不法其故; 苟可以利民, 不循其禮.

16) 정양수(鄭良樹)는 『상군서』에 대한 역사적 연구를 통해 이 책이 상앙 한 사람의 저작이 아니라 상앙과 그를 추종하는 학파의 결산이란 결론에 이르렀다. 그의 연구에 따르면 상앙 학파의 사람들은 상과 벌 가운데 무엇이 중요한 것인지에 대해 상과 벌의 비율을 1:9, 3:7, 5:5 등 다양한 변화를 겪었다고 한다. 鄭良樹, 『商鞅及其學派』(1987), 특히 281~285쪽 참조. 하지만 주류는 중형경상(重刑輕賞)이었다.

17) 名分未定, 堯舜禹湯且皆如鶩焉而逐之; 名分已定, 貪盜不取.

18) 故聖人必爲法令置官也, 置吏也, 爲天下師, 所以定名分也.

19) 故聖人明君者, 非能盡其萬物也, 知萬物之要也. 故其治國也, 察要而已矣.

20) 聖人知治國之要, 故令民歸心於農. 歸心於農, 則民樸而可正也.

21) 凡治國者, 患民之散而不可搏也, 是以聖人作壹, 搏之也. 國作壹一歲者, 十歲彊; 作壹十歲者, 百歲彊; 作壹百歲者, 千歲彊, 千歲彊者王.

22) 聖人非能以世之所易, 勝其所難也; 必以其所難, 勝其所易. 故民愚, 則知可以勝之; 世知, 則力可以勝之. 民愚, 則易力而難巧; 世巧, 則易知而難力. 故神農務耕而王天下, 師其知也; 湯 武致彊而征諸侯, 服其力也.

23) 故聖人之治也, 多禁以止能, 任力以窮詐, 兩者偏用, 則境內之民壹.

24) 聖人之爲國也, 壹賞, 壹刑, 壹敎. 壹賞則兵無敵, 壹刑則令行, 壹敎則下聽上. 夫明賞不費, 明刑不戮, 明敎不變, 而民知於民務, 國無異俗. 明賞之猶, 至於無賞也. 明刑之猶, 至於無刑也. 明敎之猶, 至於無敎也.

25) 能壹民于戰者, 民勇; 不能壹民于戰者, 民不勇. 聖王之見王之致于兵也, 故擧國而責之于兵.

26) 聖王見王之致於兵也, 故擧國而責之於兵.

27) 聖人知必然之理, 必爲之時勢……. 聖人見本然之政, 知必然之理, 故其制民也, 如以高下制水, …… 聖人有必信之性, 又有使天下不得不信之法.

28) 聖人惟能知萬物之要也, 故其治國, 擧要以致萬物. 故寡敎而多功. 聖人治國也, 易知而難行也. 是故聖人不必加, 凡主不必廢. …… 聖人治國也, 審壹而已矣.

29) 是以聖人不期修古, 不法常可, 論世之事, 因爲之備.

30) 臣盡死力以與君市, 君垂爵祿以與臣市. 君臣之際, 非父子之親也, 計數之所出也.

31) 書約而弟子辯, 法省而民訟簡. 是以聖人之書必著論, 明主之法必詳事.

32) 聞有吏雖亂而有獨善之民, 不聞有亂民而有獨治之吏.

33) 事在四方, 要在中央. 聖人執要, 四方來效.

34) 孔子墨子俱道堯舜, …… 堯舜不復生, 將誰使定儒墨之誠乎? 殷周七百餘歲, 虞夏二千餘歲, 而不能定儒墨之眞. 今乃欲審堯舜之道於三千歲之前, 意者其不可必乎! 無參驗而必之者, 愚也; 弗能而據之者, 誣也. 故明據先王, 必定堯舜者, 非愚則誣也. 愚誣之學, 雜反之行, 明主弗受也.

35) 堯爲人君而君其臣, 舜爲人臣而臣其君, 湯武爲人臣而弑其主刑其尸.(『한비자』「충효」)

4장 묵가 및 기타 제자백가의 성왕 사상

1) 周室衰而王道廢, 儒墨乃始列道而議, 分徒而訟. 於是博學以疑聖, 華誣以脇衆, 弦歌鼓舞, 緣飾詩書, 以買名譽於天下.

2) 묵자는 유가를 배척했기에 공자의 주나라 정치에 대한 존중을 비판하여 하나라 정치에 따랐다고 하는 사람이 많다. 필자도 이 입장에 동조한 적이 있다.(장현근, 1991) 이 입장에 따르면 묵자에게 구체적인 성왕의 모범은 하나라 우임금이 될 것이다. 이는 보통 『회남자』「요략(要略)」에 있는 묵자가 "주의 도를 등지고 하의 정치를 사용했다." (背周道而用夏政)에 근거를 둔다. 그런데 사실 『회남자』의 말은 정확하지 않다. 청나

라 사람 왕중(汪中)은 그의 저서 『술학(述學)』의 「묵자후서(墨子後序)」에서 이렇게 지적하고 있다. "묵자는 실질적이다. 타인의 권위를 끌어다 자신의 이론에 무게를 싣지 않았다. 그가 옛 사람을 말하고 선왕을 칭송함에 요·순·우·탕·문·무를 함께 언급한 곳이 넷이고 문·무를 말한 곳이 셋이다. 오로지 우만을 이야기한 곳은 없다. 묵자가 유가를 비난한 것은 사실이지만 주를 비난하지는 않았다. 그리고 자신의 학문이 우에서 나왔다고 말하지도 않았다."(墨子質實, 未嘗援人以自重. 其則古者, 稱先王, 言堯舜禹湯文武者四, 言門門者三, 而未嘗專及禹. 墨子固非儒而不非周也, 又不言其學之出於禹也) 한비자 또한 일찍이 「현학(顯學)」편에서 "공자와 묵자 모두 요·순의 도에 따랐지만 취사선택한 바가 달랐다."(孔子墨子俱道堯舜, 而取舍不同)고 말한 적이 있다. 한비의 말이 비교적 개관적이라고 생각된다. 묵자는 요임금과 순임금부터를 성왕의 시대로 본 것이다.

3) 故兼者聖王之道也, 王公大人之所以安也, 萬民衣食之所以足也. 故君子莫若審兼而務行之, 爲人君必惠, 爲人臣必忠, 爲人父必慈, 爲人子必孝, 爲人兄必友, 爲人弟必悌. 故君子莫若欲爲惠君·忠臣·慈父·孝子·友兄·悌弟, 當若兼之不可不行也, 此聖王之道而萬民之大利也.

4) 君說之, 故民爲之.(『묵자』「兼愛下」)

5) 無言而不讎, 無德而不報. 投我以桃, 報之以李, 卽此言愛人者必見愛也, 而惡人者必見愛也.

6) 是以內者父子兄弟作怨惡, 離散不能相和合; 天下之百姓, 皆水火毒藥相虧害, 至有餘力不能以相勞; 腐朽餘財不以相分; 隱匿良道不以相教. 天下大亂, 若禽獸然.

7) 古者聖王爲五刑, 請以治其民, 譬若絲縷之有紀, 罔罟之有綱, 所(以)連收天下之百姓不尙同其上者也.

8) 順天意而明鬼神, 兼相愛而交相利.(『묵자』「천지」)

9) 今若國之與國之相攻, 家之與家之相篡, 人之與人之相賊, 君臣不惠忠, 父子不慈孝, 兄弟不和調, 此則天下之害也.

10) 聖王爲政, 其發令興事使民用財也, 無不加用而爲者.

11) 聖人爲政一國, 一國可倍也. 大之爲政天下, 天下可倍也. 其倍之, 非外取地也, 因其國家, 去其無用之費, 足以倍之.

12) 夫義者, 政也. 無從下之政上, 必從上之政下.

13) 名不可以外務, 智不可以從他, 求諸己之謂也.

14) 名定則物不競, 分明則私不行. 物不競, 非無心, 由名定, 故無所措其心. 私不行, 非無欲, 由分明, 故無所措其欲. 然則心欲人人有之, 而得同於無心無欲者, 制之有道也.

15) 聖人者, 自己出也. 聖法者, 自理出也. 理出於己, 己非理也. 己能出理, 理非己也. 故聖人之治, 獨治者也, 聖法之治, 無不治矣.

16) 人與天調, 然後天地之美生.(『관자』「오행」)

17) 聖人之化世也, 其解在水. 故水一則人心正, 水清則民心易. 一則欲不汚, 民心易則行無邪. 是以聖人之治於世也, 不人告也, 不戶說也, 其樞在水.

18) 先聖王成其身而天下成, 治其身而天下治.

19) 天道圜, 地道方, 聖王法之, 所以立上下.

20) 昔先聖王之治天下也必先公, 公則天下平矣. 平得於公.

21) 三王以上, 固皆用兵也, 亂則用, 治則止. 治而攻之, 不祥莫大焉. 亂而不討, 害民莫長焉. 此治亂之化也, 文武之所由起也.

22) 始皇自以爲功過五帝.(『사기』「진시황 본기」)

23) 秦聖臨國, 始定刑名, 顯陳舊章. 初平法式, 審別職任, 以立恒常.

24) 朕聞太古有號毋謚, 中古有號, 死而以行爲謚. 如此, 則子議父, 臣議君也, 甚無謂, 朕不取焉. 自今已來, 除謚法. 朕爲始皇帝. 後世以計數, 二世三世至於萬世, 傳之無窮.

25) 明主聖王之所以能久處尊位, 長執重勢, 而獨擅天下之利者, 非有異道也, 能獨斷而審督責, 必深罰, 故天下不敢犯也.

26) 天生萬物, 以地養之, 聖人成之.

27) 承天統地, 窮事察微, 原情立本, 以緒人倫, 宗諸天地, 纂修篇章, 垂諸來世, 被諸鳥獸, 以匡衰亂, 天人合策, 原道悉備.

28) 昔舜禹因盛而治世, 孔子承衰而作功, 聖人不空出, 賢者不虛生.

29) 萬端異路, 千法異形, 聖人因其勢而調之.

30) 播之於天下, 而不忘者, 其惟道矣. 是以道高比於天, 道明比於日, 道安比於山. 故言之者見謂智, 學之者見謂賢, 守之者見謂信, 樂之者見謂仁, 行之者見謂聖人. 故惟道不可竊也, 不可以虛爲也.

31) 所謂聖人者, 知通乎大道, 應變而不窮, 能測萬物之情性者也. 大道者, 所以變化而凝成萬物者也. 情性也者, 所以理然不然取舍者也.

32) 故大人者, 與天地合德, 日月合明, 鬼神合靈, 與四時合信. 故聖人懷天氣, 抱天心, 執中合和, 不下廟堂而衍四海, 變習易俗, 民化而遷善, 若性諸己, 能以神化也.

33) 是故聖人法天順情, 不拘於俗, 不誘於人, 以天爲父, 以地爲母, 陰陽爲綱, 四時爲紀. 天靜以淸, 地定以寧. 萬物失之者死, 法之者生.

34) 五帝異道而德覆天下, 三王殊事而名施後世, 此皆因時變而制禮樂者. …… 是故禮樂未始有常也. 故聖人制禮樂, 而不制於禮樂.

35) 雖賢王, 必待遇. 遇者, 能遭於時而得之也, 非智能所求而成也.

36) 惟聖人能屬萬物於一而繫之元也. 「옥영(玉英)」편에도 같은 내용이 있음.

37) 聖人何其貴者? 起於天至於人而畢.

38) 見人之所不見者.(『춘추번로』「郊語」)

39) 古之造文者, 三畫而連其中謂之王. 三者, 天·地·人也, 而參通之者王也. …… 取天地與人之中以爲貫而參通之, 非王者孰能當是.

40) 이렇게 성인이 되는 문제, 즉 성성(成聖)의 문제는 특히 맹자와 순자를 거치면서 중국 철학의 가장 중요한 명제 가운데 하나가 되었다. 이 '성인되기'의 문제에 천착하여 중국 문화 속의 성인 문제를 탁월하게 분석한 책으로는 왕문량(王文亮), 『중국 성인론(中國聖人論)』(1993)을 참조할 것.

3부 성왕과 정치 권력

1) 서한, 동한 400년의 정치적 안정은 중국 문화의 찬란한 성취를 일구었는데, 그 내면에 유가의 법가화와 법가의 유가화가 동시에 있었다는 주장에 대해서는 여영시(余英時)의 논의(장현근 편저, 『중국 정치사상 입문』「5장 지식을 배척한 중국의 정치 전통」, 1997c)를 참조. 유가의 예와 법가의 법이 public과 common을 결합한 적절한 통치 수단으로 합일되었기 때문이라는 주장에 대해서는 장현근, 「公(common)·共(common) 개념과 중국 秦·漢 정부의 재발견: 禮·法의 분화와 결합」(2010a)를 참조.

2) 夫聖人之德, 又何以加於孝乎? 故親生之膝下, 以養父母日嚴. 聖人因嚴以教敬, 因親以教愛. 聖人之教, 不肅而成, 其政不嚴而治, 其所因者本也. 父子之道, 天性也, 君臣之義也.

1장 삼대(三代) 성왕

1) 특히 《상형자전》(http://vividict.com/WordInfo.aspx?id=2445)의 해석이 그렇다.

2) 都, 帝德廣運, 乃聖乃神, 乃武乃文. 皇天眷命, 奄有四海, 爲天下君.

3) 물론「정풍」(鄭風)의「유녀동거(有女同車)」란 시에 "얼굴이 무궁화 꽃처럼 희고 아름답다"는 의미의 "안여순화(顏如舜華), 안여순영(顏如舜英)"이란 표현이 있어 舜 자가 등장하지만 순임금과는 무관하다.

4) 克己復禮爲仁.(『논어』「안연」편)

5) 人而不仁如禮何.(『논어』「팔일」편)

6) 子曰:"大哉, 堯之爲君也! 巍巍乎! 唯天爲大, 唯堯則之. 蕩蕩乎! 民無能名焉. 巍巍乎! 其有成功也; 煥乎, 其有文章!"

7) 子貢曰:"如有博施於民而能濟衆, 何如? 可謂仁乎?"子曰:"何事於仁, 必也聖乎! 堯舜其猶病諸! 夫仁者, 己欲立而立人, 己欲達而達人. 能近取譬, 可謂仁之方也已."

8) 子路問君子. 子曰:"脩己以敬."曰:"如斯而已乎?"曰:"脩己以安人."曰:"如斯而已乎?"曰:"脩己以安百姓. 脩己以安百姓, 堯舜其猶病諸!"

9) 요·순·우를 동시에 언급하는 공자의 발언은 없다. 이런 경향은 후대에 생겼으며 특히 전국 시대의 문헌으로 추정되는『일주서』에 요(堯)가 2회, 순(舜)이 6회 등장하는데, 그「대자진(大子晉)」편에 요·순·우를 연속어로 언급하고 있는 사례가 보인다.

10) 子曰:"禹, 吾無間然矣. 菲飮食, 而致孝乎鬼神; 惡衣服, 而致美乎黻冕; 卑宮室, 而盡力乎溝洫. 禹, 吾無間然矣."

11) 南宮適問於孔子曰:"羿善射, 奡盪舟, 俱不得其死然; 禹稷躬稼, 而有天下."夫子不答, 南宮適出. 子曰:"君子哉若人! 尙德哉若人!"

12) 여기서 한 가지 추가 사항이 있는데, 공자가 썼다고 알려진『주역』「계사 하」전에 '황제'(黃帝)를 요·순보다 앞서 등장시키고 있다. 이 부분에 대해선 다른 사례와 더불어 연구되어야 할 일인데, 딱 이 한 용례만 있고 비교가 가능한 것이 없어서 추후의 논의로 미룰 수밖에 없다.

13) 孔子墨子俱道堯舜, 而取舍不同, 皆自謂眞堯舜, 堯舜不復生, 將誰使定儒墨之誠乎?

14) 天地革而四時成, 湯武革命, 順乎天而應乎人, 革之時義大矣哉!

15) 其力時急, 而自養儉.(『묵자』「칠환」)

16) 由湯至於武丁, 賢聖之君六七作. 天下歸殷久矣, 久則難變也. 武丁朝諸侯有天下, 猶運之掌也. 紂之去武丁未久也, 其故家遺俗, 流風善政, 猶有存者; 又有微子·微仲·王子比干·箕子·膠鬲皆賢人也, 相與輔相之, 故久而後失之也. 尺地莫非其有也, 一民莫非其臣也, 然而文王猶方百里起, 是以難也.

17) 羿之法非亡也, 而羿不世中; 禹之法猶存, 而夏不世王.

18) 若夫總方略, 齊言行, 壹統類, 而群天下之英傑, 而告之以大古, 教之以至順, 奧窔之間, 簟席之上, 斂然聖王之文章具焉, 佛然平世之俗起焉, 六說者不能入也, 十二子者不能親也. 無置錐之地, 而王公不能與之爭名, 在一大夫之位, 則一君不能獨畜, 一國不能獨容, 成名況乎諸侯, 莫不願以爲臣, 是聖人之不得埶者也, 仲尼子弓是也. 一天下, 財萬物, 長養人民, 兼利天下, 通達之屬莫不從服, 六說者立息, 十二子者遷化, 則聖人之得埶者, 舜禹是也.

19) 學也者, 固學一之也. 一出焉, 一入焉, 涂巷之人也; 其善者少, 不善者多, 桀紂盜跖也.

20) 是若不行, 則湯武在上曷益? 桀紂在上曷損? 湯武存, 則天下從而治, 桀紂存, 則天下從而亂.

21) 紂不善, 不如是之甚也. 是以君子惡居小流, 天下之惡皆歸焉.

22) 古者桀紂長巨姣美, 天下之傑也. 筋力越勁, 百人之敵也, 然而身死國亡, 爲天下大僇, 後世言惡, 則必稽焉.

23) 예를 들면 『논형』 「유증(儒增)」 편에서 "儒書稱堯舜之德, 至優至大, 天下太平, 一人不刑. 又言文武之隆, 遺在成康, 刑錯不用, 四十餘年, 是欲稱堯舜褒文武也. 夫爲言不益, 則美不足稱; 爲文不渥, 則事不足襃. 堯舜雖優, 不能使一人不刑; 文武雖盛, 不能使刑不用. 言其犯刑者少, 用刑希疏, 可也; 言其一人不刑, 刑錯不用, 增之也." 라고 한다.

24) '성왕-폭군 구조'의 형성에 대하여 이의가 제기된 것은 아주 후대의 일이었다. 유학적 통치가 끝장이 나는 청나라 후반에 이르러서야 이 구조에 대한 반성이 일어났다. 최술은 경학적 관점에서 무조건적 '성왕-폭군 구조'에 이의를 약간 제기하였으나, 유학의 틀을 벗어나지 않았었고(최술, 『고신록(考信錄)』, 1968), 강유위는 역사학적 관점에서 탁고개제설(託故改制說)을 주장하였다.(강유위, 『공자개제고』, 1968) 호적(胡適)이 서양식 방법론을 제기하면서 중국에서도 증거 찾기 작업이 계속되고, 고힐강(顧詰剛)은 삼황오제 및 삼왕의 전설을 연구한 뒤 '고사층루조성설(古史層累造成說)'을 제기하여 '성왕-폭군 구조'가 사실에 기초한 것이 아니라고 말하였다. 양관(楊寬)은 「중국상고사도론」(『古史辨』 7책 하편에 수록)에서 '신화전설분화연변설(神話傳說分化演變說)'을 주장하여 고대사 전설 신화의 근원을 은 민족과 주 민족이라는 두 개의 다른 차원 문화의 분화와 융합이라는 틀 속에서 분석하기도 하였다.

2장 방벌과 선양

1) 김용걸, 『한자 자형의 세계』(2002), 107~108쪽에는 공, 정, 토, 벌자의 의미 차이에 대한 설명이 있고, 최홍열, 「'틸' 동훈자의 의미 고찰」(2005)에는 '치다'와 관련된 다양한 한자어들에 대한 분석이 실려 있다.

2) 天下有道, 則禮樂征伐自天子出; 天下無道, 則禮樂征伐自諸侯出.

3) 높낮이를 평가한 듯 느껴지는 이유는 예컨대 당나라 때 대유인 한유(韓愈)가 맹자와 순자를 평가하면서 "맹씨는 순정한 가운데 더욱 순정하고, 순자와 양웅(揚雄)은 크게 순정하지만 약간 하자가 있다."(「讀荀子」: 孟氏, 醇乎醇者也; 荀與揚, 大醇而小疵.)고 평가한 이래 송명 이학에서는 맹자는 성인시하고 순자는 배척의 대상이 되었는데, 『논어』의 위 구절의 표현 방법이 한유의 말과 비슷하기 때문이다.

4) 齊宣王問曰: "湯放桀, 武王伐紂, 有諸?" 孟子對曰: "於傳有之." 曰: "臣弑其君, 可乎?" 曰: "賊仁者謂之賊, 賊義者謂之殘, 殘賊之人謂之一夫. 聞誅一夫紂矣, 未聞弑君也."

5) 孟子對曰: "臣聞七十里爲政於天下者, 湯是也. 未聞以千里畏人者也. 書曰: '湯一征, 自葛始.' 天下信之. '東面而征, 西夷怨; 南面而征, 北狄怨. 曰: 奚爲後我?' 民望之, 若大旱之望雲霓也. 歸市者不止, 耕者不變. 誅其君而弔其民, 若時雨降, 民大悅. 書曰: '徯我后, 后來其蘇.'

6) 孟子曰: "盡信書, 則不如無書. 吾於武成, 取二三策而已矣. 仁人無敵於天下. 以至仁伐至不仁, 而何其血之流杵也?"

7) 孟子曰: "有人曰: '我善爲陳, 我善爲戰.' 大罪也. 國君好仁, 天下無敵焉. 南面而征北狄怨, 東面而征西夷怨. 曰: '奚爲後我?' 武王之伐殷也, 革車三百兩, 虎賁三千人. 王曰: '無畏! 寧爾也, 非敵百姓也.' 若崩厥角稽首. 征之爲言正也, 各欲正己也, 焉用戰?"

8) 원문의 天下는 이 문장에 대한 해설인 다음 단락으로 볼 때 天子의 잘못인 듯하다. 이렇게 보면 다음 문장의 불연(不然)은 연(然)이어야 한다. 왕선겸(王先謙)의 『순자집해(荀子集解)』에 따름.

9) 世俗之爲說者曰: "桀紂有天下, 湯武簒而奪之." 是不然. 以桀紂爲常有天下之籍則然, 親有天下之籍則不然, 天下謂在桀紂則不然. 古者天子千官, 諸侯百官. …… 能用天下之謂王. 湯武非取天下也, 脩其道, 行其義, 興天下之同利, 除天下之同害, 而天下歸之也. 桀紂非去天下也, 反禹湯之德, 亂禮義之分, 禽獸之行, 積其凶, 全其惡, 而天下去之也. 天下歸之之謂王, 天下去之之謂亡. 故桀紂無天下, 湯武不弑君, 由此效之也. 湯武者, 民之

父母也; 桀紂者'民之怨賊也. 今世俗之爲說者, 以桀紂爲君, 而以湯武爲弒, 然則是誅民
之父母, 而師民之怨賊也, 不祥莫大焉. 以天下之合爲君, 則天下未嘗合於桀紂也. 然則以
湯武爲弒, 則天下未嘗有說也, 直墮之耳.

10) 奪然後義, 殺然後仁, 上下易位然後貞, 功參天地, 澤被生民, 夫是之謂權險之平, 湯武
是也.

11) 淳于髡曰: "男女授受不親, 禮與?" 孟子曰: "禮也." 曰: "嫂溺則援之以手乎?" 曰: "嫂
溺不援, 是豺狼也. 男女授受不親, 禮也; 嫂溺援之以手者, 權也." 曰: "今天下溺矣, 夫
子之不援, 何也?" 曰: "天下溺, 援之以道; 嫂溺, 援之以手. 子欲手援天下乎?"

12) 昔者禹征有苗, 湯伐桀, 武王伐紂, 此皆立爲聖王, 是何故也?

13) 堯不慈, 舜不孝, 禹偏枯, 湯放其主, 武王伐紂, 文王拘羑里.

14) 전국 시대 연(燕)나라 왕 쾌(噲, ?~서기전 314년)를 말함. 그는 재상이었던 자지(子
之)에게 왕위를 선양했으나 대란이 일어나고, 반란으로 인해 수만 명의 백성이 목숨
을 잃었다. 모두 제선왕(齊宣王)에게 피살되었다.

15) 昔者堯舜讓而帝, 之噲讓而絶; 湯武爭而王, 白公爭而滅. 由此觀之, 爭讓之禮, 堯桀之
行, 貴賤有時, 未可以爲常也.

16) 백(白) 땅이 봉지였던 초나라 평왕(平王)의 손자가 백공이다. 그는 살해 당한 부친
의 원한을 갚기 위해 전투를 벌여 실력자들을 죽이고 권력을 장악했으나 곧 살해 당
하였다.

17) 湯以伐桀, 而恐天下言己爲貪也, 因乃讓天下于務光. 而恐務光之受之也, 乃使人說務光
曰: "湯殺君而欲傳惡聲于子, 故讓天下于子." 務光因自投于河.

18) 或曰: 天子失道, 諸侯伐之, 故有湯武. 諸侯失道, 大夫伐之, 故有齊晉. 臣而伐君者必亡,
則是湯武不王, 晉齊不立也.

19) 天下皆以孝悌忠順之道爲是也, 而莫知察孝悌忠順之道而審行之, 是以天下亂. 皆以堯
舜之道爲是而法之, 是以有弒君, 有曲於父. 堯舜湯武, 或反君臣之義, 亂後世之敎者也.
堯爲人君而君其臣, 舜爲人臣而臣其君, 湯武爲人臣而弒其主'刑其尸, 而天下譽之, 此天
下所以至今不治者也.

20) 凡治亂存亡, 安危強弱, 必有其遇, 然後可成, 各一則不設. 故桀紂雖不肖, 其亡遇湯武
也, 遇湯武, 天也, 非桀紂之不肖; 湯武雖賢, 其王遇桀紂也, 遇桀紂, 天也, 非湯武之賢
也. 若桀紂不遇湯武, 未必亡也; 桀紂不亡, 雖不肖, 辱未至於此. 若使湯武不遇桀紂, 未

必王也; 湯武不王, 雖賢, 顯未至於此.

21) 『상형자전』(http://vividict.com/WordInfo.aspx?id=3884)에 따르면 선(禪) 자는 제사와 기원을 뜻하는 시(示) 자와 과(戈)가 빠진 전쟁 전(戰) 자의 회의 문자로 해석한다. 신에게 제사를 올려 전쟁과 같은 갈등을 없애고 평화와 안녕을 희구하는 글자였다는 약간 무리한 해석을 내놓고 있다.

22) 물론 역사적으로 새 왕조의 창립자들이 등극할 때 강압으로 이전 왕조의 마지막 황제를 협박하여 선위(禪位)를 받는 사례는 위(魏)나라 조비(曹丕)의 경우 등 매우 흔하다. 여기서 실현하지 못했다 함은 성왕의 행위로 이야기되는 도덕 군자를 찾아 제위를 양보하는 원래 의미의 선양을 말한다.

23) 특히 위진남북조 시대엔 군사력으로 정권을 장악한 거의 모든 왕조의 개창자는 형식적으로 지난 왕조의 마지막 왕에게 양위를 받는 형식, 즉 선양의 방식을 취하였다.

24) 匹夫而有天下者, 德必若舜禹, 而又有天子薦之者. 故仲尼不有天下. 繼世以有天下, 天之所廢必若桀紂者也, 故益伊尹周公不有天下.

25) 원문의 윤집기중(允執其中)의 '중'은 여기서 문장 구조상 '중앙의 권력'이라고 번역하지 않을 수 없다. 그런데 사서삼경 가운데 가장 심오한 철학적 논변을 담고 있는 『중용』의 주지는 한마디로 '윤집궐중(允執厥中)'이다. 윤집기중과 같다. 그렇다면, 좀 과장해서 상상한다면, 공자가 말하는 '중용'은 권력과 관련이 있을 수 있다. 우리가 알고 있는 삶의 무수한 선택의 과정에서 보여 주어야 할 태도로서의 중용과 함께 고민해볼 문제이다.

26) 堯曰: "咨! 爾舜! 天之曆數在爾躬. 允執其中. 四海困窮, 天祿永終." 舜亦以命禹.

27) 이들은 『죽서기년(竹書紀年)』이란 책을 인용하며, "舜囚堯於平陽, 取之帝位" 또는 "舜囚堯, 復偃塞丹朱, 使不與父相見也."라고 한다. 우리가 상상하는 요임금, 순임금과는 너무도 판이한 상황이다. 정치권력의 현실성을 보면 이 주장이 훨씬 설득력이 있다. 당시 유행한 이야기가 아니었을까? 『죽서기년』이 무슨 책인지에 대해서는 논란이 많다. 그런데 위서가 분명한 이 책은 나중 정사인 『진서(晉書)』의 「속석전(束晳傳)」에도 인용된다. "益干啓位, 啓殺之"라고 하여 하나라의 부자 승계 또한 유가 사상가들의 해석과 달리 권력 투쟁으로 암시하고 있다. 특히 『죽서기년』 부록의 「하기(夏紀)」를 인용한다. 방시명(方時銘)·왕수령(王修齡), 『고본죽서기년집증(古本竹書紀年輯證)』, 1983 참조.

28) 주가부(朱家阜)로 불리는 복주(濮州) 견성현(鄄城縣) 동북 15리 지역.

29) 『사기』「요기(堯紀)」의 정의(正義)에 따르면 제왕이 사는 도읍을 중(中)이라 하므로 중국이라 부름.

30) 萬章曰: "堯以天下與舜, 有諸?" 孟子曰: "否. 天子不能以天下與人." "然則舜有天下也, 孰與之?" 曰: "天與之." "天與之者, 諄諄然命之乎?" 曰: "否. 天不言, 以行與事示之而已矣." 曰: "以行與事示之者如之何?" 曰: "天子能薦人於天, 不能使天與之天下; 諸侯能薦人於天子, 不能使天子與之諸侯; 大夫能薦人於諸侯, 不能使諸侯與之大夫. 昔者堯薦舜於天而天受之, 暴之於民而民受之, 故曰: 天不言, 以行與事示之而已矣." 曰: "敢問薦之於天而天受之, 暴之於民而民受之, 如何?" 曰: "使之主祭而百神享之, 是天受之; 使之主事而事治, 百姓安之, 是民受之也. 天與之, 人與之, 故曰: 天子不能以天下與人. 舜相堯二十有八載, 非人之所能爲也, 天也. 堯崩, 三年之喪畢, 舜避堯之子於南河之南. 天下諸侯朝覲者, 不之堯之子而之舜; 訟獄者, 不之堯之子而之舜; 謳歌者, 不謳歌堯之子而謳歌舜, 故曰天也. 夫然後之中國, 踐天子位焉. 而居堯之宮, 逼堯之子, 是簒也, 非天與也. 太誓曰: '天視自我民視, 天聽自我民聽', 此之謂也."

31) 본문의 구원(久遠)은 오랜 세월과 짧은 세월의 차이를 말하기 위함이다. 순이 요임금을 보필한 지는 28년, 우가 순임금을 보필한 지는 17년으로 오랜 세월을 뜻하고, 익이 우임금을 보필한 지는 7년뿐으로 짧은 세월을 뜻한다.

32) 萬章問曰: "人有言: '至於禹而德衰, 不傳於賢而傳於子.' 有諸?" 孟子曰: "否, 不然也. 天與賢, 則與賢; 天與子, 則與子. 昔者舜薦禹於天, 十有七年, 舜崩. 三年之喪畢, 禹避舜之子於陽城. 天下之民從之, 若堯崩之後, 不從堯之子而從舜也. 禹薦益於天, 七年, 禹崩. 三年之喪畢, 益避禹之子於箕山之陰. 朝覲訟獄者不之益而之啓, 曰: '吾君之子也.' 謳歌者不謳歌益而謳歌啓, 曰: '吾君之子也.' 丹朱之不肖, 舜之子亦不肖. 舜之相堯, 禹之相舜也, 歷年多, 施澤於民久. 啓賢, 能敬承繼禹之道. 益之相禹也, 歷年少, 施澤於民未久. 舜·禹·益相去久遠, 其子之賢不肖, 皆天也, 非人之所能爲也. 莫之爲而爲者, 天也; 莫之致而至者, 命也. 匹夫而有天下者, 德必若舜禹, 而又有天子薦之者, 故仲尼不有天下. 繼世以有天下, 天之所廢, 必若桀紂者也, 故益·伊尹·周公不有天下. 伊尹相湯以王於天下. 湯崩, 太丁未立, 外丙二年, 仲壬四年. 太甲顛覆湯之典刑, 伊尹放之於桐. 三年, 太甲悔過, 自怨自艾, 於桐處仁遷義; 三年, 以聽伊尹之訓己也, 復歸於亳. 周公之不有天下, 猶益之於夏, 伊尹之於殷也. 孔子曰: '唐虞禪, 夏后殷周繼, 其義一也.'"

33) 天子無讓說에 대해선 牟宗三, 『荀學大略』(1953), 28~29에 상세하다.

34) 請成相, 道聖王, 堯舜尚賢身辭讓, 許由善卷, 重義輕利行顯明. 堯讓賢, 以爲民, 氾利兼愛德施均. 辨治上下, 貴賤有等明君臣. 堯授能, 舜遇時, 尚賢推德天下治. 雖有聖賢, 適不遇世, 孰知之? 堯不德, 舜不辭, 妻以二女任以事. 大人哉舜, 南面而立萬物備. 舜授禹, 以天下, 尚得推賢不失序.

35) 世俗之爲說者曰: "堯舜擅讓. 是不然. 天子者, 埶位至尊, 無敵於天下, 夫有誰與讓矣? 道德純備, 智惠甚明, 南面而聽天下, 生民之屬莫不震動從服以化順之. 天下無隱士, 無遺善, 同焉者是也, 異焉者非也. 夫有惡擅天下矣.

36) 전문은 이렇다. 死而擅之. 是又不然. 聖王在上, 決德而定次, 量能而授官, 皆使民載其事而各得其宜. 不能以義制利, 不能以僞飾性, 則兼以爲民. 聖王已沒, 天下無聖, 則固莫足以擅天下矣. 天下有聖, 而在後子者, 則天下不離, 朝不易位, 國不更制, 天下厭然, 與鄉無以異也; 以堯繼堯, 夫又何變之有矣! 聖不在後子而在三公, 則天下如歸, 猶復而振之矣. 天下厭然, 與鄉無以異也; 以堯繼堯, 夫又何變之有矣! 唯其徙朝改制爲難. 故天子生則天下一隆, 致順而治, 論德而定次, 死則能任天下者必有之矣. 夫禮義之分盡矣, 擅讓惡用矣哉!

37) 故曰: 諸侯有老, 天子無老. 有擅國, 無擅天下, 古今一也. 夫曰堯舜擅讓, 是虛言也, 是淺者之傳, 陋者之說也.

38) 고힐강, 「선양 전설의 묵자 기원에 대한 고찰」, 앞의 글, 58~62쪽 참조.

39) 故可以有奪人國, 不可以有奪人天下; 可以有竊國, 不可以有竊天下也. 可以奪之者可以有國, 而不可以有天下; 竊可以得國, 而不可以得天下. 是何也? 曰: 國'小具也, 可以小人有也, 可以小道得也, 可以小力持也; 天下者'大具也, 不可以小人有也, 不可以小道得也, 不可以小力持也. 國者'小人可以有之, 然而未必亡也; 天下者, 至大也, 非聖人莫之能有也.

40) 古者舜耕歷山, 陶河瀕, 漁雷澤, 堯得之服澤之陽, 擧以爲天子, 與接天下之政, 治天下之民.

41) 古者聖王之爲政, 列德而尚賢, 雖在農與工肆之人, 有能則擧之, 高予之爵, …… 故古者堯擧舜於服澤之陽, 授之政, 天下平, 禹擧益於陰方之中, 授之政, 九州成.

42) 고힐강 앞의 글에 보임. 王健文, 『전국 제자의 고대 성왕 전설 및 그 사상사적 의의(戰國諸子的古聖王傳說及其思想史意義)』, 1987, 23쪽에도 같은 주장을 재인용하고

있다.

43) 이하 왕건문, 위의 책, 23~24쪽 참조.

44) 黃俊傑, 『춘추 전국 시대 상현 정치의 이론과 실제(春秋戰國時代尙賢政治的理論與實際)』, 1977의 상세한 다른 예들을 참조.

45) 舜臣堯, 賓于四門, 流四凶族渾敦・窮奇・檮杌・饕餮, 投諸四裔, 以御魑魅. 是以堯崩而天下如一, 同心戴舜以爲天子, 以其擧十六相, 去四凶也.

46) 藐姑射之山, 有神人居焉不食五穀, 吸風飮露, 乘雲氣, 御飛龍, 而游乎四海之外.(『장자』「소요유」편)

47) 昔者堯讓而帝, 之噲讓而絶; 湯武爭而王, 白公爭而滅. …… 帝王殊禪, 三代殊繼. 差其時逆其俗者, 謂之篡夫; 當其時順其俗者, 謂之義徒.

48) 故堯舜之位天下也, 非私天下之利也, 爲天下位天下也. 論賢擧能而傳焉, 非疏父子親越人也, 明於治亂之道也.

49) 夫古之讓天子者, 是去監門之養而離臣虜之勞也, 古傳天下而不足多也. 今之縣令, 一日身死, 子孫累世絜駕, 故人重之; 是以人之於讓也, 輕辭古之天子, 難去今之縣令者, 薄厚之實異也.

50) 夫舜遇堯, 天也; 舜耕於歷山, 陶於河濱, 釣於雷澤, 天下說之, 秀士從之, 人也. 夫禹遇舜, 天也; 禹周於天下, 以求賢者, 事利黔首, 水潦川澤之湛滯壅塞可通者, 禹盡爲之, 人也. 夫湯遇桀, 武遇紂, 天也; 湯武修身積善爲義, 以憂苦於民, 人也.

51) 이 외에도 『주일서(周逸書)』나 위서인 『죽서기년』 등에 후대 유학자들이 이야기하는 성왕과 많이 다른 이야기가 존재한다. 그 내용이 진짜인지 알 수 없지만 연구해 볼 만한 가치는 있을 것이다. 예컨대 『죽서기년』 「은축 해 66(殷祝解 66)」에 등장하는 내용은 그간 알려진 탕의 걸왕 방벌과는 판이하다. 탕이 3000제후에게 세 번이나 양보했으며, 걸왕과 탕왕 사이에도 선양이 여러 번 이야기되었다는 것이다. 선양을 아름답게 여기면서 후대에 꾸며진 이야기로 보이지만 시각은 독특하다. 그 외 『죽서기년』에는 또 요-순 선양이 아니라 순이 요임금을 가두고 왕위를 찬탈했다는 설을 싣고 있다. 이에 대해선 3부 2장 2절의 (2)공자와 맹자의 요-순-우 선양설 내용 및 관련 주석 참조.

3장 성왕의 정치적 상징

1) 『상형자전』(http://vividict.com/WordInfo.aspx?id=3355)에선 똑바로 곧게 나아가는 탄탄대로라는 의미라고 풀이한다.

2) 시라카와 시즈카, 윤철규 옮김. 『한자의 기원』(2009), 273쪽.

3) 聖王之用也. 上察於天, 下錯於之, 塞備於天地之間, 加施萬物之上.(『순자』「왕제」)

4) 善與人同, 舍己從人, 樂取於人以爲善. 自耕稼陶.漁以至爲帝, 無非取於人者.(『맹자』「공손추 상」)

5) 聖王務時而寄政焉, 作敎而寄武, 作祀而寄德焉. 此三者聖王所以合於天地之行也.

6) 聖王日食則修德, 月食則修刑, 彗星見則修和; 風與日爭明則修生. 此四者聖王所以免於天地之誅也.

7) 聖人之德, 蓋總乎天地者也.(『묵자』「상현 중」)

8) 天無私覆, 地無私載, 日月無私照.(『예기』「공자한거」)

9) 군자 개념의 어원, 초기적 사용과 그 형태들에 대해서는 장현근, 「군자와 세계 시민」(1997b), 354~357쪽에 상세함.

10) 君子所以異於人者, 以其存心也. 君子以仁存心, 以禮存心.(『맹자』「이루 하」)

11) 君子之德, 風也; 小人之德, 草也. 草尙之風, 必偃.(『맹자』「등문공 상」과 『논어』「안연」)『논어』에는 '草上'이라 하고 가운데 두 也자가 없음.

12) 예를 들면 身勞而心安, 爲之; 利少而義多, 爲之; 事亂君而通, 不如事窮君而順焉. ……士君子不爲貧窮怠乎道.(『순자』「수신」)

13) 無君子, 則天地不理, 禮義無統, 上無君師, 下無父子, 夫是之謂至亂.(『순자』「왕제」)

14) 君子有三畏. 畏天命, 畏大人, 畏聖人之言.(『논어』「계씨」)

15) 古者聖王, 亦嘗厚措斂乎萬民, 以爲舟車. 旣已成矣, 曰 '吾將惡許用之?' 曰 '舟用之水, 車用之陸. 君子息其足焉, 小人休其肩背焉. 故萬民出財賷而予之, 不敢以爲戚恨者, 何也? 以其反中民之利也.

16) 循名責實, 察法立威, 明王也(『등석자』「무후」)

17) 是以聖王治天下, 窮則反, 終則始. 德始於春, 長於夏; 刑始於秋, 流於冬. 刑德不失, 四時如一.(『관자』「四時」)

18) 왕선겸의 『순자집해』엔 바로 '왕자지등부(王者之等賦……)'로 되어 있으나, 이럴 경우 앞뒤 배열이 맞지 않고 의미도 통하지 않는다. 따라서 청대 왕염손(王念孫)의 교정

에 따라 현행 주석본들은 모두 王者之의 뒤에 法자를 추가한다. 여기서도 마찬가지다.

19) 王者之法: 等賦政事財萬物, 所以養萬民也. 田野什一, 關市幾而不征, 山林澤梁, 以時禁發而不稅. 相地而衰政. 理道之遠近而致貢. 通流財物粟米, 無有滯留, 使相歸移也, 四海之內若一家. 故近者不隱其能, 遠者不疾其勞, 無幽閒隱僻之國, 莫不趨使而安樂之. 夫是之爲人師. 是王者之法也.

20) 순자를 중심으로 한 경전의 전승에 대해서는 장현근, 「荀子政治思想之硏究」(1991) 2장을 참조할 것.

21) 大道之行也, 天下爲公. 選賢與能, 講信修睦. 故人不獨親其親, 不獨子其子. 使老有所終, 壯有所用, 幼有所長. 矜(즉 鰥)寡孤獨廢疾者, 皆有所養. 男有分, 女有歸. 貨惡其棄於地也, 不必藏於己; 力惡其不出於身也, 不必爲己. 是故謀閉而不興, 盜竊亂賊而不作, 故外戶而不閉. 是謂大同.

22) 今大道旣隱, 天下爲家. 各親其親, 各子其子. 貨力爲己. 大人世及以爲禮. 城郭溝池以爲固. 禮義以爲紀: 以正君臣, 以篤父子, 以睦兄弟, 以和夫婦, 以設制度, 以立田里, 以賢勇知, 以功爲己. 故謀用是作而兵由此起. 禹湯文武成王周公, 由此其選也. 此六君子者, 未有不謹於禮者也. 以著其義, 以考其信, 著有過, 刑仁, 講讓, 示民有常. 如有不由此者, 在勢者去, 衆以爲殃. 是謂小康.

23) 특히 『순자』 「강국」 편에 관련 내용이 풍부하다.

24) 塗之人可以爲禹.(『순자』 「성악」)

25) 특히 『순자』의 「왕패」 편과 「강국」 편에 패자에 대한 이야기를 많이 싣고 있다.

26) 聖人也者, 道之管也. 天下道管是矣, 百王之道一是矣.(『순자』 「유효」)

27) 이에 대해선 장현근, 「순자 정치사상에서 '예'의 기능」(1993) 참조.

4장 도덕 권력과 성왕

1) 劉澤華 主編, 장현근 옮김, 『중국 정치사상사』(선진편 상/하, 2008), 525쪽.

2) 以道事君, 不可則止.(『논어』 「선진」)

3) 天下有達尊三. 爵一, 齒一, 德一.(『맹자』 「공손추 하」)

4) 非其道, 則一簞食不可受於人; 如其道, 則舜受堯之天下, 不以爲泰.

5) 道義重則輕王公.(『순자』 「수신」)

6) 今亂世之君臣, 區區然皆擅一國之利, 而管一官之重, 以便其私, 此國之所以危也.

7) 匹夫有私便, 人主有公利. 不作而養足, 不仕而名顯, 此私便也; 息文學而明法度, 塞私便 而一功勞, 此公利也.

8) 장현근, 「公(common)·共(common) 개념과 중국 秦·漢 정부의 재발견: 禮·法의 분 화와 결합」(2010a), 35~36쪽 참조.

9) 天下大亂, 賢聖不明, 道德不一, 天下多得一察焉以自好. 譬如耳目鼻口, 皆有所明, 不能 相通. 猶百家眾技也, 皆有所長, 時有所用. …… 是故內聖外王之道, 闇而不明, 鬱而不 發, 天下之人各爲其所欲焉以自爲方. 悲夫! 百家往而不反, 必不合矣. 後世之學者, 不幸 不見天地之純, 古人之大體, 道術將爲天下裂.

10) 『맹자』엔 성인이란 말이 도덕 계보의 맥락에서 자주 등장한다. 다만 「등문공 하」편 에 "성왕부작(聖王不作)"이라 하여 자칫 과거 정치권력을 장악했던 창업자들을 가리 킨다고 볼 수도 있으나, 이 문단의 의미 맥락상 역시 성인으로 해석함이 옳다.

11) 聖也者, 盡倫者也; 王也者, 盡制者也; 兩盡者, 足以爲天下極矣. 故學者以聖王爲師, 案 以聖王之制爲法, 法其法以術其統類, 以務象效其人.

12) 乃所願, 則學孔子也.(『맹자』「공손추 상」)

13) 故非聖人莫之能王.(『순자』「정론」)

14) 이상 『순자』「신도」편 참조.

15) 道之以政, 齊之以刑, 民免而無恥; 道之以德, 齊之以禮, 有恥且格.

16) 聖而不可知之之謂神.(『맹자』「진심 하」)

17) 虛壹而靜, 謂之大淸明.(『순자』「해폐」)

18) 心之官則思. 思則得之, 不思則不得也.(『맹자』「고자 상」)

19) 戰國以後所謂聖人, 則尊崇之虛名也.(『說文通訓定聲』「聖」자)

20) 心之在體, 君之位也; 九竅之有職, 官之分也.(『관자』「심술 상」)

21) 心居中虛, 以治五官, 夫是之謂天君.(『순자』「천론」)

22) 涂之人也, 皆有可以知仁義法正之質, 皆有可以能仁義法正之具; 然則其可以爲禹明矣.

23) 誠者不勉而中, 不思而得, 從容中道, 聖人也.(『중용』20장)

24) 學惡乎始? 惡乎終? 曰: 其數則始乎誦經, 終乎讀禮. 其義則始乎爲士, 終乎爲聖人.

25) 可與共學, 未可與適道; 可與適道, 未可與立.(『논어』「자한」)

26) 聖人治天下, 使有菽粟如水火. 菽粟如水火, 而民焉有不仁者乎?(『맹자』「진심 상」)

27) 聖人備道而全美者也, 是縣天下之權稱也.(『순자』「정론」)

28) 聖人化性而起僞, 僞起而生禮義, 禮義生而制法度, 然則禮義法度者, 是聖人之所生 也.(『순자』「성악」)

29) 今君人者, 急逐樂而緩治國, 豈不過甚矣哉!(『순자』「왕패」)

30) 故學者以聖王爲師, 案以聖王之制爲法, 法其法以求其統類, 以務象效其人.

31) 兪仁寶, 『從類字透視荀子政治思想之體系』(1962)는 특히 '통류(統類)' 개념에 대해 전문적으로 논의하고 있다.

맺음말

1) 水火有氣而無生, 草木有生而無知, 禽獸有知而無義. 人有氣有生有知, 亦且有義. 故最爲 天下貴也.

2) 故有良法而亂者, 有之矣; 有君子而亂者, 自古及今未嘗聞也.(『순자』「왕제」)

3) 예컨대 인민의 정신적 무장은 유학자의 학문 활동과 대비할 수 있고, 당원들의 혁명 실천력은 군자의 도덕 수양에 대비할 수 있으며, 당 주석 등 최고 지도자들은 이상 정 치를 실현할 聖人 개념과 대비하여 해석해 볼 수 있다는 이야기다. 이와 유사한 연구 로 국내에선 최성흠(2003)의 시도가 있다.

찾아보기

성왕 —— 동양 리더십의 원형

1판 1쇄 찍음 2012년 7월 13일
1판 1쇄 펴냄 2012년 7월 27일

지은이 장현근
펴낸이 박근섭·박상준
편집인 장은수
펴낸곳 (주)민음사

출판등록 1966. 5. 19. (제16-490호)
(135-887) 서울시 강남구 신사동 506번지 강남출판문화센터 5층
대표전화 515-2000 | 팩시밀리 515-2007
www.minumsa.com

ISBN 978-89-374-8490-2 93150

※ 이 저서는 2007년 정부(교육인적자원부)의 재원으로 한국학술진흥재단의 지원을
받아 수행된 연구임.(KRF-2007-812-B00008)